长三角
教育现代化典型案例 100

长三角教育现代化监测评估中心◎编著

华东师范大学出版社
·上海·

图书在版编目(CIP)数据

长三角教育现代化典型案例 100/长三角教育现代化
监测评估中心编著. —上海:华东师范大学出版社,
2024. —(长三角教育现代化监测评估研究丛书).
ISBN 978 - 7 - 5760 - 5693 - 8

Ⅰ. G527.5

中国国家版本馆 CIP 数据核字第 2025867ZP2 号

长三角教育现代化典型案例100

编　　著　长三角教育现代化监测评估中心
策划编辑　彭呈军
责任编辑　白锋宇
责任校对　教心分社
装帧设计　卢晓红

出版发行　华东师范大学出版社
社　　址　上海市中山北路 3663 号　邮编 200062
网　　址　www.ecnupress.com.cn
电　　话　021 - 60821666　行政传真 021 - 62572105
客服电话　021 - 62865537　门市(邮购)电话 021 - 62869887
地　　址　上海市中山北路 3663 号华东师范大学校内先锋路口
网　　店　http://hdsdcbs.tmall.com

印 刷 者　上海邦达彩色包装印务有限公司
开　　本　787 毫米×1092 毫米　1/16
印　　张　28.25
字　　数　609 千字
版　　次　2025 年 5 月第 1 版
印　　次　2025 年 5 月第 1 次
书　　号　ISBN 978 - 7 - 5760 - 5693 - 8
定　　价　148.00 元

出 版 人　王　焰

《长三角教育现代化典型案例100》编委会

顾问

李燕丽　龚　晋　王　兵　高迎春　章　平

主编

梅　兵　桑　标

副主编

张　珏　李伟涛　张文明　周　明　季诚钧　汪开寿

编委（按照姓氏笔画排序）

丁沁南　于汪洋　马晓娜　王中奎　王湖滨　公彦霏
甘媛源　刘　晶　关　欣　苏　耀　李宜江　杨　簃
杨文杰　吴　晶　张桁嘉　陈越洋　周　玲　周林芝
赵丹宁　夏　彧　曹　乾　程海涛　潘　奇　魏　鹏

序一

梅兵

华东师范大学党委书记

教育经济宏观政策研究院院长

长三角教育现代化监测评估中心主任

长三角教育现代化是推进中国式教育现代化的开路先锋

习近平总书记在党的二十大报告中指出，从现在起，中国共产党的中心任务就是团结带领全国各族人民全面建成社会主义现代化强国、实现第二个百年奋斗目标，以中国式现代化全面推进中华民族伟大复兴。2024 年 9 月，习近平总书记在全国教育大会上强调，我们要建成的教育强国，是中国特色社会主义教育强国，应当具有强大的思政引领力、人才竞争力、科技支撑力、民生保障力、社会协同力、国际影响力，为以中国式现代化全面推进强国建设、民族复兴伟业提供有力支撑。国家教育现代化既是国家现代化的重要组成部分，又是重要驱动力。国家教育现代化发展具有阶段性特点。一般而言，在不同的现代化发展阶段中，国家教育现代化目标超前国家现代化目标 15 年左右。2010 年，党中央、国务院发布《国家中长期教育改革和发展规划纲要（2010—2020 年）》，提出到 2020 年基本实现教育现代化；2019 年，党中央、国务院发布《中国教育现代化 2035》，提出到 2035 年总体实现教育现代化。党的二十大再次明确全面建成社会主义现代化强国"两步走"的战略安排：从 2020 年到 2035 年基本实现社会主义现代化；从 2035 年到本世纪中叶把中国建成富强民主文明和谐美丽的社会主义现代化强国。

中国式现代化是中国共产党领导的社会主义现代化，既有各国现代化的共同特征，更有基于自身国情的中国特色。"中国式"的意义在于强调走中国特色社会主义现代化道路，而不是亦步亦趋，跟在发达国家的后面走他们的老路。中国式现代化是以人民为中心的，是党和国家各项事业高质量发展的社会主义全面现代化，必然包括中国式教育现代化。中国式教育现代化是解决中国教育改革发展问题的本土化、特色化选择和方案，是中国式现代化的关键组成部分，对全面实现社会主义现代化具有基础性、先导性、决定性的地位和作用。中国式教育现代化为实现中国式现代化提供了坚实基础。

长三角是我国经济发展最活跃、开放程度最高、创新能力最强的区域之一，在国家现代化建设大局和全方位开放格局中具有举足轻重的战略地位。长三角是我国重要的科技创新的策源地、人才集聚高地和教育现代化发展先行区。它对整个国家教育现代化发展起到强有力的支撑作用,具有加快推进中国式教育现代化的担当意识,为全国教育现代化发展提供样本和动力,对其他区域教育现代化具有示范引领和带动作用。长三角教育现代化应担负起率先在若干领域深化协作、重点发力的重任,充分发挥长三角教育现代化的重要引领功能和作用,着力落实国家重大战略任务,勇当推进中国式教育现代化的开路先锋。

长三角教育现代化是推进教育、科技、人才三位一体发展的试验田

党的二十大报告首次把教育、科技、人才进行"三位一体"统筹安排、一体部署,并且单独列章阐述,强调"教育、科技、人才是全面建设社会主义现代化国家的基础性、战略性支撑"。必须坚持科技是第一生产力、人才是第一资源、创新是第一动力,深入实施科教兴国战略、人才强国战略、创新驱动发展战略,开辟发展新领域新赛道,不断塑造发展的新动能新优势。这充分体现了在新时代新征程中,教育的基础性、先导性、全局性地位和作用,也预示着新时代新征程上正确认识并处理好三者关系,共同服务中国式现代化的内在要求。在教育、科技、人才三者的互动发展体系中,教育是基础,科技是动力,人才是主体,科技强国、人才强国系于教育强国。三者以有机联系的整体,共同支撑科教兴国战略、人才强国战略、创新驱动发展战略的实施,共同支撑社会主义现代化强国的建设。由此,一是要加快建设高质量教育体系,促进教育优质均衡发展,办好人民满意的教育;二是要健全新型举国体制,建成世界主要科学中心和创新高地,加强基础研究和原始创新,推进关键核心技术攻关,实现高水平科技自立自强;三是要加快建设世界重要人才中心,坚持人才是第一资源,在全面提高拔尖创新人才自主培养质量的同时,不断深化改革,扩大人才对外开放,聚天下英才而用之。

长三角人口规模、经济总量、各级教育体量等方面,都在全国占据较大的比重。覆盖沪苏浙皖的长三角常住人口约占全国总人口的六分之一,经济总量约占全国的四分之一。长三角的各级教育体量很大,在校博士、硕士研究生合计近 70 万人,占全国研究生在校规模的比例超过五分之一;本专科在校生超过 500 万人,占全国的比例超过 15%;高中阶段及以下各级教育合计超过 3 300 万人,占全国的比例超过十分之一。根据第七次全国人口普查数据,长三角区域每 10 万人中拥有大学文化程度的人口已经超过 1.8 万。尤其在新发展格局中,长三角具有人才富集、科技水平高、制造业发达、产业链供应链相对完备和市场潜力大等诸多优势。新时代我国教育进入新的发展阶段,教育面貌正在发生格局性变化。党中央、国务院发布《中国教育现代化 2035》,提出"到 2035 年,总体实现教育现代化,迈入教育强国行列"的总体目标,并把长三角列为重要的区域教育创新试验点之一。推动长三角整体率先实现教育现代化,是打造教育、科技、人才三位一体统筹高质量发展的试验田,探索形成富有效率、更加开放、联动发展

的三位一体发展机制,为全国其他区域提供经验和示范,服务国家发展大局。

率先实现长三角教育现代化是讲好中国故事、展现中国教育智慧的生动载体

长三角一体化发展是习近平总书记亲自谋划、亲自部署、亲自推动的国家重大战略,是着眼于实现"两个一百年"奋斗目标、推进新时代改革开放形成新格局而作出的重大决策。长三角一体化发展战略概括为"一极三区一高地":"一极"是指通过一体化的发展,使长三角成为全国经济发展强劲活跃的增长极;"三区"是指成为全国经济高质量发展样板区、率先基本实现现代化引领区、区域一体化发展示范区;"一高地"是指成为新时代改革开放的新高地。长三角区位优势明显,国际联系紧密,协同开放水平较高。尤其是在加快形成以国内大循环为主体、国内国际双循环相互促进的新发展格局中,长三角区域也一直是改革开放前沿阵地。

长三角教育资源丰富,拥有上海张江、安徽合肥 2 个综合性国家科学中心,全国约四分之一的"双一流"高校、全国重点实验室、国家工程研究中心等汇聚于此。与此同时,长三角近年来在建设高质量教育体系等方面持续发力,以高品质的教育资源为长三角教育现代化注入新动力。长三角率先实现区域教育现代化是党中央、国务院对长三角一体化发展提出的重要目标任务,是长三角在国家经济社会和教育现代化发展大局中重要地位与引领作用的具体体现,是长三角实现一体化高质量发展、促进全体人民共同富裕的坚强支撑。

党的二十大报告提出,"加快构建中国话语和中国叙事体系,讲好中国故事、传播好中国声音,展现可信、可爱、可敬的中国形象"。推动长三角率先实现教育现代化是讲好中国故事、展现中国教育智慧的生动载体。教育部围绕落实党和国家重大战略部署,领导实施长三角教育现代化监测评估,是加快推进区域教育现代化、建设高质量教育体系、探索大国教育治理现代化新途径以及落实建设教育强国战略目标的重大行动和创新之举。同时,在改革探索最活跃、发展动力最澎湃的长三角进行教育现代化监测评估,有利于总结凝练中国区域教育治理现代化特色;有利于加强教育监测评估方面的国际交流合作,在世界舞台上介绍中国教育面貌发生的格局性变化,讲好中国式教育现代化故事;有利于向全球教育治理发出中国声音,分享中国教育发展的成功经验。

开展长三角教育现代化监测评估是教育治理现代化的生动体现

2018 年 11 月,习近平总书记在首届中国国际进口博览会开幕式上指出,支持长江三角洲区域一体化发展并将其上升为国家战略。2019 年 12 月,党中央、国务院印发《长江三角洲区域一体化发展规划纲要》,明确提出长三角"率先实现区域教育现代化"的目标,并指出其实现路

径就是"研究发布统一的教育现代化指标体系,协同开展监测评估,引导各级各类学校高质量发展"。

协同开展长三角教育现代化监测评估是《长江三角洲区域一体化发展规划纲要》明确提出的重点工作,旨在通过建立科学可行的指标体系和开展区域协同监测评估,引导和促进长三角加快实现教育现代化。这是我国推进区域教育现代化监测评估的首次尝试,也是新时期新阶段引导和激励区域教育高质量发展的重要路径选择,对促进长三角教育一体化,引领带动全国教育高质量发展,进一步丰富和完善大国教育治理现代化理论与实践,以及积极贡献中国方案、中国智慧,具有重要的现实意义和深远的历史意义。

针对新时代我国区域和整体教育发展的新需求、新变化、新特点,从系统化、多样化、动态化、法治化等多个维度,基于为加快推进区域教育现代化提供制度性支持与保障的重大需要,2019年以来,按照国家推动长三角一体化发展领导小组办公室的部署,教育部牵头,会同国家发展改革委、上海市、江苏省、浙江省、安徽省按职责分工负责,依托一市三省教育研究机构,联合研发了长三角教育现代化指标及2025年对应的监测评估目标值。基于此,2021年4月,教育部正式发布《长三角教育现代化指标体系(试行)》(教发函〔2021〕57号)。2021年8月,长三角教育现代化监测评估工作正式启动。在长三角教育现代化监测评估领导小组办公室的协调推动下,沪苏浙皖一市三省教育行政部门协同联动,依托教育经济宏观政策研究院"长三角教育现代化监测评估中心",系统开展长三角教育现代化监测评估工作,科学分析长三角教育现代化发展水平、政策设计和制度创新成效以及改革发展经验。这是一项重要而艰苦的工作,且基本没有先例可循,一定还存在若干不足,希望借助研究报告的出版征得各界诸君的指点帮助,以促进实现把监测评估制度建设作为提升教育治理现代化重要抓手的目的,不断总结经验教训,完善区域教育现代化监测评价技术手段和监测评价制度,为推进大国教育治理现代化作出新的贡献。

序二

桑标

上海市教育科学研究院院长

教育经济宏观政策研究院常务副院长

长三角教育现代化监测评估中心主任

长三角教育现代化监测评估以服务科学决策、精准施策为宗旨

党的二十大报告强调"教育、科技、人才是全面建设社会主义现代化国家的基础性、战略性支撑"。2024年9月,习近平总书记在全国教育大会上强调,教育是强国建设、民族复兴之基。建成教育强国是近代以来中华民族梦寐以求的美好愿望,是实现以中国式现代化全面推进强国建设、民族复兴伟业的先导任务、坚实基础、战略支撑,必须朝着既定目标扎实迈进。中国式现代化赋予中国式教育现代化以新的历史使命与发展路径。实现中国式教育现代化要着力构建高质量教育体系,开展教育现代化监测评估工作是推进教育高质量发展的重要途径和抓手。在前期监测评估工作的基础上,"长三角教育现代化监测评估中心"以党的二十大精神为指引,聚焦一体化和高质量发展,深入推进长三角教育现代化监测评估工作,协同沪苏浙皖一市三省教育行政部门、高校和科研机构等,优化监测评估方法和机制,深化监测评估相关专题研究,对长三角教育现代化目标达成程度进行监测评估,综合分析长三角教育现代化进程、成效与影响因素,为科学判断和把握区域教育现代化发展提供可靠支撑。同时,对长三角一体化教育联动发展状况进行监测评估,为推进长三角一体化教育联动发展建言献策。对一市三省教育现代化特色发展进行监测评估,分析判断各地教育现代化发展水平与进展、目标实现程度以及与经济社会发展的适应程度,挖掘特色与典型案例,总结教育现代化发展进程中的优势与经验,诊断不足与短板等问题,为科学决策、精准施策提供参考。

长三角教育现代化监测评估具有深厚的研究基础

2019年以来,按照国家推动长三角一体化发展领导小组办公室的部署,教育部牵头,会同国家发展改革委、上海市、江苏省、浙江省、安徽省按职责分工负责,依托一市三省教育研究机

构,联合研发了长三角教育现代化指标及 2025 年对应的监测评估目标值。基于此,2021 年 4 月,教育部正式发布《长三角教育现代化指标体系(试行)》(教发函〔2021〕57 号)。2021 年 6 月,教育部发展规划司委托上海市教育科学研究院与华东师范大学联合承建的教育经济宏观政策研究院发函,牵头组织实施长三角教育现代化监测评估。2021 年 8 月,长三角教育现代化监测评估领导小组办公室组织召开监测评估工作启动会,正式启动长三角教育现代化监测评估相关工作。

上海市教育科学研究院(简称"上海市教科院")隶属于上海市教育委员会,是从事教育科学、人力资源开发和社会发展的专业研究和决策咨询机构,是上海市重点智库。上海市教科院秉持"服务教育决策,关注教育民生,引领教育发展"的宗旨,加强一流学科、一流平台、一流团队建设,立足上海,服务全国,面向世界,努力建设成为全国领先、国际一流的教育科研机构和智库。上海市教科院在教育现代化和长三角教育一体化研究领域,有重点团队,有稳定队伍,有研究网络。从 2008 年第一次长三角教育协作会议召开,到 2018 年升级为长三角教育一体化发展会议以及专门成立长三角教育一体化研究院,全程参与长三角区域教育发展系列重要研究,组织撰写了一系列发展报告。上海市教科院各研究所都在各级各类教育领域参与和推动长三角教育协同发展,探索研究数据驱动的长三角教育现代化监测信息系统建设,建立了多种方式的合作机制、联盟,这些都为上海市教科院参与、做好长三角教育现代化监测评估工作提供了坚实基础。

长三角教育现代化监测评估具有广阔的研究空间

受教育部委托,教育经济宏观政策研究院设立了"长三角教育现代化监测评估中心"。该中心协同上海市教育科学研究院、华东师范大学、江苏省教育评估院、浙江省教育现代化研究与评价中心、安徽省教育评估中心、华东理工大学、安徽师范大学等单位,开发了以"监测目标达成度、教育现代化指数、监测点多维分析、专题深化研究、改革创新典型案例"为支柱的区域教育现代化立体、综合的监测评估工具体系。

在教育部和一市三省教育行政部门的指导、支持和全面参与下,"长三角教育现代化监测评估中心"汇集和应用全国教育事业发展、教育经费、教育科技服务等方面的国家统计数据;实施样本量超 100 万、面向 6 类人群的大型抽样调查;采集获取各地教育现代化优势、特色发展指标的第一手数据信息;获取部分国际国内权威性第三方机构的相关数据信息。涵盖国家、区域、各级各类学校的不同维度及类别的数据信息,为多维、立体、科学地实施区域教育现代化监测评估奠定了坚实可靠的基础。同时,长三角教育现代化监测评估中心构建了描述教育现代化指标的监测目标达成度模型和描述各省(自治区、直辖市)及区域教育现代化发展相对位置和变化的指数模型,构建了对监测点进行全面分析画像的监测点多维分析框架。对长三角教育现代化发展作出的诊断、分析和研判,可为长三角进一步发挥优势、做强特色、破解问题、补齐短板、推进高质量发展和推动长三角一体化教育协同发展提供依据和参考。

长三角教育现代化监测评估是开放的研究大平台

在长三角教育现代化监测评估领导小组办公室的协调推动下,一市三省教育行政部门以及各地教育研究机构和高校共同参与,形成了具有中国特色和区域特点的长三角教育现代化监测评估领导、协调、实施和保障工作机制。通过一体化部署、部省(市)合作、跨地区协同、联合研究以及研发机构深度融合,实质性地推进了教育领域的长三角一体化进程。以长三角教育现代化监测评估为契机,在教育部、上海市政府的共建框架下,上海市教科院与华东师范大学紧密合作,发挥好"教育经济政策宏观研究院"平台优势的同时,以长三角教育现代化监测评估系统建设为抓手,加强基础能力建设,切实按照"协同开展监测评估,引导各级各类学校高质量发展"的要求,推动"有组织的科研",充分利用现代信息技术,在提升大数据搜集、积累和挖掘分析能力,构建包括长三角区域内外专家学者的专家库,探索体制机制创新等方面开展协同攻关。监测评估以长三角为主,兼顾一市三省发展特色,通过协同监测、同步分析、综合判断和评价,统一设计监测评估系列成果展现方式,联合研发和提交长三角、一市三省监测评估系列报告,服务政府科学决策,支撑教育行政部门精准施策,回应社会热切关注,加强对内对外合作交流,提升区域教育现代化影响力水平。

目录

篇章三　现代教育体系　81

前言　首届长三角教育现代化典型案例综述

2018年11月5日，习近平总书记宣布长三角一体化发展上升为国家战略。在党中央的坚强领导下，三省一市深入贯彻习近平总书记关于长三角一体化发展的重要讲话和指示精神，锚定"一极三区一高地"战略定位，紧扣"一体化"和"高质量"两个关键词，推动《长江三角洲区域一体化发展规划纲要》落地生根。长三角地区充分发挥深厚的教育资源优势，建立跨区域协同机制，聚焦服务人的全面发展，支撑国家战略和区域经济社会的高质量发展。通过推进教育、科技、人才的协同发展，长三角已成为教育现代化建设的重要引领区，并整体达成国家2035年的教育现代化预期发展目标要求。区域的教育现代化指数逐步接近高收入国家的平均水平，展现出其在教育强国建设中的先行和示范作用。

2024年是贯彻习近平总书记在深入推进长三角一体化发展座谈会上重要讲话精神的开局之年，也是全面落实全国教育大会精神、推进教育强国建设的关键阶段。为进一步发挥长三角在教育现代化中的"先行探路、引领示范、辐射带动"作用，根据《长江三角洲区域一体化发展规划纲要》和《教育部关于印发〈长三角教育现代化指标体系（试行）〉的通知》的要求，按照长三角教育现代化监测评估领导小组办公室部署和监测评估工作安排，教育部开展"长三角教育现代化"典型案例征集工作。这项工作旨在深入挖掘长三角地区在推进教育现代化过程中的优秀实践与创新成果，并通过区域内的交流与推广，为其他区域提供宝贵经验，从而对教育强国建设进程产生积极影响。典型案例的总结不仅是落实《教育强国建设规划纲要（2024—2035年）》的重要抓手，更为全国教育现代化的推进提供了可复制、可推广的示范模式。

一、典型案例征集过程及方法论

（一）征集工作的组织与实施

为扎实推进案例评选工作，长三角教育现代化监测评估领导小组办公室向三省一市教育行政部门下发《关于征集"长三角教育现代化"典型案例的通知》，明确典型案例征集的原则、范围、数量、程序及相关要求。此次征集工作旨在通过遴选具有典型性、成效性和创新性的案例，全面展现长三角地区在教育现代化进程中的探索与实践。在征集原则方面，提出了三项核心要求。

第一，体现典型性。聚焦推进教育现代化、建成教育强国、办好人民满意的教育等方面的重要问题，突出各省市在相关领域的改革探索，彰显案例的代表性及其引领示范作用。

第二，体现成效性。抓重点、呈亮点，讲事实、讲依据，充分展现教育现代化重点领域、重要环节、重大项目建设以及在解决教育热点难点问题方面取得的突出成效。

第三，体现创新性。既要反映本省(市)教育现代化高质量发展的体制机制创新之举，同时也要总结长三角教育一体化发展中的新探索、新成效、新经验。

在案例征集范围方面，充分发挥《长三角教育现代化指标体系(试行)》的导向作用，突出本省(市)的实际和特点，征集近年来推动教育现代化改革创新的做法、特色、成效和经验。

三省一市教育行政部门高度重视此次典型案例的评选工作，对照教育部通知要求，从实际出发，确定各自的推进工作程序，压实工作责任，积极组织本省(市)各级教育行政部门、各级各类学校、研究机构及相关社会组织参与申报，共收到典型案例 285 个。在案例的审核过程中，长三角教育现代化监测评估中心与三省一市教育研究机构紧密合作，逐一对报送的案例材料进行核查，并对存在案例主题不一致、附件材料缺失等问题的申报材料进行沟通和完善，确保每个案例的高质量和代表性。

(二)案例遴选过程

长三角现代化监测评估中心协同三省一市教育研究机构，召开工作研讨会，深入讨论典型案例评选的工作方案。经长三角教育现代化监测评估领导小组办公室审核，最终确定以下评选要求和流程。

1. 组织架构

成立"长三角教育现代化"典型案例评选工作领导小组，确保评选过程的科学性和权威性。针对不同案例主题，成立若干专题评议工作组，每个小组由 4 至 5 名相关领域的权威专家组成，涵盖教育管理、教育改革、教学创新等多方面的专家力量，确保评审视角的多元化和专业性。

2. 案例评选方式

一是建立"长三角教育现代化"典型案例评审工作系统，专家通过登录系统浏览案例材料，从申报案例的典型性、成效性、创新性三个维度进行评分；二是引入典型案例智慧模型，基于大数据和智能算法，通过建模学习典型案例的特征模式，从申报案例的影响力维度进行评分；三是综合专家评分以及智慧模型评分结果确定最终入围的典型案例。

3. 入围案例数量

按照评选方案规定，综合考虑案例评分结果、案例地区及主题分布等维度，充分体现案例的多样性与代表性，确保能够覆盖长三角区域教育现代化中的各类创新实践，最终选出 100 个典型案例。

为确保整个评审工作的专业性和权威性，长三角教育现代化监测评估中心向三省一市教育研究机构发函，邀请熟悉近年来长三角教育改革发展相关政策、理论与实践的权威专家参与评审。为提升评审效率，保证过程的透明与规范，监测评估中心开发了功能完备的线上评审系统。专家通过该系统逐一审核案例材料和附件，并根据典型性、成效性、创新性等标准进行打分。

（三）案例评审智慧模型

为进一步提升评审结果的科学性与客观性，"长三角教育现代化"典型案例评选除专家评分外，还引入了人工智能技术，通过大模型赋能构建典型案例智慧模型，从影响力维度对案例进行评分。从海量的案例描述、相关文献、媒体报道、社交媒体评价等多种来源中自动提取关键信息，全面深入地分析每个案例的表现与影响。通过使用自然语言处理技术和智能算法，模型从社会影响力、媒体关注度、示范带动作用、政策参考价值以及社会贡献度等维度，对案例进行多层次分析，避免了传统评审过程中单一维度评分带来的局限性，确保了案例评估的全面性与公正性。该智慧模型作为教育领域大模型应用的创新实践典范成功入选2024世界人工智能大会发布的《2024大模型典型示范应用案例集》。

图1 典型案例智慧模型入选《2024大模型典型示范应用案例集》

典型案例智慧模型基于大语言模型的技术能力，能够在处理复杂文本和数据时，快速识别出案例的关键特征。通过多源数据的分析，智慧模型能够自动判断案例的整体表现，尤其是在影响力、传播度和政策借鉴价值等方面的具体作用，从而更加精准地识别出那些对社会、教育体系和政策制定等产生重大影响的案例。

具体而言，长三角教育现代化典型案例影响力是指在长三角地区推进教育现代化过程中，某一具体案例对社会、教育体系、政策制定、媒体传播以及社会效益等多个方面产生的综合性、可衡量的积极作用和示范效果，具体包含社会影响力、媒体关注、示范带动作用、政策参考价值以及社会贡献度5个维度。

图 2　典型案例影响力的评价维度

1. 社会影响力

案例的社会影响力指该案例对社会产生的实际影响和引发的反响,包括公众的关注度、参与度和认可度。从以下角度进行评估:

➢ 案例是否引起了广泛的社会关注和讨论?

➢ 案例推广和实施是否影响了相当数量的学校、师生和家长?

➢ 案例是否对推动本地区乃至更大范围的教育改革产生了积极影响?

2. 媒体关注度

案例的媒体关注度指该案例在传统媒体和新媒体上被报道和讨论的频率和深度。从以下角度进行评估:

➢ 案例是否被主流权威媒体,如《新闻联播》《人民日报》《光明日报》《中国教育报》等作大量报道?

➢ 报道的频率、版面、热度如何?

➢ 除传统媒体外,是否也在新媒体平台上获得了高度关注?

3. 示范带动作用

案例的示范带动作用是指该案例在教育领域的创新性和可复制性,是否能作为其他地区或学校的典型经验进行推广。从以下角度进行评估:

➢ 案例做法是否在本地区内有很好的示范和带动作用,催生了类似做法?

➢ 是否对其他地区教育改革起到借鉴和推动作用? 有无其他地区效仿的案例?

4. 政策参考价值

案例的政策参考价值指的是该案例对教育政策制定及调整的参考意义和借鉴价值。从以下角度进行评估:

➢ 案例是否被相关政府部门借鉴,为制定教育政策提供了参考?

➢ 是否受到相关政府部门的重点关注,体现了对案例的重视程度?

5. 社会贡献度

案例的社会贡献度指的是该案例在提升社会效益、增强公共服务、促进社会公平等方面的贡献。从以下角度进行评估:

➢ 案例实施是否解决了社会关注的一些教育难题和痛点?

➢ 是否为社会大众更好地获得优质教育资源作出了贡献?

在技术方法与架构方面,此次评审所使用的智慧模型采用了由波形智能联合苏黎世联邦理工大学与浙江大学开发的 Agents 开源智能体架构,能够解决传统人工智能模型在执行复杂任务时容易产生的误差积累问题。具体而言,评审流程中的数据智能采集、智能分析、案例分析、案例评分等多步骤融合任务的每一步都依赖上一步的输出结果。该架构通过一系列自动化控制和反馈机制,确保任务链条的顺畅进行,并减少了错误传播的风险,使其能够在评审过程中保持高度的稳定性与精准性。

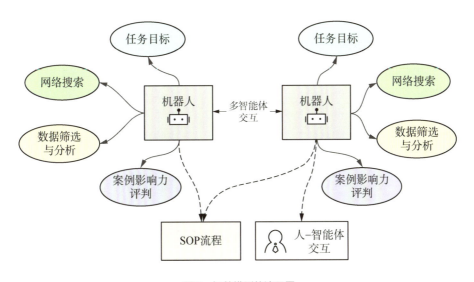

图 3　智慧模型的流程图

二、入围案例分析

为了更好地呈现长三角教育现代化进程中各类典型案例的实践成效和经验启示,本次入围的 100 个案例被分为 7 个主题。

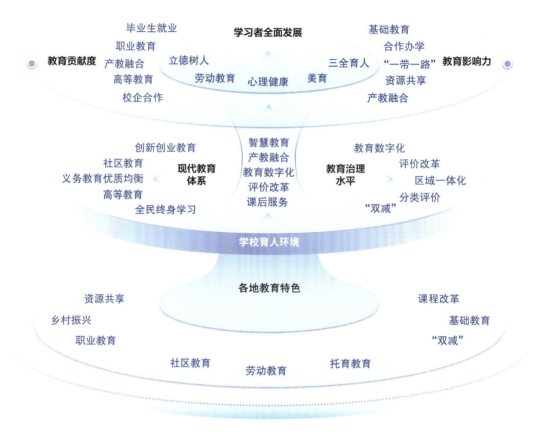

图 4 教育现代化案例主题框架

（一）学习者全面发展

典型案例聚焦于德智体美劳五育并举的推进、心理健康教育的加强，以及创新型人才的培养，全面展示了区域内学校在提升学生综合素质、促进全面发展方面取得的显著成效。

——在推动德智体美劳五育并举方面，学校通过课程改革、实践创新等方式，构建了全方位的育人体系。例如，上海建桥学院通过建立劳动教育基地，推出劳动教育必修课程，促进了学生在日常生活劳动、生产劳动和服务劳动中实践能力的提升，不仅通过劳动教育实践课程培养了学生的责任意识和动手能力，还通过劳动成果展示、志愿服务等活动增强了学生的社会责任感，使劳动教育成为学生全面发展的重要组成部分，推动了新时代劳动教育理念的落实。

——在心理健康教育推进方面，各学校积极构建全覆盖的心理健康服务体系，帮助学生应

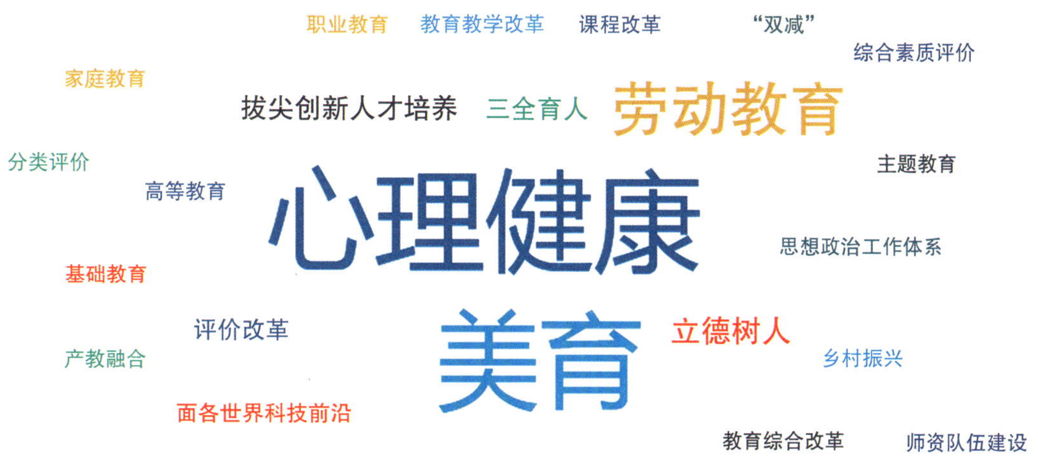

职业教育　教育教学改革　课程改革　"双减"　综合素质评价

家庭教育　拔尖创新人才培养　三全育人　劳动教育

分类评价　高等教育　主题教育

心理健康

基础教育　思想政治工作体系

评价改革　美育　立德树人　乡村振兴

产教融合

面各世界科技前沿　教育综合改革　师资队伍建设

图5　"学习者全面发展"关键词

对成长中的心理挑战。南京晓庄学院的"陶老师工作站"通过32年的发展,构建了以热线、面询、网络咨询为核心的心理援助平台,为中小学生提供心理健康咨询服务。协同育人模式不仅帮助学生解决了心理健康问题,还通过与家庭、社区、学校等多方协同合作,推动了心理健康教育的全方位发展,这一探索成为区域内乃至全国心理健康教育的标杆。

——在拔尖创新人才培养方面,南京大学物理学科实施"全程贯通式'国家实验室实验班'"的创新模式,成功探索出了一条本硕博贯通的人才培养路径。通过八年制的培养体系,学校将理论学习与科研实践相结合,培养了一批具有国际视野和家国情怀的物理学拔尖人才,不仅推动了学术型人才的培养模式改革,也为基础学科的长期发展奠定了坚实基础。

整体而言,长三角地区学校在学习者全面发展的过程中,形成了课程教学、实践创新、心理健康支持和拔尖人才培养相结合的综合育人模式。通过这些多元化的教育实践,学生的学业、心理、社会责任感以及创新能力得到了全面提升,标志着区域教育现代化的不断深化和推进,为区域乃至全国教育改革提供了宝贵经验和借鉴。

(二)学校育人环境

典型案例围绕学校育人环境的优化与提升,重点展示了通过智能技术应用、产教融合、课程改革等举措,推动学校育人环境现代化发展的成效。

——智能教育与数字化转型是提升学校育人环境的关键举措之一。以华东师范大学为例,学校通过大数据、人工智能等技术,全面推进教育数字化转型,打造智能教育研究与应用的高地。通过实施"数智跃升计划",构建数智驱动的进阶式卓越课程体系,并且联合国内外顶尖企业与科研机构,推动智能教育技术的应用与转化,如"'小花狮'作文智能辅导系统"和"东巴文智能识别系统",这些创新项目不仅提升了学生的学习体验,还推动了学校育人环境的全方

图6 "学校育人环境"关键词

位数字化升级。

——产教融合与创新环境也是学校育人环境优化的重要方向。上海电子信息职业技术学院通过完善集团运行机制,推动了职业教育一体化协同发展。学校积极发挥长三角电子信息职业教育集团的牵头作用,建立了"战略共同体、育人共同体、创新共同体、数智共同体"四维一体的合作机制,形成了产学研一体化的创新育人环境,全面提升了学生的职业素养与实践能力。学校通过校企合作,推动了科研成果的转化与应用,为学生创造了接触最新产业技术的机会,增强了学校的育人功能。

——城乡融合与教育公平是促进学校育人环境普惠的重要实践。在杭州萧山区,教育部门通过打造数智教育新场景,推进"三大新基建",实现了城乡教育资源的均衡发展;通过"云平台""同步课堂"和"互联网＋义务教育"等工程,城乡学校实现了网络化教学和资源共享,推动了区域内的教育公平与均衡发展;创新的"六条跑道"和"五大工程"帮助学校优化教学机制,提升了教学质量,创造了更加公平、优质的育人环境。

整体而言,长三角地区不仅通过技术创新和资源整合提升了学校育人环境,而且通过产教融合、城乡协同等多项措施构建了更加现代化、智能化和公平化的教育生态,为区域内外学校育人环境的优化提供了宝贵的经验与启示。

(三)现代教育体系

典型案例重点展示了通过教育、科技、人才"三位一体"推进世界一流大学建设的具体实践,以及在义务教育优质均衡发展、高职教育创新等方面的成就,展现了区域内学校在教育体系建设中的创新实践,推动了教育现代化的不断深化。

——在推进世界一流大学建设方面,浙江大学通过"三位一体"的发展模式,强化教育、科

图7 "现代教育体系"关键词

技、人才的基础性支撑作用,探索出了一条建设中国特色、世界一流大学的新路。通过科教融合、产教贯通等方式,学校大力培养拔尖创新人才,优化科研平台和创新生态,取得了卓越的学科建设和人才培养成效。例如,浙江大学的"启真问学"创新平台以及"领航人才培养计划",不仅为学生提供了全链条的科教资源保障,还通过创新型人才培养模式,推动了高质量的科技创新。

——在义务教育优质均衡发展方面,上海市嘉定区教育局通过资源优化和区域协同等多项措施,构建了优质均衡发展的义务教育体系。案例展示了如何通过改善教育资源配置、加快学校建设、提升教学质量等方式,促进城乡教育的平衡发展。例如,嘉定区的"数字嘉教育"项目,通过智能化技术,提升了学校的教学管理水平和课堂质量,进一步缩小了城乡校际差距。

——在职业教育与产教融合创新方面,南京机电职业技术学院通过航天特色创新教育,展示了高职教育如何融入国家航天战略。学校通过"创客校园"建设和"灯塔工程"项目,培养了大批适应航天产业需求的技术技能人才;通过与行业龙头企业的深入合作,学校实现了教育与产业的深度融合,推动了高职教育的现代化。

整体来看,这些案例展示了区域内学校在推进现代教育体系建设中的多样化探索和成效,各类教育体系的建设不仅提升了教育质量,还通过产教融合和科技创新,为社会输送了大批创新型人才,推动了教育现代化的深入发展。

（四）教育治理水平

教育治理水平的提升直接关系到基础教育体系的优化、教育生态的完善和育人格局的全面发展。近年来,长三角地区通过一系列治理措施和系统工程的持续推进,显著提升了教育治理能力与体系的现代化水平,增强了教育治理效能,促进了多元参与和依法治教,推动了共建共享,强化了教育经费保障机制,共同推动了区域内教育质量的整体提升,为培养适应现代社会需求的人才创造了良好的条件。

图8 "教育治理水平"关键词

——在教育治理能力与体系现代化方面,区域内通过实施教育信息化建设和优化治理结构,显著提高了教育决策的科学性和教育资源的合理配置能力。例如,常州工程职业技术学院积极推进教育治理现代化,通过数字化转型和内部控制的融合,大幅提升了教育管理的效率和质量。这些现代化手段使教育治理更加精准和高效,确保了教育系统的可持续发展。

——在教育治理效能方面,各地通过加强教育监管和绩效评估,显著提高了教育政策的执行能力和响应速度。例如,合肥市在校外培训治理方面的深化改革,有效减轻了学生的课外负担,提升了教育治理的实际效果。通过这些措施,教育治理不仅变得更加有效,还在一定程度上缓解了社会的教育焦虑,提升了教育的公信力。

——在推进多元参与、依法治教、共建共享方面,区域内积极倡导社会各界参与教育治理,增强了教育的公共参与感和透明度。例如,南通市通过初中集团化办学,成功打破了学校之间的多层壁垒,促进了教育资源的均衡分配和优质教育的普及,不仅增强了教育的公平性,也为其他地区的教育治理提供了可借鉴的经验。

——在加强教育经费保障方面,各地通过提高教育投入和优化资金使用效率,确保了教育质量的持续提升和教育公平性。例如,杭州市教育局通过"四纲四纽"策略,强化了教育基础设施建设和师资力量建设,有效支持了基础教育的高质量发展。这些经费保障措施确保了教育系统能够获得足够的资源支持,从而维持其长期稳定的发展。

长三角地区的教育治理实践不仅提升了教育系统的整体效能,也促进了教育资源的公平分配和有效利用,为区域内教育的高质量发展提供了坚实的保障。教育治理水平的提升不仅仅是对现有资源的优化配置,更是对未来教育发展的前瞻性布局,为培养适应现代社会需求的多元化人才打下了坚实的基础。

(五)教育贡献度

教育贡献度的提升,是长三角地区在推进教育现代化和深化教育改革过程中取得的重要成果。通过实施多样化和特色化的改革策略,各地教育系统显著提高了教育的整体贡献度。相关案例不仅致力于提高教育质量和效率,还强调教育的公平性和普及性,实现了教育资源的优化配置和有效利用。

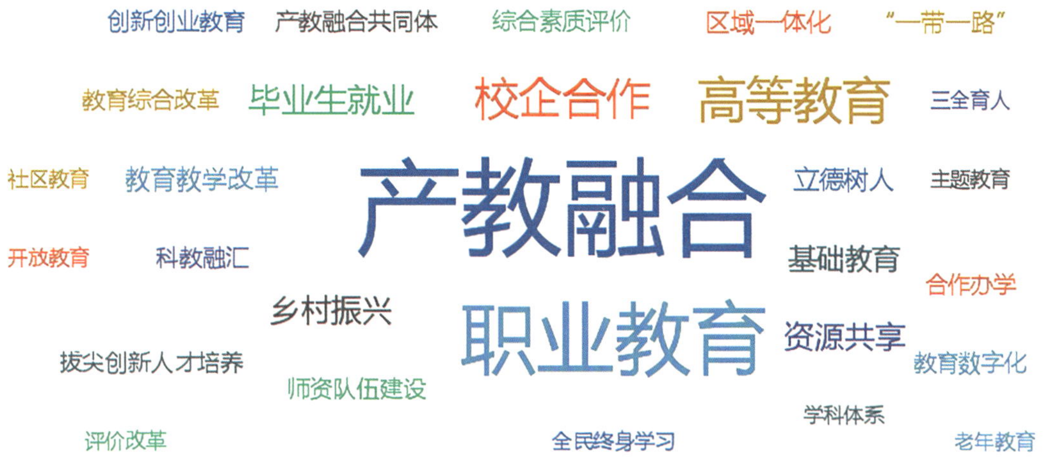

创新创业教育　产教融合共同体　综合素质评价　区域一体化　"一带一路"

教育综合改革　毕业生就业　校企合作　高等教育　三全育人

社区教育　教育教学改革　产教融合　立德树人　主题教育

开放教育　科教融汇　基础教育　合作办学

乡村振兴　职业教育　资源共享　教育数字化

拔尖创新人才培养　师资队伍建设　学科体系　老年教育

评价改革　全民终身学习

图9 "教育贡献度"关键词

——在提升人才培养适应性方面,各地通过优化课程设置和教学方法,强化与产业需求的紧密对接,提高了教育系统的灵活性和响应速度。例如,安徽工程大学针对地方产业的实际需求,实施了个性化的人才培养改革,特别是增设了新能源、人工智能等前沿专业,这不仅提升了学生的自主学习和实践能力,也增强了他们在新兴领域的竞争力。这种以市场需求为导向的人才培养模式,确保了教育能够为社会和经济发展提供精准的人才支持。

——在创新与服务基础能力方面,各高校通过建立产学研平台,强化科研与教学的互动,推动了知识的创新与应用。例如,南京工程学院通过与行业企业合作,实施"两接两提"改革,大幅提升了学生的创新能力和实际操作能力。这种深度融合的教育模式,使学生在学习过程中能够更直接地应用所学知识,增强了他们的实践能力和创新意识,推动了知识向生产力的转化。

——在人力资源开发方面,各地通过校企合作、实习实训基地建设等措施,提升了学生的职业技能和就业竞争力。例如,上海高校通过与企业的紧密合作,推动教育与产业的深度融合,显著提高了学生的职业适应性和技术水平。这样的合作模式不仅帮助学生获得了更为实际的工作经验,还促进了他们在职业市场中的竞争力,使他们能够更好地适应快速变化的产业需求。

——在基础教育满意度方面,各地通过引入国际教育资源和改革学校管理体制,提高了教育质量和国际化水平。例如,浙江省通过与国际学校合作,引进先进的教育理念和教学方法,显著提升了学生的国际竞争力。这种国际化教育模式,不仅拓宽了学生的全球视野,也提升了区域内基础教育的整体满意度,确保学生在全球化背景下能够具有更强的竞争力和适应力。

通过优化课程、深化产学研合作、推动校企融合等措施,区域内的教育系统展现了强大的适应性和创新力,为区域经济的可持续发展提供了坚实的人才基础和智力支持,不仅标志着区域教育水平的显著提升,也为全国教育改革提供了宝贵的经验和借鉴。

(六) 教育影响力

在提升教育影响力方面,长三角地区通过多样化的教育合作模式和创新发展策略,成功推动了教育质量的提升和资源的均衡配置。通过加强教育国际交流合作和区域教育一体化发展等关键举措,形成了丰富多样的教育模式,促进了教育的全面进步。

图 10 "教育影响力"关键词

——在教育国际交流合作方面,区域内的教育机构通过增强跨国界的教育资源共享和人才培养,有效提升了教育体系的国际化水平。例如,南京铁道职业技术学院通过与多个国家建立教育合作关系,推动了高铁技术和教育资源的国际化,不仅使国内的教育模式与国际标准接轨,还大大提高了本土人才的国际竞争力。这种国际交流合作的模式,不仅拓宽了学生的全球视野,也增强了教育体系的多元化和开放性。

——在区域教育一体化发展方面,长三角地区通过强调教育资源在更广泛区域内的均衡分配和高效利用,推动了教育的一体化进程。宿州市教育体育局通过推进义务教育集团化改革,借助集团化办学模式,实现了教育资源的优化配置和教育服务的地域均衡,有效缩小了城乡、学校之间的教育差距,显著提高了教育的整体质量,确保了每个学生都能享有优质的教育资源。

——在教育质量的提升和教师队伍的建设方面,区域内的教育机构通过实施高标准的教育改革和师资培养机制,显著提升了教育质量。例如,东南大学开展的"卓越工程师"培养计划,采用"校企共建"模式,强化了企业在教育过程中的作用,通过实际工程案例增强学生的实践能力和创新思维。以实际需求为导向的教育模式,不仅提高了学生的就业竞争力,也提升了教育的应用性和实用性。

——在利用技术和创新推动教育现代化方面,江苏理工学院在长三角地区通过构建"新职师"教育共同体和使用混合教学模式(线上线下结合),增强了教育的互动性和可访问性,大大提高了教育质量。技术驱动的教育现代化进程,不仅提升了教育的覆盖率和质量,也使教育更加灵活和适应现代社会的需求。

通过这些多层次、多维度的教育策略,长三角地区不仅提升了教育的覆盖率和质量,也增强了社会对教育公平性和可获取性的认可。实践案例显示,综合应用国际资源和区域合作策略,能够显著推动教育系统的创新和发展,实现教育公平与质量的双重提升。

(七)各地教育特色

各地在教育改革和发展中,通过充分挖掘和发挥自身优势,积极扬长避短,形成了各具特色的教育模式,为全国的教育改革与发展提供了宝贵的经验和示范;通过创新的教育模式、科技应用、地方特色的课程开发以及针对性的补短板措施,为提高教育质量和实现教育公平奠定了坚实基础。

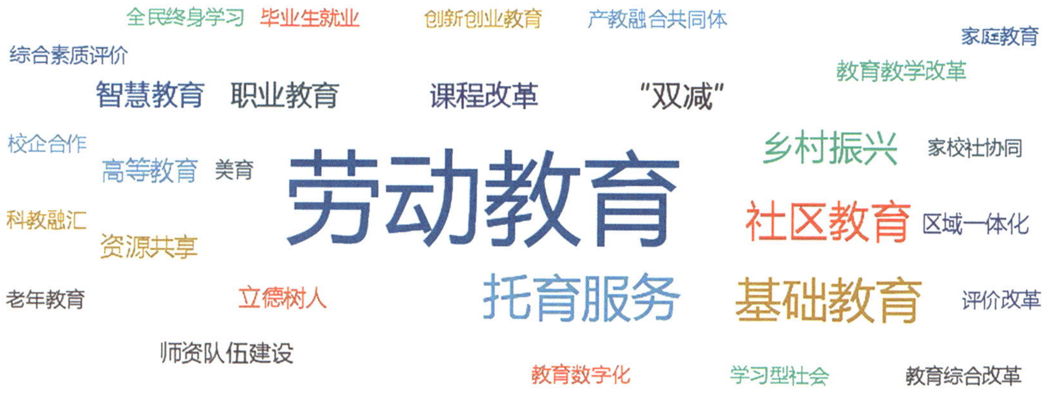

图 11 "各地教育特色"关键词

——在强优势方面,多地充分发挥自身在教育改革中的独特优势,通过创新的教育模式和先进的科技应用,推动教育质量的全面提升。例如,蚌埠市教育局利用人工智能技术,显著提升了教学效率和教师智能研修的效果,推动了智能教育的发展。以科技为引领的教育改革,不仅提高了教学质量,还为其他地区提供了教育信息化的有益经验。

——在扬特色方面,各地根据自身的历史文化和资源禀赋,发展了具有地方特色的教育项目和课程。例如,安徽省教育厅师资处和安徽省教师发展中心通过跨省合作,增强了校长和教师的培训与交流,促进了地方教育资源的优化配置和专业技能的提升。具有地方特色的教育举措,不仅丰富了学生的学习体验,也为其他地区提供了因地制宜发展的示范。

——在补短板方面,各地通过实施针对性的措施,解决了教育发展中的短板问题。合肥市瑶海区教育体育局通过实施"1135"劳动教育高质量发展体系,强化了劳动教育的实践效果,优化了教师培训和资源配置,不仅弥补了劳动教育的薄弱环节,也提升了学生的实践能力和综合素质,为区域教育质量的均衡发展提供了有力支持。

——在展方向方面,各地积极探索未来教育发展的新路径,为教育系统的长远发展提供了明确的指导和支持。例如,南京理工大学通过加强校企合作,推动产学研深度融合,拓宽了教育发展的新方向。以产业需求为导向的教育模式,不仅推动了教育与经济的紧密结合,也为其他高校提供了教育改革的参考方向。

总的来说,长三角地区通过强优势、扬特色、补短板和展方向等多方面的努力,形成了多样化的教育改革路径,不仅提高了区域内教育的质量和公平性,也为全国其他地区提供了宝贵的经验和借鉴。

三、长三角教育现代化的经验与启示

作为我国区域教育现代化的先行者和排头兵,三省一市承担的一系列国家教育改革创新试验项目取得了显著成效,在推进教育现代化过程中积累了许多可复制、可推广的成功经验,在引领示范其他战略区域方面发挥了重要的辐射带动作用,为区域协调高质量发展注入了新的动力与活力。

(一)区域协同推进是关键

长三角教育现代化的成功经验表明,跨区域协同机制能够有效打破行政壁垒,推动教育资源的优化配置。区域协同不仅提升了教育治理的效率,还实现了教育政策的统一部署和标准化管理。推进教育现代化需要多区域、多部门之间建立协同治理体系,形成合力,共同推动教育现代化目标的实现。

(二)教育数字化转型是教育现代化的重要支撑

现代化教育体系的建设离不开信息技术的支撑。长三角地区通过信息化和数字化手段提升了教学、管理和评估的效率,为教育改革提供了强有力的技术支持。教育现代化必须加快推进教育信息化和数字化转型,实现智慧化管理和教学,提升教育质量和资源利用率。

（三）多元主体参与是教育治理现代化的重要保障

教育现代化的推进不仅依赖于政府的政策支持，还需要社会各界的广泛参与。长三角地区积极推动政府、学校、企业和社会组织的协同合作，促进了教育资源的共享和教育公平的实现。建立多元参与机制，调动各方积极性，是提升教育治理水平、实现优质教育资源普及的有效途径。

（四）教育优质均衡是教育现代化的基础

教育公平是实现教育现代化的重要基石。长三角地区通过多种方式确保城乡和区域间教育资源的均衡配置，推动了教育公平发展。推进教育现代化必须始终坚持教育资源的公平分配，特别是加大对薄弱地区和学校的资源支持，缩小区域教育差距。

（五）教育经费保障是推动教育现代化的必要条件

充足的教育经费投入是保障教育现代化的重要基础。长三角地区在推进教育现代化的过程中，通过优化教育经费的分配和使用，提高了教育资源的供给效率。教育现代化的实现需要持续加大教育投入，确保资金使用的透明性和有效性，进一步支持教育基础设施、师资队伍等关键领域的建设。

（六）国际化视野与合作是提升教育质量的战略选择

在长三角地区教育现代化的推进过程中，注重教育的国际化发展，通过引进国际先进教育理念和加强对外合作，提升了区域教育的全球竞争力。教育现代化不仅需要立足本国实际，还要放眼全球，通过国际化合作与交流，提升教育质量，培养具有国际视野的人才。

四、未来展望与总结

典型案例是长三角教育现代化监测评估的重要内容之一。教育部部长怀进鹏在首届中国案例建设国际研讨会上强调，案例是丰富全球治理理论、改革教育教学理念、繁荣国际学术交流的重要载体，中国特色案例建设具有重要的学术价值、教育价值、时代价值和世界价值。本书汇编的长三角教育现代化典型案例，系统展示了区域内在教育改革和发展中的创新实践与成功经验。作为全国教育现代化的重要参考资料，这些案例不仅为教育政策制定者、教育工作者以及研究者提供了宝贵的实证素材，也为全国各地推进教育现代化提供了切实可行的操作指南。本书的出版具有重要的指导意义，它将为各地区在应对教育改革挑战、提升教育质量和公平性方面提供有力支持，推动全国教育现代化的进程。

长三角地区作为中国教育现代化的先行区，其成功经验不仅对本地区的教育现代化具有深远影响，也为教育强国建设提供了宝贵的参考。展望未来，长三角地区将继续发挥其在教育现代化中的引领作用，致力于打造高质量的教育体系，为教育强国建设作出新的贡献。

篇章一

学习者全面发展

案例1 全程贯通式"国家实验室实验班"物理学拔尖创新人才培养模式探索与实践

申报单位：南京大学
案例主题：学习者全面发展

一、案例背景

基础学科是我国科技创新发展的源泉、先导和基石，培养基础学科拔尖创新人才是高等教育强国建设的重大战略任务。基于对基础学科建设和基础学科人才培养迫切性的深刻认识，教育部及各相关单位近年来在加强基础学科人才培养方面做了一系列探索。

南京大学物理学科秉承"拔尖人才中国育"的理念，依托学校"三三制"本科培养模式改革及"四三三"博士生培养模式改革，以立德树人为中心，以课程贯通、导师贯通、培养贯通为抓手，提出了本硕博连读的全程贯通式"国家实验室实验班"物理学拔尖创新人才培养模式。该班于2009年正式创建，以面向世界科技前沿和国家重大需求的研究生培养为目标，持续探索和实践本硕博贯通培养研究生的新模式。在十余年的积极探索和实践中，主动思考、积极谋划，不断完善基础学科拔尖人才培养中课业与专业的贯通、培养机制的贯通以及专业培养与思政教育的贯通，培养了一批有志于从事基础科学研究的青年学者。

学校以该项实践为基础申报的"全程贯通式'国家实验室实验班'物理学拔尖创新人才培养模式探索与实践"项目荣获"2022年高等教育（研究生）国家级教学成果奖"一等奖。

二、主要做法

（一）多措并举解决三大教学难题

1. 优化培养体系，解决本硕博培养阶段割裂的问题

实验班设计了八年学制：学习遴选（1—2年级）、选择发展（3—4年级）、研究提升（5—8年级）。在思想建设上，贯穿科学家精神的培养，组建荣誉班级，组织编撰《程开甲在南大》《南大物理百年——口述史》，用朋辈研讨等活动实现集体进步。在能力培养上，开设33门本研贯通课程和实施18项创新实验研究，形成了知识传授与能力培养并重的基础课程体系；安排学生在多个课题组开展科研实践，逐步明确发展方向，实现从学习者到研究者的转变。

2. 依托优质资源,解决国家重大科研资源与人才培养融合的问题

以优秀导师的言传身教传达科学行为规范和科学家精神,安排实验室青年归国学者担任生涯导师,引导学生"心系国家事、肩扛国家责"。依托国家实验室学术资源,由学生组织五校联盟博士生论坛等,开阔学术视野。由资深科学家担任核心课程主讲教师,有 24 门课程被评为江苏省和南京大学优质研究生课程,部分教材获评首届全国教材建设奖一等奖和入选高等教育国家级规划教材等。实验室安排百余名国家级高层次人才担任实验班学术导师,引导学生在完成国家重大科研任务中发挥主力军作用,培养新时代的物理学领军人才。

3. 评测动态多元,解决学生服务国家使命感不强和投身基础学科自我驱动力不足的问题

打破传统导师一对一固定制,允许研究生在导师课题组间流动和开展科研训练,利用国家实验室中多学科资源交叉的优势,让学生选择最适合自身成长的土壤。破除唯成绩、唯论文的单一标准考评,开展以能力培养为导向的活动,关注和遴选特长鲜明的学生。根据学生的评估表现,调整课程和研究计划,帮助学生扬长补短、全面发展,培养适应时代发展的拔尖创新人才。

(二)三大创新驱动学科高质量发展

1. 培养架构创新:实施八年制本硕博贯通物理学拔尖人才培养体系

基于本硕博贯通培养制,从思政培养、课程体系、教学资源、培养手段和转段贯通等方面进行全过程顶层设计。弹性学制释放了学生学习的主动性,专注研究能力培养保证了人才质量。

2. 资源整合创新:融合国家实验室等科研力量,培养爱国敬业的科研后备军

组建学生班级贯穿培养全阶段,实验室科学家全程陪伴学生成长。以国家实验室和国家科研任务为支撑,推动国际学科前沿和创新意识进课堂、进教材。研究生在多学科交叉的物质科学研究平台上发挥创新热情,在国家科研项目研究中逐步成长,在与国家级高层次人才的思维碰撞中培养创新能力。

3. 手段举措创新:实施师生动态适配和多元评价

配置多类型导师,实现多对一的教育和引导。打破传统导师固定制,激活学生规划未来的自主性。不以传统课业成绩和论文发表为唯一标准,创设能力评测手段,关注特长鲜明和创新能力突出的学生。根据动态评测,灵活调整学习和培养的方案,真正发挥评价的积极作用,提升人才培养的针对性和资源配置效率。

三、取得成效

"国家实验室实验班"物理学拔尖创新人才培养模式持续探索国家科学平台与拔尖人才培养相融合的机制和方法,尝试解决拔尖人才培养中研学融合、管理机制、评价改革以及德才兼顾等多个问题。经过多年教学实践,培养了一批家国情怀浓厚、学术水平精湛的优秀人才。

自创建以来，"国家实验室实验班"已经培养出百余名优秀博士。据统计，第一届"实验班"中物理学院的27名学生，近一半只用4年就取得了博士学位，3名学生的论文获评江苏省优秀博士生毕业论文，远高于普通培养模式的数据。目前，从"实验班"毕业的大部分学生均从事与学科相关的工作。以第一届"实验班"为例，毕业生中有近一半在南京大学、西安交通大学、加州大学河滨分校、慕尼黑大学等国内外一流大学工作。

四、经验启示

通过全程贯通式"国家实验室实验班"物理学拔尖创新人才培养模式的探索与实践，南京大学培养了一批具有家国情怀和科学家潜质的青年创新人才，对"强基计划"的实施具有重要的示范引领作用。

一是坚持立德树人根本任务。挖掘本学科"两弹一星"等科学家事迹，贯通思政教育，强师铸魂，增强师生"肩扛国家责"的使命感，培养有志于服务国家重大需求的拔尖创新人才。二是构建科教融汇的体制机制。依托国家实验室面向国际科学前沿和国家重大需求专项任务，汇聚最优秀的一线师资，强化科教深度融汇，营造师生从游、创新人才蓬勃而出的良好环境。三是推进教育范式创新。实践师生动态适配和多元评价等方式，在选拔、评价人才方面坚决破"五唯"，着力打造本硕博贯通的长周期人才自主培养体系。

案例 2 坚持铸魂育人 着力建设"大思政课"整体试验区

申报单位：华东师范大学
案例主题：学习者全面发展

一、案例背景

习近平总书记指出，思政课是落实立德树人根本任务的关键课程，要把统筹推进大中小学思政课一体化建设作为一项重要工程，推动思政课建设内涵式发展。党的二十大报告强调，要用社会主义核心价值观铸魂育人，完善思想政治工作体系。上海市也高度重视"大思政课"建设工作，将其纳入教育部-上海市全面深化教育综合改革框架体系。华东师范大学深入贯彻中央和上海市的部署要求，紧紧围绕落实立德树人根本任务，系统推进"大思政课"建设，着力打造"大思政课"建设整体试验区，努力为国家和社会发展培育堪当民族复兴重任的时代新人。

二、主要做法

（一）建强关键阵地，用好课堂教学"主渠道"

学校抓实"关键课程"，将思政课建设列入学校规划编制，集全校之力协同推进思政课建设。开好习近平新时代中国特色社会主义思想概论课，推进"习近平总书记教育重要论述""习近平总书记党建重要思想"等课程建设。发挥全国重点马克思主义学院优势，依托习近平新时代中国特色社会主义思想研究中心华东师范大学研究基地、高校中国共产党伟大建党精神研究中心华东师范大学分中心等平台，不断深化党的创新理论研究阐释，为思政课赋能。通过实施思政课创优行动计划，重点建设"中国系列"思政选修课课程群，着力打造国家级一流本科课程、思政课示范"金课"。深化课程思政建设，实现课程思政覆盖所有类型课程。策划编辑"华东师范大学课程思政研究丛书"，包括案例集共 12 本，承担教育部体育、地理教指委委托研制课程思政指南任务，为课程思政高质量发展提供有效支撑。

（二）抓好师资队伍，塑造铸魂育人"大先生"

学校搭建"学段融合＋分层递进"的培养培训体系，实施思政课教师全员培训、教学骨干能力提升、拔尖人才专项培养等计划。通过发挥优势学科资源和研究力量，组建跨学科专家团队，不断增强"关键队伍"的教研合力，为高质量推进课程思政建设提供精准指导。通过打造孟宪承、刘佛年、陈彪如等知名学者学术成就陈列馆,出版《师魂》《文脉》等系列图书,不断激励、带动教师自觉担当为人为师为学的使命。支持辅导员专业化成长,完善分类选聘、发展培养、考核管理等,分阶段规划辅导员队伍发展,支撑思想政治教育提质增效。实施"师范教育协同提质计划",面向丽江师专等5所团组高校打造课程思政"金课"建设工作坊,创建10个"立德树人教师团队"。

(三)探索协同育人,深耕大中小学"一体化"

学校率先探索大中小学思政课一体化建设,获批教育部大中小学思政课一体化共同体上海市牵头高校。连续五年举办"讲台上的新思想"上海市大中小学思政课一体化建设教学观摩系列活动,持续构建大中小学思政课"共学、共研、共教"的教学观摩常态化工作机制。主办"第三届大中小学思政课一体化建设学术研讨会暨长三角大中小学思政课一体化建设论坛",连续举办"大中小学思想政治理论课一体化建设研讨会",为思政课教学创新发展凝聚共识。搭建辐射长三角的"上海大中小学思政课一体化建设教师实训基地""思政课教师教学能力培育实验室"等平台,创新思政课教师实训方式。与附属中小学共同实施"大中小学思政课一体化建设教育集团"建设计划,形成一批德育课程实施示范学校、示范课堂。出版全国首个大中小学思政课一体化建设教学观摩音像制品以及"大中小学思政课一体化建设丛书",发布国内首个《大中小学思政课一体化建设发展报告(2022)》,在全国形成突出示范效应。

(四)融合思政资源,开拓学思践悟"新天地"

作为上海市首批4个"大思政课"建设整体试验区之一,学校与4个教育部"大思政课"实践教学基地结对共建,与中共一大纪念馆、中共二大纪念馆、上海革命历史博物馆等场馆共建"大思政课"现场教学点,高质量拓展红色教育资源,引导青年学生坚定听党话、跟党走。千余支大学生社会实践队伍接续奔赴全国各地、深入基层一线,开展乡村振兴、城市治理、教育扶贫等实践活动。连续三年实施"教育筑梦"计划,支持奋斗在边远地区的基础教育校友实现教育梦,已惠及全国21个省区市的3万余名师生。开展"乡村教师博爱成长行动",已对54个欠发达区县的2100余名小学教师开展教育帮扶。开发"第二课堂"学生数字化成长档案平台,围绕学生"双创"、社会实践等内容,全景描述学生成长过程和素养达成情况。牵头成立长三角高校书院联盟,联动13所高校持续开展长三角"书院开放日"互访交流计划,不断互鉴融合思政工作创新经验。

三、取得成效

学校在系统推进"大思政课"建设的过程中取得了以下成效。一是通过思政课创优行动,"中国智慧""马克思主义基本原理"入选国家级一流本科课程,5门课程入选教育部思政课示范"金课","华东师范大学思政课 以真理育人心"获央视《新闻联播》专题报道。二是入选教育部首批"课程思政教学研究示范中心"、上海市课程思政整体改革领航高校;4门课程及主讲团队入选首批教育部课程思政示范项目,39个项目入选上海市课程思政示范项目。三是作为教育部大中小学思政课一体化共同体上海市牵头高校,不断推动大中小学思政课一体化建设实践,先后荣获上海市教学成果特等奖、国家级教学成果二等奖。四是作为上海首批"大思政课"建设整体试验区,把社会实践、区域化党建、创新创业等资源更好地转化为"大思政课"的育人资源,一线创新实践不断涌现良好工作局面,学校思政实践项目三次入选教育部"高校思想政治工作精品项目"。五是学校创建培育两批21个校级"立德树人教师团队",团队建设经验获首批新时代上海学校教师思政和师德师风建设典型工作案例,3个教师团队先后入选"全国高校黄大年式教师团队",践行教育家精神的"大思政课"优质队伍不断壮大。

四、经验启示

学校在着力打造"大思政课"建设整体试验区的过程中,主要形成了以下经验。一是加强党对"大思政课"建设的领导。学校党委应当抓住制约工作深化的突出问题,在工作格局、队伍建设、支持保障等方面采取有效措施。为此,华东师大成立由校党委书记、校长共同担任组长的思政工作领导小组,主要领导还带头走进课堂,带头推动思政课建设。二是建好"大思政课"关键在教师。必须增强教师参与思政工作的认同感、荣誉感、责任感,要深化教师评价改革,持续加强马克思主义理论学科建设,不断为思政课教师队伍输送高水平人才。三是坚持改革创新。要把统筹推进大中小学思政课一体化建设作为一项重要工程,坚持问题导向和目标导向相结合,坚持守正和创新相统一。努力开门办思政,把思政小课堂同社会大课堂结合起来,在理论和实践的结合中,教育引导学生把人生抱负落实到脚踏实地的实际行动中,把学习奋斗的具体目标同民族复兴的伟大愿景结合起来,立鸿鹄志,做奋斗者。

图1 华东师范大学入选上海首批4个"大思政课"建设整体试验区

图 2　华东师范大学连续五年开展"同上一堂思政课"主题教学展示活动

案例3 促进未成年人心理健康的协同育人典范——陶老师工作站32年探索与实践

申报单位：南京晓庄学院
案例主题：学习者全面发展

一、案例背景

未成年人心理健康事关民族未来和家庭幸福。2019年，《健康中国行动——儿童青少年心理健康行动方案（2019—2022年）》印发，要求通过多项行动促进儿童青少年心理健康和全面素质发展。2023年，教育部等十七部门印发《全面加强和改进新时代学生心理健康工作专项行动计划（2023—2025年）》，深入贯彻党的二十大精神，贯彻落实《中国教育现代化2035》《国务院关于实施健康中国行动的意见》，全面加强和改进新时代学生心理健康工作。陶老师工作站是在中央文明办、省市文明办的关心支持下，由南京市教育局主办、南京晓庄学院承办的为中小学生提供心理健康服务的公益性机构。自1992年创建以来，传承陶行知"爱满天下"精神，构建未成年人心理健康协同育人体系，守护南京近120万中小学生的精神家园，赢得了人民群众的广泛赞誉。特别是近年来，工作站贯彻习近平总书记"促进未成年人心理健康"指示精神，为解决我国未成年人心理健康问题低龄化、复杂化困境提供了可鉴路径。

二、主要做法

（一）秉承"爱满天下"精神，以仁爱之心做好心理健康工作

陶老师工作站始终以陶行知先生的"爱满天下"精神为指引，认真贯彻习近平总书记关于未成年人心理健康的重要指示批示精神。从走廊一角12平方米的办公室，到2500平方米独立楼宇、功能齐全的工作站；从一部谈心电话到服务全市的心理援助中心，再到引领同行的未成年人心理健康（全国）辅导中心；从一个教研室的7位老师下班后4小时接线，发展至33位大学专职教师、156位中小学兼职志愿者，以陶勑恒老师为代表的一批批站内老师化名为"陶老师"，通过24小时热线服务、面询、网络咨询、新媒体宣传等形式，在知行合一中用爱培育爱、激发爱、传播爱，滋润未成年人的心田。

（二）践行"治未病"理念，以心理预防改进心理健康工作

根据当前中小学生心理健康问题的现状与规律，陶老师工作站转变理念，在做好心理干预

的基础上，逐渐重视心理预防，将流动服务、家长讲堂、科普宣教、夏(冬)令营、开放日等活动作为"治未病"重点推广项目。流动服务采取"陶老师进校园"的模式，为学生和教师送去心理健康相关讲座和团体辅导活动，年均开展20场；每月一期家长讲堂，围绕家长们关注和忧心的话题开展线上直播互动，每期吸引听众3万余人；开展心理科普巡讲活动，进入社区和新时代文明实践站、实践所普及家庭教育与心理健康知识技能，每周一期，已覆盖南京市12个区、60多个街道。针对心理预防活动中反映的集中性、突出性教育问题或社会问题，定期组织开展资政研究，以智库报告形式呈报相关主管部门。

(三)构建"三纵五横"格局，以协同机制创新心理健康工作

陶老师工作站作为校外心理服务的主阵地，已成为区域化的心理健康服务地标和"家门口"的心理辅导站，构建了"三纵五横"的协同育人体系。纵向上，南京市形成三级工作网络：陶老师工作站—各区分站—各中小学心理辅导室。总站负责对分站进行业务指导、队伍培训、案例督导和个案接收转介等。区级分站负责区内业务指导，以及学生和家长校外的心理健康问题求助。学校层面负责心理健康教育课程和活动、心理咨询与辅导等。横向上，形成以陶老师工作站为枢纽，政府、学校、家庭、医院多方协同的工作机制。工作站统筹解决各类问题，校园问题通过官方渠道联系相应学校，家庭问题在危机解除后转入妇联或民政部门，当学生处于精神疾患状态时启动医院转介工作等。据统计，近年来陶老师工作站与公安、妇联、医院系统合作开展危机干预，及时化解了多起危机，救助了200多个孩子。

三、取得成效

陶老师工作站建于1992年，025-96111是全国第一条中小学生心理援助热线。自2004年开始，从一条热线发展成为综合化的心理服务中心。2010年，中央文明办在工作站设立"未成年人心理健康(全国)辅导中心"，并赋予指导协调、业务培训、经验交流三大功能，在全国推广陶老师工作站模式，指导全国未成年人心理健康工作。

陶老师工作站成为集热线、面询、流动服务、危机干预、督导、培训和科学研究等多种功能于一体，立足南京辐射全国的未成年人心理健康公益服务机构。为创建中小学生心理健康服务的城市新模式，南京市教育局在12个区设立了陶老师工作站区级分站，形成了多层次、立体化、覆盖广的市域心理健康服务网络。

工作站工作分为直接服务和间接服务两大系统。直接服务主要采用"7+1"工作模式：24小时热线电话025-96111、QQ咨询、面询、微博、微信、邮箱、流动服务和危机干预，构成一个较为完整的儿童青少年心理健康保健维护系统。间接服务主要是建设服务师资保障系统，包括学校德育心育干部、班主任和学科教师的心理健康教育技能培训；学校专职心理教师、心理辅导师、心理咨询师专业培训和资格认证工作；心理工作志愿者的培训与督导、家庭教育指导师培

训等队伍建设工作。为促进志愿者专业成长,陶老师工作站建立健全系列培训和督导制度,形成了较为规范和较高频次的案例研讨和督导。中国心理学会临床心理学注册工作委员会江苏省督导点中小学分点挂靠在陶老师工作站,具有得天独厚的专业资质认证的条件。

截至目前,陶老师工作站共接待面询5万人次,接听热线20万例,实施危机干预600多例。近年来在危机干预工作方面,工作站与公安系统、妇联系统、民政系统均开展了协同联动的合作关系。陶老师进校园、进社区、进网络、进电台项目上百例,将心理健康的理念与技能广泛传播,并通过微信公众号、服务号、微博开展科普宣教服务。每年接受新华社、《光明日报》、交汇点、中央人民广播电台等新闻媒体教育类、访谈类节目50多次。开放日、家长讲堂、暑期夏令营、科普巡讲等活动面向社会定期开展,每年总服务约50万人。

2018年,陶老师工作站成为南京市六大重点新型智库之一"南京未成年人心理健康研究院",撰写的资政报告多次得到省市领导批示,2022年进入中国智库索引。2019年获得国家社科基金委托项目,研制全国地市级"未成年人心理健康辅导站"建设标准。2022年,获批江苏省教育科学战略性与政策性重大招标课题"关爱中小学生身心健康的支持系统构建研究",研制南京市中小学生心理健康普查工具并在全市推广使用,出版10卷本"南京晓庄学院心理健康教育与研究丛书"。2023年,参与国家心理健康和精神卫生防治中心的青少年心理健康测评工具研制工作,团队专业能力和工作态度受到高度认可,同时参与撰写的决策咨询报告得到了江苏省副省长的肯定性批示。

工作站的工作成效及团队精神受到社会各界的高度肯定和广泛赞誉,曾获得全国党建工作样板支部、全国未成年人思想道德建设工作先进单位、全国优秀志愿服务组织、全省未成年人思想道德建设工作创新品牌等荣誉称号50多项。连续多年被中国心理学会评定为"专业可靠的中国心理热线"。

四、经验启示

陶老师工作站开展未成年人心理健康服务,积极响应国家重大战略需求,根本在于回答时代之问、解决社会之需。这项工作理论上需要在政府主导下形成学校、家庭、医院、社区和社会等各方力量多元镶嵌、协同联动的心理健康服务共同体,在实践中的落实离不开科学的顶层设计和规划、专业的研究队伍和服务人才、创新的协同理念和机制、规范的监测系统和工具以及有力的组织保障和后勤支持。

案例4 教育现代化视域下的学生成长指导工作

申报单位：宁波市教育科学研究所
案例主题：学习者全面发展

一、案例背景

宁波市中小学生成长指导中心（以下简称中心）是宁波市教育局加快构建教育高质量发展新格局，落实"甬有优学"目标任务的创新性举措。2021年8月，中心正式挂牌运营，隶属于宁波市教育科学研究所，为全市中小学生提供公益性一站式的成长指导服务。

中心以全生命周期视域下"甬有优学"核心理念为指导，围绕"高质量教育体系"和"高标准育人方式"两大发展主题，全力打造具有辨识度的学生成长指导"宁波模式"。2022年4月，中心出台《关于加强新时代中小学生成长指导工作的实施意见》（以下简称《实施意见》），从理想、学业、心理、生涯等方面给予全方位指导，加快推动育人方式变革，着力打造基于全生命周期的学生成长指导一站式公益服务平台。

二、主要做法

中心坚持教育所能、学生所需、家长所盼、未来所向，从组织领导、政策支持、机制创新和主要举措等方面发力，倾力打造基于共同富裕"甬有优学"理念的学生成长指导工作体系。

（一）强化顶层设计，完善工作体系

1. 强化顶层设计

全生命周期视域下的学生成长指导中心建设方案已经确定，明确了中心的建设目标为：建设具有宁波特色的公益性学生成长全要素解决方案供应方，全力打造具有辨识度的学生成长指导"宁波模式"。

2. 明确建设标准

中心注重顶层设计和整体规划，完善组织架构和学生成长指导制度，明确成长指导建设标准。现已建成"1+10"市区两级学生成长指导中心，持续指导、督促各区县成长指导中心的建设提升。

3. 完善组织领导

在《实施意见》的引领下，中心凝练区域样本14个，培育学校范例36所，确立专项课题90个，评

选共建基地 20 家,征集教育故事 101 例,开创以点带面、辐射全市的学生成长指导工作新格局。

(二) 开展三大行动,提升服务质量

1. 学有所助,彰显学生成长指导的服务特色

中心集结宁波市专家团队,形成"一站式"的团体服务。依托数字化手段,打造"一站式"公益服务平台。以学生发展需求为导向,开展"职业启蒙＋生涯指导＋心育宣教＋咨询服务"等体验,为学生提供成长指导支持。

2. 学有所享,铸牢学生成长指导的共富底色

中心成立 14 个"学生成长指导工作站",助推区(县、市)成长指导中心平台建设。面向高校选育特色课程共建基地,开展成长课程资源共建、共享。开展热线咨询、心理辅导、科普体验等成长服务,为全市中小学生提供公益心理支持。

3. 学有所爱,提升学生成长指导的惠民成色

中心打造成长热线,推出《聚·成长》《心灵树洞》《成长有约》等科普栏目,在学生成长的关键节点为学生答疑解惑。开展医教结合项目,成立宁波市学生心理诊疗与研究中心,为有严重心理问题的学生开设心理诊疗"绿色通道"。

(三) 创新工作机制,护航学生成长

1. 全员心育,推进网格治理

印发《护航学生健康成长全流程网格化建设实施办法(试行)》,全面建立"心网格"管理体系。制定基于"心网格"的工作规范和运行流程,编印《心网格操作手册》《心导师工作指南》及《典型工作案例》。开展全流程网格化专项培训,做到学校、教师全覆盖。

2. 品牌锻造,实施"幸福巴士"活动

中心于 2022 年 5 月 25 日启动"幸福成长促进计划",推出"幸福巴士"系列活动,为宁波农村、山区、海岛的学生提供持续性、多形式的成长指导。活动自开始以来,已进入北仑、宁海、象山等地 38 所偏远乡村学校,线下服务乡村师生 40 000 余名,线上主题论坛播放量突破 120 万人次。

3. 数智改革,推出高考志愿填报辅助系统

中心于 2022 年 6 月推出高考志愿填报辅助系统,通过数字化手段助力宁波学子精准筛选高考志愿。截至目前,平台总浏览量突破 12 万人次,总访客数达 4.7 万人次,超 3 000 余名学生注册使用。

三、取得成效

"共融互促·宁波市中小学生心理健康专职教师医教结合跟岗实习项目"获评第四届全国社会心理服务十佳案例;"为甬城学子高考志愿填报拓展新渠道(惠民实事)"案例获评第四届宁波市教育改革创新典型案例(综合序列);在中共宁波市委党校《资政参阅》上刊登的"春夏之交缓解

我市青少年心理危机事件的几点建议"获浙江省委常委、宁波市委书记、宁波市市长肯定性批示。

编印《家庭教育警示案例》《撬动生命的齿轮——中小学生成指导 101 个故事》《直面成长的烦恼——中小幼心理辅导 101 例》《爱需要学习——给父母的 28 堂心理课》《中小学心理健康教育工作手册》等科普读物,筑牢中小学生健康成长的"防护墙"。

中心相关做法获《中国教育报》《人民日报》"学习强国"等多家权威媒体相继报道。截至目前,共有中央级媒体、省级媒体报道 45 篇,市级媒体报道 141 篇。新闻报道纷至沓来,扩大了中心的知晓度,目前中心已接待上海、深圳、新疆等地专家学者、同行来访学习 20 余次,成长指导成果显著。

四、经验启示

全周期成长服务,构建成长指导的"立交桥"。搭建学生成长指导服务平台,助力学生高考志愿填报、选课、职业心理测试等;提供"8585"成长热线、"甬老师"心理辅导等服务,为学生提供精准支持。

全学段成长课程,搭建成长指导的"金字塔"。依托实体场馆开设"沉浸式"职业体验课程,借助平台开设"自助式"网络课程,联合高校打造"互动式"共建基地课程,助力学生身心全面发展。

全社会育人支持,构建成长指导的"同心圆"。成立学生心理诊疗与研究中心,打造医教协同育人共同体;启动"幸福成长促进计划",为乡村学生开展关爱守护行动,让每位学生都能享有公平而有质量的教育。

图 1　成长指导中心实体场馆

图 2　宁波市学生成长指导服务平台

图 3　"幸福巴士"品牌活动

案例 5　践行劳动教育，收获成长果实

申报单位：上海建桥学院
案例主题：学习者全面发展

一、案例背景

劳动教育是新时期党对教育的新要求，是中国特色社会主义教育制度的重要内容。上海作为新时代劳动者共同建设的社会主义现代化国际大都市，已将劳动精神融入城市品格，不断深化教育与生产劳动和社会实践相结合的形式。在此背景下，我校高度重视劳动教育，积极落实党中央、国务院以及教育部和上海市委市政府关于劳动教育的各项指示要求，持续探索劳动教育的内容、途径和方式。

上海建桥学院的劳动教育历经从 1.0 版到 2.0 版再到 3.0 版的递进过程。具体而言，第一阶段（2005—2010 年）：平凡善者，从我做起——学雷锋德育实践；第二阶段（2010—2020 年）：内铸素质，外塑形象——文明修身实践教育；第三阶段（2020 年至今）：三圈联动，育人本位——劳动教育生态系统。

二、主要做法

学校在原有劳动教育的基础上，根据"三圈三全十育人"的目标要求，结合学校人才培养的"八项核心素养"内容，坚持五育并举，面向 5 千名全体大一学生推出 2 学分 32 学时劳动教育必修课程，设计和打造"内—中—外"三圈联动的劳动教育生态系统，明确三类劳动教育（"内圈"日常生活劳动教育、"中圈"生产劳动教育、"外圈"服务性劳动教育）的育人价值定位。

（一）以生活为素材、教材为蓝本，探索劳动教育课程体系改革

我校在全国高校中率先实现面向全校学生开设"劳动教育"课程，该课程在 2023 年被认定为上海高校市级一流本科课程。课程为必修，包含 2 学分，共 5 个模块 32 课时，涵盖劳动理论学习和实践锻炼。理论学习课程模块重点学习马克思主义劳动观、中华民族传统农耕文化、劳动生产技术，以及劳动相关法律、法规、政策。农业生产实践课程覆盖整个学年，按照"以体力劳动为主，注意手脑并用"的原则，让学生全程参与农业劳动过程，在劳动中出力流汗。学校还

编制了校本教材《做美好生活的践行者——劳动教育理论与实践教程》,并由上海交通大学出版社出版,以此构建综合性、实践性、开放性、科学性的劳动教育课程体系。

(二) 以教学为手段、劳动任务为驱动,塑造核心素养

2020年,学校积极争取临港新片区67亩用地支持,配套校内30余亩预留用地,统一规划建设百亩劳动教育基地,满足学生经历生产劳动完整过程的需求。从传统劳作教育入手,设计包含文明修身、志愿服务、生活劳动、农业生产实践和社会实践等不同劳动内容的任务清单。目前基地已全部实现绿色种植,种类包括蔬菜、果树、粮油作物等,并配套建设劳动成果展示厅,为师生参与劳动实践提供室内场地支持。

(三) 营造新时代劳动文化氛围,劳动品质入脑入心见行动

学校结合办学传统和学生特点,将劳动习惯、劳动品质的养成教育融入校园文化建设之中。结合学雷锋纪念日、植树节、劳动节等重要节假日开展丰富的劳动主题教育活动,组织劳动技能和劳动成果展示,综合运用宣传媒介,让师生在校园里感受并领悟勤勉敬业的传统美德和劳动精神。同时,加强学校环境建设,弘扬垃圾分类新时尚,培育劳动光荣、创造伟大的校园劳动文化。

(四) 以实践为基础,理论创新为导向,开展劳动教育课题研究

学校联合上海市农业科学院、浦东新区农业技术推广中心、浦东新区万祥镇经济发展服务中心等单位成功组建"劳动教育"课程教研室,由52名专兼职教师组成。教研室从学校各二级教学单位和职能部门选配具有学科专业特点的骨干教师,并聘请行业专家作为兼职教师。教研室积极开展项目研究工作,成功立项教育部全国党建工作示范高校研究项目、上海一流课程、上海市重点课程、上海高校哲学社会科学研究专项以及多项校级课题。

(五) 以劳动促发展,创新推进"劳动教育+"育人体系

学校充分发挥劳动教育基地的训练场作用,使其成为青年学生检验自身专业知识学习效果的最佳场域,有效解决传统教育"纸上谈兵"的困境,促进高校人才培养和产业人才需求的有效衔接,实现教育服务社会的功能。学校还积极引导学生参与社会服务劳动,要求学生深入社区、福利院和公共场所等参加志愿服务,开展公益劳动,参与社区治理。

(六) 以社会教育服务为己任,推动大中小幼劳动教育一体化

学校充分发挥场地和师资优势,把握大中小幼不同学段的教育的梯度,服务不同学段的劳动教育。劳动教育基地向大中小幼学校开放,师资队伍全力配合教学服务,通过发挥临港各学段学校协调育人合力,推进构建螺旋式上升的阶段性一体化劳动教育。

三、取得成效

（一）以劳动促发展成效显著

"劳动教育"课程先后获批上海高校市级重点课程和一流课程，在资助育人、产教融合和创新创业等方面取得了显著成效。在校园准封闭式管理期间，劳动教育与资助育人融合，以项目制方式建立勤工助学劳动小组，分组认领责任地，种植瓜果蔬菜，帮助全校师生缓解特殊时期的"绿叶菜焦虑"；学生在社区志愿服务劳动过程中，开发出优秀的产教融合示范项目"自动化辅助护理床"，满足社区老年人的健康护理需求；劳动基地孵化的项目获全国大学生节能减排社会实践与科技竞赛一等奖 2 项、三等奖 1 项。

（二）时代新人共育价值凸显

自劳动教育基地开放以来，位于临港地区的方竹路幼儿园、明珠临港小学、建平临港小学、临港中学、上海中学东校、耀华国际学校、上海海洋大学，以及上海民办高校辅导员研修基地等多家单位组织师生前来参加劳动实践。累计承担中小幼学段逾 2 000 人次参与劳动教育，不同学段教师上百人次参与劳动实践。学校还开放式地为社区、家庭提供参与爱国主义教育、生产劳动的实践育人平台，欧景、芦潮港等周边社区已率先与学校对接，并形成有效联动。

（三）劳动教育举措成效获肯定

2022 年 12 月，我校成为中国高等教育学会劳动教育专业委员会会员单位。同时，媒体关注度持续上升，《文汇报》《新民晚报》、上观新闻、东方网等多家媒体连续跟踪报道我校劳动教育相关举措和育人成效，"学习强国"《人民日报》等媒体平台长篇报道我校劳动教育实施情况，近三年报道数量达 50 余篇，浏览量超过 300 万。

四、经验启示

"教育必须与生产劳动和社会实践相结合"是高校人才培养的基本途径。为充分发挥劳动教育在人才全面发展中的重要作用，上海建桥学院围绕应用型人才培养目标，构建贯穿大学学习生涯全过程的劳动教育实施体系，充分发挥基础设施和师资优势，以课程教研平台、生产实践平台、科普教育平台和创新创业平台四大平台为支撑，品牌化打造集劳动课程教学、基础生产劳动实践、教师教研培训、工作研究指导等功能于一体的劳动教育综合发展服务平台，并辐射大中小幼一体化，探索构建可复制、可推广的时代新人共育新形式，让劳动教育回归育人本位，实现劳动教育在五育并举中的重要作用。

图 1　上海建桥学院劳动教育基地

图 2　大中小幼劳动教育一体化

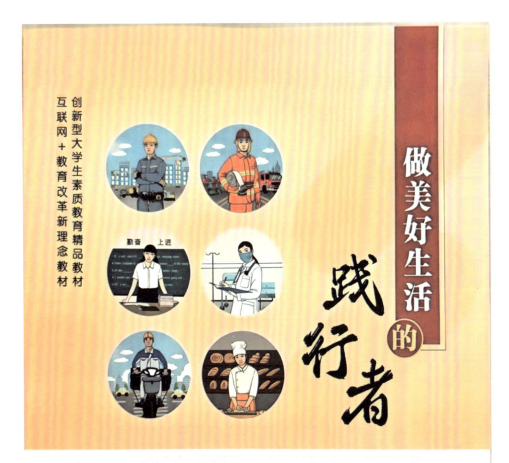

图3　学校自编教材

案例6 打造"金生"：以生为本推进人才培养改革的浙财新探索

申报单位：浙江财经大学
案例主题：学习者全面发展

一、案例背景

为进一步顺应拔尖创新人才培养的改革趋势，2022年8月，学校在2014年开始的依托国家特色专业、国家级一流本科专业（经济学）探索拔尖创新人才培养的基础上，正式提出打造"金生"的校本化概念，实现了"新文科"建设背景下人才培养改革的"2.0版"升级。

打造"金生"作为学校党委书记领衔亲抓的"一号工程"，从一开始就坚持问题导向，致力于解决本科教学中的一些实际难题，特别是以下三方面问题：（1）教育部启动的"四金"建设工程（金专业、金课程、金教材、金教师）在实施过程中出现了与大学生学习脱节的问题，"四金"从"教"的视角出发搞建设，难免高高在上、不接地气；（2）许多大学生还没有形成自主学习观念与能力，需要在学习规划、学习毅力、学习动力、学习方法等方面加以引领培育；（3）以生为本、以学生为中心不是口号，而是行动，是看得见摸得着的具体工作，"四金"应立足、面向和通往学生。为此，学校强调要在着力打造"四金"的基础上，努力培养有浙财特色的"金生"。

总之，"金生"是学校人才培养目标的新追求，是对高水平人才培养质量的更高赋能，旨在进一步落实"新文科""101计划"等新战略、新理念，培养德智体美劳全面发展的时代新人。"金生"进一步明确了"四金"建设的出发点、落脚点，丰富了"四金"建设的内涵与要求。

二、主要做法

围绕"金生"培养、引领推动学习者全面发展，学校持续推进专业动态调整，提高专业建设质量；加强课程建设和课堂改革，强化一流通识教育课程体系建设；加强人才引育，持续打造高素质师资队伍，树"大先生"标杆；对标全国优秀教材奖，加强"十四五"国家规划教材等方面的建设，不断凸显新财经育人特色。

（一）"以生为本"推进人才培养模式改革

从重"教"转向重"教"更重"学"，学校建设融合型课程，以"金课""金材"夯实"金生"培养根基；成立"学习党的二十大精神'金师金生'创新理论宣讲团"，整合全校优秀宣讲力量，以主题鲜明、内容充实、形式多样的方式宣讲相关精神思想。常态化开展"闪耀·金生""菜宝·金生"等选树和表彰活动。

（二）"以生为本"革新专业培养方案

在学校专业分流、转入转出基础上进一步提升学生对专业的选择权；人才培养方案修订时引入学生参与权、建议权；激发学生行使课程、教材的选择权、推荐权；鼓励教师行使教育教学的评议权。

（三）"以生为本"推进人才培养方案改革

浙财"金生"工程实施的目的，就是要深入落实学校提出的"厚基础、宽口径、强应用、个性化"人才培养模式，实施"金生"培养工程就是深入实施"新文科"建设，推进"四金"建设的深化与创新。

（四）"以生为本"强化学习者主体责任

实施榜样领航工程，以评选表彰推动"金生"培养质量提升；做优名校访学项目，以国际化培养促进交叉学科知识深度融合。

（五）"以生为本"赋能"金生"内涵

构建成长手册系统，以综测量化赋分五育五维勾画"金生"画像（生源潜质好、知识能力素养扎实、学习力强、能可持续性发展的高素质创新创业型人才）；努力培养造就德智体美劳全面发展的时代新人，让莘莘学子在成才发展道路上能像金子般闪闪发光，砥砺成就幸福人生。

三、取得成效

第一，在平台基地建设方面，学校在"经济学拔尖人才创新班"的基础上，整合财政学院、会计学院、工商管理学院等力量，创建"经济学拔尖学生培养基地"。2023年，"经济学拔尖学生培养基地"获批浙江省基础学科拔尖学生培养基地，同时学校新增省级"涉外法治人才协同培养创新基地"试点建设，为形成具有浙财特色的基础学科拔尖人才培养体系奠定了扎实基础。

第二，在教材建设及课程建设方面，共有31部校编教材获省"十四五"四新教材立项，14门课程入选国家级一流本科课程，进一步彰显学校在教学质量上的卓越表现；校党委书记李金昌教授获得首届全国教材建设先进个人，王俊豪教授主编的《产业经济学（第三版）》获得首届全国教材建设奖全国优秀教材（高等教育类）二等奖。学校还加大力度引入校外优质通识教育资源，从中国社会科学大学引进了10余门由对方优秀师资进校授课的通识课程。

第三，在专业建设方面，持续推进学科专业交叉融合。在"数字经济""智能审计"等专业（班）的基础上，2023年又获批新增"金融科技"本科专业，为培养金融精英人才奠定基础，并与之前设立的"金融工程""金融数学"两个专业一道构成了金融科技类专业体系，是推进学校金融学科发展以及新财经人才培养的深入实践。

第四，在实践教学方面，学校立项了 12 个省产学合作协同育人项目，有力推动了学校与产业界的深度合作。2023 年，盈阳金融科技学院获批省级重点支持产业学院，成为我校首个省级产业学院。

第五，在师资队伍建设方面，学校直接面向"金生"培育优良师资，一批"青椒"教师崭露头角，多次在全国高校教师教学创新大赛上获得二、三等奖，在省青教赛上获得特等奖、一等奖。特别是培养了一批关心学生、热爱教学且掌握了一定教学技艺的跟教老师，为持续提升"金生"整体培养质量提供了有力保障。

四、经验启示

学校自正式启动"金生"工程的两年来，坚持学习者全面发展的首位原则，全面系统架构，持续深入谋划，循序渐进地实施了集专业、课程、教材、教学、师资培养等一体的改革，取得了显著的成效和特色鲜明的经验。《光明日报》《中国教育报》等主流媒体均以浙财"金生"为题，进行专题宣传报道。概况来讲，具有以下四个方面的做法经验。

第一，要深入研究如何将"四金"建设进一步推进到"金生"的体制机制和落地举措中，细化专业、课程、教材等的颗粒度，让各种优质教育资源活起来、用起来，打通迈向学生的"最后一公里"。为此，我校于 2024 年提出实施"新财经战略"，构建新人才培养体系，持续推进"金生"的体制机制落实落地。

第二，要严明做实教学管理制度，加强学习过程管理和学业管理，健全能力、知识与素养考核并重的多元化学业考核评价体系。要立足前沿趋势，专注探索培养有时代感和学校标识度的"金生"。要广泛建立泛在学习场景和支持系统，打造适应学生自主学习、自主管理、自主服务需求的智慧校园学习环境和支持平台。

第三，要深度激发学生学习兴趣、动力和潜能，进一步扩大学生学习自主权、选择权，努力推动以学促教、以学定教、以学改教。利用人工智能等新一代信息技术，从学生学习需求侧推动人才培养改革。

第四，要坚持试点先行、以点带面。我校拔尖创新人才培养从"班"到"院"的实践，特别是文华学院、盈阳金融科技学院两个不同类型、不同模式的院制创新，推动高水平人才培养的探索不断深入。现今，两大学院 7 个专业的先行先试，起到了雁阵头部效应，点线面结合为拔尖创新人才培养勇闯新路，也为学校接下来有序推进新一轮专业改造提升和人才培养方案修订工作积累了经验。

案例 7　推进大中小学心理健康教育一体化发展的实践探索

申报单位：上海市教育科学研究院
案例主题：学习者全面发展

一、案例背景

党的二十大报告明确提出要"把保障人民健康放在优先发展的战略位置"，特别强调要"重视心理健康和精神卫生"。上海作为全国率先开展学生心理健康教育的地区，在全国率先建立了统筹全市大中小学生心理健康教育工作的专门机构——上海学生心理健康教育发展中心，是全国为数不多的大中小学一体化心理健康教育研究机构。近年来，学生心理健康的风险因素更加复杂多样，心理健康问题呈多发、低龄化、疾病化趋势，相关工作受到前所未有的挑战。面对新形势、新挑战，围绕上海市教育科学研究院"服务教育决策，关注教育民生，引领教育发展"的办院宗旨，上海市教育科学研究院大中小学心理健康教育研究团队，坚持育心与育德结合、大中小学段一体衔接，着力强化科研创新、咨政建言、服务民生，全面护航大中小学生心理健康。

二、主要做法

（一）科研创新，以研究引领心理健康工作高质量发展

1. 推进中小学生关爱系统建设和"润心工程"课题研究

参与市政府重大项目"中小学生关爱系统建设"。研制市教委专项课题"中小学幼儿园学生关爱项目研究"（润心工程）总方案，设立 8 大子课题，开展跨单位、有组织的科研攻关，为关爱系统的建设和应用提供理论依据与技术支撑。

2. 实施医教协同的学生心理健康服务研究

开展三轮中小学心理健康服务医教协同项目研究，覆盖 16 个区。在杨浦、浦东、松江、奉贤、嘉定 5 个大学片区，开展高校学生心理健康工作医教结合机制建设试点和推广，探索精神科医生驻校服务、疑难病例会诊、转介"绿色通道"开设等方式。出版《医教协同：构建中小学生心理健康服务体系》等著作。

3. 开展学校心理健康教育教师专业化发展研究

推进"学校心理健康教育教师专业化研究团队"建设,与宁波市教育科学研究所等机构合作组织"学校心理健康教育教师专业化的挑战与应对"等学术论坛,辐射长三角地区心理教师群体。持续开展上海学校心理咨询师专业培训及认证工作。实施课题"基于胜任力的学校心理健康教育教师培训课程开发研究"。

(二)资政建言,为心理健康教育政策设计提供决策咨询

1. 做好专家咨询

团队专家担任教育部基础教育心理健康教育指导专委会副主任、普通高等学校心理健康教育专家指导委员会委员,积极参与浙江、江苏、安徽等兄弟省市教育部门的专家咨询会、培训会等,为全国大中小学心理健康教育工作多次建言献策。

2. 研制政策文件

以全社会系统治理、协同联动的思路开展政策设计,研制《关于加强上海学校心理健康教育的实施意见》《全面加强和改进新时代学生心理健康工作专项行动实施方案》。

3. 撰写资政专报

在深入调研的基础上,上报《近期我市中小学生极端事件情况报告》专报,获市委副书记重要批示。每年撰写《大中小学生心理危机事件分析报告》,为政府教育主管部门提供对策建议。

(三)服务民生,为丰富学生心理健康工作资源供给助力

1. 加强课程建设

举办高校心理健康教育微课程比赛、中小学心理健康活动课大赛,推动大中小学心理健康市级精品课程建设,推出 24 节高校精品课程、60 节中小学精品课。

2. 完善活动体系

2023 年将"心理健康教育活动月"拓展为"活动季",推出"沪心大讲堂"、心理知识大赛等一批品牌活动。通过微信公众号"上海学校心理",每年推送科普文章 300 多篇,覆盖大中小学生及教师、家长。

3. 优化预警机制

推动"学校—院系(年级)—班级—寝室(个人)"四级预警防控体系建设,编写、推广《学生心理危机干预及伦理手册》《护航危机学生案例集》,定期开展心理危机案例复盘分析。

三、取得成效

(一)对上海大中小学心理健康教育的指导与推动作用

提出的政策建议等被上海教育"十四五"规划和上海德育"十四五"规划吸收,对全市 1500 多所中小学和 60 多所高校心理健康教育工作发挥了重要促进作用。组织开展的研究与实践

工作,凸显了育心与育德相结合、发展与防治相结合、主导与协同相结合的思路,在推动体系建设、落实关键任务、促进协同共育等方面有所突破。"中小学生心理健康服务协同体系建构与实践路径"项目成果获上海市优秀教学成果奖一等奖。

(二)对长三角乃至全国大中小学心理健康教育的示范与辐射作用

团队成员曾在国家教育行政学院、新华网、《中国日报》、《文汇报》等平台上推介工作经验。所构建的心理健康教育工作体系框架、队伍配置标准(如中小学心理健康专职教师师生比1∶500)、课程体系建设思路(心理课、心理健康教育主题班会课、学科融合等)、医教结合模式等,在全国有示范与推广意义。完成教育部委托项目"高校心理危机预防与干预工作规范"及"高校心理危机预防与干预工作评价标准"的研制。承接"宁波市中小学生心理健康教育与服务体系提升项目"等横向项目,推动经验辐射。

四、经验启示

第一,设立大中小一体化的学生心理健康管理、研究与服务机构,是推动大中小学心理健康教育一体化发展的机制保障。

第二,完善大中小一体化的学生心理健康工作政策设计,是推动大中小学心理健康教育一体化发展的政策保障。

第三,加强大中小一体化的学生心理健康专业服务资源供给,是推动大中小学心理健康教育一体化发展的资源保障。

图1 "沪心大讲堂"第一讲

图 2 2024 年区德育心理中心主任、心理教研员工作会议

图 3 "学校心理健康教育教师专业化的挑战与应对"学术论坛

案例 8　思政教育引领高职学生核心素养培育落地课程思政的实践探索

申报单位：上海思博职业技术学院
案例主题：学习者全面发展

一、案例背景

学校秉持办学之初就确立的"相信人人有才，帮助人人成才"的理念，坚持育全面发展的人，育不同特长的人。作为教育部中欧联合调优（Tuning）项目牵头单位之一，学校在引入欧盟31项通用能力的基础上，推进高职学生"关键能力"培养。2017年随着高校课程思政育人的广泛推进，学校深入贯彻落实习近平总书记关于高校思政工作的重要论述，建设整体注重必备品格与关键能力的核心素养培育体系。学校通过进一步梳理发现，高职院校存在学生核心素养内涵体系缺失、培育的路径方法失衡（重通用能力轻必备品格）、价值目标引领不够、课程思政效能发挥不足、思政教育引领不凸显等主要问题。针对上述问题，学校坚持以思想政治教育为引领，以核心素养为载体，以核心素养培育为抓手，以专业教育为落点，落实课程思政，实施全面育人。

二、主要做法

通过借鉴一些国际组织和我国关于核心素养的要素界定，根据《中国学生发展核心素养》并遵循其体系构建原则，结合高职学生的教育特点、专业特质、行业特征等，注重必备品格与关键能力，学校创设了包括2个维度、4类要素、14个基本要点的高职学生核心素养体系。在具体实施时，落脚到专业的人才培养方案和各项知识传授、专业实践训练及教育教学活动上。专业实践培育核心素养的典型特征在于，技能提升所伴随的"静心""专注"和"向好"的心理品质、价值追求等情感态度得到升华。

根据不同行业职业的核心素养内涵特质，构建了宏、中、微观实施的"三、四、五"路径图谱。采用创新的课程思政融入、思政教育引领高职学生核心素养培育的顶层设计和专业渗透的路径、方法和举措，创建了支撑核心素养培育的系列制度和工作机制，以及方案和规范性文件，形成了支撑核心素养培育的专业课程体系、活动体系、评价体系。确保高职课程思政有载体、有目标、有内涵、有特色，并且能落地。

关键步骤是:(1)审视专业人才培养目标和培养规格,确定包含政治素养在内的核心素养(必备品格和关键能力)目标;(2)改革"培养目标和培养规格"对应的课程体系;(3)在目标和规格确定的基础上,提炼专业"思政"若干要素;(4)课程教学目标的设定(适应本专业的特点和特征的素养目标);(5)课程思政的元素挖掘和提炼(依据核心素养目标要求),各课程梳理知识点(含技能点)与"思政"元素;(6)编制每门课程的课程思政矩阵图谱;(7)每个节段课程包含课程思政的教学设计、课程改革教学方法(思政融入教学的方法);(8)制定每门课程思政的评价指标(课程思政效果评价)。借助研发的数字平台,从核心素养的目标定位、指标内涵、评价量表以及统计分析四个维度,实施以核心素养发展为导向的学生综合素质监测与评价,促进其全面发展。

三、取得成效

一是依据《中国学生发展核心素养》对核心素养内涵的界定和高职人才培养的实际,率先在高职领域创建适合高职学生发展的核心素养体系。该体系紧紧抓住思想政治素养的核心内涵和核心素养的思想政治内涵两大核心,与国际社会倡行的核心素养体系相比较,具有新时代中国高职学生核心素养培养的特征、特点和特色。

二是从实践上创新了"思政引领、融进专业、渗透课程、嵌入活动"的路径方法。重点将核心素养培养的内容融入课程、融入活动、融入教学的各个环节,使教书与育人一体化、思政教育与素养培育一体化。活动体系构建同样立足于思想政治教育引领,举办"庆祝中国共产党成立100周年——'百年百件'红色经典珍藏文献特展",每年组织1—2次覆盖全体师生的马拉松活动,累计参与总人次33398,《人民日报》《文汇报》《新民晚报》等主流媒体相继报道。

三是强化思想政治教育引领落地,核心素养培育效果凸显并辐射多所高校。应邀开展专题报告24场,累计600多所院校、21200余人次。应邀参加首届21世纪大学生核心素养国际研讨会并作报告。在长三角高校党建与思政联盟研讨会,以及长三角民办高校联盟,教育部全国职教重点师资培训基地,安徽、山东和上海的有关院校等场合,做关于核心素养培育落地课程思政的报告,效果良好,反响和评价远超预期。相关成果得到上海教育电视台《教视新闻》栏目采访报道以及中国高职高专教育网全面报道;获得2022年上海市高等职业教育深化教学改革优秀案例一等奖、上海市职业教育优秀教学成果一等奖。

四、经验启示

第一,高职院校必须明确学生核心素养的思想政治内涵。高职院校肩负着培养在开发建设、生产制造、管理服务一线的社会主义建设者和接班人的职责,必须明确高职学生思想政治素养的核心内涵和核心素养的思想政治内涵,重点强化以马克思主义基本观点为核心价值,以培养公民思想政治素养为主要目标,以理想信念教育为核心,培养社会责任感,锻造良好的职业品质。

第二,高职学生核心素养的培育必须以思政教育为引领。高职学生核心素养涵盖的"必备品格"和"关键能力"具有丰富的教育内容,其中思想政治素养作为高职学生核心素养的重要组成部分,贯穿于核心素养培育始终,并在整个核心素养培育体系中居于核心和本质的地位。

第三,高职学生核心素养的培育必须以课程思政为抓手。高职学生发展的核心素养培育有赖于思政教育的引领作用,必须体现在各专业的课程思政育人之中。课程思政体系的整体架构,离不开专业课程的设计创新。完善课程思政体系,要将专业课程作为"课程思政"的重要组成部分,并在内容挖掘、思政融合和理论渗透上下功夫,达到"以文化人、以文育人"的隐形"课程思政"目的。

第四,研究与实践的启示是,高等职业院校人才培养必须以思想政治教育为引领(方向),以核心素养培育为抓手(载体),落地课程思政(路径),实施全面育人(目标)。通过明确核心素养的内涵并结合专业教育的实施,不难看出"方向""载体""路径"与"目标"的关联性和一致性,也体现出全面育人工作的有机整体性。

总之,通过突出思政引领、抓住核心素养、落地课程思政、推进全面育人,课程思政将达到"四有":有载体、有目标、有内涵、有特色。

图1　高职学生核心素养体系架构图

基于思政教育引领的高职学生核心素养培育实施路径架构图

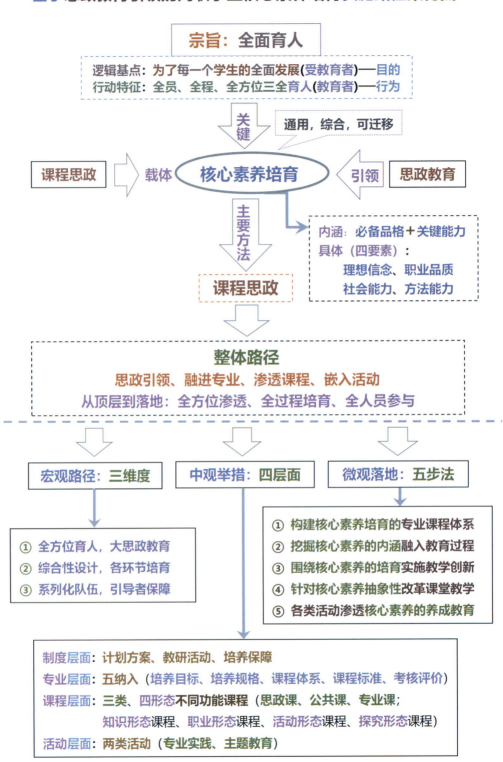

图 2　基于思政教育引领的高职学生核心素养培育实施路径架构

图 3　上海教育电视台《教视新闻》栏目采访报道

案例 9 传统文化视域下大学生生命教育的实践和探索

申报单位：上海中医药大学学(研)工部
案例主题：学习者全面发展

一、案例背景

上海中医药大学(以下简称"上中医")成立于 1956 年，是新中国诞生后国家首批建立的中医药高等院校之一，是教育部与地方政府"部市共建"的中医药院校，也是上海市重点建设的高水平大学。学校有学生 9 136 人，专职辅导员 58 人，师生比 1∶157(截至 2024 年 3 月)；有 1 个校级心理咨询与发展中心，专职心理健康教育教师 3 人，建立了心理健康课程团队(22 人)和兼职咨询师团队(48 人)；有 18 个院级二级学生心理辅导站，包括指导教师、站长及工作人员 72 名。

根据近年来教育部和上海市教委文件精神，学校坚持"为党育人、为国育才"的初心使命，落实"时代新人铸魂工程"，以"育心、育德、育人"为根本任务，深化学生心理健康促进行动，立足于"防未病"、早发现，坚持"五育"并举，构建科学规范的心理健康工作体系，探索"传统文化＋"生命教育模式，守好生命大门，提升生命品质，稳步推进心理健康教育工作见实效。

二、主要做法

(一) 重视生命教育：以制度为抓手，强化组织领导架构

上中医不断强化组织领导架构，完善由校领导牵头、校各级职能部门和相关二级单位负责人为成员共同参与的领导机制，为生命教育提供抓手。自 2004 年校级心理咨询与发展中心成立后，学校陆续成立心理健康教育领导小组、心理健康教育专家委员会、心理危机干预领导小组、二级学生心理辅导站，实施校"全员育人——服务学生成长导师团"项目，强化心理健康工作架构。目前，基本完成多元主体育人矩阵的工作构建，思政育人队伍、跨界协同育人队伍、中西医融合诊疗队伍、服务管理育人队伍四支队伍发挥"整体、合作、优化"功能，共建生命教育育人矩阵。

(二) 提升生命品质：以课程为依托，深耕第一课堂主阵地

上中医把心理健康教育课程纳入学校整体教学计划，规范课程设置，目前"必修课＋选修

课"框架初具规模,有较为齐备的生命教育课程体系。生命教育必修课程"传统文化与大学生心理健康"由党委副书记、副校长朱惠蓉领衔,由校级心理导师团担任课程顾问,请思政教师、科技人文学院教师为指导教师,专兼职咨询师、骨干辅导员负责授课。课程以融入传统文化为特色,整合五育健心实践学时,凸显生命主题,回应学生生命困顿,提升学生生命价值,促进学生全人发展。生命教育选修课程"大学生心理健康教育与团体训练"以积极心理学为特色,强调个性化发展,挖掘大学生心理潜力。

(三)激发生命活力:以实践为载体,探索第二课堂新形式

上中医以习近平《之江新语》中的和合文化理念为指导,以心理健康活动季为载体,建构以"五育并举、和合润心"为主题的生命教育实践育人体系。由学生工作部处(研究生工作部)牵头,相关部门协同,各二级学院、研究生培养单位发挥专业优势,开展具有中医药文化特色的实践育人活动。2023年举办3场大赛,63场慧心育人活动,近万名师生通过线上线下等多种形式参与。2024年心理健康教育活动季正在开展,共计96项生命教育实践活动,创历史新高。

(四)把握生命脉搏:以要素为关键,打造全链条育人闭环

上中医建构"识别—干预—转介—康复—转归"全链条育人闭环,强化全流程管理。以健康教育为工作基础,以早期识别为关键环节,利用本土中医心理量表、生命教育相关量表建立心理档案。以优化咨询干预为重要步骤,开展新生心理约谈,建立特殊学生月报制度,完善四级预警防控体系建设。发挥院校优势,开展中西医转介,各附属医院提供就诊绿色通道,同时与上海市精神卫生中心合作开展危机干预。在诊疗康复方面,校附属医院参与学生药物治疗(中药、西药)、心理治疗、非药物治疗(针灸推拿、功法正念、物理治疗)以及康复训练。此外,学校建立因心理健康问题休学学生台账,建构全链条、全方位、全覆盖的学校、家庭、社会和相关部门协同联动的学生心理健康工作格局。

三、取得成效

近年来,除了保障校园和谐平稳,上中医"传统文化+"生命教育模式探索在教育教学实践、市级教师培训、本土科研成果三方面取得了丰硕成果。在教育教学实践方面,2021年,两份作品获市级心理海报一等奖,两位教师获市级心理知识大赛三等奖,学校获心理活动月优秀组织奖;2022年,三位学生分别获得市级优秀脱口秀二、三等奖,心理情景剧大赛最佳主角奖,一份作品获市级心理情景剧大赛三等奖,学校获心理活动月优秀组织奖;2023年,两张海报获市级心理海报一等奖,两部视频获市级心理短视频二、三等奖。在市级教师培训方面,学校每年举办两场示范中心心理培训,学员覆盖上海所有高校,2023年培训辐射全国中医药院校,取得了良好的社会反响。在本土科研成果方面,近三年取得市级课题两项,校级课题两项,出版论文多篇。未来,上中医将继续探索传统文化视域下的大学生生命教育,开拓新时代学生心理育

人新形式,辐射上海市、长三角乃至全国心理工作者。

四、经验启示

(一)针对典型问题,聚焦"早"字,坚持"治未病"理念促进生命教育

针对生命教育典型问题,上中医不只教学生"何以为生",更重视引导学生思考"为何而生"。除新生心理测试、特殊学生月报等预防筛查工作,上中医立足于"防未病"、早发现,坚持"五育"并举,直面学生生命成长的现实议题,通过教育教学、实践育人、网络媒体、校园文化建设等方式,帮助学生学会生命安全的相关知识和技能,协同多支队伍保护当事学生,保障校园安全。

(二)保障工作成效,聚焦"全"字,坚持"整体观"理念促进生命教育

保障生命教育工作实效,上中医将中医药文化融汇生命教育,内容上,将身与心、生与死、人与人、人与环境视为整体;方式上,将健康教育、监测预警、咨询服务、干预处置与育人视为整体;队伍上,将学生个人、班级、院系与学校各方育人力量视为整体,从生命的视角重新审视人与自身、与他人、与自然之间的关系,打造生命教育的整体协同工作模式。

(三)依托学科优势,聚焦"准"字,坚持"辨证施治"理念促进生命教育

探索生命教育创新机制,生命教育在上中医不只是一项工作,更是一种结合第一课堂、第二课堂、校外实践,发挥专业特色并贯穿始终的教育理念。上中医将中医药文化融入生命教育,根据不同学段、学院、性别、专业设置针对性生命教育,对特殊群体更以"底数清、情况明、动态准"为工作要求,依据"一生一策"育人原则提供"多对一""一对一"点对点支持,保障生命的健康发展。

案例 10　阜阳市以实施美育熏陶行动为牵引 聚力推动中小学美育工作高质量发展

申报单位:阜阳市教育局
案例主题:学习者全面发展

一、案例背景

2021年,党中央、国务院下发了《关于全面加强和改进新时代学校美育工作的意见》。2022年,安徽省人民政府下发了《全面加强和改进新时代学校美育工作的实施意见》《实施德智体美劳"五大行动"全面提高育人质量工作方案》。阜阳市认真贯彻落实党中央、国务院和省政府工作部署,牢固树立"以美育人、以美化人、以美培元"理念,坚持"以活动促发展"工作思路,深入实施美育熏陶行动,聚力推动全市中小学美育工作高质量发展,取得了显著成效。

二、主要做法

(一) 优化政策举措,强化要素保障

出台《关于全面加强和改进新时代学校美育工作的若干措施》《阜阳市贯彻落实〈安徽省人民政府实施德智体美劳"五大行动"全面提高育人质量工作方案〉责任清单》《阜阳市学校美育教师配备和场地器材建设三年行动计划(2023—2025年)》,明确了阜阳市全面加强和改进新时代学校美育工作的工作举措,细化了重点任务。将艺术素养纳入全市初中、高中学生综合素质测评,初中学生的综合素质测评结果作为高中阶段招生录取的重要参考。加大美育教师业务能力提升培训力度,仅2022年就派出40名教师参加省级专项培训,组织200名教师参加省教育厅组织的全面加强和改进新时代学校体育美育工作专题研讨培训。完善美育教师补充机制,加大美育教师招聘力度。

(二) 完善课程设置,加强资源建设

落实学校美育课程开设刚性要求,将美育工作及美育课程开设情况纳入督导考核、开学工作检查,督促学校树牢"以美育人、以美化人、以美培元"理念,确保开齐开足上好美育课程。引导教师深入挖掘传统文化中的美育元素,动员学校积极参与国家级中华优秀传统文化传承学校申报,扩大中小学美育内容,发挥美育在校园文化建设中的作用;鼓励教师完善"艺术基础知识基本技能＋艺术审美体验＋艺术专项特长"的教学模式。积极打造富有地方特色的美育资

源,深入挖掘阜阳传统文化及非遗文化中的美育元素,将阜阳剪纸、太和清音、阜南柳编、临泉彩陶、颍上花鼓戏纳入地方艺术特色课程,不断提升美育课程的吸引力、适应性、针对性。

(三) 丰富实践活动,促进多元发展

坚持活动育人,举办丰富多彩的艺术实践活动。一是持续推进"戏曲进校园"活动。组织市县艺术表演团体进校园演出梆剧、曲剧、嗨子戏等26场次,各地各校扎实开展"戏曲文化微宣讲""戏曲进课堂"活动,实现常态化、机制化和普及化。二是扎实开展艺术展演活动。成功举办2023年度全市中小学(中职学校)校园文化艺术展演活动,引起了热烈的社会反响。开展展演和书法作品两大项涉及声乐、绘画、书法等8个子项目的综合性艺术评比活动,全市共有464件师生作品获奖。组织全市中小学合唱专项展演作品评选与线上线下一体的优秀作品展演活动,择优推荐18件作品参与省级评选。举办全市第七届中小学生艺术展演活动、全市乡村少年宫合唱比赛、全市中职学校文化艺术节活动。三是组织丰富多彩的艺术创作活动。开展"美好家园、幸福生活、畅想未来"主题绘画活动、"太空梦太空画创作"征集活动及"双拥杯"摄影作品展示等系列活动。加大学校美育社团建设力度,全市中小学校实现了绘画、书法、声乐、朗诵等美育社团全覆盖,基本上形成了一校一品或一校多品的美育格局。学校依托美育社团,利用"双减"课后延时服务时机,组织内容丰富、形式多样的美育活动。

三、取得成效

第一,在教育部组织的全国第七届中小学生文化艺术展演活动中,阜阳市推荐的5件作品获得一等奖,阜阳市教育局被教育部、安徽省教育厅分别授予国家级、省级"优秀组织奖"。

第二,阜阳市被第19届亚运会组委会办公室、教育部中外人文交流中心授予"先进组织单位奖"。

第三,在省教育厅组织的全省中小学生合唱专项展演活动中,阜阳市推荐的4个节目获得省级一等奖,1个节目参与了省厅组织的公开展演。市教育局获得省级"优秀组织奖"。

第四,阜阳市有6所中小学校被授予"全国中小学中华优秀传统文化传承学校"称号。

四、经验启示

近两年的美育熏陶行动的实施及取得的成就启示我们:教育行政部门对美育工作的顶层设计极为重要。教育行政部门只有真正重视学校美育工作,并积极组织活动,为师生提供展示平台,采取措施保障学校美育工作开展,学校才能真正重视美育工作,学生的全面发展才能得到保障,深化教育教学改革才能真正落地生根、开花结果。

图1 阜阳市推荐节目参加安徽省中小学生合唱专项展演活动现场展演

图2 阜阳市中小学生优秀合唱节目专项展演

图 3　阜阳市第二十一中学第九届校园文化艺术节闭幕式汇报展演

案例 11　五育并举贯通四个课堂 推进学生评价改革与成长护航

申报单位：安徽师范大学
案例主题：学习者全面发展

一、案例背景

　　建立一整套科学的"德智体美劳"五育并举学生全面发展导向型评价体系，是确保高校人才培养质量的前提。"长于智、疏于德、弱于体美、缺于劳"是对当前学校教育中"德智体美劳"五育失衡状况的总结和概括。究其原因，主要是现行评价体系重智育，忽视个体的创造能力；过度依赖定量评价，忽视定性评价；注重结果，忽视过程评价，激励不足。安徽师范大学聚焦"立德树人"根本任务，遵循教育发展规律和学生成长规律，实施大学生护航行动计划，开展优化育人机制和学生工作模式的创新实践，成立由师生代表参与的校院两级学生工作委员会，一体推进思想护航、学习护航、生活护航、情感护航、身心护航。根据《安徽省深化新时代教育评价改革实施方案》，修订了学生素质综合测评制度和"第二课堂成绩单"制度，初步探索出"德智体美劳"五育并举学生全面发展导向型评价体系，着力解决学生素质综合评价中存在的上述问题，为提高人才培养质量提供有力支撑，护航学生健康成长和全面成才。

二、主要做法

（一）评价内容的转变：从"单项测评"到"五育并举"

　　聚焦五育并举，注重全面发展。一方面，出台《安徽师范大学本科生素质综合测评办法（修订）》，按学年从德育、智育、体育、美育、劳动教育等方面对学生进行综合评价，采取定量测评与定性评价相结合、分类评价和全面评价相结合、分类测评与综合评议相结合、激励性与导向性相结合的方法，重新优化比例分布，发挥成才导向和评价激励作用。另一方面，通过出台《安徽师范大学本科生"第二课堂成绩单"制度实施方案（试行）》，重新设计校园文化"第二课堂"、社会实践"第三课堂"、网络育人"第四课堂"课程模块，构建促进"德智体美劳"全面发展的"第二三四课堂"课程体系。构建"52633"的工作体制机制，即思想政治（德）、专业拓展（智）、体育健身（体）、文化艺术（美）、劳动实践（劳）5 个模块，基础学分与发展学分两部分学分，修满 6 分作为毕业条件，每学年的发展学分由学生在学年内获得的 3 项最突出成果进行累计，以"校级通识课程""院级公共课程""专业核心课程"3个层次进行课程规划,建立涵盖"德智体美劳"的四个课堂联动的人才培养机制。

(二)评价标准的转变:从"知识本位"到"核心素养"

聚焦人才培养,注重育人实效。杜绝以考试成绩为学生排名,注重考查认知能力、非认知能力及跨学科素养和能力。以学生参加所修专业人才培养方案规定的各门课程所取得的考核成绩作为依据,对学生学业成绩进行评价;在课堂教学"第一课堂"学习基础上,针对德智体美劳等各方面在"第二三四课堂"中的实践巩固、转化提升等发展情况形成"第二课堂"成绩单,突出学科竞赛课程的重要作用,构建四个课堂深度融合的德智体美劳"五育并举"全面发展育人新模式。德育主要通过日常政治理论学习引导学生铸牢理想信念、锤炼高尚品格;智育主要通过专业讲座、学科竞赛、职业规划教育引导学生提升专业素养、实践能力;体育主要通过体能测试、体育竞赛等引导学生养成良好的锻炼习惯和健康的生活方式;美育主要通过阅读、文艺表演创作等促进学生形成艺术爱好、提升艺术素养;劳动教育主要通过志愿服务、社会实践、寝室教室文明创建、创业实践等引导学生崇尚劳动、尊重劳动、学会劳动。

(三)评价方式的转变:从"结果评价"到"兼顾过程"

聚焦成果评价,注重结果运用。把立德树人融入思想道德、文化知识、社会实践教育各环节,建立学生护航档案,构建与学生评价体系相适应的德育评价内容和记录方法,实现德育记录的科学化,全面记录学生在校期间的德行表现。实施辅导员"五进"(进宿舍、进课堂、进网络、进活动、进家庭),将学生参与校园"六个文明"(文明教室、文明宿舍、文明就餐、文明交通、文明交往、文明网络)创建和"一站式"学生社区活动的日常表现情况融入综合评价。"第二课堂"成绩单评价结果直接用于学生综合测评,对学习成效的认定,既区分成果大小,也让学生能"踮脚够到",正向引导,杜绝"混学分""水学分"等不良现象,以"基础学分+发展学分"的形式呈现,充分回归德育养成性和发展性的基本属性,体现智育的预见性和增长性特点,关注体育的生长性与进步性特点,尊重美育的启发性和进阶性特点,凸显劳动教育的积累性和习惯性特点,支撑"知识探究、能力提升、人格养成"三位一体的毕业要求。

(四)评价主体的转变:从"教师主评"到"多元联评"

聚焦多元评价,注重导向激励。建立本人、教师、同学、社会等多元评价主体参与的综合考评机制。既有学生自评、互评,又有辅导员、任课教师、学生自我管理组织的评价,还有艺术素养、社会实践、劳动教育等评价,全面、全程、客观地记录个人成长的足迹,建立生动展示学生参与四个课堂的可记录、可评价、可测量、可呈现的工作体系和工作制度。收集分析学生在校期间的思想状况、学习状态、"第一课堂"学业成绩、参与"第二三四课堂"活动、作息规律等行为轨迹,归纳为政治素养、学习能力、身心素质、生活习惯、文明素养、实践能力六个方面核心素养,构建学生发展预警指标体系,形成学生发展画像,找出学生成长过程中的特长和不足,为辅导员对学生开展职业生涯规划指导提供决策支持和可视化帮助,提升思想教育工作实效。

三、取得成效

通过深入实施大学生护航行动计划,深化学生评价改革,帮助学生树立科学成才观念,引导学生坚定理想信念、厚植爱国主义情怀、加强品德修养、增长知识见识、培养奋斗精神,使学生的综合素质普遍提升。2021 年以来,学生在省级及以上学科和技能竞赛中获奖 3 500 余项,涌现出以首位闯进奥运会女子 800 米决赛的中国选手王春雨,第十四届全运会冠军赖晓晓,全国"巾帼建功标兵"佘小雪,中国大学生自强之星标兵蔡张飞、阿卜来提·阿卜力克木等为代表的一批学生典型。学校育人实效不断提升,学业通过率、升学率、就业率、第二课堂活动参与率、学生管理服务满意度等稳步提升,持续引导学生运动、读书、交友,努力建设学生成长友好型校园。学校获评全省"一站式"学生社区综合管理模式建设 A 级高校,3 项成果入选全国高校"一站式"学生社区风采展示活动优秀成果。

四、经验启示

(一)强化立德树人导向

坚持以学生为中心,遵循育人规律,通过开展学生评价改革,坚持问题导向、目标导向、结果导向,构建评价指标和评价标准客观合理、评价内容全面丰富、评价过程动态化、评价方式系统化、评价主体多元化的学生素质综合评价体系。

(二)坚持分类多维评价

建立"一人一档一案",强化过程记录,普遍建立宿舍学习互助小组,统筹运用过程评价、增值评价、结果评价。以数据赋能,用评价育人,推动教育评价从"指挥棒"升级为"推进器"、从"检测站"转型为"加油站",注重评价的全面性和客观性。

(三)有效发挥评价功能

评价结果与学生各类奖助学金评定、评优评先、推优入党、推荐免试攻读硕士学位、推荐就业、毕业鉴定等事项紧密衔接,注重发挥评价的导向、诊断、考核、改进等作用,激发创新创造活力,落实各类困难学生研判帮扶工作。

下一步,学校将进一步健全护航工作体系,持续汇聚育人合力,深化课程、实践、科研、文化、管理等育人体系建设,将"五育"融入教育教学和管理服务全过程。在结果评价上,向提升测评效率和范围的方向努力;在过程评价上,向加强成长记录与监控的方向努力;在增值评价上,向增强数据分析与支持决策的方向努力;在综合评价上,向支持与指引学生发展的方向努力。探索开展学生全过程纵向评价、德智体美劳全要素横向评价,不断完善学生素质综合评价体系,切实以推进教育评价改革推动育人工作高质量内涵发展。

图 1 《中国教育报》报道我校党的二十大代表路丙辉跟队指导暑期社会实践

图 2　学校表彰先进学子

案例 12 "四化"浸润彰显美育育人"满天星"效应

申报单位:安徽理工大学
案例主题:学习者全面发展

一、案例背景

以美育浸润学生,全面提升学生文化理解、审美感知、艺术表现、创意实践等核心素养,是高校实现立德树人根本目标的重要途径。近年来,安徽理工大学以习近平新时代中国特色社会主义思想为指导,秉持"面向人人"的美育育人价值理念,构建美育浸润阵地化、实践化、数字化、共享化行动新机制,实现美育同德育、智育、体育和劳动教育成果的协同发展,促使学生个性发展与全面成长呈现"满天星"效应,为提升审美素养、弘扬美育精神、坚定文化自信、激发创新创造活力探索新路径。

二、主要做法

学校全面贯彻党的教育方针,深入贯彻落实《关于全面加强和改进新时代学校美育工作的意见》等文件精神,构建课程教学、实践活动、校园文化、艺术展演"四位一体"的美育实施体系,开展美育浸润"四化"行动,取得了显著成果。

(一)美育浸润阵地化行动

学校连续 20 年举办大学生文化艺术节,打造校园舞蹈大赛、校园好声音歌手大赛等文化艺术活动,营造浓厚的美育氛围。建立"专业类、特长类、大众类"相结合的大学生艺术团,成立话剧社、合唱俱乐部等 12 个艺术类社团,打造集学生艺术实践、校园文化活动、日常训练教学于一体的综合性美育场所,举办美育育人实践成果汇报展演,推动美育育人成效向纵深发展。2023 年学校美育成果展馆正式建成,设立寿州窑美育实践基地,开展美育导赏艺术课堂、徽风皖韵进高校等活动。围绕重大事件、重要节点打造美育品牌活动,举办党史教育艺术剧场、艺术思政课暨迎新美育晚会,打造精品"艺术+思政"课堂。挖掘、创作、编排《柴登榜》《冶溪河》等凸显学校特色、厚植家国情怀的原创精品话剧。其中,以优秀校友、安徽省优秀扶贫干部刘扬或为原型创演的话剧《冶溪河》,入选全省"高雅艺术进校园"项目并在十余所高校开展巡演。

(二) 美育浸润实践化行动

学校在"三下乡"暑期社会实践中设置美育专项实践活动,千余名志愿者赴省内外各地探寻非遗文化,弘扬中华文明。以美育人,在针对望马楼挑花、风台花鼓灯、乡村墙绘等的实地学习与调研中,安理学子们感受中华文明之美,礼敬中华传统文化;将文化下乡同乡村振兴相结合,是学校美育浸润实践化行动的一大特色,组建"文艺轻骑兵"实践团,连续3年在学校乡村振兴定点帮扶点开展文艺下乡活动,弘扬主旋律,助力乡村振兴;"励行学堂"教育关爱团的近千名志愿者走近乡村留守儿童,将美育熏陶融入支教全过程。以实践为途径,以美育为抓手,营造全校共同促进美育发展的良好氛围。

(三) 美育浸润数字化行动

近年来学校创作了各类数字化美育作品精品,如建校76周年原创歌曲《一念初心》,全国第六届网络文化节获奖作品《我们这十年》,微电影《刚好青春遇见你》《逐风》等,受到学生们的喜爱和点赞,网络转发量50余万次,充分展现出学校大学生的青春范、思想范和时代范。2023年3月19日,安徽理工大学VR校史馆正式上线,截至目前已有数万师生校友"云游"校史馆,凝聚安理精神,感悟家国情怀。

(四) 美育浸润共享化行动

实现"一人一爱好""一人一特长",是推动美育工作的总体目标。学校制定、加强和改进美育工作的实施方案,将美育纳入第二课堂,健全人才培养体系,积极聘请校内外优秀文艺工作者担任指导教师,不断改善美育工作条件。结合学生个性需求和发展需要,开展仰山社团纳新节、168号草地音乐节等学生喜闻乐见的美育系列活动,每年50余场次,参与学生20万人次。学校注重将中华优秀传统文化、社会主义核心价值观等元素融入活动,寓教于乐、春风化雨,构建多平台、全过程、全方位"面向人人"的校园文化育人工作格局。

三、取得成效

在"面向人人"的浸润美育育人理念指导下,通过"看、听、读、悟、行"等不同形式的艺术教学和美育体验活动,学生在美育实践中不断提升观察力、培育体验力、涵育思考力、锻造行动力,形成人人阅读美育书籍、人人参加艺术活动、人人掌握艺术技能的良好氛围,呈现出美育育人的"满天星"效应,有效提升学生的综合素质。原创朗诵作品《脱贫攻坚 不忘初心 砥砺前行》获全国第六届大学生艺术展演活动艺术表演类甲组一等奖,并获优秀创作奖;《我们这十年》获第六届全国大学生网络文化节一等奖;原创微电影《逐风》获第六届"我心中的思政课"全国高校大学生微电影展示活动一等奖;原创朗诵作品《冰雕连的军魂》获"青春,一起向未来"安徽省大学生朗诵艺术节非专业组一等奖;《三吏》获中华经典诵写讲大赛安徽省预选赛一等奖。

四、经验启示

（一）系统谋划涵育生态是优化美育育人格局的基础前提

立德树人是系统工程，要将美育作为涵育良好育人生态的基本要素，有效衔接第一课堂与第二课堂，充分尊重学生的个性需求，在思想引领、专业学习、创新竞赛、社会实践、志愿服务、体育锻炼、劳动体验等多个维度渗透美育工作，体现浸润性和实践性的时代新特点，建设时时、处处、人人的美育育人环境。

（二）创新模式协同融合是提升美育育人效果的关键环节

美育育人既包含传统的艺术课程类教育，也包含"美感教育""审美教育"等内容。推进"线上线下"虚实融合的美育方式变革，强化优质美育资源供给，探索从"美育课程"拓新为"课程美育"，实施"艺术教育＋课程思政""艺术教育＋创新实践""艺术教育＋数字共享"等新模式，将思想政治教育、专业知识、实践育人和美育深度融合，春风化雨、协同育人。

（三）配齐建强人才队伍是推进美育育人高质量发展的第一支撑

抓好教师源头培养，构建名师和骨干教师队伍。鼓励改革和创新教师评价办法，强化各学科教师的美育意识和美育素养，广泛开展教育从业者的美育专业培训。加强美育科学研究，建设专业高端智库和高水平研究平台。多措并举强化人才第一支撑，适应新时代美育育人工作新要求。

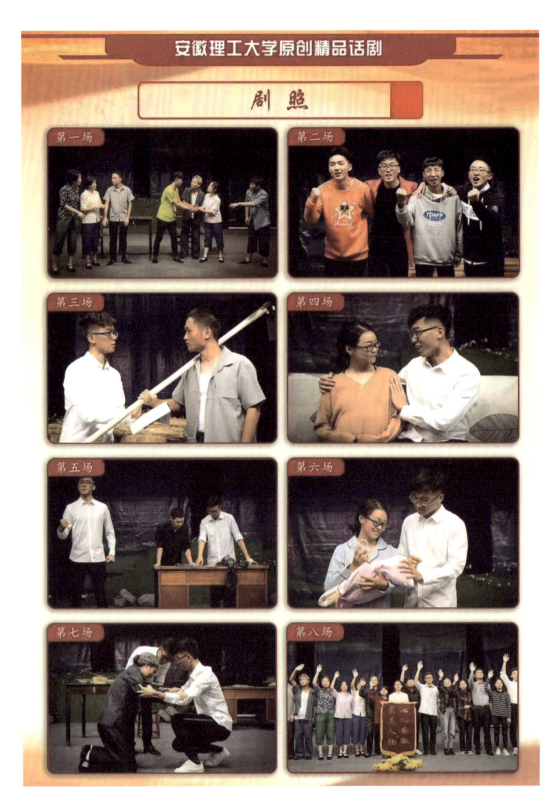

图 1　以优秀校友、安徽省优秀扶贫干部刘扬或为原型创演的话剧《冶溪河》巡演剧照

荣誉证书
HONORARY CREDENTIAL

安徽理工大学：

你校选送的微电影作品《逐风》，荣获 2023 年教育部习近平新时代中国特色社会主义思想大学习领航计划系列主题活动之一——第六届"我心中的思政课"全国高校大学生微电影展示活动一等奖。

作品指导教师：郑江，陈孝柱
主创团队成员：李沈烈青，陈嘉骏，龚文青，吴越然，祁振诚，吴梦伟，徐静蕾，张计茹，张博涵，赵思齐

特颁此证，以资鼓励

教育部高等学校思想政治理论课教学指导委员会

2023 年 5 月

图2 微电影作品《逐风》获奖

荣誉证书

安徽理工大学 的 《脱贫攻坚不忘初心砥砺前行》 节目

荣获由中华人民共和国教育部、四川省人民政府主办的

全国第六届大学生艺术展演活动艺术表演类 甲 组

一等奖

全国第六届大学生艺术展演活动组织委员会
2021 年 5 月

210508112945583219

图3 原创朗诵作品《脱贫攻坚 不忘初心 砥砺前行》获奖

案例 13　构建"4433"工作体系，打造新时代"三全育人"新格局

申报单位：蚌埠学院
案例主题：学习者全面发展

一、案例背景

推进"三全育人"综合改革是学校当前及未来一个时期的重要工作任务，是落实立德树人根本任务的重要举措，是构建高水平人才培养体系的重要抓手，对于全面提升人才培养能力和办学治校水平具有十分重要的意义。

蚌埠学院党委坚持以习近平新时代中国特色社会主义思想为指导，紧紧围绕立德树人根本任务，以"十大育人"体系建设为支撑，以培养德智体美劳全面发展的高素质应用型人才为目标，构建了四个阵地、四个平台、三支队伍、三个保障体系的"4433"思想政治工作体系，积极探索形成各领域同题共答、各环节同向发力、各要素融会贯通的"三全育人"新格局，取得了良好的育人成效。

二、主要做法

学校依托"组织、课堂、宣传、文化"四个阵地和"专业实践、社会实践、体育艺术实践、劳动实践"四个平台，打造"专职思政队伍、兼职思政队伍、广大教职工队伍"三支队伍和"管理服务、帮扶助困、协同联动"三个保障体系，将知识传授与价值引领贯穿专业教育全过程，构建"联动式"工作格局，健全"矩阵式"工作体系，形成"聚合式"工作机制，以系统思维统合，以问题意识贯穿，以创新精神深化，着力构建"4433"思想政治工作体系，打造育人的全景式场域，营造深层浸润的"三全育人"工作格局。

(一) 突出阵地铸魂，拧紧理想信念"总开关"

校党委以组织阵地、课堂阵地、宣传阵地、文化阵地建设为依托，以理想信念教育为核心，以社会主义核心价值观为引领，强化立德铸魂。

(二) 强化实践补钙，锤炼成长成才"真本领"

校党委以专业实践、社会实践、体育艺术实践、劳动实践四个平台建设为重点，引导学生在丰富的实践活动和广阔的天地中增长见识、历练才干、涵养家国情怀。

（三）抓好队伍护航，拧成全员育人"一股绳"

校党委着眼全员育人，抓紧抓实专职思政队伍、兼职思政队伍和广大教职工队伍三支队伍建设，为学生成长与发展全过程护航。

（四）做实保障助力，构筑全过程育人"一条链"

校党委强化育人导向，全面完善管理服务工作体系、帮扶助困工作体系和协同联动工作体系，更加有力地推动学生的成长与发展及"三全育人"工作的开展。

蚌埠学院通过全面统筹办学治校各领域、教育教学各环节、人才培养各方面的育人资源和育人力量，从体制机制完善、项目带动引领、队伍配齐建强、组织条件保障等方面进行系统设计，较为完整地构建了一体化的育人体系，形成了纵向上自上而下传导责任、横向上各个方面同向发力的思想政治工作新格局，育人成效显著提升。

三、取得成效

（一）创建"三全育人"品牌

在推进"三全育人"综合改革的建设过程中，注意创新方式载体，夯实基层基础，融合各方力量和资源，着力培育育人工作品牌。据不完全统计，《中国青年报》"学习强国""中国网"《安徽日报》等主流媒体百余次关注并报道学校思想政治工作。

（二）提升育人质量

获得省级以上成果 230 余项，先后获得安徽省"三下乡"社会实践活动优秀组织单位、安徽省心理健康教育普及先进集体、蚌埠市文明单位等多项荣誉，在全省高校征兵工作绩效考核中获得"优秀"等次。通过"三全育人"综合改革，学校寻找到一条既符合教育规律、学生身心成长规律，又契合新时代要求的育人新路，焕发出新的生机与活力。

四、经验启示

第一，在研究把握和运用新时代高校思政工作"三大规律"上下功夫，实施多措并举，丰富活动载体，凝聚育人合力，切实增强思想政治工作的亲和力、针对性、实效性。

第二，在构建高校协同育人大思政格局与提高思政育人实效上下功夫，联通育人力量，贯通育人环节，融通育人领域，持续推进思想政治教育形式载体创新。

第三，在持续深化"十大育人"体系内涵建设上下功夫，强化精准引领，实现育人工作的协同协作、同向同行、互联互通。

第四，在全面深入推进高校"一站式"学生社区综合管理模式建设上下功夫，推进党建引领、文化浸润、管理协同、服务下沉、队伍进驻、自我管理，打造学生党建前沿阵地、"三全育人"

实践园地、平安校园样板高地。

图 1　蚌埠学院"4433"思想政治工作体系

育人体系	标志性成果	育人体系	标志性成果
课程育人	➤教育部国家级一流本科课程4门； ➤安徽省大中小思政课一体化建设平台1个； ➤安徽省课程思政示范中心2个、教学团队3个、示范课程27门； ➤《第三届全国高校教师教学创新大赛省赛一等奖1项、国赛二等奖1项； ➤安徽省教学成果奖3项，其中省级一等奖1项。	心理育人	➤安徽省优秀心理科普机构； ➤大学生心理协会荣获安徽省高校联通杯"活力社团"志愿服务类TOP5； ➤《大学生心理健康教育课程线上教学方法创新与实践》获批安徽省重大线上教学改革研究项目； ➤安徽省优秀心理科普工作者1人、心理干预先进个人1人。
科研育人	➤中国科协学风承示范基地1个； ➤安徽省科学技术普及基地1个、安徽省社会科学知识普及基地1个； ➤"互联网+"大学生创新创业大赛国赛铜奖1项、省赛金奖等7项； ➤国家级大学生创新创业训练计划项目213项； ➤国家级学科与技能竞赛项112项、省级奖项798项； ➤学生获授权知识产权68件。	管理育人	➤安徽省课程思政建设先行高校； ➤教育部科学工作能力提升计划（百千万工程）第二批示范建设院校； ➤第八届"拾佩克"中国高校产教融合50强； ➤蚌埠市首届基层思想政治工作示范点。
实践育人	➤全国"三下乡"社会实践优秀品牌项目1个； ➤安徽省大中专学生志愿者暑期文化科技卫生"三下乡"社会实践活动优秀组织奖2个、优秀团队3个、优秀个人2人、优秀调研报告1项； ➤"翱翔之翼"大学生科技志愿服务项目获得中国科协"优+"等次，入选2022年度中国科技志愿服务典型案例选； ➤第六届安徽青年志愿者项目大赛银奖一等奖； ➤安徽省大学生志愿者团体培育计划资助一等奖； ➤安徽省百万志愿者参与结核病防治知识传播活动优秀志愿者团体	服务育人	➤全省"最美教师"1人； ➤第一批安徽省高校学生公寓疫情防控先进集体； ➤省级教学创新团队3个、省级课程思政教学团队1个、省级教学名师5人、省级课程思政教学名师2人、省级教坛新秀5人。
文化育人	➤安徽省第六届大学生艺术展演活动艺术表演类乙组二等奖3项，艺术作品类甲组一等奖等4项，优秀组织奖1项； ➤"安徽省淮河流域红色文化传承创新工作室"获中国科协"年度活跃工作室"； ➤蚌埠市首批新时代文明实践基地； ➤蚌埠市第三届文明校园； ➤教育部第八届高校廉洁教育系列活动"清心妙语"创意征集作品优秀奖； ➤安徽省省级粮食安全宣传教育基地	资助育人	➤全省学生资助工作优秀单位案例典型1个； ➤中国大学生自强之星3人、安徽省"自强之星"13人
网络育人	➤全国大学生"千校千网"网络展示活动青春影像奖； ➤全国大中专学生志愿者"镜头中的'三下乡'"活动优秀组织单位； ➤新媒体中心"红色寻'力'党史学习"项目入选教育部"三下乡"社会实践优秀品牌项目、全省首批新时代文明校园； ➤安徽省唯一入选的品牌项目； ➤获批省级线上教学名师3人； ➤全国青年报"中青校媒"发布全国本科高校抖音号影响力指数Top100榜单中蚌院青年"抖音号获全国第37名，省内第2名	组织育人	➤安徽省高校党建工作标杆院系1个、样板支部6个； ➤安徽省高校先进基层党组织1个； ➤安徽省高校百优组织支部2个

图 2　"三全育人"综合改革标志性成果一览表

篇章二

学校育人环境

案例 14　打造智能教育高地　服务长三角教育数字化转型

申报单位：华东师范大学
案例主题：学校育人环境

一、案例背景

当前，随着大数据、云计算、区块链、人工智能、5G 通信等新技术的加速迭代，更加科学、快速地推进人工智能与教育融合创新发展，已成为教育高质量发展的当务之急。

习近平总书记指出，教育数字化是我国开辟教育发展新赛道和塑造教育发展新优势的重要突破口。上海作为教育数字化转型试点区和全国唯一的教育综合改革国家试点地区，正在大力推进人工智能赋能教育数字化转型，加快构建智能时代现代化教育体系。在国家和上海市加快推进数字中国战略的整体部署下，华东师范大学主动发挥教育"头雁"作用，积极对接服务国家战略和上海发展需求，推动交叉学科建设与政产学研用一体化发展，全力打造智能教育研究与应用新高地，引领未来教师教育变革，助力长三角打造世界智能教育科技创新和人才培养高地，为推进长三角教育现代化赋能。

二、主要做法

（一）发挥优势，全面赋能新时代教育数字化转型

华东师范大学与上海市教育委员会、江苏省教育厅、浙江省教育厅、安徽省教育厅联合举办"长三角协同推进教育数字化转型论坛"，为教育数字化转型"长三角方案"汇聚群智。发布《全球智能教育发展报告（2021）》等，为人工智能教育的落地和见效提供有效路径参考。发挥教育学、心理学、脑科学、计算机科学、软件工程、数学等多学科优势，成立上海智能教育研究院，聚焦"学—教—评—管"等教育环节痛点问题开展基础研究和应用研究。整合上海智能教育研究院和计算机科学与技术学院资源，组建新的计算机科学与技术学院，在计算机系统、机器学习、计算机视觉等领域布局新的学科增长点。实施"数智跃升计划"，构建数智驱动的进阶式卓越课程体系，打造数智素养类通识课程、数智基础类专业课程，鼓励专业结合数智应用，为学生提供数智交叉培养方向。在计算机科学与技术一级学科博士点下自主设置智能教育二级学科，开设全国首个智能教育博士班，搭建智能教育博士生科研基金等平台，探索跨学科、国际

化、工程化的高层次复合型人才培养新模式。

（二）产教融合，全速驱动智能教育创新成果转化

联合华为、联想等多家头部企业和科研院所，围绕人工智能与教育应用场景的融合创新需求，开展协同合作。与普陀区政府共同推进"上海智能教育科技产业园"建设，着力打造智能教育高地。联合微软亚洲研究院研发"小花狮"作文智能辅导系统，通过利用人工智能技术，特别是大型预训练模型，助力中文写作核心素养的教、学、评。与丽江师范高等专科学校等单位研发东巴文智能识别与诵读系统，包含预处理、文字识别与匹配、语音转换等模块，初步实现了东巴典籍的智能识别与诵读。与中国科学院计算技术研究所合作研发孤独症儿童视觉交互智能辅助评估系统，通过整合人脸检测与识别、物体识别、视线跟踪与模式分类等 AI 算法，将儿童行为编码的时间分辨率从秒级提升到了毫秒级。联合数家企业创建教育元宇宙试验场，共同推动"元宇宙＋教育"行动的基础网络、数字基座及创新信息化应用建设，在中小学科学教育、国际中文教育等领域探索和开辟教育的新形态、新场景。

（三）立足使命，全力深化"智能新师范"创新育人模式

学校创造性地提出"一流专业教育＋一流教师教育＋一流智能教育"的本硕一体化卓越教师培养模式。基于"见习、研习、实习一体化"的教师教育实践体系，打造线上线下相融合的"一平五端"教学能力实训生态平台，包括一个教师教育实训教学一体化平台，以及电子资源端、移动听评课端、教育实习端、课堂互动端、数据管理端五个数字端；同时构建微型认证标准与规范体系，强化能力本位的人才培养模式。在牵头研制《中小学教师信息技术应用能力标准》《师范生信息化教学能力标准》和《中小学人工智能课程标准研制成果》的基础上，聚焦基础教育教学的核心环节与关键能力，首创研制"师范生教学能力评价体系"以及"师范生课堂教学能力微认证体系"等系列标准与规范。组织专家团队研制师范生智能教育素养框架，该框架共有 13 项能力，制定了对应的课程体系框架，进而形成了相应的课程谱系。

三、取得成效

近年来，学校在不断推动智能教育发展、深度服务长三角数字化转型的过程中取得了一系列成效。一是"华东师范大学智能教育实验室"入选教育部首批哲学社会科学实验室（培育）、国家智能社会治理实验基地—特色基地（教育）、上海城市数字化转型创新基地，智能教育学科入选上海市 Ⅳ 类高峰学科。二是探索并开展智能教育高层次人才培养，构建了智能教育博士生学术能力全面提升支撑体系。三是通过智能化的教学行为记录和分析，实现了对师范生的个性化训练和指导，不断提升师范生的智能教育素养。四是研制出国内首个专门面向教育领域的大语言模型"EduChat"，被《自然》（Nature）科普栏目"Feature"作为代表性案例进行介绍，并受联合国教科文组织邀请，赴法国巴黎参加数字学习周活动，分享"EduChat"最新进展。五

是研发的"小花狮"作文智能辅导系统整合了生成式大语言模型技术,成功完成中小学三到九年级作文的全面智能化评估及反馈;已有上海、江苏等长三角地区的20余所学校、3 000余名学生体验使用,用户好评率达到95%以上。该项目成功入选2022环球趋势案例。

四、经验启示

学校在打造智能教育高地、推进长三角教育数字化转型的过程中形成了以下经验。一是坚持系统谋划。学校将发展智能教育、推进智能时代的教育数字化转型作为首要战略,写入学校党代会报告、各类规划及年度工作要点,并制定《华东师范大学数智跃升计划总体方案》,科学有序地推动数智化高质量发展。二是突出成果导向和成效导向。面向育人创新的实际需求,强调智能教育成果的落地转化,强化区域联动、产教融合,在应用中检验实际成效,在协同攻关中实现创新发展。三是倡导"发展有温度的智能教育"。坚持以人为中心,以促进人的全面而自由的发展为目标,让技术为育人服务,不断创设和开辟新的教育形态、教育场景,推动教育的革命性重塑。

图1　华东师范大学等联合主办2021世界人工智能大会教育主题论坛"长三角协同推进教育数字化转型"

图 2 华东师范大学首届智能教育博士班开班

图 3 林郑月娥女士参访上海智能教育研究院

案例 15 坚持深化内涵建设 推进职教集团高质量发展

申报单位:上海电子信息职业技术学院
案例主题:学校育人环境

一、案例背景

2018 年 11 月 5 日,习近平总书记在首届中国国际进口博览会上提出,支持长江三角洲区域一体化发展并上升为国家战略。同年 12 月,第十届长三角教育一体化发展会议在沪召开,长三角电子信息职业教育集团(以下简称"职教集团")揭牌成立。

在三省一市教育主管部门的大力支持下,职教集团由全国首批示范性职业教育集团(联盟)培育单位——上海电子信息职业教育集团牵头,现有成员单位 170 家,其中高职院校 32 所、中职学校 55 所、企业及行业协会共 83 家。职教集团积极发挥上海市的战略优势,努力打造长三角地区"职教人才成长带",为加快长三角地区经济发展和一体化进程提供充分的智力支持和人才保障。

二、主要做法

(一)完善集团运行机制和治理结构

职教集团总部位于上海,在江苏、浙江、安徽各设一个分部,由三省一市共同组织、共同领导。职教集团实行理事会领导下的理事长负责制,设理事会、常务理事会和秘书处,下设专业建设、就业、技术合作和社会服务等委员会,秘书处由专人负责日常运行。

(二)贯彻落实国家和省市政策

2019 年 12 月,中共中央、国务院印发了《长江三角洲区域一体化发展规划纲要》,指出:搭建职业教育一体化协同发展平台,做大做强上海电子信息等联合职业教育集团,培养高技能人才。2020 年 1 月,上海市政府发布了贯彻《长江三角洲区域一体化发展规划纲要》的实施方案,提出"统筹区域职业教育院校和专业布局,做大做强联合职业教育集团"。这些文件的出台,为职教集团发展指明了方向。

上海市人民政府、上海市教育委员会大力支持职教集团的建设,每年给予财政专项经费支持,从而保障职教集团的日常运行以及集团内专业建设、资源建设、教师企业实践、技能交流、科研课题等方面的实施开展。

(三) 构建"四维一体"的共同体模式

1. 战略共同体：服务国家地区发展大局

（1）服务"一带一路"倡议

职教集团积极响应"一带一路"倡议，承办 2023"一带一路"暨金砖国家技能发展与技术创新大赛集成电路设计与应用赛项华东高职选拔赛。与泰国合作交流，就中泰国际合作办学、校企合作、技术转化等方面进行合作，助力"一带一路"共建国家职业教育的发展。

（2）服务长三角一体化发展战略

成立长三角职业教育产科教联盟、长三角电子信息产业学院，积极探索校地、校园、校企等合作模式，在职业教育办学、人才培养、产教融合、技术创新、科技成果转化、技术合作等方面进行合作，持续推进长三角优质职教资源跨区域流动。

（3）服务中西部协作战略

职教集团将对口支援滇西列入重点工作，在教育部和上海市教育委员会的指导和帮助下，充分发挥职教集团各成员单位的优势资源，从楚雄州职业教育发展实际情况出发，精准对接楚雄州多元化的需求，形成大平台多渠道对口支援的新格局，带动了楚雄州职业教育的发展。

2. 育人共同体：形成人才培养合力

（1）育生：构建育人新生态

一是构建职教新体系。职教集团成员单位内部开展中高职贯通、高本贯通试点培养。二是跨省域招生试点。长三角示范区内的职教集团成员单位上海工商信息学校积极开展跨省招生培养。三是就业巡回演讲。集团组建由企业专家、人力资源经理及院校教师组成的就业指导讲师团，在集团内院校开展巡回演讲。

（2）育师：建设高水平职业教师队伍

一是职教集团与上海中软计算机系统工程有限公司、阳光雨露信息技术服务（北京）有限公司建立市级教师企业实践基地，定期组织长三角地区中高职教师来沪参加企业实践；二是探索校企人才双向流动机制，建立企业业务骨干、优秀技术和管理人才到集团成员单位任教的有效路径。

3. 创新共同体：推动科研成果的转化与应用

（1）主动研究产业发展新态势

职教集团坚持理论与实践相结合，探索组建校企联合科研团队，以课题组、项目组的方式，承接政府科研课题和企业重点攻关课题，把教育资源、科研成果、人才培养聚焦到服务企业发展上。

（2）推进行业、院校专业标准建设

职教集团通过校企合作，开发和实施体现产业发展水平、对接行业标准的专业教学标准和核心课程标准，实现电子信息专业人才培养与电子信息行业职业技能等方面的全面对接。一是参与集成电路等行业标准制定,制定或优化职业院校的专业教学标准、实训条件建设标准;二是推进集团内部专业核心课程的梳理与建设,特别是教学、师资、课程体系等标准的落地。

（3）探索创新型产教融合机构

先后成立长三角集成电路产业产教融合共同体、长三角低压电力装备行业产教融合共同体、长三角电子信息产业学院、启东市职业教育实践基地,打造了互利、互动、多赢的教育教学创新实体,助力长三角职业教育产科教一体化和高质量发展。

4. 数智共同体:实现数字化、智能化管理转型

（1）加快集团数字资源库建设

一是以资源共享为核心,推进职教集团优质师资资源库、专家资源库以及教学资源库的建设;二是推进集团资源库的共建共享,着力满足集团内各单位不同的教育培训需求,提高集团层面教师资源的配置效率。

（2）提升数字化管理的效能

牵头成立上海闵行经济技术开发区产教联合体。其创新之处在于,通过在一个产业高度集聚、技术先进的高端制造业园区内实现产业和企业的数字化转型升级,进而实现产业链、创新链与人才链、教育链的有机衔接和一体化发展。

三、取得成效

（一）集团化办学水平逐步提升

目前,职教集团共建产教融合实训基地 371 个,联合订单班培养 37 个,现代学徒制培养 13 个,集团内培育产教融合型企业 10 个,集团化办学研究成果 221 项。2023 年 10 月,上海闵行经济技术开发区产教联合体入选教育部第一批市域产教联合体名单。2024 年 3 月,由上海电子信息职业技术学院主导,联合浙江温州等地企业和院校共同完成的"时变电磁场协同纳米复合涂层关键技术及装备研发"项目,荣获 2023 年中国产学研合作创新成果一等奖。

（二）专业建设成果不断显现

职教集团成员单位荣获国家级教学成果奖二等奖 1 项、国家级在线精品课程 1 门、国家级规划教材 11 本、省级教学成果奖特等奖 2 项、省级精品课程 33 门。由上海电子信息职业技术学院牵头申报的集成电路技术专业教学资源库,获批上海职业教育市级示范性专业教学资源库。

（三）学生培养质量不断提高

职教集团已举办近 20 项职业技能竞赛;集团成员单位中有 11 所学校开展中高职贯通培养,2 所学校开展高本贯通培养;有 8 位学生荣获全国职业院校技能大赛奖,18 位学生荣获省级职业技能大赛选拔赛奖,9 位学生荣获上海高职院校学生技能大赛奖;集团院校学生整体就

业率 96.63%,有 1 人获评优秀毕业生典型。

(四) 师资队伍建设不断增强

职教集团完成 300 余名特聘兼职教师资助工作;组织 140 余名教师参加企业实践;开展 10 余项科研项目;对口帮扶楚雄职教,举办近 10 期"楚雄州职教管理干部与骨干教师培训班",派出 60 多名专家"送教上门",组织 20 多名楚雄州职教管理干部来沪挂职锻炼。集团成员单位中既有教师荣获全国优秀教师、国家级教学创新团队等国家级荣誉,也有教师荣获东方学者、上海市大师工作室、上海市名师工作室、上海市级教学名师、上海市教学团队等市级荣誉。

四、经验启示

(一) 以服务国家发展战略为根本,谋划教育发展新格局

职教集团是在长三角一体化战略背景下成立的,必须提高政治站位,服务国家发展战略,通过深化合作,不断推进理念共通、平台共建、成果共享,在率先构建长三角区域教育新发展格局中争当排头兵和模范生。

(二) 以提升人才培养质量为目标,打造协同育人新模式

职教集团的目标是努力打造长三角地区的"职教人才成长带",必须以提升人才培养质量为目标,加快推进成员单位围绕电子信息类人才培养目标、交流机制、平台建设等开展更广泛的跨区域交流合作,努力为新时代教育发展提供新的人才培养范式和样本。

(三) 以建强集团合作平台为路径,构建区域联动新机制

发挥好职教集团平台的服务功能,深化区域职教合作,通过加强谋划交流、规划对接和政策协同,把三省一市各自的优势放大,把特色做亮,扩大职教集团在长三角乃至全国的影响力。

案例 16　互惠共生新模式　数智教育新样态

申报单位:浙江省杭州市萧山区教育局
案例主题:学校育人环境

一、案例背景

萧山区作为杭州最大的行政区之一,学区面积达930余平方公里。如何实现家门口都有一所好学校,为人民群众提供"更多、更好、更便捷"的教育,是新时代摆在萧山区面前的必答题,亟须破解之道与化解之策。教育信息化提升和数字化教育改革为"更多、更好、更便捷"的教育供给提供了无限可能。为了努力破解萧山区域教育发展"不平衡""不充分"的主要矛盾,有效解决区域教育发展"城镇挤""乡村弱"的突出问题,最大化地满足百姓在家门口"好上学""上好学"的教育需求,近年来萧山区将信息化提升工程作为美好教育的"一号工程",把数字化教育改革作为教育系统性变革的"内生变量",系统架构起了具有萧山标识的"互惠共生新模式 数智教育新样态"。萧山以创建各类实验区为契机,铺设数字化学习"六条跑道",实施数字化教育"五大工程",为新时代教育共同富裕构筑"数字底座",为全域普惠和教育公平打下了坚实基础。

二、主要做法

(一)实施"三大新基建",打造数智新场景

1. 打通"一张网"

实现校园教育网、无线网络全区覆盖。参建"一网统管",将校园周边疑难问题流转至相关镇街及职能部门,实现区级"一网统管"下的多跨协同,形成处置闭环。

2. 做大"一朵云"

依托教育超脑"云平台",大力推进课堂教学"云环境"建设。同步课堂系统在全省率先实现全覆盖,有效促进了网络化教学环境建设和智慧校园建设。

3. 汇聚"一个库"

建设教育数据与教育资源仓库。成功对接浙江省教育魔方数据仓、杭州市基础数据平台和萧山区大数据局,归集了约160万条教育数据,形成区域信息化数据资产超510余万份,覆

盖 530 余所学校、20 多万师生。

（二）铺设"六条跑道"，构建工作新机制

萧山区利用多实验区共建优势，聚焦核心主题，找准关联点与不同点，构建工作新机制，铺设"六条跑道"，即工作专班、部门协同、教育联盟、制度引航、评价驱动、课题引领。

由局领导牵头组建教育信息化工作专班，相关科室和直属单位负责人参与信息化建设，提升了部门协同能力，打通了信息化工程的设计、建设、应用、管理等各个环节，权责清晰，责任到人。同时采用"政府＋高校＋企业"的联盟模式，高标准进行顶层设计规划，出台项目配套文件，为信息化项目的长效运行保驾护航。学校信息化项目均以课题形式开展，推深做优教育教学改革。在学校年度考核中，增加对信息化项目建设应用情况的相关考核指标，督促学校真正把信息技术与教育教学融合起来。

（三）推进"五大工程"，创新教学新模式

1. 精准教学：区域教育质量提升工程

基于大数据精准教学项目，在区域内普及智慧课堂、智慧作业与大数据精准教学系统建设，着力解决教学测量数据模糊、学生个性发展难以兼顾、教师教学指导缺少依据等问题。帮助学校提升备、教、改、辅、研、管的精准性和自主学习的有效性，摆脱题海战术，为学生减轻课业负担。

2. 城乡普惠：区域普惠教育提升工程

围绕"共同富裕"，基于"互联网＋义务教育"结对帮扶，开展"互联网＋名校集团"工程。深化推广萧山城乡网络同步课堂、艺术互联网学校双师结对帮扶课堂、远程专递课堂、教师网络研修、名师网络课堂。在此基础上拓展项目和功能，展示微课云集等云端课程，建设在全区范围内覆盖百所中小学校、开设千堂示范课、惠及万名中小学生的民生实事工程，汇聚优秀案例，推广典型经验。

3. 应用创新：区域创新教育提升工程

以创客实验室为基石，拓展人工智能创新教育。结合本地和学校实际，在中小学建立 3D 创客、科创中心、人工智能、智慧农业、智慧书法、AI 虚拟教室等创新实验室。截至 2023 年底，萧山区共建设 258 个中小学新型教学空间，其中 3D 创客实验室 86 个，智慧农场 36 个，STEAM 科创中心 95 个，人工智能实验室 41 个，做到了校校有"空间"。

4. 数智治理：区域教育治理提升工程

基于浙江省教育魔方工程，结合萧山区教育数字化改革项目，实施建设萧山教育"4511"数改工程，打造支撑数字化改革的 4 大中枢（组织中枢、数据中枢、应用中枢、治理中枢），建设基于 5 类场景（教育治理、教育民生、家校共育、教育均衡、学生发展）的 11 个业务应用。通过优化资源配置，提升治理能力，实现入口全统一、应用无孤岛、决策有数据，形成萧山智慧教育运行全景图，全面呈现运行和发展趋势，支撑科学决策调度。

5. 素养提升：区域教师专业能力提升工程

开展教师信息技术应用能力提升工程全员覆盖。推出智慧课堂、STEAM教育、人工智能等特色项目培训，为全面实施信息技术与课堂教学的深度融合打好坚实的基础。依托"教师研训大脑"，加快全区教师培训及校本研训管理数字化转型升级，打造区校一体化培训生态。

三、取得成效

初步形成了具有萧山标识的数智新场景、工作新机制和教学新模式。萧山区陆续入选国家级"新型教与学模式"实验区、中央电教馆第一批人工智能课程规模化应用试点区、浙江省"互联网＋义务教育"实验区、浙江省"大数据精准教学"实验区、浙江省人工智能教育实验区、浙江省教育数字化改革实验区等。与教育部教育管理信息中心合作开展"基础教育教学大数据专项研究"，并入选《2022—2023年数字化赋能教育管理信息化建设与应用典型案例》。智慧作业、智慧幼儿园项目入选浙江省2023年全省教育领域数字化改革优秀应用项目。2022年，萧山教育信息化综合发展指数排名全省第一；2023年，位列全省第二。

四、经验启示

为实现资源配置蝶变跃升，与城乡融合同频共振，释放数字技术对萧山教育高质量发展的放大、叠加、倍增、持续溢出效应，萧山区积极推进教育数字化改革，实践一场从技术创新到制度重塑，再到文化引领的全方位、深层次变革，形成了以资源广泛应用为基础，以数据资源价值挖掘为支撑，以课堂教学优化为抓手，以教育人才队伍建设为保障，以创新能力培育为引领，激发教师成长、学生发展、学校提升的动力，形成协同共生、有序循环的可持续发展育人新生态。为了巩固改革成效，萧山区将继续按照国家、省市教育数字化战略行动的总体要求，加大教育领域数字化改革和创新力度，打造区域智慧教育"重要窗口"和数字教育发展的"萧山样本"，持续供给高质量数字教育公共服务产品，借助数字化，全面擦亮"人有优学、学有优教、校有优策"的"尚学萧山"城市金名片。

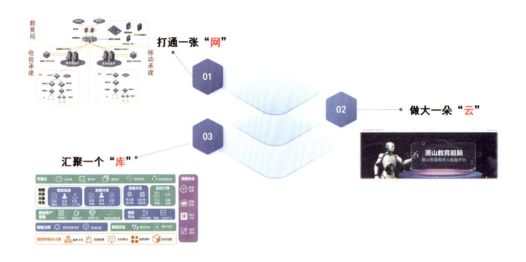

图 1 实施"三大新基建",打造数智新场景

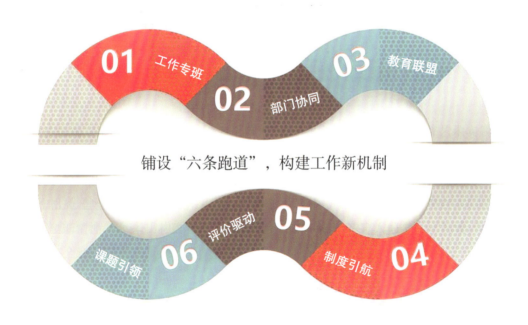

图 2 铺设"六条跑道",构建工作新机制

区域教师专业能力
提升工程

区域教育治理
提升工程

区域创新教育
提升工程

区域教育质量
提升工程

区域普惠教育
提升工程

图 3 推进"五大工程",创新教学新模式

案例 17 未来小镇：为乡村学生构建实践育人的新体系

申报单位：浙江省台州市温岭市石桥头镇中心小学
案例主题：学校育人环境

一、案例背景

学校创办于 1910 年，在 2014 年迁入占地 50 亩的新校区，当时的硬件配置在温岭乃至台州都是首屈一指的。如何将校园打造成科技化、智能化的空间，创设适合乡村孩子发展的学校育人环境，成为当时摆在学校面前的难题。2001 年，教育部发布《基础教育课程改革纲要（试行）》，倡导"自主式、合作式、探究式"的学习方式，知行合一，学思结合，做中学，用中学，创中学。因此，我校坚持让学生在实践中学习探究，强化学科实践，重构学习方式，为每一位乡村学生创造有意义的学习经历。从"实践场域构建""课程建设迭代""学习方式改革""教学评一体化"四个方面为乡村学生构建完整的"实践育人体系"，为学生未来奠基。

二、主要做法

（一）联通学习场域，为打造"实践育人体系"奠基

十五年来，学校从"实践场域构建、课程建设迭代、学习方式改革、教学评一体化"四个层面为乡村学生打造"实践育人体系"，增长学生生活经验，改变学生学习方式，发展学生核心素养，助力学生更好地面向未来生活。

1. 打造校内情境场，引爆沉浸式体验

学校围绕"学校有什么就打造什么，孩子缺什么就打造什么"的理念，利用本校架空层创建"未来小镇"综合实践基地，总面积 7 700 平方米，格局清晰，动静分明，拥有"一坊二馆三中心"六大场馆，创设 20 个综合实践区，打造沉浸式场景学习空间。"未来小镇"里设备丰富，还有安全教育网、智能化控制系统、物联网技术远程监测等平台；教育功能多样化、特色化，借助大数据精准分析并开展分层教学，挖掘适合学生个性发展的活动项目，实现个性化学习的复盘研究，为每一位学生提供适合的活动，赋予空间实践育人功能，为优化课程实施夯实基础。

2. 链接校外实训点,打通家校社壁垒

联合家长、社区周边教育资源,打通三方壁垒,形成全方位教育氛围。一方面,家庭实训强落实。学校提倡学生在家庭中"我的事必须自己做",同时制作家庭实践活动课程指导手册,亲子参与,将家庭劳动课程落实到位。另一方面,周边实训练技能。引导学生走进文化礼堂,挖掘地方文化资源,丰富生活体验,填补教材空白点,注重综合能力发展。

3. 建立实践联盟体,联动区域性资源

建立以学校为中心的实践联盟共同体,联合镇团委开展签约仪式和授牌仪式,充分利用区域资源。例如,三透里文化创意园有扎染、烧陶、纸艺等项目,高龙舜浦草编工艺美术基地、博物馆、陈列馆、创新空间等七大场馆,东浦农场有热带植物园、种植园等。最大化地实现资源利用,为学生寻找实践场地,创造有意义的学习经历,增强学生的理论水平、学习能力和创新思维。

(二) 优化课程建设,为打造"实践育人体系"护航

从学生需求出发培养学生素养,秉承"教学做合一"的理念,围绕"我和自然""我和社会""我和生活""我和劳动""我和未来"主题,以校名"桥"示意图为背景,从课程建设目标和课程结构设计优化角度设计创新型课程,为学生的未来奠基,培养具有责任担当、人文素养、科学素养、创新特质的未来公民。

1. 设计"三位一体式"的课程体系

基于核心素养,对课程内容、学习方式和课程安排进行整体规划,对现有课程进行有效统整,扩展基础型课程,重组拓展型课程,创新研究型课程,设计"三位一体式"的课程体系。融合人文、艺术和科学素养,打造"生活小发现、农艺课程、纸板制作玩具"等基础型初级课程;"桥梁专家、智能花灯、米塑"等拓展型中级课程;"3D打印、智慧农业、生态工坊、智造达人"等探究型高级课程。

2. 开发"任务驱动型"的课程体例

课程以真实问题导入,从儿童经验出发,由"问题导入——明确学习内容,任务分块——知晓学习重点,生活联系——拓展技能素养"三个板块组成。课程目标用驱动问题来落实,课程内容请吉祥物"实实、巧巧"参与,课程设置上通过"任务驱动、实际联结、温暖导语"拉近与学生距离,见证"知识学习,实践积累,创新运用"的过程,形成"内外融合,多元互动,协调发展"的局面。

3. 形成"三三协同型"的教学模式

学校延伸空间,创新形式,以"普课、'双师'课和开放课"三种课型保证效率,有序推进课程教学。"普课"是以体验感悟与兴趣培养为教学目标的单师教学;"'双师'课"是发挥双师教学优势,整合课程,选取可融合性内容,精选课题,精细设计,取长补短;"开放课"是基于共享开放原则,按照一主题多课程轮流走班学习。实施"A+B"小班化教学,确保每位学生有足够的学

习场地,打造"三三协同型"教学模式,推进实践育人。

（三）变革学习方式,为打造"实践育人体系"助力

在"双减"背景下,探索提质增效的主阵地是课堂,是从教走向学的重点,是打造实践育人体系的关键。基于"未来小镇"场馆和课程建设,借助真实情境下"问题导向任务驱动"的沉浸式学习,设计"螺旋式、混合式、循环式"三式课堂教学,改变学生的学习方式,提升教学质量,让课程撬动学生核心素养发展。

1. 构建"四环螺旋式"的生长课堂

结合科学、技术、劳动等国家课程,统筹科技创新教育,实现知识与技能的表层显性迁移,以及情感价值观与核心素养的深层隐性迁移。实施"助（自主与合作）—探（探究与理解）—展（掌握与展示）—测（评价与提升）"循环往复的螺旋式教学,构建素养导向下的"任务驱动 智慧导学"生长课堂,打破课堂教学常规,驱动式地推进课堂教学改革,在发展学生核心素养的同时,带动学校教学质量的全面提升。

2. 开展"上下混合式"的翻转课堂

在教育信息化时代,智能技术应用起着关键作用。依托综合实践基地,融通线上线下学习空间,同时打造混合式学习翻转课堂。教师课前录制微课,学生课始自学微课,边自学边实践;教师再指导,学生再探究,通过线上学习和实体课堂的相互贯通,利用网络资源和线上问答模式,结合线下"做中学"课堂教学,提高学习方式的灵活性,促进自主学习,增强教学互动性,改变教师教学方式和学生学习方式,促进双主体共发展。

3. 践行"四步循环式"的项目化学习

基于"未来小镇"场馆和课程建设,以真实情境中的问题为导向,实施任务驱动的沉浸式学习,设计"驱动问题—构思方案—探究实践—评估迭代"四步法,进行项目化学习,改变学生学习方式。

（1）驱动问题,确定主题

驱动性问题来源于真实情境,引发学生持续性思考。环顾校园场地建设、资源整合等问题,将劳育项目化学习融入课程体系,设计驱动性问题,培养学生自主探究能力。比如,借花满溪开展花田记项目化学习,让学生设计有意义的问题:花田如何规划?什么样的土壤适合种什么样的花?……

（2）构思方案,有效范式

通过"金点子"征集方式收集开放性问题及活动方案。以"花"的项目化学习为例,从如何种植、收获、加工、保存花展开设计,以"资源合理开发避免浪费"为研究点,引出驱动性问题:那么艳的花如何保持更久?花香可以保存吗?……形成挑战性任务,促使学生主动思考,自主实践。

（3）探究实践，适时点拨

在解决驱动性问题时，学生想法很多，创意构思丰富，但缺少对专业知识的运用。涉及哪些科学原理？需要哪些材料？这些材料有哪些功能？教师在"疑难之处"适时点拨，提供平台和资源帮助学生解决问题，引发探究和思考动力，帮助学生建构学科核心知识与真实世界之间的联系，以高阶学习裹挟低阶学习。

（4）评估迭代，持续探究

通过专家指导和小组交流，优化成果，从原来的 1.0 版到 2.0 版，不断改进提炼。以"花"的项目化学习为例，设计"简易灌溉系统装置"，解决假期给花儿浇水的问题。学生主动思考，以任务驱动进行自主实践，由简入智，优化设计，培养自主探究能力和创新素养。

（四）教学评一体化，为打造"实践育人体系"铸魂

以有效学习为导向，结合教师教、学生学的目标制定评价标准，设计评价量规和教学任务，确保学习有意义。与北京万鹏教育科技有限公司联合构建智能平台，运用二维码扫描技术实施学分记录，用情景式体验教学激发学生自主探究兴趣，用可视化数据实现个性化评价，促进学习方式变革，实现教学评一致，为每一位学生创造有意义的学习经历。

1. 成绩可视化，学生评价手册

（1）可视化的成长报告单

利用大数据平台，建立学生档案，采集评价过程的全部信息，实行评价目标全程监控，为评价结果全面可视提供数据支持。例如，学生通过扫描二维码计入学分，数据平台处理分析，评估学生发展过程，形成终结性评价"我的成长报告单"。

（2）个性化的全息评价册

"我的成长足迹册"包括"我的成长报告单"、粘有二维码的成长报告卡、各级各类荣誉证书，把传统的单张纸质成绩单转化成一本富有时代个性特色的全息综合评价手册。学生根据个人素质报告单知晓自身学习的优点和不足，及时调整学习态度，改进学习方式，提高学习效率。

（3）分享型的成长足迹台

教室里设有"我的成长足迹台"，贴着"我的成长足迹单"。学生通过扫描二维码将学分记入后台，将扫描后二维码贴在"我的成长足迹单"中的相应学科栏目里。这样不仅可以记录学生的成长进步，也能分享学生的成长快乐，形成你追我赶、共同进步的学习氛围，发挥评价的激励作用。

2. 过程可视化，教师数据激励

学生发展是个动态的变化过程，利用数据管理平台，打造"数据监控中心"，关注学生过程性成长，收集终结性评价数据，反思自己教学存在的不足，及时调整，更好地指导学生改进学习，更好地为教学服务。

（1）制定标准

成立评价小组，制定评价规则。从知识习得、技能掌握、素养提升等评价维度来制定评价表，同时确定评价分项的内容、形式与次数。

（2）汇集资料

根据评价信息进行横向群体发展分析和纵向个体发展分析，作出阶段性或终结性评价，为大数据平台提供相对科学、精准、全息的信息，形成"个人综合素质画像"，实行"全面、全员、全程"可视化评价。

（3）激励评价

倡导"量化评价与质性评价相结合""过程性评价与终结性评价相结合""评价主体多元化""二次评价"，对智慧数字驾驶舱的评价结果加以运用，服务教学。

3. 成效可视化，评价服务教学

智能全息评价利用大数据平台，建立学生档案，输入课程评价内容，从学生情感价值观出发开展激励性评价，使整个评价可视化。针对教师、学生和课程三个维度进行目标全程监控，过程全部采集，结果分析反馈，让评价更好地为学生学习服务。在评价中获得学分兑换"成长嘉年华"活动券，让学生参加体验、体悟、体创的学习过程，在丰富多样的实践性活动中享受成就感，激发学习动力。

三、取得成效

学校以"科技＋C"双融双创项目为引领，创建集劳动教育、科学教育、STEAM 教育于一体的综合实践基地"未来小镇"，从"实践场域构建""课程建设迭代""学习方式改革""教学评一体化"四个方面构建乡村学校"实践育人新体系"，让每一位乡村孩子都经历有意义的学习，为未来社会培养具有责任担当、人文素养、科学精神及创新特质的现代公民。

学校被评为浙江省现代化学校、浙江省教科研先进集体、浙江省廉洁教育基地、浙江省STEAM 教育和项目化学习基地、浙江省新型教学空间示范学校、浙江省幼小衔接示范校、浙江省标准化学校、浙江省无烟学校、浙江省成绩突出少先队集体、浙江省心理健康教育示范点、浙江省卫星班、浙江省健康促进学校（银牌）单位、台州市乡村名校、台州市党建工作示范学校、台州市 4A 等级平安校园、台州市学生解放行动首批联盟学校、台州市第十批绿色学校、台州市中小学数字化校园、台州市综合实践示范性基地、台州市科普教育基地、台州市智慧校园示范学校、台州市中小学生劳动实践教育基地、台州市青春健康教育基地、台州市"五好"学校关工委等。

学校拥有 8 项省级课题，其中一项获得 2022 年度浙江省教育科学研究优秀成果一等奖，有 4 门课程获评浙江省数字化精品课程，相关研究在《上海教育科研》《教育与装备研究》等核心期刊上发表。承办过全国新时代综合实践活动(劳动教育)资源建设现场会、全国中小学班主任工作研讨会、长三角论坛筹备会、浙江省综合实践疑难问题现场会等大型会议。埃及前总理伊萨姆·沙拉夫,教育部教育装备与技术副主任赵宪志,义务教育课程方案修订组组长、华东师大课程与教学研究所所长崔允漷教授,《中国教育报》课程周刊兼体育美育专刊主编汪瑞林,浙江省副省长成岳冲,浙江省教育厅原副厅长韩平,浙江省教育厅办公室主任王洪光,浙江省教育厅教科院朱永祥等3 500多名领导和专家学者莅临指导。相关成果被"学习强国"《中国教育报》《中国环境报》《浙江教育报》等多家媒体报道。30位老师在全国新时代综合实践活动(劳动教育)资源建设现场会、浙江省疑难问题解决综合实践现场会等活动上执教小镇课程;校长在全国级、省级、台州市及温岭市的综合实践课程建设推广会上作经验介绍。

四、经验启示

学校基于素养导向,秉承"做中学,教学做合一,教学评一体"的理念,从"实践场域构建""课程建设迭代""学习方式改革""教学评一体化"四个方面为乡村学生构建完整的"实践育人体系",为学生创造有意义的学习经历,培养乡村学生的科学精神和创新意识,助推学校高质量发展。

(一) 构建情境式特色场馆,打通乡村与科技创新的脉搏

学校有什么就打造什么,学生缺什么就打造什么,充分挖掘校内外资源,创建集综合实践、劳动教育、STEAM教育于一体的"未来小镇"科技场馆,为学生实践提供基础保障。从科技领航、角色体验、创客空间等方面为学生科技创新奠定基础,为乡村学生科技创新提供保障,助推学校高质量发展。学生借助场馆,积极探索基于问题情境、任务导向的自主式、互动式、启发式、探究式等跨学科的项目化学习,通过动手实践增强感性认知,内化为自我发展动力。

(二) 设计任务型研究课程,体现课程和育人目标的统一

遵循"知识学习,实践运用,素养提升"课程研究理念内外融合、多向互动、协调发展,符合各年段学情特点,基于"分结构、有梯度、可选择"原则进行有效统整,扩展基础型课程内容,重组拓展型课程内容,创新探究型课程内容,形成三级课程实施体系,呈现多维联动的发展态势。以培养综合素质为导向,构建"明确任务、知晓重点、联系生活"三大板块,引导学生在活动中学会认知、学会学习、学会生活以及学会创造等。

(三) 探索做中学学科实践,体现知识和核心素养的融合

基于核心素养与办学理念,学校从学生需求出发,将综合实践、劳动教育与STEAM教育项目化学习进行统筹,聚焦"任务驱动·智慧导学"改变教学方式,打造助—探—展—测四个环节循环往复的螺旋式教学"生长课堂",将各门学科与实践融汇起来,在真实的情境中让学生经

历发现问题、解决问题、建构知识、运用知识的活动过程,形成复杂概念乃至系统知识,丰富运用知识解决现实问题的经验,提高认识世界的综合能力。申报浙江省教研课题、教科课题、信息技术课题共 8 个,省教育科学研究优秀成果一等奖 1 项,省级获奖论文 30 多篇,被评为浙江省教科研工作先进学校。师生在 STEAM 教育项目化学习方面获省级奖项 30 多项,在浙江省 STEAM 挑战赛中获评百强教师,在省项目化学习成果展示月微信直播活动上汇报,多篇文章入选《重塑学习 成就未来——台州 STEM 教育实践样态》。

(四)利用大数据反思评价结果,实现教学评一体化

学校对后台数据进行整合处理、存储分析,形成"个人综合素质画像",打造"学生综合素质数据监控中心"智慧数字驾驶舱,对评价结果进行反馈和运用,实现评价为教学服务的价值。学生根据个人素质报告单了解学习情况,发现数据背后的问题,调整学习态度、学习方式,提高学习效率。教师挖掘数据背后的逻辑,发现教学问题,改进教学方法,帮助学生进步,实现素养导向下评价的意义与价值。学校召开了全市小学生综合评价改革现场会,成立了以我校为组长的智能全息评价改革联盟校,并且成功申报了浙江省综合评价改革专题课题、省教育信息化研究课题。运用评价改革提升教学质量,学业成绩提升居同类学校前列。六年级毕业考率创佳绩,市语文智能竞赛 PISS 阅读一等率第一,全市学科论文评比连续两年一等率第二,被评为市教学质量提升年度先进集体。

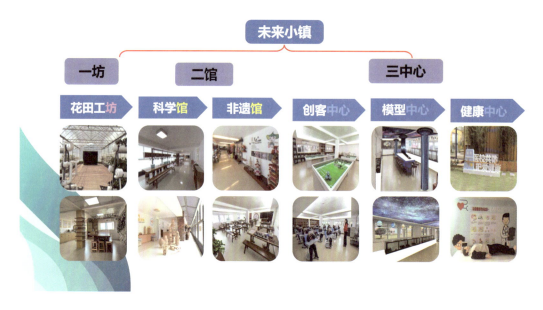

图 1 "未来小镇"场馆结构分布图

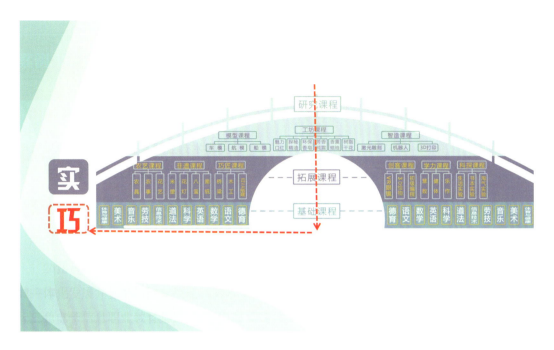

图 2　学校课程的框架图

图 3　校本教材板块体例

案例 18 西湖区以"数智"赋能教育改革推动全域教育数字化转型

申报单位:杭州市西湖区教育局

案例主题:学校育人环境

一、案例背景

杭州市西湖区坚持以全域数字化改革为总牵引,启动"数智"教育改革,统筹推进数字技术与"民呼我为"、教育治理、评价改革等重点难点项目的深入融合,不断完善"1＋3＋N"数智教育治理体系,实现实体教育生态和数字虚拟生态的双向治理,推动教育公平,促进共同富裕。2018 年,西湖区教育局完成了"云机房、云网络、云平台、云应用"的四云建设;2019 年,基于钉钉平台完成了局校两级布局;2020 年,形成了覆盖区域 45 万左右师生家长的组织在线、沟通在线、协同在线、业务在线的数智治理格局。从 2021 年起,以全省推进数字化改革为契机,面向教育领域核心治理开发场景,实现"教育实体"和"数字虚拟"孪生系统的双向治理,推动教育领域数字化治理先行示范,打造了一批具有西湖辨识度的数智教育成果。

二、主要做法

(一) 构建多层支撑,系统打造数字治理格局

1. 建立治理体系,夯实"1＋3＋N"数智基底

依托钉钉平台,搭建覆盖学校、师生和家长全域全员的大数据中台,持续推进教师、学生、资源三大数据库扩容与数据共享,积极研发推广多应用场景。目前,西湖区共推出生态评价、身心健康、智慧招生、教育联心桥、西湖棒伢儿等 13 套自建应用,数智教育平台覆盖全区师生14 万人,每日同时在线用户高达 30 万。

2. 完善治理机制,发挥资源聚合优势

建立"局长统领、项目认领、部门协同"工作机制,成立以教育局局长为组长的数智教育领导小组,选聘 146 名校级干部打造"首席信息官"队伍,统筹推进教育信息化项目的规划、建设、应用和管理。截至目前,累计投入全区普通中小学教育技术装备经费、生均教育技术装备经费等教育信息化建设经费 1.2 亿元。

3. 提升治理效能，力行五育融合实践

围绕"德、智、体、美、劳"制定五大维度的教育成长评价细则，升级"五育融合"学生生态评价云平台，科学采集学业素质、体质健康、幸福指数等指标信息，生成学生综合素养图谱，形成五育发展报告，助推家校共同为学生成长"精准画像"，让数据充分发挥全方位支撑作用。目前，已建立学生综合素养图谱数据 2 万余组。

(二) 创新多元场景，全面推进教学范式变革

1. 创建"数智作业"场景

通过数据分析，助力个性化学习干预和教学管理决策，精准监测作业时长总量，科学调控作业结构，优化精进作业设计，改变传统的作业模式，创新学生作业减负增效的多元途径，实现区域作业分层管理。数据库内现有自编、自研区本课时练习 500 余套，覆盖初中 3 个年级 5 类学科。在 2023 年全省教育技术工作会议上，西湖区围绕"三航数治：实证数据支撑下的区域分层作业管理平台建设"作专题推广。

2. 拓展"课后服务"场景

开发应用贯穿课后服务全过程的云端平台，实现选课、缴费、排课、请假、考勤、评价、薪酬等云上办理一站式服务。平台在全省推广，西湖区成为首批与教育部系统对接的试点区县。探索课后服务与素质教育的有机融合，形成因校制宜、各具特色、载体丰富的课后服务体系，如嘉绿苑小学艺术创意课程"3D 趣味创意"、学军小学心理健康课程"沙盘游戏"、浙江工业大学附属学校传统文化课程"京韵京剧"等。截至目前，西湖区共新增"X"课程班次 742 个。

3. 打造"三名在线"场景

打通教学资源共享关，整合全区优质教育资源，打造名师、名课、名校"三名在线"数字教育平台，搭建"名师"网络工作室，建立"名课"区域资源库，创建"名校"同步学习场，"线上＋线下"24 小时为学生提供优质教育资源。截至目前，该平台共入驻省特级教师及学科带头人 702 名，推出 1 至 9 年级精品微课 3181 节，在线点击量超 100 万人次。

(三) 强化多维共建，一体推动教育生态建设

1. 营造和谐健康的家校共育生态

在西湖区，家长只要愿意，就都可以参与西湖教育治理的全过程。开发"教育联心桥"平台，广泛了解家长和群众心声，及时化解校园矛盾，促进家校同心，为孩子健康成长构建和谐生态的教育成长环境。平台自 2022 年 4 月运行以来，共收到家长点赞 3353 个、咨询 465 件、意见建议 614 条、投诉 177 项。围绕儿童个性发展、社会适应等六个维度，创新推出"和谐心"家长网校，涵盖 1—9 年级阶段共 54 节阶梯课程，家校合育共促学生成长。

2. 培育活力友好的师资成长生态

在西湖区，教师只要愿意，就都可以接受全生命周期的激励与发展。搭设西湖教育"智慧之光"微案例评审平台，以"每季度一评审"的形式，引导教师将教学实践中的问题梳理成微案

例参与分享评比,激发科研内驱力。完善"西教人事"数据库,优化"智慧人事"人才市场,破解教师编制不足等瓶颈,推动教师从"学校人"向"系统人"转变。2023年依托平台共享教师资源,选派22名教师赴青川、新疆等地开展帮扶工作,完成区内教师交流聘用239人次。

3. 构建公平优质的校园治理生态

在西湖区,学校只要愿意,就都可以构建自主而富有活力的办学生态。西湖区教育局基于"城市大脑"理念建立学校生态评价平台,搭建起基于"五大发展"(包括规范发展、学生发展、教师发展、绩效发展和创新发展)加"一校一报告"的评价体系,激发学校办学活力。目前,以项目制形式呈现"学校生态评价""五项管理""学科关键能力"三类报告,共计中小学"一校一报告"300余份。

三、取得成效

(一)综合荣誉高

西湖区教育局获评"2023年度浙江省教育工作业绩考核优秀单位",成为全省各县区教育局唯一七连优单位。西湖区教育局信息化综合指数全省领先,居杭州市主城区第一。

(二)试点批示多

2项工作入选教育部试点区,4项工作被列为浙江省数字化改革试点区或试点项目。"三名在线"系列课程于2021年被教育部列为"双减"典型案例,并在全国予以推广。相关成果经验获时任省委副书记黄建发、省政府副省长成岳冲批示2次。

(三)理论成果丰

区域教育改革典型案例"'数智'治理赋能区域教育转型升级"获全国首届地方教育改革创新成果一等奖,10余篇相关论文在《中小学管理》等期刊上发表。

四、经验启示

数智治理要孕育有温度的智能教育。未来,现代教育治理的推进会更加智能,优质资源的共创共享会更加充分,教与学的变革创新会更加深入,由此,孕育有温度的智能教育变得更加重要。教育治理的对象是人,因此,在强调技术应用的同时,更要关注人的情感交流,指向人的心灵成长。开发应用场景时要从用户需求出发,主动回应家长和社会的教育关切,提供智慧化、高效能、有温度的教育服务,以数字转型与智能升级推动教育高质量发展。

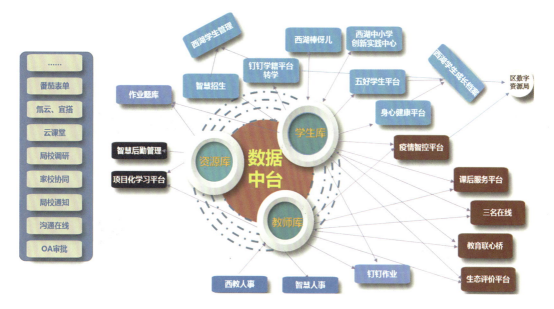

图 1　西湖区"1+ 3+ N"数智教育治理体系

图 2　杭州市学军小学校长张军林和教师借助"学校大脑"系统分析讨论学生的作业情况

图 3　教师在线直播上课

篇章三

现代教育体系

案例19　以教育、科技、人才一体化方式推进世界一流大学建设

申报单位：浙江大学
案例主题：现代教育体系

一、案例背景

党的二十大报告首次把教育、科技、人才作为一个整体进行论述和部署。高校作为科技第一生产力、人才第一资源和创新第一动力的重要结合点，是科教兴国战略、人才强国战略、创新驱动发展战略的重要承载体。浙江大学以习近平总书记关于"加快建设世界一流大学和优秀学科"等重要指示和党的二十大精神为指引，强化教育、科技、人才的基础性、战略性支撑作用，塑造高质量发展的新动能新优势，积极探索建设中国特色、世界一流大学的新路。

二、主要做法

浙江大学锚定迈向世界一流大学前列的目标，坚持教育、科技、人才"三位一体"统筹推进，深化科教融合、教学相长等工作，让人才在科技创新实践中建功立业，为学校高质量发展增势赋能。

一是推进育人、科研相互赋能，以学生成长为中心，整体贯通卓越教育体系和一流创新生态系统。深化科产教贯通人才培养改革，建立高水平、体系化的科教协同平台。创新科研育人共享机制，打造支持跨院系跨学科开展科研训练的"启真问学"创新平台，实施全国重点实验室"领航人才培养计划"，开发"浙大学子一站式科研导航"平台，筹建机器人与智能装备综合创新实训基地等，为学生开展前沿研究提供全链条科教资源保障。完善产教融合育人模式，积极承担工程硕博士培养改革专项，高起点建设国家卓越工程师学院。

二是推进名师、优生相互成就，以构建发展共同体为引领，联动实施新时代人才强校核心战略和一流教育教学战略。强化思政教育和专业教育一体化设计，打造师生共同成长的德育共同体，塑造学生服务国家的胸怀格局。激发榜样力量，邀请以诺贝尔奖得主为代表的国际顶尖学者打造"求是大讲堂""海外名师大讲堂"等高端通识教育及交流平台，做实"青青计划"、教授学术小组等高层次人才导学培养项目。引育一流师资，推出"全球杰出教席计划"，开展"育人强师"全员培训、"雏鹰领航"计划、"求是导师"学校等活动，提升青年人才育人水平。

三是推进人才、科技相互引领，以服务高水平科技自立自强为使命，一体构建战略人才力量和战略科技力量。开展有组织的基础研究，通过基础交叉研究院、物理高等研究院、量子精密测量研究院等平台集聚全球英才，以"启真计划"稳定支持有潜力的青年科技人才开展前沿基础研究。推动科技攻关，通过"紫金计划"支持脑与脑机融合等重点领域攻坚，在量子科技等前沿领域建强科技创新团队。壮大战略科技人才力量，推进"学术大师汇聚计划""高层次人才培育支持计划"，实施青年人才跃升行动和青年科学家长期培育项目，探索基础研究人才长周期递进式培养机制。打造国之重器，在全国重点实验室优化重组中形成"浙大方案"，让战略科学家深度参与国家重大科技基础设施等国家级平台建设，引导各类人才在关键核心技术攻关中发挥才干。

三、取得成效

2023年，浙江大学在建设中国特色、世界一流大学的进程中继续保持蓬勃发展的强劲态势。

一是卓越教育体系构建稳步推进。"王淦昌事迹陈列室"入选全国科学家精神教育基地。新增国家级一流本科课程61门，建成浙江省优秀研究生课程71门。入选"国家高层次人才特殊支持计划"教学名师3人。学校荣获2022年国家级教学成果奖一等奖3项、二等奖21项，获全国高校教师教学创新大赛一等奖1项、二等奖2项、三等奖1项，获全国青年教师教学竞赛一等奖2项、二等奖2项。15名本科生获批国家自然科学基金青年学生基础研究项目，280余个学生项目在国内外重大赛事中获奖。浙大海宁国际合作教育样板区"科教人产城"一体化发展模式获得2023年度浙江省改革突破奖银奖。

二是学科和人才队伍建设成效显著。在第五轮学科评估中取得历史最好成绩。获批教育部首批学科交叉中心试点建设单位。全年共新增顶尖人才十余人，其中新当选中国科学院院士2人，对相关学科发展具有里程碑式意义。全年共新增高层次人才60余人，入选国家级领军人才项目50余人，居全国高校前列。全年共新增优秀青年人才170余人，共有40多位青年学者入选国家级领军人才，120多位入选国家级青年人才。

三是战略科技力量建设水平迈上新台阶。获批国家自然科学基金项目超过1200项。在农业领域获批亿级国家重大攻关任务，获批牵头国家重点研发计划项目66项，截至2023年共牵头组建全国重点实验室10家、作为依托单位参与建设6家。与央企、地方国企和民营领军企业新增共建校企联合研究机构18家。获教育部高等学校科学研究优秀成果奖（科学技术）一等奖10项，获浙江省科学技术奖一等奖34项，获社会力量设立科学技术奖56项。获授权中国发明专利2955件，获评中国专利金奖1项。

四、经验启示

一是坚持系统观念,将习近平总书记关于加快世界一流大学和优秀学科建设等重要指示精神落实到教育、科技、人才"三位一体"发展中。创新统筹协调的体制机制,在"十四五"规划实施和"双一流"建设过程中强化统一规划、协同管理、高效运行,一体推进教育教学体系、科技创新体系、人才培养体系建设。

二是坚持学生为本,将立德树人的根本任务落实到以学生成长为中心的卓越教育体系建设中。以高远使命引领人才自主培养质量提升,推进价值导向的学生评价改革,抓实"时代新人铸魂工程",在数字科技、基础学科等领域强化拔尖创新人才培养顶层设计,不断形成多元助推学生成长的平台。

三是坚持创新驱动,将服务高水平科技自立自强的使命落实到引领性创新突破中。坚持"四个面向",稳定支持基础研究,加强原创性引领性科技攻关,完善有组织的科技创新机制,深化高水平科技成果转化体系改革,营造相互支撑、协同发展的产学研用一体化创新生态。

四是坚持人才引领,将战略人才力量构建要求落实到新时代人才强校核心战略实施中。构建"起尖峰""筑高原""强生态"的学科体系,完善人才引育制度,深化人才发展体制机制改革,优化近悦远来的人才生态,把各方面优秀人才集聚到建设中国特色、世界一流大学的事业中来。

案例 20　跑出"嘉"速度，赋能我"嘉"每一名学生成长——义务教育优质均衡发展区创建的嘉定实践

申报单位：上海市嘉定区教育局
案例主题：现代教育体系

一、案例背景

2017 年 4 月，教育部印发《县域义务教育优质均衡发展督导评估办法》，引导各地将义务教育均衡发展向着更高水平推进，全面提高义务教育质量。2018 年 3 月，上海市人民政府教育督导委员会办公室印发《上海市"义务教育优质均衡发展区"督导评估办法》，全面启动"义务教育优质均衡发展区"的督导评估工作。嘉定区深入贯彻文件精神，坚持教育优先发展战略，强化政府依法履行教育职责，打造有质量、有温度、充满创新活力的品质教育，2018 年 3 月，向上海市教育督导室提交"义务教育优质均衡发展区"创建时间表与路线图，2019 年 1 月，正式提交"关于申请认定国家义务教育优质均衡发展区的函"，围绕创建指标，积极补短板、扩资源、提质量，以切实行动"激活每一所学校、成就每一位教师、赋能每一名学生"，全面提升全区义务教育优质均衡发展水平。

二、主要做法

（一）重标准、强保障，实施资源配置优化行动，高质量推进基本建设

一是加大财政投入力度。在全面落实义务教育经费预算单列基础上，强化区级财政保障。确保教育经费总投入"只增不减"，全区义务教育经费逐年增长；确保义务教育生均公用经费基本标准"只升不降"，小学初中生均公用经费定额基本标准高于上海市基本标准。二是加快学校建设速度。以打造"百年老校"的标准，高品质建设每一所新开办学校，"十三五"以来，已新建 35 所义务教育学校。持续改善学校教育教学环境，完成 80 个初中理化实验室升级改造、44 个英语听说考场建设，完成创新实验室、图书馆、体育馆、小剧场、游泳池、安全共享场所等场馆建设项目 260 个。三是高效配置信息化基础设施。城域网带宽扩容，实现千兆到校，无线全覆盖率达 100%。制定《新开办学校信息化建设标准》，统一新建学校 7 个系统的基础设施标准。打造便捷智慧的教育治理平台，以"数字嘉教育"数字基座为核心，包含教、学、研、评、管 5 个场景的 N 个应用，实现区域数字教育互联互通。四是加大民办教育、特殊教育保障力度。制定实

施《嘉定区深化民办义务教育规范工作方案》,促进民办义务教育学校规范有序发展。加强区特教指导中心建设,完善义务教育特殊教育体系,特殊学生义务教育入学率达到100%。

(二)重协同、强队伍,实施学校紧密型发展行动,缩小校际办学差距

一是减轻学生学业负担。开展小学学习品质培育和初中"1+1+X"教研项目,提高课堂教学质量水平,提高作业设计和管理水平。出台《嘉定区关于进一步减轻义务教育阶段学生作业负担和校外培训负担的实施方案》,建设课后服务管理平台,落实学校课后服务的政策经费保障,将"双减"作为督导的"一号工程"。二是提升学校优质均衡发展水平。构建区域教育协同发展格局,建立4个学区、10个集团,实现义务教育阶段学校全覆盖;引进同济大学附属中小学等27所品牌学校,全力培育普通小学等19所本土百年学校,构筑起引领带动区域教育事业发展的"四梁八柱";开展"城乡学校携手共进计划"、推进新优质学校区域项目、实施初中"强校工程"和小学"学习品质提升行动",全面深化改革,促进内涵提升。三是打造高素质教师队伍。深化"区管校聘"管理体制改革,按照"保总量、优比例、强配置"的原则,满足新开办学校和扩招学校的编制需求;确保义务教育教师工资收入不低于公务员收入,出台针对教育人才引进的专项政策,"十四五"以来,已引进60名教育名师;健全教师职后培养体系,积极推动名师名校长工程,持续办好嘉定品质教育学术节,加快提升教师专业发展能力。

(三)重质量、强载体,实施内涵建设综改行动,彰显五育并举成效

一是加强学校文化建设。实施两轮"加强学校文化建设三年行动计划",每年投入配套经费支持学校文化品牌建设。积极培育文化建设示范校、品牌校、品牌项目,构建形成"一区多品、一校一品"的学校文化建设格局。二是加强德育一体化建设。落实立德树人根本任务,探索推进"三全育人"大中小学思政一体化改革,实施"五个100"行动计划,创新"爱嘉行动"实践载体,开发学生幸福课程;建立区未成年人心理健康辅导中心,全面推行全员导师制,打造"嘉师有约"教育品牌,构建区级家庭教育指导课程资源库。三是深化课程和教学改革。开展全区中小学课堂转型等改革实践,开展教学环节一致性、单元教学设计、跨学科案例分析教学、实验教学、项目化学习等重点领域研究,推进育人方式变革。四是全面发展艺体劳教育。构建全区9大校园艺术联盟,先后与上海音乐学院、上海戏剧学院、上海京剧团等近10个专业院团开展合作。坚持"健康第一"的教育理念,深化体教结合,推动小学体育兴趣化、初中体育多样化,市级试点改革学校增至12所,全国足球特色学校增至23所,学生体质健康水平位列市郊领先。建成劳动教育实践基地64家、区级学生社会实践基地127家,27所学校获评市区两级劳动教育特色校,形成多行业、跨领域、多布点、全场景的学生劳动教育新格局。五是加强科技创新教育。构建科创"擎"课程体系,建成全市首个青少年科创集散地,打造"人才培养、教师赋能、能力等级认证、赛事活动、数字云平台"5大科创赋能中心,面向三年级以上学生的科创普及型课程实现全覆盖。

三、取得成效

创建五年来,嘉定区义务教育学校资源配置综合达标率显著提升,校际差异系数明显降低。资源配置7项指标、政府保障程度15项指标、教育质量9项指标均达标,指标达成度位于全市前列;区域义务教育发展生态稳步向好,随着区域义务教育新学校的陆续落成,人口密集区域特别是嘉定新城区域的入学需求进一步得到满足;紧密型学区、集团建设推进实施进一步缩小了区域、校际教育发展差距;教育现代化进程加快推进和教育综合改革不断深化,进一步提升了区域品质教育内涵和学生综合素养;社会满意度进一步提高。

近年来,嘉定区获评上海市学校领导体制改革先行先试实验区、首批"大思政课"建设重点实验区、第四轮课程领导力项目实验区、第一轮义务教育项目化学习实验区、基于区域特色的综合课程创造力实践与研究实验区。2022年4月,嘉定区被教育部列为全国135个义务教育优质均衡先行创建县(市、区、旗)之一。2023年10月,嘉定区通过教育部教育督导局的实地核查。

四、经验启示

近年来,嘉定区牢牢把握义务教育优质均衡发展的时代命题,坚持教育优先发展战略,加快教育事业改革和发展步伐,积极探索义务教育从基本均衡到优质均衡的嘉定经验,立足评估标准及地域区情,聚力"三重""三强",实施三大行动:重标准、强保障,实施资源配置优化行动,高质量推进基本建设;重协同、强队伍,实施学校紧密型发展行动,缩小校际办学差距;重质量、强载体,实施内涵建设综改行动,彰显五育并举成效,以超常规的力度和"嘉"速跑的速度,建机制、强配置、缩差距、提质量,以切实行动把每一所学校都办成百姓家门口的好学校,赋能我"嘉"每一名学生成长,全面提升全区义务教育优质均衡发展水平。

案例 21　全科全所　同频共振：助力长三角区域科研与研究生培养创新

申报单位：上海大学
案例主题：现代教育体系

一、案例背景

中国科学院和教育部自 2012 年起共同推动了"科教融合、联合育人"人才培养理念的发展，旨在通过高等教育与科研机构的深度合作，培养高素质的创新人才。上海大学秉承钱伟长老校长"拆除四堵墙"的教育思想，立足国家和上海重大战略发展需求，与中国科学院长三角地区研究所开展合作。自 2013 年 9 月起，上海大学与中国科学院长三角地区 16 家研究所在 16 个一级学科专业领域联合招收硕士研究生，实行校所双导师制，充分发挥双方学术特长与资源优势，共同培养高层次创新人才。经过 11 年的模式探索与实践检验，形成了本案例。

二、主要做法

（一）组织领导

上海大学与中国科学院长三角研究所联合培养研究生，基于共同的理念和目标，建立了人才培养双主体模式，覆盖上海大学全部理工科学位点，并服务于全校所有学位点。参与联培的研究所包括位于上海的全部研究所和浙江宁波材料研究所、江苏苏州纳米所等，实现了"一院多所"和"一所多院"的结对融合，达到了全科全所、同频共振的效果。

（二）政策支持

一是单列联培研究生招生指标，特别是针对关键技术领域。

二是制定《上海大学与中科院（长三角区域）联合培养研究生方案》，明确双方责任、权利和义务。

三是建设以学生为中心的管理体系，签订五方协议，设立联培奖学金和荣誉称号，颁发联合培养证书，确保学生在联合培养过程中能够获得最佳的学习和研究条件。

四是制定联聘联用中国科学院教师管理办法，贯通双方人事管理机制，灵活共享和利用校所双方教师资源。

（三）机制创新

一是合作共建"集成电路科学与工程"一级学科,联聘中国科学院长三角地区研究所 64 名导师。

二是设立本硕博一体化卓越创新班,共同探索"3＋X"本硕博贯通培养机制。硕士研究生面向产业研发工程师方向培养;博士研究生面向能解决关键科学问题的卓越人才方向培养。

三是改变教学模式,实施顶级学术论文作者进课堂的"四进"课程教学改革,提高课程学术水平的同时为学生提供与领域专家直接交流的机会。

四是改变科研创新实践模式,在中国科学院建立"大学生科研创新实践基地",形成从原始创新策源到中试化平台再到科研成果转化的完整科研实践体系,在解决实际产业需求过程中提升学生创新能力。

三、取得成效

（一）为国家关键技术领域和长三角区域培养了一批优秀人才

从 2013 年到 2024 年,双方累计联合培养硕士生 1 676 人。于飞、安芸蕾于 2016 年在《自然》(Nature)上发表论文,实现了上海大学研究生在国际顶级学术期刊上发表论文零的突破。26％的毕业生进入国内外顶级高校继续攻读博士学位,71％进入行业龙头企业。毕业于半导体、软件开发等专业的研究生较多选择在长三角地区就业,为当地科技创新注入活力。

（二）推动了学校教育改革和提升了中国科学院的科研力量

双方深入打造本硕博贯通培养机制。通过与中国科学院国家重点实验室和大科学平台合作,增强了对国家战略项目的服务能力。毕业生中 81 人进入中国科学院攻读博士学位;68 人进入中国科学院工作;222 人进入上海新微技术研发中心有限公司等中国科学院协同战略企业,成为科研或管理骨干。

（三）提升了校所双方的研究生培养能力

上海大学材料科学、工程学、化学、数学等 8 个学科均已进入 ESI 全球前 1％行列。其中,化学进入 ESI(2023)全球 0.941‰,数学进入 ESI(2022)全球 4.76‰。与本案例相关的学科新增国家杰青等国家级人才 35 人次。

（四）产生了积极的社会效应

学生的科研成果被《科技日报》、中国宁波网等宣传报道。2019 年,在市委市政府的直接关心支持下,上海大学再次携手中国科学院上海分院等单位联合成立微电子学院。本案例的教学经验荣获上海大学教学成果奖特等奖(2021)和上海市教学成果奖二等奖(2022)。

四、经验启示

在理论层面,证明了科教联培在连接教育、科技、人才发展方面的重要作用。这一模式强调了跨学科合作的重要性,特别是在知识发现和源头创新领域。科教联培模式结合了前沿科技、顶级师资、战略项目和优秀学生的整合能力,能够在教育、科技和人才发展的统筹方面激发更大的创新力量。

在实践层面,科教联培对于提高高校和中国科学院研究所的学科建设水平和科研生产力具有重要意义,有助于增强对国家和长三角区域所需的高精尖缺人才的输送功能,体现了有组织培养研究生的重要作用。

科教联培模式为高等教育和科学研究提供了一种新的发展路径,有助于提高国家的整体创新能力和竞争力。

案例 22　高校赋能，点燃学习型社会"强引擎"

申报单位：苏州大学
案例主题：现代教育体系

一、案例背景

2019 年，《中国教育现代化 2035》绘制了新时代推进教育现代化、建设教育强国的宏伟蓝图，明确提出将"构建服务全民的终身学习体系"作为十大战略任务之一。

苏州大学自 1900 年建校以来，始终倡导"自由开放、包容并蓄"这一办学理念，在教育"核心层"和"延伸层"两个维度同步发力，形成了覆盖从少儿到银龄群体的终身教育体系。2024 年 1 月 2 日，教育部官网发布《关于政协第十四届全国委员会第一次会议第 04329 号（教育事业类 428 号）提案答复的函》，指出"大学校园更好向社会公众开放具有积极意义，有利于大学更好融入社会、服务社会"。为了持续贯彻好上级文件精神，结合 2023 年下半年上海等周边城市夜校办学的成功实践，以及苏州市民的迫切需求，苏州大学在深入调研的基础上，于 2024 年 1 月推出"苏大夜校"，进一步开放校园，服务城市和区域发展，助力"学习强国""幸福中国"建设。

二、主要做法

（一）青少年的快乐学堂

苏州大学集聚校内学科优势以及科学家精神教育基地等科普资源，开发各类面向青少年的普惠性课程。"小手牵大手、科学零距离"大课堂、非遗主题研学营、"大学梦"主题活动以及品类丰富的日常素养类课程已成为广受青少年喜爱的品牌项目，每年为青少年提供学习服务约 2100 人次。学校以大学先修课程为核心，探索高中教育与大学教育的衔接贯通，依托综合性大学学科优势，为青少年提供涵盖文学、艺术、哲学、历史等多个学科的教学服务或竞赛指导，深化"高校＋高中"的教育教学改革，创新办学体制机制。

（二）中青年的治愈旅程

2024 年初，学校面向 18—55 岁的社会群体，聚焦"解压""提升""社交"等多维度需求，推出了"携手苏大，点亮你的精神'桃花源'"夜校系列课程，3 个月来共推出 195 门课程（含兴趣类、素养类、技能类三部分），吸引 8500 多人次报名（部分学员来自上海、无锡等周边城市）。学校在夜校办学定位上始终坚持普惠性、高质量的原则，围绕"苏州底色＋苏大特色"进行课程开发，依托数字高技能人才实训基地重点打造"技能课程"体系，服务新业态、新技术发展需求，通过"课程策划＋班级服务"两个方面，力争将"苏大夜校"打造成中青年的精神"桃花源"。

（三）老年人的幸福家园

借助首批"江苏高校银龄学习中心"试点单位的办学资质，苏州大学以提高退休人员的生活质量为导向，开设了形体模特、健美操、太极拳、朗诵与发声、声乐与表演、书法、摄影等 10 余个培训项目，汇聚了一批经验丰富、饱含热情、精于实践的教师担任教学工作。苏州大学银龄学习中心不断丰富办学内涵，成为校内外中老年群体的求知乐园和精神家园。2023 年参加各类培训的人员共计近 400 人次。未来将进一步联合外部资源和社区组织，打造金牌导师团，将优质教育资源下沉到基层百姓最需要的地方。

三、取得成效

（一）形成终身教育金招牌

苏州大学已形成一个覆盖"职前＋职后""线上＋线下""国内＋国外"的适合全年龄段的教育体系，每年线下培训人员约 80 000 人次。近年来，学校先后获批"高等学校继续教育示范基地（教育部）""国家级专业技术人员继续教育基地（人社部）""中国（教育部）留学服务中心苏州大学出国留学培训基地"等多个国家级基地平台。先后被评为"全国优秀成人继续教育院校""中国最具社会影响力高校网络与继续教育学院""全国高等教育自学考试先进集体"等。

（二）传播乐学友善好声音

苏州大学银龄学习中心办学实践先后被中国教育在线、"学习强国"等平台报道；苏大夜校办学实践先后被人民网、共青团中央、《新华日报》、央视新闻频道等 200 多家官方媒体报道、转载。高校办夜校的探索得到了省市相关部门的关注及主要领导的批示。学员们在班级群、满意度调查以及社交平台留言中频频为苏州大学的用心点赞，广大学员的正向评价在小红书等社交平台营造了良好的向上氛围。

（三）实现规范管理高效率

通过线上平台建设，以数字化赋能继续教育规范管理。做到事前有审批、事中有监控、事后可回溯。通过一网通办，确保扎口管理的力度和资源整合的强度。借助大数据的预警作用，促进公开公平；借助信息化的便捷属性，提高管理效率。通过示范引领和服务，学校着力在国际化、终身化、在地化、信息化、专业化、多元化六个方面推动改革。在发展领域上国际化，时间跨度上终身化，拓宽在地化服务水平，丰富信息化教学和管理水平，促进专业化分流，动态孵化多元项目，让苏州大学成为专业、可信的一站式知识更新阵地。

(四）集聚社会服务强磁场

学校将继续教育作为社会服务的重要窗口,鼓励二级学院利用自身专业学科优势,通过继续教育投身到社会服务中,通过社会服务去接触社会、了解社会,最终更好地服务社会。目前学校已与苏州市总工会、人社局、农业局、退役军人事务局等部门建立合作,通过合作开发"线上＋线下"学习平台,共同推动相关领域人才的培养。学校建立苏州大学应急管理研究院、退役军人事务研究院等,为政策研究助力。通过点、线、圈、面的深度融合,以"学"为牵引,为城市发展注入活力。

四、经验启示

（一）数字赋能,为加速发展赢得先机

苏州大学早在 2014 年就启动了继续教育整体信息化建设方案,灵活运用在线教育技术,构建全天候、全方位的学习环境,打破时空限制,实现教育资源共享。另外,建立了完善的教学质量监控体系,构建了"一站式"信息学习及管理系统,能够让多元化的项目、多元化的学员在系统中"有序流动"。同时推动形成了协同、高效、融合、顺畅的继续教育数字化转型生态,也为新项目的开发和运行节省了人力成本和试错成本。

（二）开门办学,为和谐发展赢得美誉

学校积极开放校门,全方位关注各年龄段群体的全面提升与发展,使基础教育更加均衡、继续教育更具特色、高等教育更高水平、其他各类教育更加完善,形成教育合力,以满足人民群众多样化的学习需求。在网络化时代,这些有益的尝试也让广大学员(学生)感受到学校的专业和用心并主动传播,为学校终身教育品牌的塑造和新项目的推广积累了宝贵的信任基础。

案例 23　立足国情：孤独症儿童适宜融合教育新范式的浙江实践

申报单位：浙江师范大学
案例主题：现代教育体系

一、案例背景

高质量发展建设共同示范区是党中央赋予浙江的重要使命，教育公平则是共同富裕的重要内容和关键指标。孤独症教育作为特殊教育领域最薄弱的环节，已成为教育公平进程中最大的堵点。当前我国孤独症人口规模已超过1000万，是特殊群体中成因机制最复杂、谱系表现最多样、个体差异最明显、社会融入最困难的一类，对高质量教育的需求十分强烈。在近三年的全国两会上，有关残疾人的提案有63件，其中涉及孤独症的就有55件。然而，我国孤独症教育仍存在目标不清、方法不适、资源不足等诸多现实梗阻，严重制约了教育公平和社会治理。其问题主要表现为：

第一，缺乏统一的教育标准，导致各地教育目标混乱不清；

第二，目标不清，导致无法构建出系统性、针对性的课程教学体系；

第三，课程体系不健全，导致无法组建协同的支持系统和资源载体。

针对上述问题，浙江师范大学致力于创建适宜国情、专门面向孤独症、可应用推广的融合教育新范式，并促进新范式的落地实践和推广应用，为建成中国特色的孤独症儿童融合教育提供浙江方案。

二、主要做法

浙江师范大学以"适宜融合"理念为引领，通过有组织科研、聚焦课堂主阵地、政校地协同，构建了关键能力导向的孤独症融合教育新范式，创建了孤独症"全支持课堂"特色品牌。

（一）举措1：以"教育标准"建设为核心牵引教育新范式的落地

坚持面向基层一线开展有组织科研，增强教育研究的实践性。15年来团队以建设孤独症教育标准为牵引，围绕孤独症语言、感觉、认知、社交等领域全方位描绘学生发展图谱，并结合对近20本国际孤独症临床实践指南的比较、全国18个省区市近1000份孤独症学生个别化教育计划的分析、近4000名孤独症儿童教师和家长的调查，构建了"生存·学习·社交"的孤独症学生关键能力指标体系，提供了全国首个可用的孤独症教育标准。

(二)举措2:以"全支持课堂"创建为载体解决教育资源短缺的难题

聚焦孤独症"全支持课堂"创建,研发适宜的教育资源。分类建设孤独症支持性课程资源,面向特殊学校开发"社交沟通""行为常规"课,面向普通学校开发"学习规划""情绪管理"课;构建基于循证的"金字塔教学策略体系",涵盖"感觉管理""动机激发""环境支持""行为管理""技能促进"五个模块,从物理环境、支持中心和泛化场景等方面共建多项覆盖的环境载体,构建友好学习社区。

(三)举措3:以"适宜融合研究中心"为平台创新成果落地转化的机制

高校与地方政府、区域学校联合共建"适宜融合研究中心",创新成果落地的"校政地"协同机制。一是研究驱动:依托中心平台,孵化孤独症教育项目,实现研究与实践双向反哺。二是各司其职:由政府投入政策与经费支持,大学投入人力与理论,地方学校投入空间与实践场域,形成多方助力。三是资源共享:打造集"学生评估、课程开发、环境创设、教学监测"四大功能于一体的孤独症课程教学研发数字平台,畅通资源流动渠道。

(四)举措4:以数字资源库建设为抓手弥补区域教育发展不平衡的不足

依托技术赋能,以数字资源库建设为抓手,推动区域孤独症教育均衡发展。基于关键能力研发孤独症儿童智能化评估系统,集动态评估、个性化目标与支持方案于一体;自主研发"孤独症学生课堂支持电子辅助系统",创建"目标选择""策略支持""环境调整"三大功能模块,形成"一站式、层次化、递进式"的教学辅助过程;研发30余个"社会故事动画视频",丰富数字化课程资源。

三、取得成效

(一)显著提升了孤独症学生的融合水平

近三年,108名孤独症学生从基本不参与课堂,转变为能"了解"乃至"迁移"内容,尖叫、离座、自我刺激等严重问题行为持续下降(平均下降23%)。数十名学生获省"成绩突出少先队员"、市"美德少年"等荣誉。学生更有能力进入融合情境,如杭州某小学10名孤独症学生中,有8名从半日融合转为全天融合;绍兴某特殊教育学校34%的孤独症学生获支持性就业或成功升学,同比增长25%。

(二)有效推动了区域孤独症教育提质增效

自主研发的关键能力指标体系等资源惠及全国70余所学校,包括新疆阿克苏启明学校、太原杏花岭特殊教育学校等薄弱地区学校。杭州市湖墅学校等项目合作学校教师获省教学成果一等奖1项,省特殊教育教师基本功大赛一等奖2项,1名教师被评为省特级教师,多名教师获全国"特教园丁奖""全国残疾人工作先进个人""全国优秀教师"等荣誉;实验学校亦获得省示范性教师发展学校、市文明校园等多项殊荣。

(三)获国家政府部门和社会各界高度认可

相关成果获2021年浙江省基础教育教学成果奖一等奖、2022年基础教育国家级教学成果奖一等奖,两次受到《新华文摘》关注,被《光明日报》《中国教育报》等主流媒体报道近70次。

编制的国内首个《义务段孤独症学生发展与促进指南》获教育部采纳，部分成果被纳入国家教育资源公共服务平台，点击量已达 20 万余次。被教育部批准作为牵头单位建设国家资源中心，为全国教育领域首家国家级教育资源中心。

四、经验启示

（一）有必要从国情、省情出发创建特色的融合教育理论与模式

本案例构建了关键能力导向的孤独症适宜融合理论。"尊重差异，适宜发展；合理安置，科学发展；消除障碍，最大发展"的适宜融合理论，主张基于学生立场，以学生关键能力为基点，以课堂教学为核心，以系统支持为路径，从理念、目标、课程、策略、环境和机制等方面，构建适宜学生个性发展、适宜国情现状、适宜跨区域推广的融合教育新范式，是一种具有鲜明国情特色的融合教育新理论。

（二）有必要探索资源中心牵头、校政地紧密协同的新型教改路径

本案例创建了"适宜融合研究中心"，拓宽了孤独症教育教学资源的共享渠道，形成了高校引领、政府保障、一线实践的多方协同新机制。基于我国独有的新型举国体制，应进一步探索以国家资源中心为链主、政校地协同的新型教改路径，发挥中心多方参与、资源汇集、科研引领、对外辐射的功能，实现专业服务效益最大化。

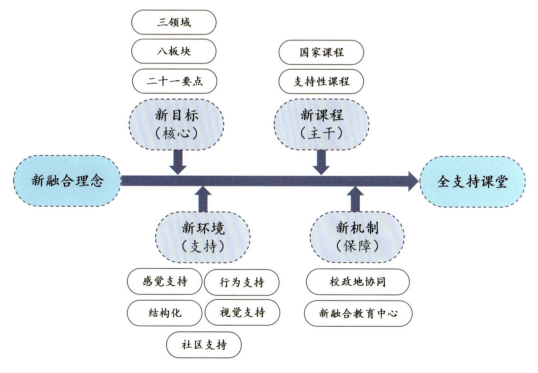

图 1　孤独症儿童融合教育新范式

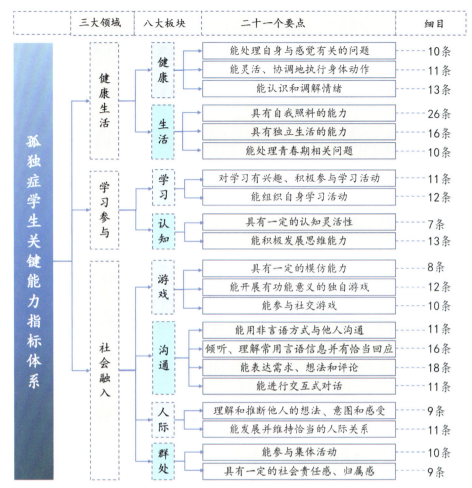

三大领域	八大板块	二十一个要点	细目
健康生活	健康	能处理自身与感觉有关的问题	10条
		能灵活、协调地执行身体动作	11条
		能认识和调解情绪	13条
	生活	具有自我照料的能力	26条
		具有独立生活的能力	16条
		能处理青春期相关问题	10条
学习参与	学习	对学习有兴趣、积极参与学习活动	11条
		能组织自身学习活动	12条
	认知	具有一定的认知灵活性	7条
		能积极发展思维能力	13条
社会融入	游戏	具有一定的模仿能力	8条
		能开展有功能意义的独自游戏	12条
		能参与社交游戏	10条
	沟通	能用非言语方式与他人沟通	11条
		倾听、理解常用言语信息并有恰当回应	16条
		能表达需求、想法和评论	18条
		能进行交互式对话	11条
	人际	理解和推断他人的想法、意图和感受	9条
		能发展并维持恰当的人际关系	11条
	群处	能参与集体活动	10条
		具有一定的社会责任感、归属感	9条

（左侧纵向）孤独症学生关键能力指标体系

图2 孤独症学生关键能力指标体系

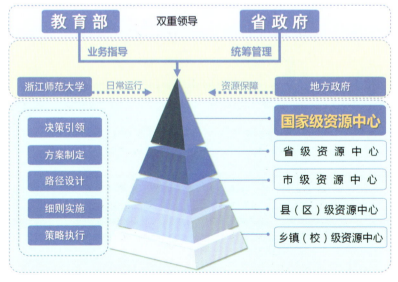

图3 国家孤独症儿童特殊教育资源中心运行机制

案例 24　长三角高校技术转移联盟工作的创新和实践

申报单位:上海市高校科技发展中心
案例主题:现代教育体系

一、案例背景

2021年发布的国家"十四五"规划纲要将"长三角一体化"主题独立成节安排,上海、江苏、浙江、安徽三省一市贯彻落实党中央决策部署,分别结合地方特点,制定了各自的实施方案。上海市教委科技处结合当前高校科研发展形势,着手制定"上海市高校创新策源能力提升计划",重点培育国家战略科技力量、深化高校学科建设、科学研究与产业发展联动,培养创新人才,提升创新文化,优化创新生态。

长三角高校技术转移联盟(以下简称"联盟")始终致力于提升长三角高校技术转移能级,凝聚和培育技术经理人队伍,促进长三角高校科技成果转移转化,为高校推进一流大学和一流学科建设以及长三角一体化发展战略提供有力支撑。上海市高校科技发展中心(以下简称"中心")作为联盟秘书处,根据联盟章程等文件的指示精神,稳步统筹推进联盟开展各类活动,服务联盟成员科技成果转化工作。

二、主要做法

(一)充分发挥联盟纽带功能,持续打造高水平创新性科技成果转化综合性平台

在三省一市教育厅、教委的指导下,联盟成员紧密配合。2022年8月,在浙江德清召开联盟第三次理事会暨产学研深度融合创新研讨活动。2023年12月,在安徽合肥召开联盟第四届大会暨技术转移成果展,同期经中心引荐,第三届(2023)中国高校科技成果交易会在安徽合肥召开,成功引入全国级科技成果交易会落户长三角地区。

(二)以高水平展会、大赛工作为抓手,推动联盟常态化工作

组织联盟成员师生参加创新创业大赛。中心已与宝山区科学技术委员会连续3年共同举办了"宝山杯"大学生创新创业大赛,并遴选出优秀项目,结合宝山区政府、大学生创业基金会等的优惠政策予以扶持,积极促成创业项目落地。中心积极开展第23届工博会高校展区组展工作,分批走访调研了长三角拟参展高校,深入了解参展需求,统筹优化展览展示方案,探索提

升参展效果的途径。长三角地区 47 所高校参展，展出 448 个项目，现场举办 6 场路演，共有 41 个优秀项目参加。

（三）全年打造"创智汇"品牌路演，完善长三角高校技术成果推荐固定通道

中心全年进行了"创智汇"系列活动。活动采取路演模式，集聚高校智力，解决企业需求，助力走好科技成果转化的"最后一公里"。活动通过线上线下相结合的方式组织开展。2022 年共举办了 7 场线上活动，覆盖高校共 18 所；2023 年共组织 14 场系列路演，26 所高校的 89 项高新技术成果参加。

（四）推进长三角高校智库功能建设，促进长三角高校科技成果转化工作高质量发展

中心夯实基础工作，联动长三角地区高校、企事业单位就科技体制、科技成果转化、区域创新发展等相关内容做好工作对接。完成《长三角地区科技体制改革政策汇编》工作，同时在长三角地区高校技术转移联盟成员内传阅和中心官网上发布。参与主编《长三角区域创新机构发展研究报告》，助力长三角高校科技成果转化工作高质量发展。

（五）开展技术转移队伍实践能力培训，推进联盟专业化技术转移机构队伍建设

中心于 2022 年 11 月在上海举办了高校技术经理人培训，组织高校 60 余名技术经理人参加培训。12 月 7 日，由中心和上海张江高校协同创新研究院联合主办的"高校知识产权建设专题研讨会"在上海举行，南京理工大学、复旦大学、华东师范大学、东华大学、上海大学等多所高校知识产权管理负责人出席会议。

三、取得成效

（一）强化联盟作用，推动区域服务协同与信息共享机制构建

一是联盟成员已发展至 57 家单位，包括政府机构、高校、科研院所，其中"双一流"建设高校占成员总数近二分之一。

二是联盟持续建设公共服务平台，推动创新资源在长三角地区互联互通。中心编印《长三角高校科技成果汇编》《政策汇编》，并通过中心官网进行发布。

三是中心通过大赛以及"科发中心"微信公众号、官方网站，推送高校成果、企业需求、校企科技合作等信息。公众号接入高校科技成果数字化展示平台，打造"3＋5＋365"常态化展示模式，以 41 所"双一流"建设高校及其他 8 所在沪理工类高校为数字化展示试点对象。

（二）依托联盟单位属地辐射能力，开展多元成果转化活动

通过构建联盟的产学研创新融合活动平台，持续推进长三角地区集信息交流、科技成果转化、服务，政产学研对接的综合平台建设。依托联盟平台，中心组织上海高校在绍兴等地区召开各类产学研对接活动，与 965 家企业在技术、人才和项目需求上展开合作。

（三）推进区域协同平台与机制建设，助力校企产学研深度融合发展

中心建立的企业技术需求信息库通过合作平台挖掘企业需求，迄今已收集到长三角地区企业技术需求信息1277条。

四、经验启示

一是要充分发挥联盟成员地区影响力，助推长三角地区科技成果转化工作开展。

二是以展、赛、政产学研工作为抓手，建立联盟常态化工作节奏。

三是将联盟成员资源充分整合、相互借力，创新性地打造联盟产学研创新融合活动，打造专属品牌活动。

四是进一步加强长三角地区教育界和产业界的合作与融合发展，推进区域间信息共享、政策协同工作，为推动长三角一体化作出实质性贡献。

图1　长三角高校技术转移联盟第三次理事会暨产学研深度融合创新研讨会

图 2　长三角高校技术转移联盟第四次理事会

案例 25　梦想照进现实：一所高职院校的"造星梦"——南京机电职业技术学院航天特色创新教育与实践

申报单位：南京机电职业技术学院
案例主题：现代教育体系

一、案例背景

习近平总书记指出，"发展航天事业，建设航天强国，是我们不懈追求的航天梦"。航天产业势头正劲，急需大批具有创新意识、创新思维、创新能力的高素质技术技能人才。南京机电职业技术学院积极响应"加快建设航天强国"国家战略部署，强化学生创新能力培养，牵头研制的"南京号"暨中国青少年科普卫星八一08星搭载"天舟七号"货运飞船于 2024 年 1 月 17 日 22 时 27 分成功发射。这是全国职业院校发射的首颗科普卫星，是南机电师生叩问苍穹的第一步，也是学校深化产教融合、科教融汇，赓续航天精神的创新实践。

二、主要做法

学校坚持"智能制造万物互联，创客校园顶天立地"的建设思路，把准航天产业需求，构建了基于创客教育的创新能力培养体系，打造了科普卫星灯塔工程，点亮了学生的航天梦想，在"造星"中造"星"，培养了一批适应新质生产力发展、具有一定创新能力的高素质技术技能人才。

（一）建设创客校园，构建创新教育生态

学校落实创新驱动发展战略，于 2015 年创建了全国首家"创客校园"，成立了蓝岛创客空间，构建了"54333"创客教育体系，即 5 个基础保障、4 维综合评价、3 类课程教学、3 级项目孵化、3 类主体实践。组建了"政行企校研创"多方参与的"1＋N"协同创新联盟，完善创客教育生态圈。开设了双创教育试点班，遴选试点专业实践"三段三融合"（生活创新融于专业基础能力培养阶段、专业创新融于专业核心能力培养阶段、岗位创新融于岗位实践阶段）人才培养方案。

（二）打造"灯塔"工程，培养航天应用人才

学校把握航天强国方向，将卫星作为典型的机电产品融于相关专业人才培养，全国首开卫星通信及导航技术专业。立项建设江苏省职业教育立方星"双师型"名师工作室，并获批南京

市立方星智能制造科技创新团队。积极推进高水平航天专业群建设，发挥产教融合优势，打造"灯塔"工程，推动航天应用人才培养。

（三）赓续航天精神，点亮师生航天梦想

贯彻习近平总书记给八一01星团队回信精神，"带动更多青少年讲科学、爱科学、学科学、用科学"，及"要把科学普及放在与科技创新同等重要的位置"等重要指示，2019年学校明确提出建设"航天特色示范校"，举办"让南京职教的声音遨游太空"系列科普公益活动。2020年研制的卫星音频载荷搭载"太原号"科普卫星成功发射。举办青少年航天创新赛、科技周、创客嘉年华等活动100余场，年参与人员超5000人次，辐射作用日渐形成，"造星"的梦想由此点燃。

（四）创新协同机制，研制首颗科普卫星

2021年学校正式启动了"南京号"八一08星研制工程。成立工程联合指挥部，组织师生和专业团队共同进行技术攻关，发扬"特别能吃苦、特别能战斗、特别能攻关、特别能奉献"的载人航天精神，协同开展结构、热控、能源系统、载荷设计等训练2662课时，研制出具有音视频存储播发载荷、天文相机载荷、光通信载荷的6U立方星。该卫星布局合理、技术领先，通过了载人办关于接口要求、可靠性、安全性等严格评审，成功对接"天舟七号"货运飞船，使学校成为全国第一所参与国家重大航天工程的高职院校。

（五）夯实四链融合，培育航天明日之星

学校与中国航天国际交流中心共建"新时代航天工匠人才联合培养基地"；与中国资源卫星应用中心、603基地党支部联建；与南京航天宏图信息技术有限公司共建江苏省职业教育示范性虚拟仿真实训基地；与航天信德智图科技有限公司组建"航天遥感技术工程师联合培养班"；与江苏莱特北斗信息科技有限公司、华高生态环境遥感研究院等共建航天人才培养生态圈；成立了"大国工匠工作站——王曙群航天空间机构装配工作室"；建设了全国职业院校首个卫星地面接收站和测控大厅，促进专业链、人才链、产业链、创新链的深度融合，提高强链、补链和延链水平，培养适应航天产业发展需求的明日之星。

三、取得成效

（一）重塑科普平台新体验

"南京号"成功升空后，迅速成为国内主流媒体关注的焦点。新华社、央视新闻、央广网、人民网、《中国日报》《新华日报》等关于"南京号"的报道达500余篇。媒体规格高，聚焦强度深，形成了多层次、多形式的传播格局。团队累计对全国22所院校进行宣讲，产生了良好的社会反响。学校通过"造星"工程，重塑科普平台，获批长三角优秀科技志愿服务组织和江苏省职业体验中心，激发了广大青少年对传承航天精神、学习航天技术、探索浩瀚宇宙的兴趣和热情。

（二）催生人才培养新领域

卫星专业作为职业教育的新专业，不仅符合航天产业发展需求，也为学生提供了广阔的职业发展空间。"南京号"的成功发射，实践探索了职业教育人才培养的新领域。这不仅是对习近平总书记回信精神的不断承续，更是对接新质生产力需求培养新型技能人才的重要阶梯，高水平展示了航天制造和航天应用的典型成果，成为青少年播种航天梦、强国梦的重要载体。

（三）集聚专业建设新动能

学校出台了《创客校园建设计划》等20多项管理制度，开发创客课程400余门，出版《大学生创新思维训练教程》等省级"十四五"规划教材，发表创客类论文140多篇，立项课题30余项，授权专利超3100件，获得基于创客教育的江苏省教学成果奖。卫星工程的实施，培养了一批"眼里有光，心中有爱，手上有活，脚下有路"的新时代大学生，确保航天专业建设成效持续稳定提升。

四、经验启示

（一）科普平台推动创新教育引领梦想

要想"造星"，就必须让学生拥有梦想、实现梦想。学校应该将创新教育与科普教育深度融合，通过组建师生团队、优化科普内容、搭建科普平台，激发学生的创新意识，培养创新思维，提升创新能力，加强实践经验与成果的分享，推动科学普及和创造伟大的时代风尚，让学生在创新教育的引领与磨砺下，成为有梦想、有追求的未来之星。

（二）航天战略推动人才培养绽放精彩

"造星"梦圆，就要让人人尽展其才。学校应该紧盯国家战略需求，激发人才培养新动能，打造创新能力养成新引擎。以立德树人为根本，以培养适应新质生产力发展的高素质技术技能人才为驱动，充分发挥卫星工程的"灯塔"作用，践行"人人皆可创新"的理念，全面提升内涵建设水平，迈出高质量发展新步伐。

（三）卫星工程推动协同育人构建生态

卫星工程是学校深入推进产教融合、科教融汇的一个生动实践，与行业头部企业全程协同育人，持续提升人才培养质量，诠释了职业教育高质量发展与航天产业需求的精准对接。学校应搭建平台、优化机制，通过用好一颗星，聚好一群企业，育好一批人才，共同推动产教融合生态圈建设走深走实，吸引更多青少年热爱航天、学习航天、投身航天。

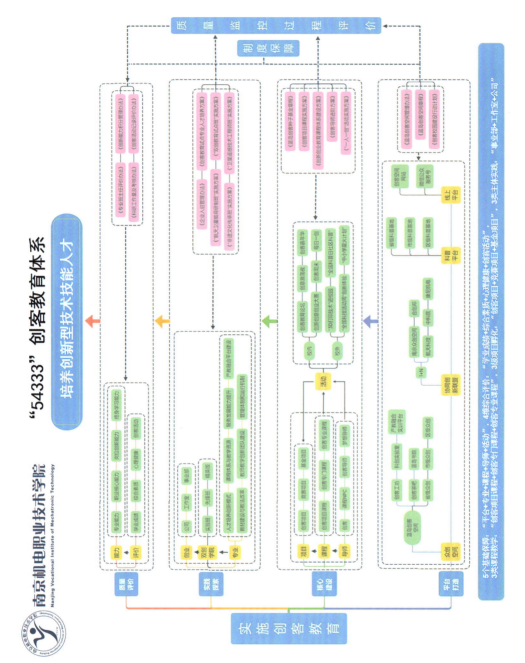

图 1 "54333"创客教育体系

图 2 "南京号"八一 08 地面星

图 3 "南京号"八一 08 星搭载"天舟七号"成功发射

案例 26　生物医药创新驱动的卓越药学应用型人才培养

申报单位：复旦大学上海医学院
案例主题：现代教育体系

一、案例背景

国家加快医药学教育改革，培养能够服务国家发展战略的优秀人才，药学教育面临着前所未有的挑战。我国已开启生物医药的创新导向，医药行业面临着由仿制药向创新药的战略转移，而创新意识和转化思维不适应时代需要已经成为制约药学人才培养的瓶颈。生物医药创新对卓越应用型人才提出了更高要求，不仅需要具有较强的创新性，而且需要具有将基础研究转化为新质生产力的能力，这也成为我国目前药学人才培养亟须弥补的短板。

复旦大学上海医学院担负着发展上海生物医药的历史使命，培养生物医药创新人才，加大新药创制力度，并辐射长三角生物医药的发展。药学院地处张江，与张江药谷共同成长。张江药谷是国家和上海生物医药科技产业的排头兵，具有鲜明的创新文化和氛围，构建了完善的生物医药创新体系，同时也对长三角生物医药的发展形成了辐射效应，已成为国内生物医药领域研发机构最集中、创新实力最强、新药创制成果最突出的基地之一。中国新药研发机构1/3 来自张江，中国新药创新专项科研经费 1/3 投入张江，中国获批的一类创新药 1/3 产自张江。

复旦大学上海医学院发挥医学和药学教育的优势，推动医、药、工深度融合，拓展一体化发展，紧盯生物医药创新重点领域，以高水平协同联动推动区域高质量发展，加快完善长三角生物医药创新教育一体化发展体制机制。同时探索以张江药谷生物医药创新模式带动人才培养模式改革，并进一步辐射长三角生物医药人才创新发展，完善生物医药产业链，最终形成国际化的生物医药人才高地。复旦大学上海医学院从学校层面积极采取相关措施，优化培养方案，与张江药谷以及长三角生物医药企业积极构建校企联合培养、建设实践基地、订单式培养、工程硕博专项的模式，立足培养国家和地区医药产业发展急需的卓越药学应用型人才，为提升国家生物医药新质生产力作出贡献。

二、主要做法

(一) 建立校—院—基地三级质量监督体系,保障人才培养质量

建立校、院、实践基地和实践单位齐抓共管的管理机制。学校、学院从行政管理角度,管理研究生教育的各项工作,协调实践基地、实践单位的运行。

学院研究生管理办公室在专业学位研究生招生、培养、毕业及学位申请等各个环节进行全过程监控,执行得力。在研究生的学位论文开题、中期考核、预答辩、毕业答辩、实践考核等培养环节,由学院、实践基地或实践单位共同组织实施,学校及学院督导组进行质量把关,通过各方培养过程的协调与督促检查机制,真正做到培养过程规范,协同创新发展,严把质量关键,产出高端人才,服务社会建设。

(二) 实施校企协同育人模式,加速卓越应用型人才培养

自 2009 年起,学院积极拓展与张江药谷各药物研发机构以及跨国企业的合作,加强药学专业研究生的联合培养。目前,学院已与国内顶级药物研发机构中国医药工业研究总院以及中国科学院上海药物研究所进行了十余年的研究生联合招生和培养,取得了良好的效果。学院还曾与辉瑞(中国)研究开发有限公司在 2009 年签订联合培养研究生协议,订单式培养"临床数据管理与统计编程"研究生,致力于培养临床数据管理、统计编程、临床项目管理、临床药物研究科学、生物统计学、药物安全警戒学(药物不良反应监督和评价报告)等专业人才,为中国医药行业输送临床数据管理和统计编程领域的师资力量。

学院与中国医药工业研究总院、附属医院共建专业学位实践基地,并制定了符合药学专业学位研究生的培养方案,结合研究生兴趣和导师专长制订研究生的培养计划。

校企双方取长补短,增强了高层次拔尖创新人才培养能力和科技创新活力,充分利用高等学校和研发机构的双方优势,实现战略合作,着力造就能够把握国际科技发展前沿、承担国家重大科技攻关任务的未来领军人才。协同育人相关成果获得第一届全国药学专业学位研究生教育教学成果奖一等奖(复旦大学为第一单位,中国医药工业研究总院为第二单位)。

(三) 校企联合加快工程硕博培养改革,推动工程创新人才培养

为培养具有国际竞争力的高层次学术创新型人才,学院积极参与国家和学校研究生教育改革试点,从 2022 级开始招收中组部专业学位工程硕博专项计划研究生,联合大型制药公司华润集团和上海医药,培养生物技术与工程、生物医学工程、新药创制和临床研究等领域的卓越工程师。

同时,继续实施临床药学长学制"4+2 本硕""4+4 本博"一体化特色项目,推进"卓博计划"及"卓博计划"2.0,通过"优师优生优培"落实学校"博英行动计划"改革,深入完善长学制卓越人才培养模式。

(四) 校企共建，优化卓越应用型人才培养课程体系

大力推进学科课程思政建设，落实立德树人的根本任务。结合药学应用型人才培养特点，在已有研究生专业课程的基础上，与企业导师联合设置具有专业特色的多门专业理论和实践课程，提高学生的学术修养。

先后开设"工业药剂学"等14门以案例教学为主的特色专业课程，分别采取案例分析、现场观摩、模拟训练、双语(中英)等多元化的教学方式，极大地调动学生的学习兴趣，培养学生对于实际问题的综合应对能力。

(五) 全面改革导师遴选制度，发挥导师组作用

修订导师遴选方案及导师招生资格年度审核方案，推进导师评聘分类考核制度。优化评价遴选任职资格标准，选拔优秀青年教师担任博导。明确导师组制度，鼓励联合指导研究生。聘任中国医药工业研究总院及中国科学院上海药物研究所在职导师作为复旦大学校外合作导师，聘任华润集团及上海医药企业人员作为复旦大学专业学位行业导师，促进校企合作和专业学位研究生培养。

(六) 打造"高精尖缺"人才培养平台，辐射长三角医药创新

结合国家新药创制重大战略目标，建设上海市新药创制产业学院；与扬子江药业集团共建"克服递药屏障高端制剂"全国重点实验室；深化智能化递药教育部重点实验室的改革和建设；融合校内以及长三角生物医药资源建设新药创制国际联合研究中心；大力推进上海市药物研发协同创新中心，为长三角企业生物医药研发提供智库咨询；与浙江衢州市政府联合建设衢州复旦研究院，加快新药研究与转化，形成一个药学基础研究和新药开发的完整体系，合力推动高端产业人才培养和科研转化。

三、取得成效

第一，培养了一大批具有创新思维和创新能力、综合素质高的卓越药学人才。

2020 年至今，平均每位研究生发表 1 篇研究性论文，申请多项中国及国际专利，多名学生获国家奖学金，多名学生获评上海市优秀毕业生，多名研究生获"挑战杯"全国大学生课外学术科技作品竞赛全国三等奖，1 名研究生获"互联网＋"大学生创新创业大赛上海赛区金奖，1 名学生获全国药学专业学位研究生优秀学位论文奖，3 名研究生入选"中德科学中心林岛项目"并出席德国诺贝尔奖获得者大会。学生就业情况良好，大部分在跨国制药企业、科研院所、三甲医院等上海地区的医药行业就职，就业去向符合药学人才需求，深受用人单位好评。

第二，积极开展药学教育研究与实践，取得了一系列具有引领、辐射、推广价值和应用前景的教学成果，增强了复旦药学在国内外的影响力。

2020年至今,获全国药学专业学位研究生教育教学成果奖一等奖1项、上海市级教学成果奖一等奖1项、复旦大学研究生教学成果二等奖1项;本研一体化课程获评国家级线上一流课程1门;本研一体化教材获批教育部战略级教材1本;上海市研究生教育改革项目1项;第六届全国药学专业学位优秀教学案例2项;"复旦大学-中国医药工业研究总院药学硕士专业实践基地"入选全国药学专业教指委"药学专业学位研究生实践基地建设特色成果TOP10"。

四、经验启示

生物医药创新驱动的卓越药学应用型人才培养模式在教育方式上打破了原有的学校理论教育模式,创新了应用型人才的培养模式。通过充分了解产业链的需求,围绕生物医药创新高端人才的需求设计课程和培养模式,并建立完善的质量监督体系,融合校内外资源,辐射地方产业。这为未来人才培养提供了理论指导。

这种模式充分利用了张江药谷的"地利"优势,并通过该模式辐射上海以及长三角地区,校企联动,能够为培养优秀人才、促进科研成果转化、解决实际问题等方面带来巨大的潜力和机遇。不仅可以推动高等教育与产业发展的深度融合,还能够为国家的药物研发和创新能力提升作出重要贡献。

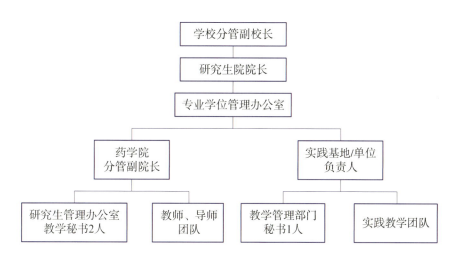

图1 校—院—基地三级质量监督体系

图 2　获奖证书

案例 27　基于互联网思维的创新创业人才培养共同体构建——Lighthouse 互联网实验室 17 年的探索与实践

申报单位:浙江工商大学管理工程与电子商务学院
案例主题:现代教育体系

一、案例背景

在高等学校开展创新创业教育,积极鼓励高校学生自主创业,是教育系统深入学习实践科学发展观,服务创新型国家建设的重大战略举措;是深化高等教育教学改革,培养学生创新精神和实践能力的重要途径。随着《国务院办公厅关于提升大众创业万众创新示范基地带动作用进一步促改革稳就业强动能的实施意见》和《国务院办公厅关于进一步支持大学生创新创业的指导意见》的颁布,国家对高校创新创业人才的培养,包括创新创业教育的组织方式、培养体系和支撑平台,提出了更高的要求。

针对目前创新创业教育实施理念的碎片化、实施方式的强制性割裂、实施过程的松散性推进以及实施结果的表层性嵌入等主要问题,本案例以专注于创新创业教育的 Lighthouse 互联网实验室为载体,在教育生态理论的指导下,将以第二课堂为中心的微观生态系统优化、以学校内部治理为中心的中观生态系统优化以及以高校和产业关系调整为中心的宏观生态系统优化作为主要抓手,在只有 1 名指导教师且没有任何资助的情况下,经过 17 年的发展和迭代,逐渐探索出一个基于师生和企业共赢的良性循环的培养机制、一套成熟和系统的人才培养体系和管理制度,形成了一个由 1 名常任教师、60 多名在校生、12 名毕业生、4 个创投机构和 8 家互联网媒体组成的,自身具备造血功能的小而美的创新创业人才培养团队。

二、主要做法

(一)微观层面,重构能力体系,实现人才培养理念创新

针对基于科教融合的教学资源匮乏和实施过程管理松散的现实问题,本案例充分利用电商类专业适合开展创新创业的特点,提出"7 种能力、14 种工具、78 个实验"的能力体系及培养方案,极大丰富了实践教学的资源,完善了实践教学的管理制度。该能力体系的培养跨度从大一上到大四上共 7 个学期,培养精度精确到以周为单位;培养方案的 Xmind 文档大小超过 800 M,相关的培养资料 379 个,约 300 万字;相关的管理制度文档 94 份,总字数近 28 万字。

（二）中观层面，构建基于师生共赢的实践教学组织形式，实现运行机制创新

针对科教融合模式的顶层设计体系不清晰、教学管理过于机械不利于科教融合的问题，本案例在学校的教师考核制度和学生（含在校生和毕业生）的成长发展之间寻找利益结合点和平衡点，探索出一条基于强信任关系的以在校生为主体、专业教师主导、毕业生辅助的新型创新创业教育组织形式。经过近10年的实践，我们发现这种组织形式在提升学生创新创业能力的同时，也通过辅助教师在教学方面积累教学案例，以及在科研方面观察应用前沿、发现科学问题，帮助专业教师提升业务能力，实现师生共赢，解决了高校创新创业教育面临的最大问题——专业教师参与动力不足，实现了运行机制的创新。

（三）宏观层面，构建价值网络，实现人才培养手段创新

针对创新创业教育与企业生产实践的割裂以及创新创业教育与整体社会的联动效应尚未形成的问题，本案例基于互联网思维，构建校企共同体，推动协同创新，形成了包括政府、高校、互联网企业和互联网媒体等多元融合的开放式的创新创业人才培养方式。学生通过撰写高质量稿件，为媒体提供稳定的稿源并获得媒体赋予的能力信任背书，有助于日后的升学求职；通过撰写具有前瞻性的行业分析报告，辅助企业决策并获得企业实操指导；政府提供优惠政策和各类平台。"校—企—政—媒"模式为学生提供更多参与应用创新和项目实战的锻炼机会，促进知识成果转化和应用的同时又引入高校创新创业教育所需的互补性资源，实现多方共赢。

本案例作为重要支撑材料，获得2018年全国高等教育教学成果二等奖。

三、取得成效

近五年来，Lighthouse互联网实验室成员获得省级以上的竞赛或项目立项总计190项，其中国家级竞赛奖项32项，国家级创新创业项目29项，特别是2021年获得全国大学生电子商务竞赛特等奖和"互联网＋"大学生创新创业大赛全国银奖，实现了我校的历史性突破。同时，学生的深造率达到82％，多名学生获得保研名校的机会，以2020级学生为例，Lighthouse互联网实验室的保研率达到100％。

同时，团队为199IT和36氪等省内外8家互联网媒体供稿300余篇，为7家创投企业撰写行业分析报告11份，并为13家创业企业撰写商业计划书和竞品分析报告，帮助他们累计获得2亿元人民币的融资。

此外，Lighthouse互联网实验室已为阿里巴巴等知名互联网企业累计输送超过20名员工，其中部分学生当选阿里巴巴年度优秀员工以及最受同事欢迎的员工。

天津财经大学、宁波大学、杭州电子科技大学等多所高校领导亲自带队前来交流创新创业教育的经验，《中国青年报》《杭州日报》《钱江晚报》《浙江教育报》和《青年时报》等多家媒体也

多次刊文对 Lighthouse 互联网实验室的培养模式做过深度报道，并予以高度肯定。

四、经验启示

（一）理论经验与启示

在现有的高校考评体系下，发展高校创新创业教育最大的瓶颈是专业教师参与动力不足。只要专业教师愿意全身心投入，原来影响创新创业教育发展的教学内容、教学资源（尤其是产业界的资源）不够丰富等问题都会迎刃而解。

因此，我们基于互联网思维，从价值网络的视角，重新梳理了产、学、研等各创新创业参与主体的价值传递关系，通过商业模式创新，构建了一个多方共赢的开放式创新创业教育体系。该体系在产教融合的大背景下，注重学生成长的同时，帮助教师提升教学和科研水平以及服务社会的能力，增强教师的获得感，最大限度发挥教师的主观能动性。

（二）实践经验与启示

一是想做好创新创业教育，一定要建立团队。有了团队，可以充分发挥团队成员的传帮带作用，提高了知识吸收的效率，减轻了教师知识输出的负担，让教师有更多的精力把握方向和协调资源。

二是由于学生群体的不成熟和不稳定，需要制定培养方案和管理制度以及建立团队文化，规范和激励学生的日常行为，保证团队的正常运行。

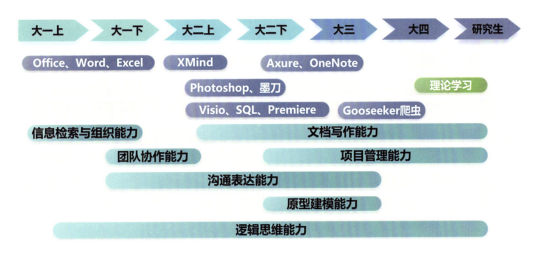

图 1　Lighthouse 互联网实验室创新创业能力培养计划图

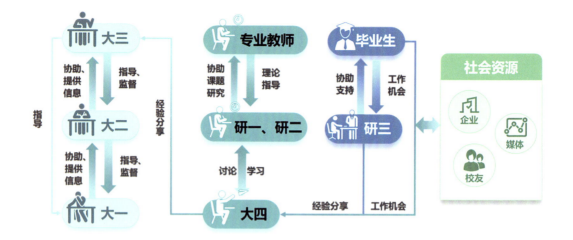

图 2　新型创新创业教育组织形式

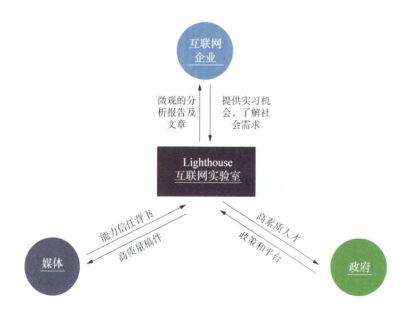

图 3　校—企—政—媒共同体关系图

案例 28　打造高等职业教育与民营经济深度融合标杆校

申报单位：台州科技职业学院
案例主题：现代教育体系

一、案例背景

根据国家"一体两翼五重点""活力温台"等建设要求，积极推动新质生产力发展，着力破解职业教育与民营经济融合机制不健全、供需对接不紧密、技术合作不深入等突出问题，坚持"顶层设计"激活民企办学动能、"一圈两翼"营造产教对接生态、"四岗进阶"提升人才培养能级、"四位一体"服务民企协同发展，全力打造高等职业教育与民营经济深度融合标杆校。

二、主要做法

（一）"顶层设计"激活民企办学动能

统筹整合地方政府、职业院校、区域产业、民营企业等优质资源，助力健全民营经济参与职业教育办学激励组合政策。将深化产教融合纳入学校总体发展规划，在学校产教融合工作委员会下设工作组，建立"学校—学院—专业"三级联动工作机制，健全产教融合长效育人机制。建强高水平专业群，创建"1＋1＋1＋N"产教融合生态圈，构建"大混、中混、小混"多元混合办学格局，形成以产建群、以群建院、以院育人的产教融合发展体系。

（二）"一圈两翼"营造产教对接生态

聚焦产业升级，优化专业动态调整机制，嵌合产业链与教育链，构建 1131 专业（群）布局，形成省、市、校三级高水平专业群培育体系。聚焦行业发展，以特色产业学院、产教联盟、行业产教融合共同体、市域产教联合体等建设为重要抓手，打造"一圈两翼"产教对接平台，广泛开展高质量产教对接活动，提升"人才链""产业链"耦合度。聚焦企业需求，拓宽"交友圈"，推行"招生即招工、入校即入职"；升级"学徒班"，推行"上课即上岗、毕业即就业"。精准对接供需，打通"肠梗阻"，闭环式构建人才培养新链条。

（三）"四岗进阶"提升人才培养能级

与区域龙头民营企业共建特色产业学院，校企双轮并行，联合开展一体化人才培养，共研培养方案、共建课程标准、共享教学资源。深化"平台＋项目"教学改革，重构基于工作过程系统化的"横向岗位融通、纵向能力贯通"的专业核心课程体系,引入企业真实项目,开展实战式教学。根据企业岗位要求,实施"识岗、轮岗、顶岗、定岗"的"四岗进阶",提升学生的动手实践能力和发现、解决复杂问题的能力。

(四)"四位一体"服务民企协同发展

以服务高质量发展为核心,构建"磨合—契合—融合"的"三阶递进"技术服务团队,建立"学校倡导、学院引导、教师主导"的"双轮驱动、三级联动"技术服务体系。共建"双导向—四融入"的"四位一体"技术技能服务平台。以技术应用与企业需求为导向,紧密对接科技前沿,服务中小微企业技术研发和产品升级,将科技创新与技术研发融入产业、融入专业、融入行业、融入就业,共建技术服务平台、协同创新平台、成果转化平台、供需信息云平台等协同发展的"四位一体"技术技能服务平台。

三、取得成效

(一)民企参与办学积极性大幅提升

学校发起成立省级长三角数字农业产教融合共同体、高端模塑智能制造市域产教联合体,牵头组建6个市级示范性产教联盟,其中"长三角模具产教联盟"获批省级示范性产教联盟。共建海天注塑等12个特色产业学院,与318家民营企业开展各种形式的合作办学。近三年,联合民营企业立项省级及以上产教融合项目30余项,吸引资本投入近7000万元。

(二)高技能人才培养质量大幅提升

凯华模具产业学院模具设计与制造现场工程师培养模式已被推广到浙江工商职业技术学院。开展"百教千导"进校园、"百师进百企"活动,双向互动涉及人员年达500余人次,企业满意度显著提高。毕业生留在台州的比率逐年提升,2023年达到近50%。近三年,学生获省技能竞赛奖励比例均超3%,其中在全国职业技能大赛中获一等奖3项、二等奖11项、三等奖4项。教师在省教师教学能力大赛中斩获特等奖2项、一等奖3项、二等奖5项、三等奖4项,并获全国教师教学能力大赛一等奖1项、二等奖2项。

(三)服务民营企业能力大幅提升

年职业培训超3万人次,年横向技术服务到款额近2000万元,联合企业申报专利100余项,改进智能制造生产线近十条,提高民营企业产值达十多亿元。学校在2022年度中国高职院校科研与社会服务竞争力评价中排名前10%。

(四)与民企融合发展成为业内标杆

应邀参加第十届产教融合发展战略国际论坛并作交流发言。业内专家在多个场合重点推介我校产教融合工作成效。学校产教融合办学模式、实践经验被《光明日报》《中国教育报》等国家级主流媒体报道8次。学校入选《2023中国职业教育质量年度报告》产教融合卓越高等职业学校50强。

四、经验启示

(一)以激活动能为出发点,提高合作平台联动性

通过四方联动、完善体制机制,共建混合所有制"三级产业学院",充分激发民营企业参与职业教育内生动能,创新民营经济融入职业教育新途径。重点做好课程体系与职业能力、课程标准与职业标准、实训项目与岗位技能、师资团队与技术团队"四个对接",落实职业教育与产业发展、办学优势与产业特色、人才培养与技术革新、教学改革与产业升级"四个同步",实现"双元制"技术技能人才培养。

(二)以供需匹配为落脚点,提升人才对接精准性

充分发挥校企双方资源优势,培养留得住、用得上,有爱岗敬业职业精神、吃苦耐劳行业精神、精益求精工匠精神的优秀人才。共建多元育人体系,显著提升人才培养质量,有效破解了专业对接区域产业不精准、技术技能人才培养能级不高等问题。通过深度合作,构建产业端创新需求和人才需求的数据库、院校端科研成果和人才资源的数据库。通过组织大数据分析、访问交流等活动,实现供需两端的需求匹配和成果转化。

(三)以互培互通为着力点,赋能教师发展适应性

共建双向流动机制,构建校企人才融合发展共同体。探索"现场工程师"培养,依托产教融合平台,以教促产、以产助教、产学互动,探索学训创一体化的教学行动体系,培养复合型、创新型、工匠型的"现场工程师"。探索"岗课赛证"融合新机制,整合集聚产业资源、科技项目、企业素材,全方位、全要素、全过程地开展课程、课堂、教师"三位一体"的课程迭代改革。

(四)以科教融汇为支撑点,增值技术服务高端性

打造校企技术深度融合发展新局面,有效解决校企技术创新融合方式缺乏、服务民营经济成效不显著的问题。深化科教融汇,打造产科教一体新平台。整体提升产教融合高端平台建设,打造主体多元、利益互融、层次高端、功能多样的技术技能服务平台。

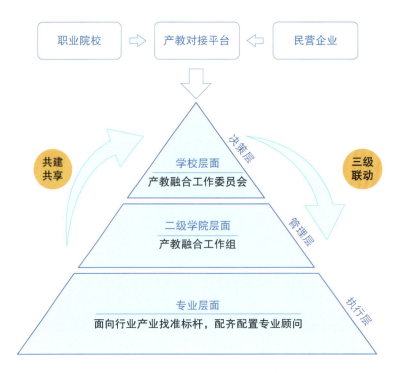

图1 "学校—学院—专业"三级联动产教融合工作机制

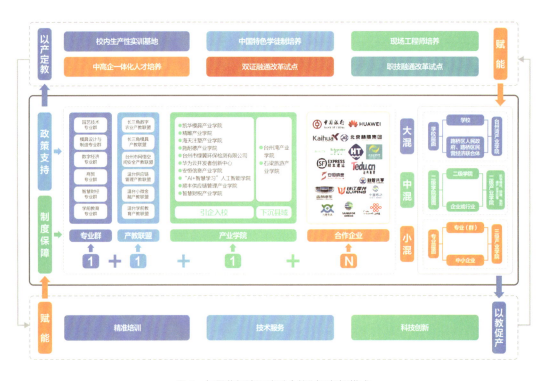

图2 与民营经济深度融合的"台科院"模式

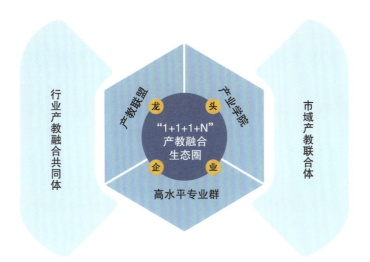

图3 "一圈两翼"产教对接平台构建内在逻辑图

申报单位：安徽省教育评估中心
案例主题：现代教育体系

一、案例背景

义务教育是现代国民教育体系的基石，开展国家义务教育质量监测是深化新时代教育评价改革、提升教育教学质量的有效手段。2021年，教育部发布了监测新方案，每个监测周期为三年，第一年监测数学、体育与健康、心理健康，第二年监测语文、艺术、英语，第三年监测德育、科学、劳动，实现了德智体美劳的全覆盖。中共中央、国务院发布的《关于深化教育教学改革全面提高义务教育质量的意见》《深化新时代教育评价改革总体方案》等文件强调，坚持和完善国家义务教育质量监测制度，加强监测结果运用。

安徽省紧跟国家战略步伐，把加快义务教育优质均衡发展作为构建高质量教育体系、建设教育强国的重要基础，落实教育部《县域义务教育优质均衡发展督导评估办法》和监测方案，纵深推进区域义务教育质量监测的组织实施和结果运用，切实发挥监测的导向、诊断和改进功能。

二、主要做法

（一）"一体化"运行机制带动

省级层面成立了以分管厅长为组长的安徽省实施国家义务教育质量监测工作领导小组，督导、评估、基教、教研、师资、体卫艺等部门共同参与。样本县普遍建立政府分管领导挂帅，教育、财政、机要、卫计、公安、供电、电信等部门分工协作、合力推进的联动机制。安徽省强化工作纪律，要求样本县、校做到"六个不"，每年为样本县选派省视导员。县区实行责任包干制，责任督学对监测数据真实性、过程规范性、工具保密性进行重点督查指导。各级层面切实做到思想认识到位、人员配备到位、保障措施到位、工作力度到位。

（二）"科学化"数据分析驱动

组织专业力量，分析研究监测报告，采用基础性描述分析、横向比较、纵向分析等多种方法，分学科、分年度梳理提取报告的关键信息，明确安徽省及样本县的优势和短板，同时与国家数据进行对比并分析差异所在。结合实地调研,深挖原因,寻找解决问题的"突破口",并形成《国家义务教育质量监测安徽省分析报告》,扩大其政策影响面。样本县分城乡地区、学科组进行监测结果报告分析解读,注重解读数据反映的地区教育教学真实问题、隐性问题,厘清自主改进方向。对监测数据较优及进步明显地区,遴选典型案例,客观反映该地区教育改革发展的有效举措、成功经验,发挥其示范意义和推广价值。

(三)"常态化"整改清单推动

安徽省委、省政府高度重视国家监测反馈问题整改,省委、省政府主要领导专门作出批示,要求坚持问题导向、效果导向,逐项对照、抓紧整改,做到举一反三,常态长效。省教育厅成立基教、师资、督导、教研等部门协作的整改工作专班,梳理分析全省存在的短板弱项。监测整改,每年坚持省、市、县三级统筹协同推进,并明确省、市、县的不同聚焦点。各地建立整改"四个清单",落实问题、原因、举措、时限,对照"时间表""路线图",对账销号,注重建立健全长效机制。

三、取得成效

(一)推动监测精细化、科学化提升

安徽省夯实监测工作基础,省级层面有运行顺畅的监测统筹协调和组织实施机制。常态化的视导员选派、保密责任签订、"六个不"工作纪律要求、监测反馈整改等机制已建立并逐步完善。分级分类、规范细致的培训确保了监测流程严格按照国家要求执行,保障了各环节数据采集质量,推动了监测工作的精细化、科学化。监测实施屡次获国家视导员肯定,省教育评估中心连续十年荣获"省级优秀组织单位"。部分市、县区自主申报参加国家监测,积极发挥监测的"指挥棒"作用。安徽省稳步推进基础教育质量监测中心区域中心建设,竭力整合多方优势和资源,立足安徽、面向长三角,以服务区域基础教育改革创新和优质均衡发展。

(二)促进监测结果进一步落地见效

安徽省重视加强监测结果对教育决策的反拨作用,发挥基于监测结果的教育改进功能和对优质均衡发展的支撑作用。常态化的监测结果反馈整改,促进省教育厅职能处室深思工作短板弱项。坚持省、市、县三级统筹协同推进,落实省、市指导职能,压实县级主体责任,保障了整改的联动性和系统性。运用专业力量分析研究监测报告,帮助厘清教育教学现状。县区的整改聚焦监测的"中观"甚至"微观"作用,让教师、校长、督导人员、学生和家长等参与评价讨论,形成合力,建立了"监测诊断—结果应用—跟踪整改—督导提升"的闭环式教育质量提升模型。

四、经验启示

（一）将国家义务教育质量监测与巩固提升县域义务教育基本均衡成果、推动县域义务教育优质均衡发展结合起来

首先,形成监测引导的长效运行机制。县区应根据监测结果呈现的学科及分维度的城乡学校的表现差异,加强教育资源供给,加快农村地区教育薄弱环节的"补短板""强弱项",从师资配备、学科建设、信息化水平等方面提升乡村教育质量,推动义务教育从重硬件建设向重内涵发展转变,逐步减小城乡、区域、校际差距。其次,统筹城乡义务教育均等化水平提升。在全面推进中小学电子化测试的当前,更加关注乡村小规模学校和乡镇寄宿制学校建设,大力完善覆盖义务教育各年级各学科的数字教育资源体系,因地制宜地通过"教育集团""城乡教育共同体"等模式,加强城乡学校联合体建设,促进城乡教育资源和教育理念共享。

（二）规范学校课程设置,保障学生德智体美劳全面发展

国家义务教育质量监测结果证实了一些地区对德育、体育、美育、劳动教育重视不足的现象。为此,一方面,各地教育主管部门要指导中小学校严格落实义务教育课程方案及标准,开齐开足国家规定课程,严禁压缩、挤占综合实践活动、音乐、体育等课程的课时。深入推进课程改革,建立体现素质教育要求、以学生发展为核心、科学多元的中小学教育质量评价体系。另一方面,要加强紧缺学科专业教师配备,通过引进招聘、培训等途径,逐步建立一支数量充足、素质过硬的专兼职相结合的体育艺术教师队伍。多措并举,努力构建德智体美劳全面培养的教育体系。

图 1   国家义务教育质量监测教室布置

图 2　国家视导员视导合肥市蜀山区

图 3　国家义务教育质量监测宣传展板

案例 30　社区教育融入社区治理的创新实践案例——以宝山区社区治理学院为例

申报单位：上海市宝山区教育局
案例主题：现代教育体系

一、案例背景

党的二十大强调，要"建设全民终身学习的学习型社会、学习型大国"，"健全共建共治共享的社会治理制度，提升社会治理效能"。2014 年的《教育部等七部门关于推进学习型城市建设的意见》和 2016 年的《教育部等九部门关于进一步推进社区教育发展的意见》中均提到，要推动社区教育融入社区治理，不断丰富社区建设的内容。

社区教育与社区治理有着天然的联系，两者都根植于"社区"，核心在"人"，有着构建"善治良序"的共同任务和实现"美好生活"的共同目标。因而，宝山区社区治理学院响应时代的召唤，主动作为，探索社区教育融入社区治理的创新实践案例。

二、主要做法

（一）构建社区教育融入社区治理一体运作新机制

学院坚持社区教育和社区治理载体相融、一体推进，逐步完善"三层四级"（三层：区委党建办、院委会、院务会；四级：治理学院、治理主题分校、街镇党群中心、居村党群服务站点）工作体系，在实践中实现"1＋4＋12＋N"的工作网，即 1 个总院、4 个分校、12 个街镇党群中心教学基地、N 个居村学习点。在此基础上，形成了"区级—街镇—居村"三级联动的教学机制，开展全员全覆盖治理培训，提升各类多元主体服务群众的本领。

（二）教治相长、深度参与，形成教育教学新样态

一是培育"达人工坊"治理项目化学习，将教育课程转化为治理项目，让"参加教育"与"参与治理"在课堂上共同发生、交相呼应。二是创新沉浸式"模考"实训课程。打造了 15 个"沉浸式实训教室"，设立"沉浸式实训课堂"，形成"模拟演练—专家指导—反复修正"的教学模式。三是开展现场教学。将全区 26 个美好社区改造实事项目打造为现场教学点，在实践中教学，提高学员分析和解决实际问题的能力。四是构建多元课程资源库。整合盘活全区各委办局专业课程资源、引入高校优秀课程资源，逐渐形成"社区教育＋社区治理"多元课程资源库。五是

打造社治融合教学基地。与多家企业深度牵手，从街镇的资源禀赋出发，打造教育视域下的教治融合教学基地，在沉浸式学习中培养市民终身学习力。

（三）链接资源、打造队伍，凝聚教育赋能治理新力量

一是赋能成长，培育"双师型"教师。学院为了更好地促进全院教师转型为"社区教育＋社区治理"的"双师型"教师，为他们量身打造了三大教师培养计划，"治理学""治理树"和"治理行"，提供专业赋能，助推教师专业发展。二是链接资源，锻造专博结合师资队伍。围绕"人人皆可为师"，打造"学者教授＋委办业务骨干＋社会组织带头人""优秀居村书记＋'双师型'骨干教师＋社区达人领袖"的师资队伍。

（四）教研并进、做实做深，扩大"教育＋治理"成效

学院在原有社区教育教学的基础之上，开展"学院课程进阵地"项目、"居村干部赋能'季'划"项目等，实现教育全人群覆盖，培训近45 000人次。在教学的同时开展实践研究，包括项目调研、行动研究等，形成一批教研成果。近两年有15个项目入选上海市社区教育实验项目，其中1个被评为委托项目，3个被评为重点项目；形成了1本《教治融合手册》，10个各具特色、可推广、可复制的教治案例。

三、取得成效

（一）形成了具有引领示范价值的实践范式

"社区教育融入社会治理"项目被确定为上海市教育综合改革特色示范项目，"党建引领'教治相长'，社区治理学院赋能基层治理"的实践案例获评第五届中国（上海）社会治理创新实践十佳案例，被上海市教委授予首个上海市社区教育创新实验基地，成为全市社区教育助推社区治理的先行者。

（二）实现了社区教育的"四大"升级转变

学院在教育对象、课程内容、教学模式和师资队伍四个方面实现了升级转变。目前，学院教育队伍覆盖全人群，课程内容涵盖治理实务类、理论素养类、文化素养类、政策法规类等，创新研讨式、案例式、沉浸式的教学，形成了一体化的师资队伍。

（三）整合汇通了各方教育资源和治理优势

学院完成了5 700平方米办公场所的改造，融汇了公共客厅、咖啡教室、工作坊、实训室等教学设施，确保为学院提供高水平、专业化、精准性的治理教育。建立了与区域化党建专委会、街镇的横向联动机制，将基层治理骨干教师队伍融入全区26个"典型社区"创建工作，"就地取材"、因地制宜地打造教学实践基地，形成社区教育赋能社区治理的创新样本案例。

四、经验启示

(一) 站稳人民立场，打开更具开放性的格局

坚持"人民城市"理念，不断提升社区教育与基层治理的融入度，以全员性、全程性、全面性的社区教育，培养一批有意愿、有公心、想参与的社区治理力量，以一流的社区教育助力宝山"主阵地、主城区、样板区"建设。

(二) 激发转型活力，寻求更有突破性的进展

以宝山教育数字化转型为发展契机，围绕以未来教育、未来服务和未来治理三大场景创新为重点的集成系统，发挥数字化转型对教育模式的革命性重塑、对优质资源的全方面汇聚以及对个性化学习的数智化支持，寻求社区教育融入社区治理新的突破性发展。

(三) 凝结实践智慧，打造更多引领性的品牌

持续深耕、挖掘和发挥陶行知先生"生活即教育，社会即学校，教学做合一"的生活教育理论，为终身教育注入新的时代内涵。紧密结合区域实际，聚焦"实务""实训""实例"，以新思路、新模式做强做亮社区教育融入社区治理的特色工作，打造出更多引领性的品牌。

案例 31　电工电子远程实境实验平台建设及应用示范

申报单位:杭州电子科技大学
案例主题:现代教育体系

一、案例背景

党的二十大首次将"推进教育数字化"写入报告,赋予教育在全面建设社会主义现代化国家中新使命、新任务。在新质生产力的支撑下,丰富数字化教学资源,是各高校持续推进高等教育数字化战略行动的重要举措。我国正处在从教育大国向教育强国迈进的关键阶段,但依然面临着促进教育公平等一系列挑战。本案例通过研发远程实境实验平台并应用于实践教学,将硬件实践教学资源投射到新疆、西藏、内蒙古等西部高校,为缓解区域教育资源不均衡提供解决方案,创建高校援疆的新范式。

二、主要做法

(一)重构适应时代发展的电子信息类课程体系

通过 ChatGPT 等人工智能工具,赋能电子信息类专业课程体系建设,研究构建阶梯递进式课程体系,解决传统教学中传授知识有余、学生分析研究不足的问题。通过翻转课堂等形式,挖掘实验课程中蕴含的思政元素,使学生在家国情怀和科学精神等方面得到提升。

(二)研发电工电子远程实境实验平台

采用 5G、物联网等技术研发电工电子系列远程实境实验平台,构建时空融合的实验教学环境,破除实践教学的时空约束,推动实验教学线上线下混合,满足学生随时随地获取优质实验资源的需求,帮助学生将碎片时间集约化,进行自主研学,完成具有"创新性、高阶性、挑战度"的实验项目。

(三)构建"交互性强、辐射面广"的资源共享机制

平台面向全国高校师生和社会学习者开放共享,创新硬件实践资源共享机制,数字赋能教学资源建设,将实践创新活动从线下扩展到线上、从课内延伸到课外、从校内拓展到校外。实施金课援疆工程,通过远程实境实验平台将硬件实践教学资源投射到西部高校,为缓解区域教育资源不均衡提供解决方案和成功经验。

（四）打造大规模远程实物实验教学的成功范例

变革传统的实践教学模式，通过远程实境实验平台，支持更加灵活的创新实践方式，满足学生泛在化学习和"两性一度"实验教学需求，实现学习者与硬件教学资源的异地、实时互动，开创了全新的线上实验模式，提高了资源使用效益。远程实境实验平台累计为150余所高校师生提供了服务，成为大规模远程实物实验教学的成功范例。

三、取得成效

教育部原副部长周远清，时任浙江省组织部部长黄建发等领导莅临指导，对平台在人才培养、教学模式、示范辐射等各项工作上取得的成绩给予充分肯定。

平台辐射全国高校，示范引领作用显著，已有浙江大学、北京航空航天大学、东南大学等150余所高校、4万余名师生注册使用，完成了70万余人次的远程硬件实验。平台硬件资源共享到新疆理工学院等西部高校，创建了高校援疆"杭电范式"，为解决区域教育资源配置不均衡提供了有效解决方案和成功经验。平台对外开放共享取得了良好的社会效益，建设成果被《中国教育报》《光明日报》《科技日报》《浙江日报》《浙江教育报》等50多家媒体报道。

依托远程实境实验平台等数字化教学资源探索的课程体系、教学模式、共享机制，参与教学成果申报，获2021年浙江省教学成果特等奖、2022年国家级教学成果二等奖。

四、经验启示

聚焦面向数字化时代的电子信息类专业创新人才培养目标，打造了以"国家级实验教学团队、国家级实验教学示范中心、国家级一流本科专业、国家级一流本科课程"为标志性成果的数字化资源平台，形成了一套以课程体系为引领，资源平台为支撑，教学模式为配套，体系、资源与模式"三位一体"的高校创新型人才培养新体系。

基于远程实境实验平台开设系列远程在线实物实验，有效地延展了实践教学的时间和空间；借助远程实境实验平台、网络直播平台和实践课程资源，变革传统的教学模式，开创了全新的线上实验模式，提高了资源使用效益，成为大规模远程实物实验教学的成功范例。

案例 32　建立跨区域产业学院 助力长三角一体化发展

申报单位:上海电子信息职业技术学院
案例主题:现代教育体系

一、案例背景

2023 年 11 月 30 日上午,习近平总书记在上海主持召开深入推进长三角一体化发展座谈会并发表重要讲话,强调指出,深入推进长三角一体化发展,进一步提升创新能力、产业竞争力、发展能级,率先形成更高层次改革开放新格局,对于我国构建新发展格局、推动高质量发展,以中国式现代化全面推进强国建设、民族复兴伟业,意义重大。

长三角区域一体化发展离不开政治、经济、科技、教育等要素的一体化发展。电子信息产业作为长三角三省一市共有的重点产业,在长三角经济一体化高质量发展中发挥着举足轻重的作用,其布局高度依赖技术、人才等创新要素,主要集中在科教资源丰富、科研能力雄厚、产业基础扎实的长三角核心区和中心城市。然而,随着长三角区域产业结构布局的优化调整,一些中小城市如安徽省广德市等正承担着重要的产业承接转移任务,其生产一线技术技能人才短缺和产业工人劳动生产力整体水平不高等问题亟待解决。

二、主要做法

(一)顶层设计:精准定位,成为长三角电子信息产业高素质技术技能人才培养的"金色摇篮"

建立跨区域产业学院,聚焦广德市电子电路、汽车零部件、智能装备等重点产业领域的技术发展和人才需求,整合双方教育、行业、企业资源,深化产教融合,提升产业人才技能水平,提高产业工人学历层次,促进产业技术创新,助力长三角经济一体化高质量发展;力争将产业学院建设成为长三角电子信息产业高素质技术技能人才培养的"金色摇篮",成为思想政治引领、技能培训提升、技术创新、成果孵化展示交流转化的重要平台和载体。

(二)中层机制:创新实体化运作模式,建立决策议事机构,地方政府提供政策和经费等保障

1. 建立实体化运作机制

广德市人民政府为产业学院提供财政经费支持,宣城市机械电子工程学校提供办学用地(前期已投入 1 500 平方米,后期将投入约 13 000 平方米)、设施设备、师资、后勤保障等支持,上海电子信息职业技术学院提供师资等智力支持。产业学院合作各方根据投入比例回收投入成本,净收益全部作为学院的各项办学经费支出。

2. 地方政府给予经费和政策支持

广德市人民政府落实职工教育经费用于职工培训政策。对产业学院组织开展的职工技能竞赛的获奖选手和参加培训提升技能等级的职工给予奖补,广泛动员、组织驻广企业参与数字化管理与生产改造等新技术、新工艺等培训。落实科技政策,给予技术研发经费支持,为行业企业、职业院校开展技术创新、技术服务、技术转化等提供载体和平台。上海电子信息职业技术学院提供专项经费支持,用于长三角电子信息产业学院的团队建设、培训资源建设、专家咨询指导等。

(三)底层落实:以项目为抓手,推进落实长三角电子信息产业学院的建设任务和目标

1. 人才培养与职工培训

实施电子信息技术领域现代学徒制、订单培养等人才培养方式,开展定位式培训、定制式培育。为电子电路等重点产业领域的企业在职员工提供覆盖职业本科、高职专科、中职等不同层次的学历进修机会,完善产业工人队伍的学历结构,夯实产业工人的专业理论与技能基础,促进产业工人的可持续发展。建设"互联网+"职业技能培训平台,开发立体化、可选择的电子信息产业技术课程和职业培训包,涉及电子信息新技术讲座、技能提升、公益课堂、普法课堂等板块,集技能学习、网上测试、竞赛闯关功能等于一体,有效解决了企业职工在教育培训、技能提升上存在的工学矛盾问题。

2. 岗位开发与技能训练

与当地产业行业协会合作,共同制定岗位标准,完善技能等级鉴定体系。建设首席技师工作室,打造长三角电子信息高技能人才大师工作室联盟,依托职业院校建设劳模工匠实训基地,推进完善电子信息产业工人技能体系。开展具有产业特色的技能大赛,提高职业技能认知,提升职工岗位认同感。

3. 劳模导师进校园

整合三省一市电子信息产业领域的劳模、高级技师等具有一技之长的各类能工巧匠,以及职业院校的相关专业优秀教师,建立"劳模工匠库",设立劳模导师团。开展劳模工匠进企业、进校园活动,让劳模工匠"现身说法",提升劳模精神、工匠精神的感染力、感召力。

4. 企业创新赋能中心

打造电子信息技术技能竞赛创新服务平台,将"创新"同劳动竞赛相融合,逐步搭建起技能竞赛、技能比武、"五小"创新等平台,促进技能人才之间的技术交流、创新对接。双方共建行业共性技术攻关研究平台,共建院士专家工作站,选派挂职"科技副总",为广德市科技创新型中小企业赋能。

三、取得成效

(一)举办广德市民营经济追踪数字化转型高质量发展高级研修班

为帮助广德市企业家积极推进产业数字化转型,促进民营经济发展,把握机遇,提高企业竞争力。2023年10月24日,广德市50余位企业高管赴上海开展调研学习。

(二)长三角电子信息产业学院赴广德市经济技术开发区开展技术对接活动

2024年3月14日,长三角电子信息产业学院组织博士专家服务团十余人赴广德市经济技术开发区开展电子电路产业技术对接活动,有22家电子电路企业参与座谈交流。技术对接活动共挖掘企业技术需求11条(项),主要集中在企业数字化改造、员工技能水平培养、技能鉴定与岗位标准开发、"科技副总"挂职等方面,后续将针对共性问题和个性问题逐一组建团队开展服务。

(三)共建城市数字化转型科普展厅

城市数字化转型科普展厅,是长三角电子信息产业学院面向广德市中小学、职业学校、企业员工开展的科普活动场馆。馆内展示了数字工厂、数字人等仿真案例,介绍了广德市电子电路企业、汽车零部件企业等数字化转型应用案例。

(四)围绕企业职工培训和技能等级鉴定开发课程资源

围绕广德市产业需求,新开发智能硬件装调员(五级、四级、三级)、数字化管理、数字化解决方案设计师,共享开放数字资源PCB应用与设计、PCB生产质检技术、电子仪器仪表装调技术(五级、四级)等系列课程。

四、经验启示

(一)打破各主体之间的政策壁垒,促进资源的有效流动和优化配置

在长三角电子信息产业学院的建设过程中,广德市政府、上海电子信息职业技术学院、宣城市机械电子工业学校各方主体在学院共建、运营管理等方面积极探索,制度先行,有效推进。

(二)建立高效的工作联动机制

实行学院理事会领导下的院长负责制。学院理事会由知名人士以及广德市政府、学校、企业、产业园区等方代表组成,作为学院的决策机构,对学院的发展规划、建设方向、建设内容、建设计划等重大项目进行决策。学院领导班子成员由上海电子信息职业技术学院和广德市人民政府分别选派,负责学院的日常运行管理和业务发展。

(三)搭建数字化教育资源共享共建平台

利用现代信息技术,建设线上线下相结合的学习平台和创新平台,整合教育资源、科研资

源和产业资源,提高人才培养和科技创新的效率与质量。

图 1　长三角电子信息产业学院揭牌仪式

图 2　2023 年度广德市民营经济追踪数字化转型高质量发展高级研修班

图3 赴广德市经济技术开发区开展技术对接活动

案例 33　场景融通，成果互认，助力普惠性人力资本提升

申报单位：浙江开放大学
案例主题：现代教育体系

一、案例背景

根据浙江省第十五次党代会"率先实现普惠性人力资本提升"精神以及省教育厅《浙江省社会人员学历提升行动计划（2022—2025 年）》《浙江省教育领域数字化改革工作方案》等政策文件要求，浙江开放大学全力构建"学历＋技能＋品质生活"的普惠性人力资本提升模式，推动建设学历教育、非学历教育以及学习成果认证转换的"三场景"融通的全民终身学习多跨应用大场景，促进人力资本提升，助力全民数字素养的培育。

二、主要做法

（一）联通四级办学网络，形成覆盖全省域的全民终身学习服务体系

依托浙江开放大学办学体系和"市—县（市、区）—乡（镇）—村（社区）"四级的社区教育体系，充分发挥省社区教育指导中心、浙江老年开放大学、浙江省终身教育学分银行等相关机构的资源汇聚和统筹功能，通过对接长三角开放教育学分银行，辐射长三角地区，推动区域内学习成果数据的互联互通。

（二）融通三大业务，构建全民终身学习多跨应用大场景

通过搭建"在浙学"学历教育应用场景和"浙学通"非学历教育应用场景，满足学历与非学历教育学习需求，并通过"终身教育学分银行"实现学历教育与非学历教育场景互通和学习成果认证转换，构建起"在浙学""浙学通""终身教育学分银行"三场景融通的全民终身学习多跨应用大场景。

1."在浙学"应用场景

"在浙学"应用包括高等学历继续教育本专科以及成人初高中的社会人员学历提升等场景。该应用以业务流程为纽带，以数据归集为驱动，分层级聚合各类数据形成一个数据空间，在服务端实现教学一站提供，过程闭环管理，服务一网通办，在管理端实现教学督查协同，进度一屏统览，数据分析可视。

2."浙学通"应用场景

"浙学通"应用覆盖职业能力和品质生活提升场景,具体建设了邻里乐建、常青乐龄、健康乐享、幸福乐家、职场乐进五大模块,实时推荐附近的品质生活课程和培训信息,方便随时随地参加培训和学习,实现数据采集、归集、整合、共享、开放、应用的全周期管理。

3."终身教育学分银行"应用场景

"终身教育学分银行"应用构建全民终身学习数字档案库,为全省学习者开档建户,存储各级各类学习成果,并开展不同类型学习成果之间的转换、互认和应用,同时构建全年龄段的学习激励机制,拓展学习成果在求职招聘、教育培训、社区生活等多跨场景中的广泛应用。

(三)贯通学历教育、职业能力和品质生活,满足多样化学习需求

1.学历提升

按照社会人员学历提升需求,构建成人初高中、成人专本科相互衔接的一体化学习功能,重点重构管理、教学、学习流程,满足学习者的个性化、便捷化学习。

2.技能培训

汇聚全社会优质技能培训项目,为学习者提供多层次、种类丰富的技能培训和服务。对接省政府"七优享"公共服务平台,支撑职业院校社会培训民生实事。

3.品质生活

面向社区教育和老年教育群体,提供线上线下混合式学习活动,助力打造"浙里康养"金名片。

4.成果转换

实现学历教育与非学历教育业务互通和学习成果认证转换。

三、取得成效

(一)线下线上服务体系建设全覆盖

按照助力普惠性人力资本提升的需求,建立"线上线下"相融合的服务体系。在线下体系方面,全省11个地市均成立了社区大学或城市大学,已建立90多个县(区)级社区教育机构和一千多所成人文化技术学校(社区学校),其中被评为现代化社区学校的有284所,形成了地市乡镇100%全覆盖的全民终身学习服务体系。在线上体系方面,面向全体社会学习者打造一站式全民终身学习公共服务平台,整合了从成人初高中到高等学历教育的课程资源、直播课程以及非学历在线学习资源,其中各类学历课程6 000多门,非学历学习资源共计5万多项。

(二)全民终身学习多跨场景应用有规模

聚焦学历提升,累计完成成人初高中学历提升33.45万人次,其中初中2.46万,高中30.99万;完成大专及以上学历提升44.48万人次,其中成人高考录取24.19万、自考注册

12.21万、开放大学注册8.08万;服务普通高校学生122万。聚焦职业能力和品质生活提升,实现注册用户超过743万人,入驻机构8400多家,接入了60多个未来社区(乡村),认证教师近4.5万名,发展社团4500余个,累计开展活动21.1万多场,产生学习记录达11440万多学时。聚焦汇聚各级各类学习成果,个人可信数字学习档案已对接教育部学信网、人社部等各类学历、职业证书接口200余类,开户数超2000万,存入各级各类学习成果超1.1亿条。为成人初高中学习者开通账户22万个,纳入成人初高中学习成果70万条。通过与长三角学分银行数据互联互通,已可获取长三角开放教育学分银行1.87亿条学习成果数据。

(三)学习成果互认有通道

推进成人教育学分互认转换开大体系先行先试,发布《浙江开放大学成人高等教育学习成果转换名录》,共计发布各类转换规则46条,开展"非学历证书—学历课程"认定转换。开设开大成人单考单招终身学习课程模块,完成认证首批16个非学历教育社会培训课程。参与建设长三角地区开放教育学分银行,出台行政管理等10个专业的长三角开放教育学习成果认定转换标准体系。

依托学分银行平台,目前已实现高校在线开放课程学分互认与转换功能,累计服务学生13.53万人次,已有60所学校287门课程完成了40.6万个学分的互认与转换。

探索构建学习激励机制,建立全省统一的学习积分转换标准体系。目前共开设长三角学习积分兑换专区及市县地方专区76个,上架兑换产品1040余种,完成兑换1.85万余人次。

四、经验启示

(一)顶层设计,创新普惠性人力资本提升模式

构建"学历+技能+品质生活"的人力资本提升模式和"线上线下融合"的"混合式"学习服务模式双线推进的教育生态体系,加快推进人力资本"学历教育、职业能力和品质生活""三提升"模式的实践运用,推动全民终身性、开放共享性和"理论—实践"融通性的省域普惠性人力资本提升新模式的形成。

(二)三场景融通,构建全民终身学习数字大平台

统筹运用数字化技术、数字化思维和数字化认知,不断触发深层次的全民终身学习教育体系的变革,以数字化平台为主要载体,以数字化学习资源为关键要素,以数字化技术融合应用为驱动,推动学历教育和非学历教育的组织形式、教学模式等的根本转变,成功构建起"在浙学""浙学通""终身教育学分银行"三场景融通的全民终身学习多跨应用数字大平台。

(三)成果互认,畅通人才成长"立交桥"

充分发挥学分银行在构建全民终身学习体系建设中的"立交桥"作用,在建设全民终身学习数字档案库的基础上,构建学习成果认证与转换的制度体系,推进学历教育和非学历教育等

多元化学习成果之间的互融互通,创新了学习成果在多跨场景中的应用,畅通了人才成长渠道,实现了长三角区域终身学习成果的互认互通,跨区域人才培养取得显著成效。

图1　全民终身学习融合场景

案例34　布新局、谋新篇——聚焦细胞治疗药物，打造长三角高水平产业学院

申报单位：徐州医科大学
案例主题：现代教育体系

一、案例背景

党的十八大以来，以习近平同志为核心的党中央从党和国家事业全局出发，做出建设"健康中国"的重大决策，全方位全周期地保障人民生命健康。党的二十大报告旗帜鲜明地提出，"推进健康中国建设，把保障人民健康放在优先发展的战略位置"。细胞治疗作为一种新型治疗方式，为癌症等重大疑难疾病提供了全新的治疗思路和途径，2013年被《科学》（Science）杂志评为世界十大科技突破之首。《"健康中国2030"规划纲要》《"十四五"生物经济发展规划》《"十四五"医药工业发展规划》均明确提出，要将细胞治疗药物作为生物医药的标志性发展方向和关键突破口，加快其产业化布局和完整产业链的构建。

近年来，我国在细胞治疗领域取得了令人瞩目的成就，但在整个产业链的关键环节上仍缺少话语权。产业链上游的细胞治疗高端仪器设备主要被外企垄断，试剂、耗材及辅助原料等原材料的国产化覆盖率低，病毒载体等高技术含量原料仍依赖进口。产业链中游为细胞产品研发，目前呈现中美"两强相争"的格局，我国企业的规模体量和影响力与美国企业相比还有较大差距。产业链下游的临床应用以综合三甲医院、肿瘤专科医院为主，辅以CRO组织。虽然我国的细胞治疗药物临床试验数量居世界前列，临床研究水平不断提升，但在细胞治疗临床标准制定上的话语权还不强，对细胞治疗产品的第三方检验水平还满足不了个性化、高时效、精确、灵敏、可靠的质量检定需求。

徐州医科大学作为我国最早开始细胞治疗药物研发的单位之一，以核心技术串联产业链上下游要素，通过主动对接政府园区，牵引行业龙头企业和科研院所，创建细胞治疗医疗联盟等举措，依托细胞治疗药物产业学院，创新办学模式，与合作主体双向驱动，在管理体制机制、人才培养体系、师资队伍建设、教育教学改革等方面深化产教融合，构建了精准适配细胞药物产业发展需求的交叉复合型人才培养体系，在精准施策、破立并举中树立了校地合作共赢的典范，成为细胞治疗领域不可或缺的力量，同时也对地方生物医药产业发展产生了巨大推动作用。

二、主要做法

徐州医科大学细胞治疗药物产业学院(下文简称产业学院)自 2019 年成立以来,坚持"亲产业、跨学科、强应用"的人才培养理念,在管理体制机制、师资队伍建设、人才培养模式、教育教学改革等方面大胆探索,形成了"一个中心、双核驱动、三维对接、四化设计、五育融合、六位一体"的建设体系。

(一) 管理架构

建立学校、徐州经济开发区、江苏万邦医药、江苏迅睿生物、江苏崛创生物多方参与的产业学院理事会,行使学院重大事项决策权。

产业学院的管理运营团队由学校及企业人员共同组建,负责执行理事会决议,承担学院日常管理工作。

(二) 配套制度

学校制定《徐州医科大学产业学院建设方案》,规范了产业学院的人事、财务、岗位设置、分类管理、职称评聘、考核评价、学生遴选等配套制度,理顺校企协同工作机制,校企共建共管,充分激发校企各方面的工作活力,确保运行科学、规范、高效、有序。

(三) 人才培养模式

产业学院经过校政行企多方共商、共享、共建、共创的协同探索,初步形成了"一个中心、双核驱动、三维对接、四化设计、五育融合、六位一体"的细胞药产业化交叉复合型人才特色培养模式。

1. 一个中心

围绕赋能产业发展、助力产业转型升级这一中心任务建设产业学院。

2. 双核驱动

构建专业核心能力与职业核心能力双驱动的能力培养体系,确保供给侧与需求侧的人才培养要求同频共振。

3. 三维对接

专业设置与产业需求对接。构建了覆盖细胞治疗药物产业全流程的专业群:精准医学专业对应产业上游(细胞治疗药物的设计构建),生物药学专业和生物医学检验技术专业对应产业中下游(细胞治疗药物的规模化生产与质量控制),转化医学和临床药学专业对应产业下游(细胞治疗药物的临床评价与合理化应用)。

课程体系与岗位能力对接。构建了"初阶基础通用—中阶分立交叉—高阶特色自选"阶梯式上升,以细胞治疗药物为特色的"阶梯式、模块化"的专业课程体系。

教学过程与生产过程对接。引导行业企业深度参与课程建设,设计课程体系,优化课程结构。关注行业创新链条的动态发展,推动课程内容与行业标准、生产流程、项目开发等产业需求科学对接。紧密结合产业实际创新教学内容、方法、手段,增加综合型、设计性实践教学的比重,把企业的真实项目、产品设计等作为实践环节的选题来源。

4. 四化设计

对接产业需求和企业用人要求,校企共同对各专业原有的专业课进行调整和重新开发,构建更能满足学生需求的模块化课程体系。

依据专业特点,使用真实生产线等环境开展浸润式实景、实操、实地教学,做到实训情境化。

校企双方共同探讨创新"一专多能"型教师的培养和聘任机制,建立企业师资培训基地,鼓励教师深入企业锻炼,采集真实教学案例,获取行业最新知识。校企双方共建教师培训基地,实现师资多能化。

在理论教学环节,除闭卷考试外,还采用课堂讨论、调研报告、测验等多种形式对学生进行考核;在实践性环节,考核突出学生的过程性表现评价,如实验操作规范性、发现问题和解决问题的能力等,实现考评多元化。

5. 五育融合

通过构建校政行企育人共同体,综合发挥多方教育资源的作用,让课堂教学、实践教学、校园文化活动(第二课堂)、线上教育、社会实践(第三课堂)等育人环节实现"耦合",形成第一、第二、第三课堂贯通,校内校外相互支撑的"德智体美劳"全方位融合的育人体系。

6. 六位一体

以产业为导向,以教育为支撑,以科研为引擎,以转化为路径,以创业为动能,以应用为目标,打造"产—学—研—转—创—用"一体化的产业学院发展模式。形成产业链指引教育链,教育链服务人才链,人才链激发创新链,创新链驱动产业链,四链融合共生的细胞治疗产业生态圈。

(四) 师资队伍建设与评聘考核创新机制

学院加大引进高层次优秀人才的力度,多层次、多渠道、多形式地建设师资队伍;充分借力产业教授行业优势,通过校企双向任职、双向绩效方式,聘用产业教授为专业把脉定位,共建校企合作课程,深化产教融合的广度与深度。持续推进校企双兼双聘,建立动态调整的兼职教师资源库,建立完善的教师人才流动机制。制定《产业学院教师业绩考核与奖励办法》,构建多元发展评聘考核机制,激发师资队伍的内生动力。

三、取得成效

(一) 育人成果丰硕,推动学校综合办学实力不断增强

产业学院培养的学生专业技能、综合实践能力不断提升,在各级各类赛事中取得了丰硕成

果。学生在"互联网＋""挑战杯""创青春"三大赛事中获国家级奖项 9 个,省级奖项 52 个。

临床药学等专业先后通过国家专业认证。获批国家级一流专业建设点 14 个,省一流专业建设点 9 个。获批国家级一流课程 11 门,省一流课程 24 门。建成国家级实验教学示范中心、肿瘤生物治疗国家地方联合工程实验室等国家级平台。

(二)媒体广泛报道,社会反响强烈

产业学院在细胞治疗领域的杰出成果被《健康报》《新华日报》、中国新闻网等多家媒体报道,被新浪医药评价为"国内 CAR－T 研究主力"。巴基斯坦高级官员通过外交部专机前来接受 CAR－T 治疗骨髓瘤,2021 年 1 月 22 日治愈出院,被央视报道。2023 年《光明日报》以"建好现代产业学院 助力健康中国新征程"为题,整版报道我校产业学院建设。同年,产教融合建设案例入选工信部人才交流中心产教融合专业合作建设二等优秀案例。

(三)制定行业标准,同行广泛认可,辐射效应显著

产业学院联合高校、企业共同完成《打造全球免疫细胞治疗技术创新高地——加快江苏细胞治疗产业发展研究报告》,完成《美国 FDA 技术指南草案》翻译工作。

学院建设经验得到了政府、省内外高校、产业行业领域专家学者的充分肯定。全国人大常委会原副委员长陈竺、江苏省省长许昆林、中国药科大学王广基院士、教育部高职高专药品类专业教学指导委员会主任委员姚文兵等领导专家先后到产业学院走访考察,并对产业学院建设给予高度评价。先后有 20 余所高校来我校进行专题交流,产教融合育人的改革措施和成功经验获得采用和推广。

四、经验启示

第一,产业学院自成立起,在管理体制机制、师资队伍建设、人才培养模式、教育教学改革等方面大胆探索,按照"一个中心、双核驱动、三维对接、四化设计、五育融合、六位一体"的建设思路,坚持"亲产业、跨学科、强应用"的人才培养理念,主动推动产教融合模式改革创新,将药学、医学检验技术、生物医学工程等优势特色学科及专业与地方产业的发展需求紧密结合起来,在产学合作深度融合升级方面探索出特色鲜明的路径,为培养创造新质生产力的战略人才夯实基础。

第二,产业学院创建办学新模式,以创新链、人才链主动牵引产业链上下游企业集聚,共同打造产业生态圈,将"产业生态圈"建设作为多方合作的基石,将学院办学作为"产业生态圈"的重要一环,对地方经济发展促进力度更大、影响范围更广。

案例35 洞天艺术：国美在线艺术社区（CAACOSMOS）

申报单位：中国美术学院
案例主题：现代教育体系

一、案例背景

自2020年中国美术学院开设之江国际青年艺术周线上展以来，艺术作品入驻云端，美育形式转向多元。为搭建更为包容的文明成果展示平台，促进科技与人文交汇融通，之江国际青年艺术周线上展迭代为独立App"洞天艺术：国美在线艺术社区（CAACOSMOS）"，展现了数字时代艺术教育与元宇宙社区的新面貌。

二、主要做法

（一）开发独立App数字应用

立足于新时代艺术生态，以"一人一码一洞天"的方式重新发现并演绎艺术之美、创意之道。洞天艺术：国美在线艺术社区（CAACOSMOS）App成功上线，现已可下载使用。

（二）构建面向元宇宙未来社区

与阿里云计算有限公司合作共建"元宇宙艺术创新实践基地"，构筑基于元宇宙世界观的开放共享数字世界。打造新的线上使用场景，为全球艺术家、策展人、设计师、兴趣爱好者提供创作分享、互动和转化的平台。

（三）打造数字展览新体验

线上观展、策展一体化，增强用户线上展览观看体验的同时，打通从概念生成到落地呈现的全过程，让每一位策展人和作者都可以轻松完成展览在洞天艺术中的呈现，并通过点赞、评论、分享、交流，与各地的创作者与爱好者互动，探索不同的艺术表达，形成体现自己爱好、观点、审美的艺术"洞天"，搭建一个有价值的创意内容平台。同时，作为一年一度"青年艺术周"的官方展示平台，展示、分享青年艺术家的绘画、雕塑、设计、电影、音乐、表演等作品。鼓励年轻人自由创作，通过与其他用户的互动交流，不断提高创作水平，扩展艺术交流圈。

（四）建立自组织艺术生态圈

通过攒局的形式，在App上发起或参与各类线上和线下创作、交流活动，回应各种艺术创作话题和时代之问。以自组织形式与来自不同领域、不同文化的艺术创作者创建最活跃的艺术家"聊天室",共同展示作品、建立联系、寻求合作、交流经验、收集反馈,形成独特的创意互动生态圈。

（五）实现作品在线数字确权

为更好地保护作品版权,挖掘数字资产价值,洞天艺术与蚂蚁链合作提供 DCI 数字版权服务。以数据安全和版权交易为目的,给作品版权提供安全保障,致力于建立一个公平、自由、可持续的创作体系,推动数字内容的确权与管理,实现创作者的个人价值。同时,协同安恒信息建设数字时代的艺术作品版权保护、溯源与交易平台。

（六）开启美育在线课程矩阵

开启数智时代美育新格局,联合中国美院顶级教师团队与国际艺术家队伍,共享具有先锋性和前沿视角的艺术理念与创作经验,通过数字赋能打破传统美术教育的局限性,为用户提供宝贵的学习资源,以无墙的学院拓展美术教育的深度、广度与精度。

（七）构筑艺术成长新空间

创建数字身份,展现个性创作,打造海量艺术垂直内容信息流,为艺术创作者提供集中展示个人作品、跨界交流、标识个性的艺术空间,记录未来艺术家的成长轨迹,自动集成多样化互动渠道和社会化分享,成为跨界交流的"数字桥梁",助力实现身份与流量的蜕变。

三、取得成效

"洞天艺术:国美在线艺术社区（CAACOSMOS）"已取得 App 软件著作权,利用数字化优势与蚂蚁集团（蚂蚁链）、阿里云、腾讯、安恒信息等国际化知名企业展开合作,探索数字时代艺术品版权、AIGC 浪潮下艺术创作突破及艺术生态维护、受众吸纳与留存等议题。之江国际青年艺术周近四年（2020—2024 年）分别取得了 1.99 亿、5.8 亿、6.25 亿、7.15 亿的全球线上曝光量,洞天艺术以艺术周线上展览为基础,受到艺术界和大众的积极关注与反馈。截至 2023 年底,洞天艺术线上展及互动内容获得了 2 100 余万阅读量,仅 2022 年就被英、法、德、西班牙、墨西哥等海外媒体报道,并获新华社、《中国青年报》、人民艺术、新浪、网易新闻、Shanghai Daily、Beautiful China、Centro Cultural de China en Mexico、CISION、Yahoo Finance、ELIA、AsiaOne 等国内外媒体多语种报道,传播影响力覆盖 45 国、75 万人次。

同时,获得 2022 年浙江省网络文明创新项目、浙江省教学成果奖二等奖、浙江省优秀研究生教学案例奖、亚太视觉艺术交流展、亚洲中日设计邀请展、CGDA 平面设计学院奖、国际艺术设计大赛互艺奖等省级以上专业奖项若干。基于此,成功申报 2023 国家社科基金艺术学重点项目 1 项、教育部产学合作协同育人项目"元宇宙艺术创新实践基地"1 项、教育部供需对接就业育人项目示范基地 1 项、浙江省发改委等 10 部门颁布的 2021—2022 年度产教融合"五个一批"省产学合作协同育人项目1项;衍生的子项目获得浙江省"十四五"研究生教学改革项目1项、大学生科技创新活动(暨新苗人才计划)1项,浙江省"挑战杯"大学生创业计划竞赛铜奖1项,并参加浙江省高校数字化改革成果巡展。

四、经验启示

第一,数字文化创意产业是在经济全球化背景下产生的以创造力为核心的新型产业,艺术院校的年轻艺术家与设计师是创意领域的先锋力量。洞天艺术旨在面向未来打造新的线上使用场景,为全球艺术家、策展人、设计师、兴趣爱好者提供创作分享、互动和转化平台,联结不同领域的创作者,尽情分享创意、展示作品、交流想法,从而提升年轻人的创新动力,开阔其视野,为新时代培养创造性复合型人才。

第二,随着中国网络版权产业市场规模的扩大,盈利模式逐步成型,艺术品的数字版权确权已成为社会关注的现实需求。洞天艺术以数字资产、数字版权、线上交易为一体的集成模式,形成了一套基于区块链与信息安全的版权保护与运营体系,蕴藏着巨大的社会经济价值。

第三,洞天艺术以中国传统文化中的"洞天世界"为灵感来源,建立起当代数字世界的元宇宙世界观,并以"洞天"为基点,构建面向元宇宙的在线社区,推动网络文化创新,促进高等教育数字化转型迭代,让数字经济与教育发展双向赋能。

图1 App视觉设计

图 2　App 展览页面

图 3　App 作品页面

案例 36　人工智能时代的高校数字素养教育体系建设

申报单位：上海纽约大学
案例主题：现代教育体系

一、案例背景

随着人工智能时代新阶段的到来，高校在建设教育数字化与推进全民终身学习中承担的历史使命日益凸显。在此过程中，上海纽约大学（以下简称"上纽大"）图书馆秉承高校图书馆培养师生多元素养的职责，服务于高校"人才培养、科学研究、社会服务"的总目标，立足于本校架起中外人文交流桥梁、服务中国高等教育改革的定位，自 2016 年起深耕数字素养教育，为实现教育治理现代化和区域教育创新发展尽绵薄之力。

多年来，上纽大图书馆拓展服务合作，支撑教学科研，促进科普交流，协同创新实践，汇集技术应用与人文思辨两大视角，逐步搭建起数字素养教育体系——采全球视野，惠本地社区，探科技智能，融人文关怀。

二、主要做法

自 2016 年以来，上纽大图书馆在中央网络安全和信息化委员会《提升全民数字素养与技能行动纲要》、教育部《高等学校人工智能创新行动计划》及《教师数字素养》、《上海市教育委员会关于做好 2024 年上海市教育数字化转型工作的通知》等政策方针的指引下，不断拓展素养教育的定义，将信息素养、数字技术素养、数据素养、人工智能素养深化整合为数字素养框架，深入和全面地开展数字素养教育。同时，本馆与学术创新、行业应用深度链接，在教学研共同体中协调各级各部门共同探讨新时代数字素养教育的可能性。

（一）数字素养教育体系建设

上纽大图书馆以问题为导向、以空间为媒介建立合作与服务，多模式、多渠道、多层次地搭建数字素养教育体系。

首先，图书馆深入课程设计，嵌入科研流程，发挥数字技术与数据要素在科研、学习、实践与创造中的引擎作用。本馆与学院、研究中心、相关部门和授课教师合作，在计算社会科学、数字人文、计算商科、数据科学等领域，采用预选课、共同授课、嵌入式课程、独立工作坊、系列讲座、一对一咨询、资源汇编等形式,利用线下教学、在线同步课程、在线异步课程、网页端自学教程等渠道,以资源获取、工具使用、研究方法、伦理规范等内容为主题,结合学科特性与教学目标,填补教学研中的需求空缺。

其次,图书馆为教学研中数字技术与空间设置相结合提供场地与示范。例如,图书馆建设敏感数据处理机房,满足科研中保密数据的使用分享;提供拓展现实、数字科研、主动学习、多媒体制作等设备设施,为师生间教学相长营造积极的环境。在图书馆主导的课外教学中,本馆结合虚拟现实技术,邀请师生在定制开发的虚拟环境中观察、体验人工智能的影响,并以角色扮演的方式探察技术与环境保护、智慧城市、就业、安全、伦理等各项议题。

(二)人工智能时代的数字素养教育

人工智能(下称"AI")时代,上纽大图书馆的数字素养教育工作既强调 AI 的工具性及其在教育中的应用(AI for education),也强调超越工具理性、以人文视角辨析技术的社会影响(education for AI),立德树人。

2022—2024 年,图书馆对应数字素养的四个维度——数字意识、建立价值观、应用实践与获取知识,分四个模块开展了以 AI 为主题的系列数字素养教育工作。

1. 启发探索

2022 年,图书馆以 AI 绘画比赛的形式,鼓励师生了解、探求数字技术,并为此搭建了数字基础设施,包括本地计算资源与友好的用户界面。并自 2022 年以来,在大模型持续更新演变的基础上,不断通过 API(应用程序编程接口)为师生提供最新和更安全的本地生成式人工智能服务。

2. 思辨对话

自 2023 年起,图书馆与本校科研中心联合举办了多场 AI 论坛活动,以院士报告、跨学科圆桌对话等方式讨论 AI 在科学发现、社会治理、教育体系、艺术与商业等方面引起的变革性影响。

3. 演示评析

2023 年 4 月至今,图书馆团队在以"如何使用大语言模型"为主题的校内外巡回讲座中,演示了大语言模型在应用开发、创意设计、数据驱动的科研与课堂教学中的可行性,传授使用技巧,展示落地应用,评价生成效果,讨论伦理规范。

4. 汇智共享

2023 年 4 月至今,图书馆搭建起"机器与社会"科普公共服务平台,以人工智能应用和数据驱动的科研为主线建立资源导航,梳理方法原理,总结科研进展,展示创意案例。

三、取得成效

上纽大图书馆主导的系列项目引领了纽约大学全球三个校区的数字素养教育实践,在数字素养教育上做到了"引进来"和"走出去"并举。同时,项目代表上纽大走出学校、服务社会,将"人人皆学、处处能学、时时可学"的理念传递给广大社群。

截至 2024 年 3 月,人工智能论坛累计吸引近 500 位观众;图书馆团队主讲的"如何使用大语言模型"巡回讲座累计服务近 700 人次;图书馆搭建的"机器与社会"网络平台自 2023 年 4 月上线以来访问量超 2.5 万次;另外,图书馆编制的系列教程"用 R 语言搭建交互式网络应用程序"每季度的用户平均访问时长近 4 000 小时,并持续收获世界各地用户问询。

该数字素养教育工作体系完备、形式多样,拓展了数字素养在教育现代化语境中的内涵。以此为基础形成的案例"探计算之道,赋创造以能——人工智能时代的数据素养教育",获得教育部高等学校图书情报工作指导委员会举办的 2023 年全国高校信息素质教育研讨会案例比赛二等奖。

四、经验启示

上纽大图书馆以数字素养教育体系建设为切入点,以丰富的实践为高等教育创新与服务、终身教育和学习型社会建设尝试提供一个样本。

在理论层面,该体系在四个维度上拓展了数字素养理论框架的内涵。具体而言,一是数字意识,即强调主动了解和使用技术的能动性。二是知识技能,即在理解数字技术基础概念的基础上,审慎地使用工具去回答基本问题的能力。三是计算思维,即基于对数字技术运行原理的了解,提高解决更复杂问题、运用数字技术创新创造的能力。四是社会责任感,即对法律法规和道德伦理规范、数据安全和网络安全的重视,也包括公民素养,关注技术与社会之间更广泛的社会议题。

在实践层面,团队较早关注生成式人工智能技术,自发倡议,合作并进,勇于试错,不断调整服务方案。该体系强基础、宽视野、高立意,为同等体量的小型高校图书馆开展数字素养教育提供了模板。

上海纽约大学图书馆数字素养教育体系——以数据素养为例

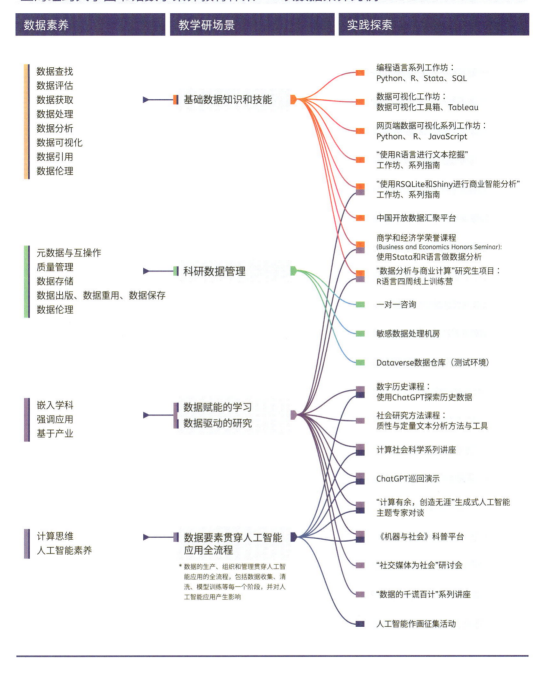

图 1　数字素养教育体系图

图 2　课程与活动现场

图 3　数字素养教育教学支持空间

案例 37　公办初中强校工程：教育政策集成创新的上海实践

申报单位：上海市教育科学研究院
案例主题：现代教育体系

一、案例背景

针对初中学校办学水平差异较大、公办初中优质教育资源不足、"公弱民强"格局愈发固化、社会择校焦虑日益凸显等问题，上海市教育系统认真学习贯彻习近平总书记关于教育的重要论述，紧扣新时代高质量发展主题，聚焦内涵发展与质量提升，回应学生发展核心素养培养、义务教育优质均衡发展、高中阶段学校考试招生制度改革的新形势新要求，满足人民群众对高质量教育的需求。2018年7月，上海市教育委员会印发了《关于实施百所公办初中强校工程的意见》（以下简称"强校工程"），正式启动强校工程，探索如何抬高初中学校教育质量底部水平，整体提升上海初中教育质量。通过自主申报与区域推荐方式，确立128所学校作为实验校，经过近五年的实践探索，取得了显著成效。2023年9月完成第一轮强校工程绩效评估工作，并启动第二轮强校工程，新一批79所实验校迈上了"强校"之路。

二、主要做法

（一）政策创新：探索政策集成创新应用

将上海已有的义务教育发展多种有效政策，采用政策"组合拳"的方式，通过内容再创新、要素再组合、体系再优化等集成创新方式，形成一种新的政策应用体系，集中用于支持强校工程实验校的发展。具体来说，强校工程坚持"办好每一所初中、成就每一名教师、教好每一位学生"的理念，提出了"精准施策、注重内涵、提升质量"的思路，采取三个结合（将"强校工程"与"名校长名师培养工程"相结合、与紧密型学区化集团化办学相结合、与落实推进本市高中阶段学校考试招生制度改革要求相结合），确立四个"明显"目标（教育教学状态明显改善、办学特色明显增强、整体办学质量明显提高、家长满意度明显提升），设计七项主要任务（"双名工程"有机融入、优质品牌辐射带动、专家全程专业指导、优化教育资源配置、深化课程教学改革、激发自主办学活力、凝练办学特色品牌），建立三个推进机制（市级统筹与以区为主相结合、专业培训与交流宣传相结合、督政督学与专业评估相结合），做实七项保障措施（"双名工程"保障、教师职称评审保障、专项经费保障、绩效奖励保障、奖励机制保障、升学机制保障、宣传机制保障）。

（二）实践创新：实施"一校一策"改进策略，形成"五位一体"学校改进模式

"一校一策"改进策略是指，在专家指导下，每所实验校都制定了强校工程三年发展规划，明确学校 3 至 5 年发展目标，找准学校发展的撬动点，确立重点实施项目，在规划引领下开展学校改进行动。

"五位一体"学校改进模式（G-E-I-S-S）是指，围绕学校教育质量发展目标与重点任务实施，基于实践共同体理论，建立伙伴协作改进机制，形成教育行政支持（市、区两级）、专家智力支持（市、区两级）、研训机构支持（市教科院、市教师教育学院、区教育学院）、优质品牌学校支持（牵头校、支援校）与强校工程实验校等"五位一体"的学校改进模式。

（三）评价创新：突出增值评价、常态证据、三级评价

增值评价：关注教育质量核心指标的前后变化，开展循证改进行动。

常态证据：减少对学校办学的干扰，收集学校办学的过程性数据，将区域对学校的教学视导结果以及年终办学绩效考核作为重要评估依据。

三级评价：落实主体责任，激发主体积极性。采取学校自评、区级评估认定与市级复核指导相结合的方法。

三、取得成效

（一）实验校教育质量与家长满意度提升明显

经过五年实践，128 所强校工程实验校学生、教师精神面貌焕然一新，教育教学状态不断向好，教学质量显著提高，中考名额到校计划完成率 100％，"绿色指标"学业水平达标度普遍提升或保持较好学业水平，平均提升了 2 个等级。家长和学生对强校工程实验校的平均满意度超过 90％，对口生源逐步回流，超过 80％的学校进步特别明显，走上了又好又快的发展之路。

（二）实验校办学条件得到明显改善

所有实验校的校舍环境都得到了改善，部分学校异地重建，校容校貌焕然一新。所有实验校教育教学设施设备都得到了明显改善，尤其是重点保障听说测试教室、理科实验室、创新实验室建设。所有实验校教师队伍都得到了增强，新评上一批正高级教师、特级教师，教师职称结构、学历结构、年龄结构、骨干结构等得到优化。

（三）实验校自主发展能力提升明显

实验校办学理念更加先进，课程方案更加完善，教学方式更加多样，教师发展活力明显激发，教育教学状态明显改善，办学特色明显增强，学校治理机制更加优化，家校社合力育人机制更加完善。

(四) 强校工程的社会影响力巨大

强校工程作为一项市政府的民心工程，被纳入 16 区督政范畴，受到社会广泛关注。市教委利用政务官微"上海教育"进行了"家门口的好初中"系列报道(共 18 期)。"上海教育""第一教育"《文汇报》"学习强国"等主流媒体进行了宣传报道，社会影响广泛。

(五) 形成了系列研究成果

已发表《上海市百所公办初中强校工程实验校发展中的共性问题及发展建议》《重新定位再出发：上海市百所公办初中"强校工程"实施一年回顾与展望》《聚焦内涵与质量 探索公办初中提质强校新路径》《找准学校发展的撬动点》《集成创新：上海市公办初中强校工程政策生成机制分析》《实践共同体视域下公办初中强校工程"五位一体"学校改进模式分析》等文章，已出版专著《公办初中高质量发展的上海经验——上海市公办初中强校工程政策设计与实践探索》，编写了《学校改进的 70 个策略——上海市公办初中强校工程典型经验参考手册》《我们这样改变学校——上海市公办初中强校工程优秀案例集》(共两册，包括区域和支援校分册、实验校分册)。

四、经验启示

(一) 政策集成创新可以产生更大的政策组合效应

集成创新是为了更好地解决现实问题，更科学地开展实践探索。强校工程"五位一体"学校改进实践共同体是上海基础教育政策集成创新的一次成功实践，是以人民为中心发展教育理念的重要体现，是上海基础教育治理体系和治理能力现代化进程中的重要进展。基础教育高质量发展呼唤更多的政策集成创新。

(二) 政策集成创新可以作为破解基础教育发展难题的重要方法论

当前，基础教育优质均衡发展到了关键时期，改革难度更大。强校工程的成功实践启示我们，要进一步加强制度集成创新研究，优化政策要素组合，形成一个要素齐全、匹配度高、优势互补的政策体系，并把它作为解决基础教育优质均衡发展难题的重要方法论。

(三) 政策集成创新可以促进区域基础教育治理能力的有效提升

政策集成创新是涉及主体更加多元、要素更加全面、组合更加多样、系统整体性更强的一种新的创新模式，在具体实施时难度也更大，需要更高的治理效能，增强政策供给的针对性和实效性。

政策领域	政策组合方式

入学招生
- 小升初：对口入学，公民同招，超额摇号

办学过程
- 学校管理：双名工程；优质品牌辐射带动（管理团队）；落实办学自主权；校长专业培训
- 教师发展：双名工程；优质品牌辐射带动（教师流动）；职称评审初高中分开并倾斜初中
- 课程教学：课程领导力项目；教研指导；科研基地；优秀成果转化应用
- 特色建设：配备区级指导专家；优质品牌辐射带动（特色共享）
- 资源配置：市级经费支持；区级经费支持；绩效工资倾斜

升学考试
- 实施高中阶段学校考试招生制度改革：优质高中名额分配；考试科目调整；课程教学改革；探索学区、集团招生改革，适度扩大中本贯通、中高职贯通招生计划

学校评价
- 增值评价："绿色指标"评价
- 专项督导：开展"强校工程"建设专项督导
- 专题宣传：开展"家门口的好初中"专题宣传

图 1 集成创新视角下公办初中强校工程政策框架

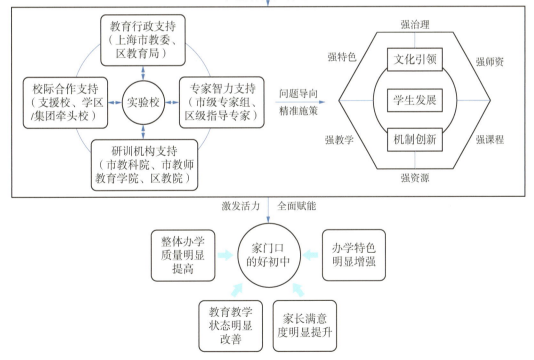

图 2 强校工程"五位一体"学校改进实践共同体运行机制

案例 38　绍兴市柯桥区创建引领、全域提升：打造义务教育优质均衡发展区域样本

申报单位：绍兴市柯桥区教育体育局
案例主题：现代教育体系

一、案例背景

随着生活水平的不断提高，人民群众对"上好学"的呼声日益强烈。中共中央办公厅、国务院办公厅印发《关于构建优质均衡的基本公共教育服务体系的意见》，提出到 2027 年，优质均衡的基本公共教育服务体系初步建立。近年来，柯桥区将创建全国义务教育优质均衡区作为柯桥教育改革发展的重要历史机遇和有力抓手，将创建工作作为高水平推进教育现代化的牵引性载体，补短板、强弱项，扬优势、强队伍，走出了一条以创建引领发展、全域提升的义务教育优质均衡发展的"学有优教"柯桥路径。

二、主要做法

（一）突出政府主导，高标准落实"教育优先"发展战略

一是强化政府履职。柯桥区高度重视教育工作，强化政府履职，着力推动义务教育高质量发展。区委、区政府主要领导每年实地调研教育工作，将教育事项纳入区委常委会和区政府常务会议议题，制定出台关于加强教师队伍建设、优化学校网点布局、深化体教融合等方面的政策意见。

二是强化要素保障。柯桥区做到经济社会发展规划上优先安排教育，财政资金投入上优先保障教育，公共资源配置上优先满足教育。三年来，全区一般公共预算教育经费均超过 30 亿元，并保持稳定增长。实施学校项目建设竞赛活动，三年累计增加学位 19 440 个，其中初中、小学学位 12 150 个。

三是强化队伍建设。柯桥区每年召开由四套班子主要领导参加的教师节庆祝大会，表彰区级名师名校长 40 名，设立每年 2 000 万元教师培训专项经费和 3 500 万元教师奖励专项经费，举办卓越校长、年轻校长和源头干部专题培训班，组建名师工作室 50 个、青年教师成长工作室 79 个，三年累计新增国家级名师 1 名、全国优秀教师 1 名、特级教师 3 名、正高级教师 13 名。

（二）致力资源共享，高水平推进"教育共富"示范先行

一是构建城乡一体发展机制。深化拓展"名校＋新校""城区校＋农村校"教共体建设，在全省率先实现义务教育阶段学校教共体全覆盖，建成教育集团 17 个，实行学校基础课程、校园文化、教师培训、考核评价等一体化管理，建立中心小学对下属完小蹲点管理和捆绑式考核机制。推进"县管校聘"人事管理制度改革，制度化推动城区教师到山区支教、山区教师到城区顶岗，每年交流教师人数占教师总数的 15％左右。

二是推动数字赋能教育均衡。投入 2 亿元实现学校交互式多媒体电子白板、精品录播教室、校园无线网络、智慧校园管理平台"四个全覆盖"。开发运用全省首个全链条关爱残障学生应用场景"护翼天使"和全省首个红色研学应用场景"红色网上游"，常态化开展"城乡携手、同步课堂"和"互联网＋"教学，实现城乡学生同上一堂课。柯桥区成为全国首批"人工智能课程"规模化应用试点区、全省数据驱动教育教学改进试点区、全省人工智能教育实验区。

三是保障特殊群体教育公平。设立每年 300 万元山区教育发展专项经费，每年 1650 万元学校教育设施设备经费向山区学校专用教室建设、校园文化提档倾斜。及时完善随迁子女入学政策，努力扩大优质教育受益面，2023 学年全区义务教育阶段学校在校随迁子女 28 223 人，其中在公办学校就读 27 048 人，占比 95.83％。

（三）坚持五育并举，高质量打造"学在柯桥"育人品牌

一是切实推动培根铸魂落到实处。在所有义务教育阶段学校实行中小学校党组织领导的校长负责制，确保党的教育方针和党中央决策部署得到切实贯彻、全面落实。始终牢记习近平总书记对我区学校"红色网上游"活动的回信寄语，开展"重温总书记寄语、重走光辉百年路"等 3 个主题活动，每年常态化对小学四年级、初中一年级、高中一年级的 2.5 万余名学生开展 3—7 天的国防教育和军训活动。

二是持续促进教育改革提质增效。传承"柯桥实验"教育改革精神，在全省率先开展"轻负担高质量"素质教育，在全省率先实施初中基础性课程"分层走班"教学改革，连续举办十三届"鉴湖之春"课堂教学观摩活动，承办浙江省小班化教学推进会、浙江省第五届 STEAM 教育大会暨首届项目化学习大会等，展示我区教育改革发展成果。

三是全力打响体艺柯桥特色品牌。深化体教融合和艺术育人工作，每年开展超 1000 场次的中小学生阳光体育运动会比赛活动，每年投入 1100 多万元培育支持 313 余个体育、艺术、科创、人文等区级重点社团建设，三年累计获全省中小学生艺术节表演类节目一等奖 41 个（全省第一），高三学生体质测试优良率、合格率、平均分全部三项指标连续五年全市第一，6 名学生入选国家射击队、游泳队、青年攀岩队和羽毛球国少队。

三、取得成效

三年来，柯桥区被教育部认定为全国义务教育优质均衡先行创建区，顺利通过全国义务教

育优质均衡发展区国家评估认定实地核查,2022年教育现代化水平监测成绩位列全省第一,2023年"学有优教"水平评价以满分成绩位列全省第一,柯桥区连续八年荣获全省教育工作业绩考核优秀单位称号。《中国教育报》《浙江教育报》分别于2023年12月12日、19日在头版头条以2800字并配图的篇幅,刊登报道《"学有优教"的柯桥路径》,对我区"学有优教"工作予以高度肯定。

四、经验启示

(一)强化创建引领,为义务教育优质均衡发展提供有利契机

要切实把教育事业放在优先发展地位,在财政资金投入上优先保障教育投入,在公共资源配置上优先满足义务教育优质均衡需要。全面对标创建标准,针对城区小学网点布局不足等问题,通过向上争取和横向沟通,攻坚补齐了一批发展短板。

(二)深化队伍建设,为义务教育优质均衡发展积蓄发展动能

深化新时代教师队伍建设改革,全面提升教师综合素质和推进教师资源均衡配置,推动"县管校聘"管理改革,实现县域内教师由"学校人"向"系统人"转变,让教师资源动起来、活起来,积极引导优秀校长和教师向农村学校、薄弱学校有序流动,缩小城乡、学校间教师队伍水平差距。

(三)坚持五育并举,为义务教育优质均衡发展打响特色品牌

义务教育优质均衡的要义就是努力办好每一所学校,教好每一位学生,为每一位学生公平地接受高质量教育、实现个性发展创造条件。我们要为每一位学生提供丰富多彩的体育艺术人文科创教育,不断提高学生综合素质,让教育为幸福人生奠基。

图1　实施课后服务提质行动

图 2 "鉴湖之春"课堂教学活动观摩

案例 39　聚焦"三位一体"推动"五大合作"——以开放办学新成效助力长三角教育现代化新实践

申报单位：南京师范大学
案例主题：现代教育体系

一、案例背景

南京师范大学作为国家"双一流"建设高校和江苏高水平大学建设高校，深入贯彻党的二十大精神和习近平总书记在深入推进长三角一体化发展座谈会上的重要讲话精神，聚焦教育、科技、人才"三位一体"融合发展，推进校地合作、校校合作、校所合作、校企合作、国际化合作"五大合作战略"，实现"五个推动"，以开放办学新成效助力长三角教育现代化新实践。

二、主要做法

（一）坚持共赢理念，提升合作新动能

按照"借力发展，合作共赢"思路，充分发挥学校教育、科技、人才的综合优势及地方政府、科研院所、知名企业等在设备、技术、平台、资金和信息方面的独特优势，以提升城市能级和核心竞争力为战略牵引，共同开拓科技与产业联合创新的新高地、产学研深度融合的新举措、高校与地方深度合作的新模式，以服务求支持，以贡献求发展，以合作求共赢，推动学校事业和地方经济社会发展双向奔赴、双向赋能。

（二）加强战略谋划，构建合作新机制

加强顶层设计，以 2023 年学校新一轮非教学机构改革为契机，成立校地合作办公室，挂靠发展规划处，统筹牵引学校"五大合作战略"谋划；加强要素联动，建立学校党委顶层设计、部门单位配合协同、二级学院推动落实的"1＋N"工作新机制；以国家战略和区域重大需求为导向，梳理校内合作资源，形成合作"菜单"，以结果为导向，强化跟踪服务，做好项目实施考核，构建以"五大合作战略"为牵引，有组织、高效能的开放办学工作体系。

（三）实施品牌战略，提高合作新质效

发挥南京师范大学教育品牌优势，在长三角地区建设高质量基础教育学校，开展合作办学项目，倾力打造老百姓"家门口的好学校"。发挥人文社科学科优势，与兄弟高校共同推进哲学社会科学理论和实践研究，助力构建具有中国特色、中国风格、中国气派的哲学社会科学。发

挥综合性大学的人才培养优势，与行业企业在有组织科研尤其是重大科研攻关中培养拔尖创新人才。发挥重大平台优势，引进国际顶尖人才，深化国际科研合作，增强国际影响力和话语权。

三、取得成效

学校积极开展校地合作，相继与 6 个长三角地区市政府签署全面战略合作协议，推动"四链融合"，在强链补链延链上展现新作为。聚焦科技前沿，发挥地理学一流学科优势，与昆山联合开展"深时数字地球国际大科学计划"研究，助力打赢关键核心技术攻坚战；聚焦重大战略，以之江实验室大算力为支撑，开展合成生物学研究，与常州共建合成生物学产业研究院、长三角合成生物产业创新园，打造合成生物产业创新策源地，助推江苏新型产业集群培育和壮大；聚焦产业集群，充分利用沿海地区海洋可再生能源优势，与盐城共建江苏海洋经济技术研究院，推进绿色低碳发展示范区建设；聚焦基础教育，充分发挥教师教育优势特色，深入长三角各地市，开展基础教育合作办学，共建中小学及幼儿园 33 所，助力地方基础教育优质均衡发展。

(一)深化校所合作模式,推动战略服务增能

瞄准国家战略需求，与中国社会科学院大学开展博士人才培养、新型智库建设等多领域合作，共同推动中国特色哲学社会科学体系建设。主动服务国防科技建设，深化与中国人民解放军军事科学院合作，为国防信息数据处理等提供全方位支持。面向人民生命健康，与栖霞区、常州市体育医院共建"附属体育医院"，与鼓楼医院共建"生命健康研究院"，以医教深度融合积极回应人民群众对医疗健康的迫切需求。开展咨政建言，依托南京师范大学中国法治现代化研究院等 41 个研究院智库，3 年来已有近百篇决策咨询报告先后被全国人大常委会、教育部、司法部等部门批示并采纳。

(二)深化校校合作创新,推动"三位一体"协同

积极推进与兄弟高校全方位战略合作，与哈尔滨工业大学和东南大学合作，以第一单位第一作者在《科学》(Science)上发表论文，在国际上首次提出基于反铁电—铁电可逆相变实现热开关功能。与南京航空航天大学在国家急需的基础学科人才培养、高水平科技自立自强等领域深度合作、联合攻关。与南京信息工程大学中国气象局国家气候中心联合筹建气候预测领域全国重点实验室。与南京工业大学合作共建"江苏省合成生物基础研究中心"，推动合成生物学创新人才培养和前沿科技研究。开展精准帮扶，与淮阴师范学院结对帮扶共建。

(三)深化校企融合发展,推动科技自立自强

发挥学校科研与龙头企业行业优势，与中国质量认证中心等单位共同开展重大科技项目联合攻关，大力推进产教融合、科教融汇。建设玄武科技园等产学研合作平台 9 个，与杭州海康威视公司、江苏凤凰教育发展有限公司、宁淮智能制造产业园等 30 多家龙头企业开展政产

学研用深度融合,探索人工智能、智能装备制造等前沿技术。相关成果获江苏省科学技术奖二等奖、地理信息产业优秀工程金奖。3年来,我校先后与1000余家机关企事业单位进行深入合作,签订合作协议1682份,文理工科横向经费达5.48亿元。

(四)深化国际交流合作,推动创新活力迸发

深化与国际高水平科研院所合作,与43个国家和地区的237所大学建立校际交流关系,与美国、英国等国的多所大学举办中外合作办学及联合培养项目21个,设有学生海外学习项目155个。2023年,学校汇聚国际顶尖学术资源,建设"南京师范大学国际合成生物学研究中心",聘请诺贝尔化学奖得主罗杰·科恩伯格教授担任研究中心首席科学家。揭牌成立"K12技术与工程教育"联合国教科文组织教席,学校正式加入CMS国际合作组。推进苏港澳联盟校际合作,增强江苏高等教育国际影响力。

四、经验启示

(一)"五大合作战略"是服务长三角一体化发展的必然选择

习近平总书记在深入推进长三角一体化发展座谈会上强调,长三角区域要加强科技创新和产业创新跨区域协同;要加快完善一体化发展体制机制;要积极推进高层次协同开放。2022年,学校召开第十七次党代会,明确提出要主动融入国家战略,对接区域重大需求,全面推进"五大合作战略",以提升服务国家战略和地方需求能力,更好地服务长三角一体化发展战略。

(二)"五大合作战略"是培育和发展新质生产力的重要举措

培育和发展新质生产力是高校的重要使命。高校是科技第一生产力、人才第一资源、创新第一动力的重要结合点,是科教兴国战略、人才强国战略、创新驱动发展战略的重要承载体。身处长三角地区的"双一流"高校,更应不断推进"五大合作战略",集聚产才融合优势,创新教育、科技、人才协同工作机制,为培育和发展新质生产力作出应有贡献。

(三)"五大合作战略"是高校实现高质量发展的内在需求

坚持开门引智、平台共享、人才互通,以开放促进联合,让高校与社会之间实现优势互补、合作共赢。以服务求支持,以贡献求发展,既是高校的重要责任,也是获取资源、推动办学的内在需求。以"五大合作战略"为牵引,聚焦重点领域大力推进政产研学用深度融合发展,学校发展资源不断汇聚,开放办学活力不断释放,学校事业高质量发展步伐不断加快,同时也在服务长三角一体化高质量发展中贡献了南师力量。

案例 40 基于"云端+ 田间+ 学分"的新农人多维协同培育模式

申报单位:安庆职业技术学院
案例主题:现代教育体系

一、案例背景

党的二十大报告和中央"一号文件"都强调了农村人才培育的重要性,《"十四五"农业农村人才队伍建设发展规划》更是提出了明确目标。随着数字经济时代的来临,农业生产方式发生了深刻变化,须将技术深度融入到乡村振兴和新农人的培育之中。然而,农民培训的供需不匹配、师资短缺、校企等主体合作不够深入等问题依然掣肘着农村人才素质提升。时代特征、政策要求与安庆农业农村现实驱动我们探索培育新农人的新理念与新技术,多维协同培育模式是我们的重要实践经验总结。

二、主要做法

(一)多措并举,服务农民终身学习需求

1. 打造"云端课堂"

学校从科研院所、政府部门、农村等地遴选骨干,组建涉农学科专家库。按照"综合素养＋专业能力＋能力拓展"建设模块化课程体系,倾力打造农技推广、政策法规、生活服务三大系列,运用理论授课、现场教学、案例再现等多种场景拍摄教学视频。视频课程在新媒体平台上免费推送,这种云端课堂的内容与形式满足了新农人的学习需求。

2. 选派"田间导师"

开放课堂精准对接田间地头。学校与安庆市宜秀区五横乡政府签订乡村振兴合作框架协议,为五横乡量身打造人才培训和技术服务,推动该乡产业、人才等全面振兴。结合学校专长优势,博士科技服务小分队前往革命老区太湖县弥陀镇开展豆腐乳固化、无人机喷洒、水稻病虫害防治、电子商务等技术培训服务。派出科技特派员精准服务田间生产。学校积极对接安庆市科技局,建立科技特派员工作长效机制,推荐21名老师加入安庆市科技特派员队伍,为农村、县镇企业培训给予指导。

3. 建设"农民学分银行"

学校与潜山农广校试点开展学习成果认证与转换,认真遴选高素质农民培训学员,将培训与成人专科"现代农业经济管理"专业衔接,建立了学习成果认证标准和学分认证与转换机制,实现了农业技术培训与学历继续教育的学分转换。学习结束颁发成人高等教育大专学历证书,实现了农民学历教育与非学历教育的有机结合。

(二)多元主体,打造协同育训平台

学校获批国家乡村振兴人才培养优质校,并与安庆市乡村振兴局联合组建了安庆市乡村振兴学院,通过政校共建、校企共进、校村共荣、校校共享,全面加大农业技术人才培养和科创力度。

构建动态化监督机制,形成跟踪服务体系。构建教学质量监控和跟踪服务体系,实施动态监督,定期审查,严控培养内容,动态监管培训过程,不断加强跟踪服务。让农技推广人员与参训人员双向评价,实时了解双方需求、问题,及时反馈,并应用到教学、服务改进中。聘请优秀学员授课,引导农技教师和学员们建立相对稳定、互动式的师徒关系,逐渐形成了新农人动态可持续发展机制。

三、取得成效

育人成效显著,经济效益和社会带动效应明显,培育成果获安徽省教学成果一等奖。目前,总共培育1万多人。通过培训,学员学习了涉农政策、农业生产技能,掌握了一定的农业科技知识和现代化农业机械的使用技能,在专业技术、创新能力、综合素养等方面得到全面提升,有力促进了科技兴农。通过协同培育,塑造了一批新农人典型,促进了农业增效、农民增收。学员累计增收1 000多万元,带动2万多农户,吸纳就业3万多人,扶助贫困孩子及弱势群体,业务培训与间接受益5万多人。

学校创新职业教育服务乡村振兴的新范式,在安徽省乡村振兴局第64期工作简报中刊载推广。2023年9月,全国政协副主席杨震到学校调研时肯定了学校的农业教育工作。安徽卫视《技能安徽》栏目专访学校职业教育服务农民教育的做法,《人民日报》《农民日报》《中国日报》《中国教育报》等主流媒体多次报道我校的农业教育做法。

四、经验启示

(一)优质的人才是培育质量提升的第一资源

为确保"云上"课堂与田间课堂的协同发展,优质的人才是根本。学校广罗专家,建强师资队伍。现拥有涉农教师67人,其中高级职称36人、博士5人,全国教学名师、省级教学名师、省

级专业带头人、省教坛新秀、获政府特殊津贴专家 11 人。

学校还在安庆区域内遴选了科研院所农业研究专家 8 人、高校涉农专业副高级职称以上教师 10 人、政府部门政策专家 8 人、农技推广中心技术专家 25 人，组建起能满足安庆地区涉农育训的专家库。

（二）顺畅的机制是育训协同的重要保障

学校与安庆市乡村振兴局建立了联席会议、常态沟通等工作机制。通过校地合作、校所合作、校校合作等方式，扩大了育训主体范围。各级政府牵头联系涉农类企业，构建了企业出研发资金、学校发布课题寻找专家、专家对接企业转化科研成果的涉农科研平台。

通过多元共建安庆乡村振兴学院，引导全社会关注、参与乡村振兴工作，积极探索助农新思路，创新打造资源融合平台，解决了过去农民育训政府力量有限、企业意愿不强、学校组织困难的问题。

（三）创新是育训模式持续发展的第一动力

1. 推动了农民培训与职业教育有效衔接

安庆职业技术学院学习成果认证服务中心潜山市农业广播电视学校分中心（农民学分银行试点）实现了安徽省终身教育学分银行多元场景运用的创新突破，满足了新时代农民群体的多元化发展需求。

2. 培育师资的多元性与教学资源的特色化

培训教师包括教师、土专家、管理干部和农民等，只要有一技之长，能满足学员特定需求，就可以成为特聘专家，为学员上课。开发的云端课程将权威性、实用性、便捷性相结合。

图 1　农民学分银行试点专业成人专科"现代农业经济管理"专业开学典礼

图 2   校党委书记带领博士科技服务小分队下乡助农

图 3   专家讲授蚕豆病虫害防治的云端课堂拍摄现场

案例 41　坚持政府主导 强化基础能力：全面推进学前教育普及普惠安全优质发展

申报单位：上海市崇明区教育局
案例主题：现代教育体系

一、案例背景

按照国家和上海市学前教育发展的总体目标，结合本区经济社会发展水平，2021 年 3 月，崇明区开启了县域学前教育普及普惠督导评估申请工作，同年顺利通过了省级验收和国家线上验收，于 2024 年 1 月成功被教育部办公厅认定为学前教育普及普惠县（区）。

二、主要做法

（一）坚持党的全面领导，始终坚守幼有善育使命担当

1. 制定政策措施，健全保障机制

区委教育工作领导小组专门研究《崇明区学前教育三年行动计划（2019—2021 年）》，明确目标任务和保障措施。区政府建立托幼工作联席会议制度，2023 年 8 月制定了《崇明区开展高质量幼儿园建设实施方案》，统筹协调各方力量，努力发展学前教育事业。

2. 加强部门间协同配合，解决重难点问题

在区委、区政府的领导下，在发展规划、服务网络、公建配套、财政投入等方面各部门齐抓共管，有效解决了"入园难"等困扰老百姓的烦心事。区教育局制定《崇明区中小学幼儿园空间布局规划（2021—2035 年）》，把普惠性幼儿园建设纳入城乡公共管理和公共服务设施统一规划，列入各乡镇各地区控制性详细规划。

3. 加强基层党建，夯实基层领导力量

区教育工作党委把基层党组织建设覆盖到所有幼儿园，实现了党组织和党的工作全覆盖。2022 年 7 月，区委办印发《关于建立中小学校党组织领导的校长负责制的实施方案（试行）的通知》，幼儿园试点推进体制机制改革，全面落实中小学校党组织领导的校长负责制的体制机制改革，深入实施党建工作质量提升工程。

(二)切实履行政府职能,不断完善学前教育各类保障

1. 抓好幼教队伍建设,配足配齐教职工

出台了《义务教育学校和幼儿园教师流动管理办法(试行)》,推动幼教队伍结构均衡发展。制定了《崇明区关于加强世界级生态岛建设人才发展的若干意见》,大力引进教育人才。采取订单式定向培养的方式,充实学前教师队伍。通过"名校长名师工作室"、"一纵一横"高层次教师培养机制体系提升教师队伍的素质。同时出台绩效工资分配指导性文件,强化绩效考核,注重激励导向。

2. 抓设施设备建设,努力改善办园条件

本区严格落实相关文件精神,保障财政资金足额到位,连续三年公办幼儿园生均经费实际标准均高出全市平均水平。落实园舍建设标准,2023年暑期对34个幼儿园进行维修改造,合计投资1900余万元。同时拨付专项经费助力幼儿园添置或更新玩教具,有力促进了幼儿园高质量建设进程。

(三)加强能力建设,全面提高学前教育保教质量

1. 创新办学机制激发内生动力

崇明区以"学区化集团化办园""名园＋新园""城乡联动、联体评价""优质园创建"等方式积极创新办学机制,大力促进城乡学前教育的合作,激发幼儿园的内生动力,实现城乡学前教育同步快速发展。

2. 任务驱动促进内涵品质持续提升

一是持续聚焦"幼儿在园户外2小时活动"等区本化实践研究,通过项目研究实践基地的培育,专业化师资队伍的打造,及课程优化实施支持保障系统的构建,实现区域园所保教质量的均衡优质。二是有序开展幼小衔接活动研究。建立幼小跨学段联合教研制度,以幼儿阅读素养提升为载体,积极探索科学衔接的路径和方式。三是构建"纵横到边、责任到人"教研指导全覆盖体系,夯实并充分发挥区域教研团队的课程引领作用,托稳区域所有园所保教质量提升的底盘。

3. 提供普惠优质的托育服务

一是进一步增加托育资源供给。托幼一体占比91.90%,满足老百姓"全日托"托育服务需求。二是进一步提升托班内涵建设。定期开展托班中心组、全覆盖研训、联合教研及托育从业人员培训等活动,促进托班优质发展。三是进一步拓展托育服务类型。充分发挥社区服务功能,社区"宝宝屋"乡镇的覆盖率达88.90%,满足老百姓"临时托""计时托"等多元托育服务需求。

4. 推进生态教育优质特色

一是结合崇明世界级生态岛建设,不断构建和完善学前"生态教育"课程体系,编制了区域《幼儿园生态崇明课程实施指导手册》,形成了6大板块、31个主题、101个活动方案。二是构

建幼儿园生态教育课题群,结合园所实际,积极整合资源,优化生态教育的教学方式。三是完善生态教育保障体系。依托教育综改项目、7 所"生态·乡土"实验校和 7 所项目校,以点带面,推进区域教师生态教育实践和研训。编制区域生态教育课程幼儿园评估量表,为幼儿园提供理论和技术指导。

三、取得成效

截至目前,全区共有 37 所幼儿园,其中公办幼儿园 35 所,民办幼儿园 2 所。公办园在园幼儿占比达 96.25%,普惠性幼儿园覆盖率达 96.25%,托幼一体占比达 91.90%,班额达标率达 100%,乡镇学区化、集团化办园覆盖率达 100%,专任教师中本科及以上学历占比达 96.95%,专任教师接受专业教育比例达 100%。全区范围内广覆盖、保基本、有质量的学前教育公共服务体系已经建成,有力促进了学前教育安全优质发展。

四、经验启示

崇明区委、区政府高度重视学前教育事业,把办好人民满意的高质量学前教育作为建设人民城市的重要内容,认真落实党中央决策部署,牢牢把握公益普惠基本方向,不断强化组织保障,优化空间布局,加大经费投入,持续提升保教质量,促进学前教育加快实现普及普惠和安全优质。

案例 42　艺科融合下中国题材绘本创制人才培养的探索

申报单位:中华职业学校
案例主题:现代教育体系

一、案例背景

习近平总书记指出,要讲好中国故事,"要更好推动中华文化走出去,以文载道、以文传声、以文化人,向世界阐释推介更多具有中国特色、体现中国精神、蕴藏中国智慧的优秀文化"。

中国童书市场的绘本产业发展迅速,截至 2021 底,市场总规模已超 70 亿。不过,近三分之二的中国儿童读物却是从国外引进的。虽然我国政府也在加大力度推广原创作品,但多数讲中国故事的科普故事缺少"故事性",只是知识点和图片的叠加,很难真正吸引孩子。中国原创绘本产业急缺能解读中国精神、根据艺术创作规律、运用新技术创作志趣高雅又让孩子喜爱的优秀科普绘本的"能创善制"的复合型人才。

在此背景下,中华职业学校和贯通高校上海电影艺术职业学院以"为时代画像、讲好中国故事"为己任,校企共建国内第一个以院校师生为创作主体的数字化绘本创作基地,通过构建产教资源矩阵、打造数字化绘本研创基地、制定能力本位教学方案和实施"绘本·育美"社会活动,协同创新,培养能聚焦中国题材科普故事创作和宣传的人才。

二、主要做法

中华职业学校和上海电影艺术职业学院在上海市教委、黄浦区教育局的支持下,于 2013 年开始合作开设影视动画专业。两校强强联手,该专业于 2018 年获批上海市中高贯通高水平专业,2020 年获批上海市中高贯通影视动画教学标准开发项目,2022 年获批上海市第七批现代学徒制试点项目,前后获得上海市教委和黄浦区政府的专业内涵建设资金近 400 万。

在多方政策的支持下,两校在专业育人上开展了积极的探索。

(一)打造数字化绘本研创基地

2019 年末,两校与上海惊浪文化传媒有限公司合作,共建了国内第一个以院校师生为创作主体的惊浪·华光织翼绘本研创工作室。2023年初，在邓昕绘本工作室、江苏凤凰科学技术出版社、小时候童书的协同下，在上海市动漫行业协会的支持下，成立了专门为童书出版产业数字化转型服务的"数字化绘本创作基地"。

（二）构建绘本"创·制"产教资源矩阵

数字化绘本创作基地致力于打造双向赋能、高度耦合的产教关系，合作企业和出版社依据岗位职业能力要求引入项目，工作室则为企业提供技术服务"方阵"和人才输出"平台"，形成闭环式的产教融合资源矩阵。通过打造绘本案例资源库、活页教材、开放课程和创作技术方案四大类资源、八大资源模块，构建国内首创的多模态绘本"创·制"产教资源矩阵。校企双方利益相关，相向而行，服务社会、服务学生，形成了长期合作的伙伴关系。

（三）制定能力本位教学方案

两校践行"双链融合、双景辉映、双师共育"的人才培养模式，即"产业新技术链与教育链有机融合、学习场景与工作场景交相辉映、行业导师与学校教师一体共育"，以中高贯通学生为主，培养"创作、制作、运作"三作型人才，利用数字化技术手段，创造性地培养绘本创作的高素质能工巧匠。

根据绘本创作岗位所需的两观（正确的艺术观和创作观）、两力（图文叙事力和数字化表现力）、三能（立足时代、扎根人民、深入生活）的素养要求，确立课程的地位：养成数字技术创作思维和图文叙事力的关键环节，构建能将工匠精神、文化自信、技艺融合、金格人才四个育人主题全方位浸润到课程中、融入到绘本创作中的课程思政模式。

数字化绘本创作基地按照行业要求制定了创制流程，包括创作准备、故事创作、美术设计、分页绘制、排版与装帧、印刷出版、后期开发等七个流程。从如何收集资料，到把资料变成画面，再通过画面转变成一幅作品，学生通过绘本创作获得了更新更强的技术能力，拓展了地理、人文、建筑等方面的知识，提升了审美水平。系列绘本的创制案例成为跨界整合资源、产学绩效突出、校企合作育人的示范性成果。

（四）实施"绘本·育美"社会辐射活动

师生们依托基地创制的多套精美科普绘本所积累的数字资产和教学资源，针对中小学教育开发了"中国题材绘本中的艺术与科学"系列课程。师生们借助自己创作的故事，用充满艺术气息的科普故事，集合数字化影像技术，向孩子们展示中国成就、中国力量和中国情感，激发孩子的探索欲和好奇心，让他们在赞美声中爱上中国文化，主动宣传中国文化。

三、取得成效

自2020年至今，工作室师生作为独立作者共计出版漫画绘本30本（套），总发行量100万册,码洋1000余万元。积累教学资源共计2万余个,完成了616分钟微课、近千个数字资源,并进行了混合教学模式探索。2022年,在线开放课程"数字化绘本创作"获评上海市在线精品开放课程,目前已有80多所高校近9000多人自发地在线学习体验课程。共有150人次学生署名参与了绘本的创作出版,培养从事与插画、绘本相关"创作、制作、运作"岗位的学生400余人,100%的学生能创造性地利用数字化创作手段进行艺术设计工作。学生作为图文作者创作的绘本《领航——上海的故事》,作为献礼党的二十大的作品由东方出版社出版,并被推介参加第40届马来西亚吉隆坡国际书展,同时向波兰输出版权。2022年,与育人模式相关的教学成果获得上海市教学成果一等奖,被全国文化艺术职业教育教学指导委员会推荐至教育部,并被"学习强国"等媒体深入报道10余次。

四、经验启示

原创绘本创作有两个层面的意义:一是讲中国故事,立课程思政,育创意人才;二是为中小学生提供职业生涯教育的良好教材,是职业生涯教育与指导教材和课外读物的极佳样品。后者立意更为深远,视野更加宽广。

图1 近年出版的部分中国题材绘本

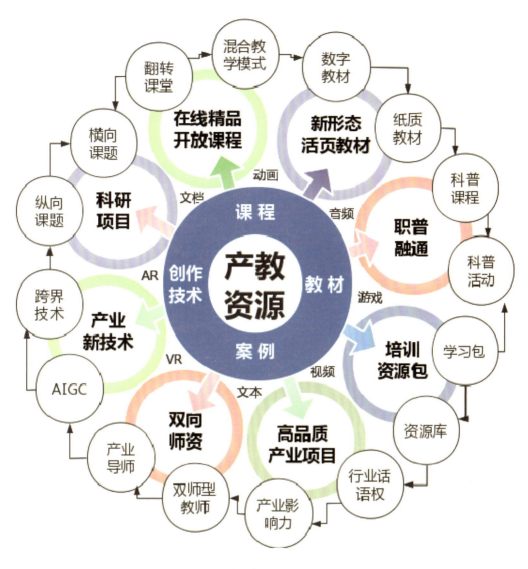

图2 多模态产教资源矩阵图

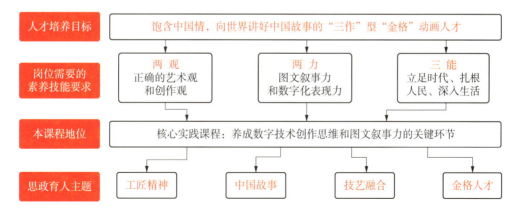

图3 人才培养与课程思政结合

申报单位：合肥工业大学
案例主题：现代教育体系

一、案例背景

合肥工业大学自觉服务国家战略任务和产业发展需求，聚焦高质量发展，以"培养德才兼备，能力卓越，自觉服务国家的骨干与领军人才"为人才培养总目标，深入实施"立德树人、能力导向、创新创业"三位一体的教育教学集成体系，持续优化专业结构，改革人才培养模式，为新质生产力蓄势赋能。

二、主要做法

(一) 需求导向，聚力人才培养新方向

以产业需求为导向，优化调整专业布局。瞄准量子信息、集成电路、生命健康等前沿领域，谋划设置新专业。聚焦新一代信息技术、新能源汽车和智能（网联）汽车、新能源、智能制造等新兴产业和未来产业发展方向，有组织地布局"智能＋"新工科专业。依托优势学科，引导传统专业转型升级，在智能制造、智能化工、智能科学与技术、新能源汽车、数字经济与全球经贸治理等专业方向，以创新实验班为载体，探索"新工科＋"人才培养新模式。

(二) 多元协作，构建协同育人新模式

学校积极融汇多方资源，协调推进多主体开放合作，通过政校、校校、校企多样化组织形式，探索创新型复合型人才超常规培养新模式。依托政校共建的智能制造技术研究院，联合阳光电源、江淮汽车、巨一科技等行业龙头企业，共建国家级智能制造现代产业学院。整合政校企资源，将第一课堂和第二课堂深度融合，多主体协同、多模式实施，推动学生能力提升，打造"新工科＋"人才培养新模式。面向集成电路领域高水平创新型人才的迫切需求，携手中国科学技术大学共建"集成电路设计与集成系统"创新实验班。面向安徽省"首位产业"需求，携手安徽理工大学共建"智能网联新能源汽车创新班"。

(三) 技术赋能，开创人才培养新局面

强化面向前沿领域的科技攻关，依托在重大科研项目、科研平台中形成的科研成果，及时

转化为教学内容,编写专业产业对接的系列特色教材,开展培养环节全链条资源建设。强化以"产业需求导向"反向设计培养方案,聚焦技术前沿,融入新能源、智能制造、人工智能等产业元素,重构适应行业发展动态的新工科课程体系。打破学科专业壁垒,专设面向全校学生的跨专业课程模块。目前已设立185门跨专业选修课程,形成了学科交叉融合的课程群。把创新创业教育贯穿人才培养全过程,设置创新创业必修通识课程,以高水平创新创业大赛为引领,形成了"一生一项目""一生一比赛"的局面。

三、取得成效

第一,新增包括电子信息材料、量子信息科学、数字经济、食品营养与健康、智慧交通、智能建造等9个专业。我校是全国首次获批设置电子信息材料专业的高校之一(国内仅有两所)。

第二,共有48个专业入选国家级一流本科专业建设点(中央赛道)。

第三,有3部教材获全国优秀教材奖(高等教育类);1人获全国教材建设先进个人奖;获批教育部战略性新兴领域(高端装备制造)"十四五"高等教育教材体系建设团队;11部教材获工信部"十四五"规划教材。

第四,共有26门课程获得国家级一流本科课程认定(第二批有11门课程获得认定)。

第五,已有93门慕课上线国家智慧教学平台,各大平台选课人数接近17万人;立项混合式课程项目累计101项;"大学生劳动教育"线上课程为150余所高校(机构)选用,修读人次达30余万;入选"慕课十年"典型案例集,入选印尼全球融合式课堂项目。

第六,根据《2023全国普通高校大学生竞赛分析报告》,我校有四项榜单进入全国十强。

四、经验启示

(一) 需求驱动,政校企多主体协作,深化一流人才培养体系建设

以国家战略和产业需求为导向,打造以服务国家战略性新兴产业需求的人才培养为目标,以理论课程教学体系、创新实践教学体系、培养质量保障体系为支撑的"一目标、两融合、三体系"复合型人才培养新体系。

（二）以科教产教融合为支撑，构建专业课程体系新内涵

立足前沿技术新特点，建立人才知识结构新体系，实现从知识交叉到课程交叉到能力交叉，构建交叉学科理论课程体系；通过"线上线下一流课程群""学科、科研、教学一体化建设""立体化教材"等途径，为理论课程学习提供支撑。

（三）以产教融合为内核，打造专业人才创新实践能力培养新形态

以培养学生的创新实践能力为主线，通过构建双轨式实践教学体系，打造赛课结合、赛创一体的多维综合性创新实践平台及校企共建实习基地等方式，创新"项目牵引、产教融合、虚实结合、开放共享"的实践教育新方法，实现"用有所学，学以致用"，提升学生创新实践和解决复杂工程问题的能力。

图 1　我校与中国科学技术大学举行联合培养芯片人才签约仪式

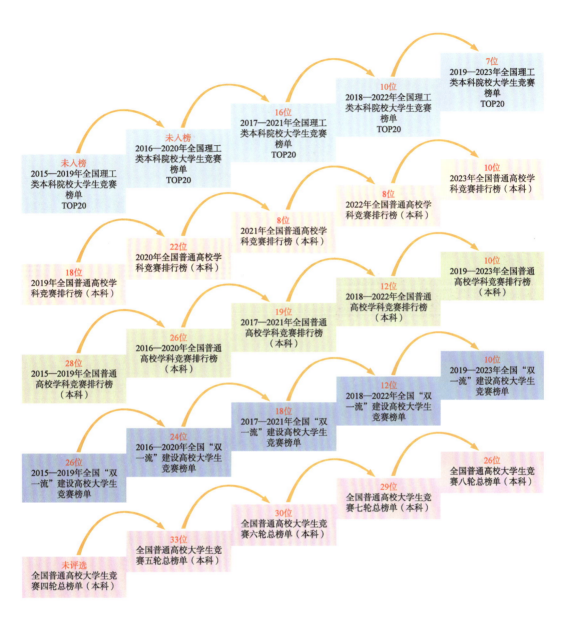

图 2　我校排名持续上升

图 3　2023 年暑期科创营开营仪式

案例 44　抓住融入长三角一体化高质量发展的契机　积极推进示范职教集团内涵建设

申报单位:中国长三角国际商务职业教育集团
案例主题:现代教育体系

一、案例背景

安徽国际商务职业教育集团牵头组建跨区域职教集团——中国长三角国际商务职业教育集团,是顺应长三角职业教育一体化发展战略的需要。组建长三角国际商务职业教育集团(下文简称职教集团),旨在进一步深化长三角区域职业教育合作,探索长三角区域职业教育联动布局,探索联合建立涵盖行业企业的职业教育集团,加快长三角经济社会发展和一体化进程,创新产教融合体制机制。

二、主要做法

(一)组建跨区域性职教集团,融入长三角一体化发展战略

自 2018 年职教集团组建以来,制定了《中国长三角国际商务职业教育集团章程》,明确了集团的性质宗旨、工作组织与机制、合作共建的责权利,为集团可持续发展奠定基础。先后组织召开了职教集团三次理事大会,审议职教集团的发展报告,逐步完善集团的决策和运行机制。职教集团现有成员 206 家,整合政、行、校、企各方的资源要素,逐步优化集团内职业院校的专业设置和人才培养结构,充分发挥产业链、创新链与教育链、人才链有机融合的重要作用。

(二)集聚长三角优质职教资源要素,构建协同发展"433"平台

根据《长江三角洲区域一体化发展规划纲要》中对职教集团建设的要求,积极构建长三角职业教育一体化协同发展"433"平台共建共享共治运行机制,打造长三角职业教育一体化在人才培养、校企合作、双创就业、社会服务方面的"四大协同发展";开展专业设置与产业需求、课程内容与职业标准、教学过程与生产过程的"校企三大对接";实现学校与企业"双元"育人、学习内容与工作岗位、认知教育与职业规划的"产教三大融合"。构建共建共享共治运行机制,集聚长三角高品质教育资源,为长三角经济发展培养高素质技能型商务人才。

（三）与苏州工业园区深度合作，共建长三角人力资源合作基地

2021年7月，长三角职业教育一体化协同发展平台建设暨长三角人力资源合作基地共建对接会等系列活动在合肥成功举行。该大会由职教集团与苏州工业园区管委会、苏州工业园区人力资源和社会保障局联合主办。职教集团与苏州工业园区人力资源和社会保障局签订人力资源战略合作框架协议，苏州工业园区10家重点企业与安徽10所优质职业院校签订了校企合作协议，开展了园区50家重点企业进安徽优质校区"一对一""一对多""多对一"的对接活动。

（四）深化政校合作，持续推进"百校千企双进工程"

举行"百校千企双进工程"签约仪式，积极抓住融入长三角一体化的契机，加大职业教育改革创新力度，充分发挥各自优势，实现资源共享、责任共担，深化校企合作，积极推进"双元"育人模式，走产学研一体化的办学之路；充分发挥集团理事长单位和各成员单位的作用，认真研判形势、主动作为、加快融合、形成合力，促进职教集团更高质量发展。

（五）举办集团化办学系列高端论坛，引领长三角职业教育高质量发展

近年来，先后举办了数字党建引领长三角职业院校人才培养高质量发展专题研讨会、长三角产教融合发展杭州高峰论坛、长三角国际商务职业教育论坛、长三角苏州工业园区知名企业与职业院校校企对接会、"培育数智产业、打造数字经济"高峰论坛等40多场活动，汇集90多位专家、学者的先进办学理念和深邃思想，集聚优质资源要素形成合力，持续推进长三角一体化高质量发展战略，构建长三角教育优势互补新格局。

（六）协办商务英语专业建设研讨会

协办第一届长三角高等职业院校商务英语专业建设研讨会。会议聚集了长三角地区高等职业院校"商英人"，为长三角地区高等职业院校的互动和交流搭建了良好的交流平台，对长三角地区高等职业院校商务英语专业的人才培养、师资建设、教学改革等具有重要意义。

（七）助力乡村振兴

发挥职教集团特色优势，围绕电子商务、跨境电商、呼叫客服、人工智能、服务外包、健康家政等商务行业特色产业，根据农村现状着力打造人才培养基地。2023年被授予长三角家政一体化人才培育示范基地、安徽省电子直播人才培养基地等。同时积极对接需求，2023年举办了乡村振兴主播培训班、"我是青年推介官，和美长丰我代言"短视频专题培训班，培训农村电商人才210余人。

三、取得成效

（一）依托协同发展平台提升了职业教育服务能力

加强与行业协会合作，助推区域经济社会发展，与长三角地区摄影、服务外包、家政、网商、

进出口商会等多家行业协会开展职业技能大赛,旨在弘扬工匠精神,提升职业技能水平,进一步彰显长三角商务行业人才队伍专业技能的最高水平。积极响应国家"走出去"与"一带一路"倡议,承接国家商务部援外培训项目,承办援外官员与技术人员培训,安徽国际商务职业学院共承办了 19 期援外培训,为 64 个国家官员与技术人员提供培训。

(二)"433"平台荣获长三角创新优秀典型案例

2021 年 10 月,安徽省展示了三年来扎实推进长三角一体化发展的生动实践和创新成果,职教集团撰写的"打造区域教育联盟 推动长三角一体化高质量发展"经安徽省教育厅遴选和推荐,获评安徽省发展与改革委员会"长三角重点创新典型案例"。

(三)开展集团化办学重点课题研究并取得了丰硕成果

职教集团承担了多项集团化办学重点课题研究,积极参与省教育厅职业教育提质培优行动计划(2020—2023)和安徽省高校服务三地一区建设任务。"中国长三角国际商务职业教育集团一体化创新实践"荣获安徽省教育教学成果二等奖;"示范性职业教育集团(联盟)培育项目"荣获安徽省皖江试验区项目;《对深化我省职教集团建设和发展的几点思考和建议》一文荣获安徽省职业与成人教育学会 2021 年度学术交流论文一等奖;《安徽青年报》教育专刊第 8 版整版报道了《积极融入长三角一体化发展战略,推动示范性职教集团高质量发展创新实践》。

四、经验启示

通过组建跨区域的职教集团,发挥三省一市理事成员单位的优势,加强与长三角的政府、行业组织、重点工业(科技)园区、重点行业、重点企业和优质职业院校的紧密合作,集聚优质职业教育资源要素,构建长三角职业教育一体化协同发展"433"平台,持续推进"百校千企双进工程""一院一协会一师一企业"落地生根,深化产教融合,逐步破解政、行、校、企最后一公里问题,打通"四链融合""三业联通",实现校企合作"零距离"无缝对接,逐步形成了一批有创新、有特色、有示范引领的合作项目。

职教集团未来要进一步提升协同发展"433"平台建设内涵,增强职业教育服务区域经济社会发展能力;构建协同发展创新机制,形成长三角院校联动、产教协同发展新格局;推进提质培优、协同育人机制,构建产教利益共同体,为长三角经济发展培养高素质技能型商务人才。今后,将以更高站位、更高质量、更深协同来创新区域职业教育一体化发展,支撑长三角地区世界级城市群建设,服务国家创新驱动发展战略。

图1　长三角一体化人才培育示范基地授牌

图2　人力资源战略合作协议签约仪式

图 3　中国长三角国际商务职业教育集团一届三次会议

案例 45　"四方联动，五链融合，共生共长"：现代产业学院建设新模式的探索与实践

申报单位：安徽机电职业技术学院
案例主题：现代教育体系

一、案例背景

2020 年 8 月，习近平总书记在扎实推进长三角一体化发展座谈会上强调，要深刻认识长三角区域在国家经济社会发展中的地位和作用，结合长三角一体化发展面临的新形势新要求，坚持目标导向、问题导向相统一，紧扣一体化和高质量两个关键词抓好重点工作，真抓实干、埋头苦干，推动长三角一体化发展不断取得成效。安徽机电职业技术学院聚焦智能制造与高端装备产业学院，面向区域产业集群，与"链主"企业共建埃夫特机器人产业学院等八个产业学院，以增强职业教育与产业集群化发展的适应性。

二、主要做法

(一) 四方联动，打造产教融合新生态

1. 深化区校协同，共建现代产业学院

学校围绕长三角区域一体化发展，服务安徽省十大新兴产业，与龙头企业共建现代产业学院，实施"八个共同"，实现校企双主体育人模式。

2. 整合资源，升级建设产业学院联盟

将产业学院合作模式升级为产业学院联盟，依托产业学院联盟，促进校企、学校之间的深度合作，发挥产业学院联盟的群体优势和组合效应，从"单打独斗"转为"集群发展"。

3. 加强政行校企联动，牵头组建行业产教融合共同体

学校牵头组建全国增材制造与机器人行业产教融合共同体，打造教育链、产业链、技术链、人才链、创新链融合平台。

(二) 五链融合，构建协同育人新模式

1. 搭建产教融合平台，实现五链融合

学校以对接产业链为主线，融技术链、人才链和创新链，联合"链主"企业共建产业学院，形成以机器人产业学院为龙头、呈金字塔结构的产业学院布局，推动五链协同育人。

2. 校企共建智能制造创新实践基地,探索"徽工＋基地＋园区"育人方式

依托智能制造教学工厂等创新实践基地,组建以产业教授为核心的教师团队,以学校为核心、基地为支撑,辐射芜湖机器人集聚园区,培养机电特色"徽工皖匠"。

3. 搭建特色人才培养平台,构建项目化课程体系

构建面向产业链的"课程、课岗、课证"项目化教学体系;引入典型工艺案例,开发课程项目68个;对接职业技能等级标准和岗位技术技能,开发课证项目11个;对标产业链虚实智能生产线关键技术环节,开发课岗项目20个,培养高端复合型技能人才3000余人。

(三) 共生共长,创建运行机制新范例

1. 运营共管,形成多方参与的治理模式

建立"四方四级"产业学院组织架构,合作四方交叉选派管理人员。共建产业学院联盟,推进资源共享、人才培养、平台及保障制度建设,促进"政行企校"四方联动,加强"产业学院—理事会—管委会—专项工作组"四级协同。

2. 资源共享,集中优势资源的要素投入

优化资源配置,建立产业学院资源共享平台,共同组建装备制造国内国际发展专项团队,实现多方资源互补互利。

3. 匠师共育,建设"双师三能型"教师队伍

依托产业学院联盟,实施"铸魂育人工程""双师能力提升工程""技术创新能力提升工程",建立校企人员互聘机制,双方共克产品工艺升级和生产技术难题,校企双方实现"身份互认、角色互通"。

三、取得成效

(一) 助力长三角产业发展

自2020年以来,学校产业学院以竞赛式培养学生3000余名,以现代学徒制培养学生年均450余人,专业对口率80%以上,专业对接安徽省十大新兴产业达到67%以上。2022年,联合安徽省内19所职业院校,成立"埃夫特机器人与工业互联网产业学院联盟"。2023年,联合全国31所职业院校组建成立"奇瑞汽车产业学院联盟"。培育产教融合型企业国家级1家、省级3家,省级校企合作示范基地6个。近五年,学校围绕产业发展获得授权专利1000余件、发明100余件,居安徽省高职院校首位、全国高职院校前30。为长三角企业开展技术服务242项,输送优秀毕业生1400余名,积极服务长三角区域产业发展。

(二) 推进专业建设数字赋能

2020年以来,学校获批教育部职业教育示范性虚拟仿真实训基地培育项目智能制造虚拟仿真实训基地1个;获批教育部供需对接就业育人项目1个;获批工信部专精特新产业学院1

个,省级产业学院1个;全国劳模创新工作室1个;省级技能大师工作室10个;获国家级专业创新团队1个,省级专业群创新团队2个、专业创新团队3个;参与制定职业技能等级标准8个;联合主持国家级教学资源库3个,主持省级专业资源库6个;立项建设国家级课程2门、省级大规模在线开放课程30门;主编国家级教材5本;教师参加教学能力竞赛获国赛二等奖3项、三等奖1项,省赛一等奖10项。

(三)成果多方位应用和推广

成果得到了教育主管部门的认可,2019年工业机器人技术专业群获批中国特色高水平A档专业群,新能源汽车技术等3个专业群获批安徽省高水平专业群。成果也得到了专家认可,全国职教专家马树超教授在芜湖市新时代职业教育发展论坛上将我校"区校协同共建共享"产业学院建设模式作为典型案例进行介绍。

成果得到多方位推广,学校参与中国国际教育年会、职教发展论坛等活动,作"聚焦智能制造共建'专精特新'特色产业学院"等主旨报告5次。"产教融合背景下'埃夫特机器人产业学院'建设实践"等两项案例入选全国职业教育产教融合校企合作典型案例。2023年11月,制造业与职业教育交流大会暨机械行业产科教融合成果展示会在江苏常州举办,安徽机电职业技术学院院长徐春林以"面向机械工业高质量发展的产教融合共同体建设思考"为主题作主旨报告。《中国教育报》《光明日报》等媒体以"安徽机电职业技术学院:以高水平党建领航高水平建设""安徽机电职业技术学院:产教融合 科教融汇 协同育人结硕果"为题报道了学校的特色化办学成果。

四、经验启示

随着科技的迅速发展和产业的不断升级,产业学院作为连接教育与产业的重要桥梁,其建设经验对于深化产教融合、提高教育质量具有重要意义。在此,结合实际案例,总结产业学院建设的四点经验启示。

(一)聚焦产业学院定位,服务地方产业发展

产业学院建设首先要明确自身定位,紧密结合地方产业特色和发展需求。例如,埃夫特机器人产业学院在成立之初就明确了服务地方先进制造业的目标,通过与当地龙头企业合作,共同研发新技术、新产品,不仅提升了学院的科研水平,也为地方产业发展注入了新的活力。

(二)聚焦人才培养模式,实现产教融合

产业学院要打破传统的人才培养模式,实行产教融合的教学模式。在课程设置上,引入产业前沿知识,增加实践环节,使学生能够在实践中学习、成长。同时,通过与企业合作,实现学生实习、实训的常态化,让学生在真实的工作环境中锻炼能力,提高职业素养。

（三）聚焦师资队伍建设，提升教学质量

产业学院的建设离不开一支高水平的师资队伍。学院要积极引进具有产业背景和实践经验的教师，同时鼓励现有教师参与产业实践，提升自身素质。此外，还要加强与企业的交流合作，聘请企业专家担任产业教授或兼职教师，为学院的教学和科研提供有力支持。

（四）聚焦四方合作机制，推动科技创新

产业学院要建立完善的政行校企合作机制。通过与企业合作开展科研项目、共建实验室等方式，推动科技创新和成果转化。同时，还要加强与政府、行业协会的对接，为地方产业发展提供智力支持和技术保障。

综上所述，产业学院的建设是一项系统工程，需要明确定位、创新模式、加强师资并完善合作机制。只有这样，才能培养出更多符合产业发展需求的高素质人才，为推动地方经济社会发展作出积极贡献。

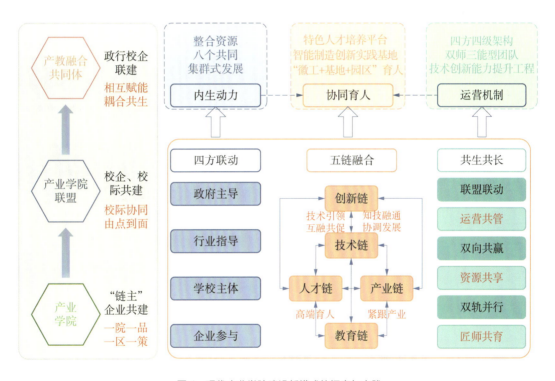

图 1　现代产业学院建设新模式的探索与实践

图 2 安徽机电职业技术学院院长作报告

图 3 《中国教育报》《光明日报》等媒体报道

篇章四
教育治理水平

案例46　长三角协同推进教育现代化监测评估的研究与实施

申报单位：教育经济宏观政策研究院（上海市教育科学研究院、华东师范大学）
案例主题：教育治理水平

一、案例背景

推动长三角一体化发展，是习近平总书记亲自谋划、亲自部署、亲自推动的重大国家战略，2019年12月中共中央、国务院印发《长江三角洲区域一体化发展规划纲要》，提出要"率先实现区域教育现代化"，"研究发布统一的教育现代化指标体系，协同开展监测评估，引导各级各类学校高质量发展"。为更好地推动长三角一体化发展，教育部及国家发展改革委统筹规划，协同三省一市组织开展长三角教育现代化监测评估；围绕立德树人根本任务，制定《长三角教育现代化指标体系（试行）》（以下简称《指标体系》）并于2021年4月由教育部印发。依据《指标体系》，三省一市协同联合实施监测评估，科学分析长三角率先实现区域教育现代化进程和相关影响因素，指导各地解决教育现代化进程中存在的突出问题，引导各级各类学校高质量发展。

二、主要做法

（一）建立长三角教育现代化监测评估协同实施机制

形成了跨部门、跨省市、跨机构的"领导统筹—组织推进—工作实施—条件保障"联合实施工作机制，长三角三省一市行政及专业机构形成联合工作团队，建立本区域内省级、市级、区县三级的监测评估工作领导机制。同时，发挥来自长三角内外各地及联合国教科文组织、世界银行、经济合作与发展组织等多领域知名专家的战略咨询作用。

（二）通过百万规模问调获得教育发展及区域教育协同一手信息

科学设计了针对在校学生、教师、学生家长和行业企业从业人员等4类人群的6套问卷，调查对象涵盖三省一市的市、区（县）、校等不同层面共计100多万份样本，为深度分析、诊断问题、确定短板、分析原因、实现预警预报以及服务科学决策和精准施策提供了重要支撑。

（三）联合研发应用教育现代化监测评估分析工具

借鉴国内外以及行业内外的监测评估工具、模型、路径和经验，经向有关专家咨询，确定了以"监测目标达成度、长三角教育现代化指数、指标多维分析、多方面综合评价"等为主体的区域教育现代化监测评估分析工具体系。

(四) 推动教育现代化监测评估系统同步建设

落实国家数字化战略部署,完成长三角教育现代化监测评估系统一、二期工程建设,构建了包含结果展示等多项功能的"四梁八柱",持续提升监测评估过程数字化、监测评估手段智能化、监测评估结果可视化、科学决策服务便利化的水平,直接服务于政府决策咨询。

(五) 发挥好长三角教育现代化监测评估典型案例的示范作用

开展了长三角教育现代化典型案例采集工作,汇聚了近年来长三角三省一市 359 个典型案例,及时发现总结长三角教育现代化推进过程中可复制、可借鉴、可推广的先进典型和经验案例,引导各地发挥好长三角教育现代化的标杆示范作用。

三、取得成效

长三角教育现代化监测评估是民生领域落实长三角区域一体化发展国家战略的一项重大制度性安排,是我国推进区域教育现代化监测评估的首次尝试,也是新时期、新阶段引导和激励区域教育高质量发展的重要路径选择。统一的监测评估指标体系为长三角地区教育现代化进程提供了共同标准,有利于三省一市及时了解自身办学优劣势,促进教育理念和治理模式的交流互鉴,调整优化自身发展策略,并在重点领域形成合力,提升区域教育发展的整体水平。已形成监测评估年度报告制度,通过分层分类反馈机制和报送制度,实施分级预警预报机制,服务政府科学决策,支撑长三角教育行政部门和教育机构精准施策,对促进长三角教育一体化、引领带动全国教育高质量发展、进一步丰富和完善大国教育治理现代化理论与实践以及积极贡献中国方案、中国智慧,具有重要的现实意义和深远的历史意义。

四、经验启示

(一) 按照"有组织科研"模式建立跨区域协同工作机制

建立高级别协调机制,成员包括教育部相关司局、国家发改委地区司、三省一市教育行政部门的主要负责人及具体实施研究机构的负责人等,组织三省一市教育行政部门和科研力量,聚焦监测评估重点工作深化协作,采取数据统一标准、统一采集、联合分析及结果统一发布等方式,实现教育现代化协同监测评估全过程协同。

(二) 充分运用新一代信息技术赋能监测评估

通过大数据、人工智能等先进技术手段,构建监测评估门户网站以及包括领导驾驶舱、监测点查询、数据底座等 13 个功能模块的长三角教育现代化监测评估系统,打造数字化、精细化、智慧化的监测评估新范式。

（三）推动监测评估结果服务教育"一体化"决策

构建区域教育现代化监测、评估与改进"三位一体"工作路径，为发挥监测评估结果服务政府决策的重要作用，监测评估结果由教育部、国家发展改革委审核，并及时动态反馈三省一市，推动各地针对监测发现的问题及时采取有效举措，探索区域教育治理现代化新路径。

长三角教育现代化指标体系（试行）

一级指标		二级指标	指标简述及重要监测内容	2025年监测目标值
1.学习者全面发展（23.7）	1	德育水平（20.0）	1.中小学学生德行为指数	优良水平
			2.义务教育德育状况监测水平	优于东部平均
			3.大中小学校开设心理健康教育课程和进行心理咨询实践的比例	98%
	2	智育水平（20.0）	4.中小学学生学习动力指数	优良水平
			5.义务教育语文、数学、科学学习质量监测水平	优于东部平均
	3	体育素养（20.0）	6.体育素养及大中小学生体质健康优良率	优良水平，>50%
			7.中小学学生近视率	每年降低0.5个百分点以上
	4	艺术修养（20.0）	8.义务教育音乐、美术学习质量监测水平	优于东部平均
			9.中小学校艺术特色项目（"一校一品""一校多品"）拥有率	55%
	5	劳动素养（20.0）	10.大中小学生劳动意识	优良水平
			11.大中小学生劳动技能水平	优良水平
2.学校育人环境（20.7）	6	课程建设与教学能力（35.0）	12.中小学校长课程领导力	优良水平
			13.实践性教学课时占总课时50%以上职业院校比例	98%
			14.每万大学生拥有国家级一流课程数及一流专业建设点数	高于东部平均
			15.高等职业院校"双高"学校及专业数	高于东部平均
			16.普通高校一流建设学科数	高于东部平均
	7	师资队伍建设水平（40.0）	17.大中小学教师师德师风水平	优良水平
			18.中小幼学校师生比	全日制幼儿园不低于1:7，半日制幼儿园不低于1:10，小学不低于1:19，初中不低于1:13.5，高中不低于1:12.5
			19.学前教育教师接受专业教育比例及城乡区域差距	>85%，城乡区域差距逐步缩小

图1 《长三角教育现代化指标体系(试行)》发布

注：经"推动长三角一体化发展领导小组办公室"衔接审核同意，2021年4月8日以教育部的名义，正式将《长三角教育现代化指标体系(试行)》印发给长三角三省一市教育部行政部门。

图2 长三角教育现代化指标体系架构

图 3　长三角教育现代化监测评估系列成果

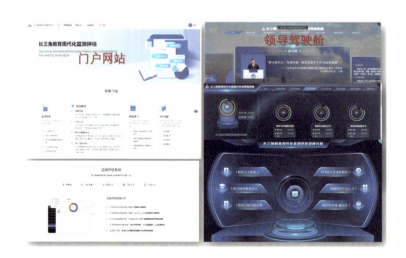

图4 研发长三角教育现代化监测评估系统

案例 47 长三角名校长联合培养创新实践模式

申报单位:上海市教育委员会人事处
案例主题:教育治理水平

一、案例背景

为贯彻《中共中央国务院关于全面深化新时代教师队伍建设改革的意见》《新时代基础教育强师计划》,落实党中央关于长江三角洲区域一体化发展国家战略重大决策部署和《长三角一体化发展规划"十四五"实施方案》要求,准确把握新时代教育事业发展面临的新形势新任务,推进长三角教育资源的共享交流和协作发展,促进长三角地区基础教育高质量发展,根据《长三角地区教育更高质量一体化发展的战略协作框架协议》,按照"聚焦高质量、聚力一体化、率先现代化"三大原则,创新培养方式,打造全面面向学习者发展的新平台,联合培养一批有思想有见解、有实践有成效、有理论有研究、有传播有影响、有学术造诣和有知名度的优秀校园长。在四省(市)教育行政部门的积极推动下,在教育部中学校长培训中心、四省(市)师干训中心的协商下,创新体制机制和人才培养理念,共同研制实施了多轮《长三角名校长联合培训方案》,创设长三角中小学名校长联合培训项目,共建共享优质教育资源,高质量推进区域内高端教育人才的培养进程。

目前,联合培训项目已开展五轮,每一轮三年,每年一期,共三期。其中项目第一轮至第三轮由浙江省教育厅牵头;自2018年11月长江三角洲一体化发展正式上升为国家战略后,经四省市商议,从第四轮开始联合培训项目由上海市教委牵头。

二、主要做法

(一) 组织领导

自2018年第四轮开始,上海市教委协调江苏、浙江、安徽三省教育行政部门和教育部中学校长培训中心,各省(市)教育行政部门进一步协调本省(市)校长培训机构、有关中小学实践基地、长三角名校长培训专家等的合作与联系,为联合培训工作提供宏观指导、政策支持、经费资助、学员选拔、基地落实、考核管理等保障。培训结束后,学员经考核合格,同时向所在省市教育行政干部培训中心提交个人研修总结报告,由教育部中学校长培训中心颁发统一印制的培训结业证书,培训学时纳入各地教师培训管理范畴。

为高质量组织实施,三省一市成立长三角中小学名校长高级研究班专家工作组,负责评估方案、机构视导、过程指导、绩效评估等。每年度项目正式启动前召开项目方案论证会,结束后项目总结报各省(市)教育行政部门备案,以提高培训的规范性,增强各培训机构的责任感。

四省(市)教育行政部门及师干训中心不断加大对参训学员的管理力度,督促学员积极认真地参加各阶段、各类培训活动,制定规范的请假制度和流程。加强对培训学员的后续管理与追踪服务,积极创造条件,为他们搭建更高更宽更好的平台,努力拓宽他们的视野,充分发挥其在当地乃至长三角地区的引领、示范作用。

(二)实施原则

1. 坚持理念更新与行动改进相结合

注重学员理论提升、理念更新,更注重理论培训对实践改进的作用,促进学校整体发展。

2. 坚持区域发展与共建共享相结合

服务长三角教育一体化发展战略,深化基础教育领域人才培养、交流、实践,促进长三角地区基础教育优质均衡发展和整体质量提升。

3. 坚持综合改革与技术赋能相结合

共同探索运用数字技术推进基础教育综合改革的路径与方法,着重实践运用数据支持与赋能学校治理和师生成长。

4. 坚持攻坚克难与整体推进相结合

强化任务引领、问题驱动,聚焦教育教学过程中的实际问题,建立研究实践团队,以项目研究和实践推动学校的整体发展。

(三)政策支持

本项目是贯彻落实《中共中央国务院关于全面深化新时代教师队伍建设改革的意见》《新时代基础教育强师计划》,党中央关于长江三角洲区域一体化发展国家战略重大决策部署和《长三角一体化发展规划"十四五"实施方案》要求的长三角高端教育人才交流平台和重要品牌项目。三省一市教育行政部门创新落实上述政策文件精神,每轮联合制定《长三角名校长联合培训方案》,作为每期培训项目科学规范实施的政策依据,全力保障项目的有效管理和高质量发展。

(四)机制创新

为推动三省一市高端教育人才关于深化区域教育改革发展的经验分享交流、问题研讨、思维碰撞,使学员在项目化实践探索与理论研究中不断走向卓越,项目在培养机制和运行机制方面推行了系列创新举措。

1. 实行分层分类制

根据学段分为幼儿园园长、小学校长、中学校长(初中和高中)、乡村型学校校长及教育家型校长,每种类型各地按相同人数选派学员,由教育部中学校长培训中心和四省(市)师干训中心作为实践基地,分别承担其中一种类型进行针对性培养方案设计与实施。

2. 实行混合编班

各类培训对象分学段或分类别混合编班,四省(市)学员在每班中各占四分之一左右,项目为四省(市)学员建构研究共同体提供了机会,促进了四省(市)学员在同一平台上的充分交流和合作。

3. 实行双基地制

联合培训主要由教育部中学校长培训中心牵头,江苏、浙江、安徽省教育行政干部培训中心和上海市教师教育学院(原上海市师资培训中心)共同承担。其中,通识理论培训在教育部中学校长培训中心进行;专题培训由各省(市)培训中心协商承担;实践培训在四省(市)教育行政部门确定的新一轮"长三角中小学名师名校长实践培训基地"(根据类型,每种类型每省市遴选两所办学优势和特色鲜明、有丰富带教指导经验的学校作为实践基地学校)开展,为轮转实践培训提供优质学习案例资源。

4. 实行双导师制

为每位学员确定一名理论导师和一名实践导师。教育部中学校长培训中心落实安排理论导师,推动学员邀请理论导师赴所在学校进行现场诊断和反馈,帮助学员萃取经验并加以理论化,提升实践研究的理论水平和专业影响力,提高校园长的理论素养及专业地位。各省(市)教育行政干部培训中心负责有针对性地为每位学员落实实践导师,从理论与实践层面对学员的专业发展进行跟踪指导。同时,不断建立和更新长三角教师校长培训专家资源库,特别是为教育家型校长培训提供带教导师资源。

5. 实行任务引领

为加强培训实效,强调课题与项目意识,学员在申报时须提出教育教学管理中面临的问题和困惑,设计1个研究课题。将培训研修与课题研究相结合,将学校改革与成果落地相衔接,通过理论和实践的培训,完成课题并转化成可落地的成果。项目实施方为学员编制了研究课题选题指南供学员选择,即《2022—2024年长三角名校长联合培养项目研究主题指南》,为其他研究课题提供方向指引。

6. 实行团队合作

各省(市)教育行政干部培训中心根据当前基础教育领域的重点、难点、热点问题设立若干讨论主题,学员自行选择分组,予以匹配相应的导师,建立学习研究团队。学习期间至少组织两次小组学习交流或展示,进一步促进学员与学员之间、学员与导师之间的深度交流。

三、取得成效

通过高质量实施,长三角中小学名校长联合培训项目突破了省域界限,实现了优质资源的共建共享,为长三角中小学名校长提供了一个学习、互动、展示、合作的平台,更好地帮助和指导校长系统地梳理和总结办学经验,形成符合教育规律、具有鲜明特色的教育思想,加强了长三角区域间的有益合作,为推进长三角教育高质量一体化发展培养了一批具有影响力和引领性的高端教育领军人才、教育家,建构了一体化高端研修平台,逐步建立起长三角区域一体化培训培养体系,建构了高质量教育人才联合培养实践新范式。

经过长期的积累和项目的迭代升级,长三角中小学名校长联合培训项目已经成为全国具有较高知名度和影响力的高端教育人才培养品牌,增强了该项目的重要地位和吸引力。

四、经验启示

(一)联合协同

长三角中小学名校长联合培训项目成为一个学习、展示、互动、合作的平台。在这个平台上,有许许多多的长三角区域的中小学校长和园长们,能够获得一个拓展自己、提升自己、实现自己教育理想的机会。同时,通过这个平台,长三角地区的中小学教师们也多了一个与区域内教师学习、交流、合作与分享的机会。此外,四省(市)从事校长培训的同仁们也通过此平台获得了一个深度交流合作与资源共享的契机。长三角中小学名校长联合培训项目成为推动区域教育改革发展的增长极,形成了促进区域教育与培训发展的新动力——这种动力不仅推动着长三角中小学的校长们不断学习、研究、交流、提升,同时也促进着四省(市)培训机构持续地合作、创新和发展。

(二)机制创新

长三角中小学名校长联合培训项目的联合培训,涉及范围广,时间跨度长,组织形式多,培训要求高,大大增加了培训工作的难度与复杂性,对培训的管理与督促提出了巨大的挑战,只有大力加强统筹协调与过程管理,才能确保培训质量与效益。为此,三省一市教育行政主管部门和四地培训机构,同心协力,大胆改革,创新管理机制,确保培训的质量和效益。具体而言,管办分离,各司其职;加强横向联系,建立联席会议制度;实施过程管理,建立考核督促机制;发挥各地资源优势,凸显地方培训特色,如培训机制有分有合,协作共赢。

(三)打造区域一体化高端教育人才培养新样态

联合培训项目的顶层设计有分有合,通识与专题并重,高度注重实践培训,即让参训者走进实践现场,走进实践基地,走进学校,走进课堂,走近名校长……在真实的教育现场和情境中,在理论和实践导师的引领下,学员深度观摩考察,深度体验,全身心、零距离地感受、学习、借鉴各地基地学校和实践导师的办学理念、办学思想、教育智慧、管理技能等,提升办学、管理能力。项目注重成果的提炼和展示交流。为了展示参训学员的学习成果、研究心得、思想现状和精神风采,并促进长三角的名校长们进行办学风格提炼、教育思想提升、管理经验分享,长三角名校长联合培训项目每年在四地轮值举办一次"长三角中小学名校长高级研究班高峰论坛暨结业典礼",将学员研修成果汇集成册,通过对话交流、观点交锋、专家点评、感悟心得等途径,引领长三角的名校长们在反思体悟的过程中不断走向成熟,为成为教育家型校长奠定坚实的思想和行动基础。

案例 48　搭建数智治理"立交桥" 赋能教育治理现代化

申报单位:温州大学
案例主题:教育治理水平

一、案例背景

党的十九大报告提出"优先发展教育事业,加快教育现代化";2019 年,中共中央、国务院印发《中国教育现代化 2035》,提出"以教育信息化带动教育现代化"。之后,中共中央、国务院印发《长江三角洲区域一体化发展规划纲要》,教育部印发《长三角教育现代化指标体系(试行)》,提出长三角地区率先实现区域教育现代化的目标。数智治理是教育治理的重要抓手,浙江省是全国数字化治理改革创新的先行地,在全国较早开展"最多跑一次"等改革,为信息化治理带动教育现代化改革奠定了良好基础。

二、主要做法

温州大学紧紧抓住温州市全域推进"新型智慧城市"建设的契机,以数智建设为教育现代化赋能,通过数字基础设施建设、抓取海量数字资源、打造各类应用场景等,着力构建数智治理的信息"立交桥",通过教育信息化推动教育治理现代化,全面提升学校治理水平和治理能力现代化。

(一) 强化组织领导,优化政策保障,铺好数智治理的信息"高速路"

温州大学 2018 年成立推进"最多跑一次"改革工作领导小组,印发《温州大学数字化改革工作方案》,制定《温州大学数据标准 2.0》,校党委书记、校长担任组长领衔八个专班组,按照学校内部治理系统建成"党政智治驾驶舱"。学校与中国电信合作建成全国首例场景化无线网络,建成全国首个校网全国通,建设国内首个运营商级的高校云计算中心"温州市教育云计算中心",出口带宽高达 300G,实现主机、存储资源的统一分配和管理。先后从人才培养、学科建设、科学研究、服务地方等方面归集 34 个部门、49 个系统的数据,实现党政管理"一屏掌控"、指示"一键智达"、执行"一贯到底"、服务"一网通办"、校情"一览无余",信息基础设施的大投入、大建设为开展数智治理铺就信息"高速公路"。

（二）建设校务中枢，优化数据集成，打破数据资源"信息孤岛"

以"大中枢、小前台"的理念，全力打造"3＋N"系统。3为"数据中枢、业务中枢、技术中枢"；N为N个中台，包含身份中台、消息中台、流程中台、AI能力中台、低代码开发中台等。通过深入推进中枢的能力复用建设，让数据共享更规范、业务融通更高效、应用开发更便捷，实现了AI能力的统一支撑和应用，统筹推进了跨层级、跨部门的数据贯通、业务贯通及应用贯通，实现了多跨协同、资源整合、整体智治。近年来，学校先后建成147个应用，归集790个数据目录，总计采集1501.71万条数据，开放数据目录402个，共享数据123.47万次，在教育治理现代化的道路上迈出了稳健步伐。

（三）面向重点群体，开拓应用场景，建成数智综合应用的"立交桥"

聚焦教师、学生、管理者等高校办学的三大群体，运用智能算法和模型打造了党政整体智治、人才第一要事、就业汇、学科学位点信息平台、党建堡垒指数、干部立体画像纪实系统、"五育并举"学生综合评价系统、智能填报表中心等10余个标志性人工智能应用成果，建设了"人才第一要事驾驶舱""国有资产驾驶舱""教学运行驾驶舱""教学建设驾驶舱""招生就业驾驶舱""人事招聘驾驶舱""财务驾驶舱""智慧思政运动驾驶舱""学生概况驾驶舱"以及"科研安数据驾驶舱"等11个数智驾驶舱，为学校信息高速公路的畅通开辟了应用场景广泛的立交桥式信息通道，提供了"一站式"智能决策支持和精准服务。

三、取得成效

通过党政智治驾驶舱、"3＋N"校务中枢、多维应用场景等的建设，温州大学已实现与校内40余个业务系统，温州市委"人才云"，市科技局"科技大脑"，市大数据局"数据宝"，市人社局"口袋档案"，省教育厅"学在浙江"，长三角易班系统，教育部学信网、思政在线，以及团中央"志愿汇""青年大学习"等的数据共享、服务互通和应用协同。

近三年来，学校基于83个应用、790个数据目录、1501.71万条数据，开放数据目录402个，共享数据123.47万次，在教育治理现代化道路上迈出了稳健步伐。系列成果先后获得教育部智慧教育优秀案例（"就业汇"应用，2023），教育部"放管服"改革典型案例（"数字赋能做实党管人才"案例，2021），省教育厅教育领域数字化改革优秀应用（"就业汇"应用，2023），省教育厅教育领域数字化改革创新试点项目["大学生共富帮扶系统（码上帮）"，2022]，省数字化改革"最系列"成果评选最佳应用（"人才第一要事"应用，2022），省教育厅教育领域数字化改革第一批创新试点项目（"高校与市民卡协同应用服务系统"，2021），2022年浙江省高校网络信息化建设工作数字化改革方向、网络安全方向先进单位等荣誉。

四、经验启示

（一）要将数智治理视为撬动教育治理现代化的关键变量

数字化改革具有极强的引领性、整体性和撬动性，是引领发展格局、推进治理模式和生活方式变革的关键变量，也是覆盖教育现代化的整体性变革。要坚持全校数字化改革"一盘棋"，统一规划、统一支撑、统一架构、统一平台、统一标准、统一建设、统一管理、统一运维，着力打破"信息孤岛"，架设信息"立交桥"，有效实现各类数据端口的兼容，将归整归位的海量数据转化为学校治理的核心要素。

（二）要将应用场景视为检验数智治理成效的重要考量

聚焦教育现代化的重大任务，要以问题为导向，聚焦师生特别关注和急需破难的重点领域，着力解决一批影响教育高质量发展、降低师生获得感的难点、痛点和热点问题。要以数智治理为突破点，推动数据转变为资源，将广大师生从各类报表中解放出来，有效实现让数据"跑起来、用起来、活起来"。

（三）要将系统思维视为实现教育数智治理的前置理念

数智治理要进行系统重构，须从根本上解决内外融合、上下贯通等难题，运用系统观念、系统方法，将 V 字模型、业务协同模型、数据共享模型等贯穿于数字化改革的全过程，通过增强数据收集、管理、分析和应用能力，有效解决各部门学院信息不对称、政策回应慢等难题，真正打通散落在全校各地的"信息孤岛"和"数据壁垒"，有效构建数智驱动治理的现代教育体系。

图 1　温州大学党政智治驾驶舱动态展示图

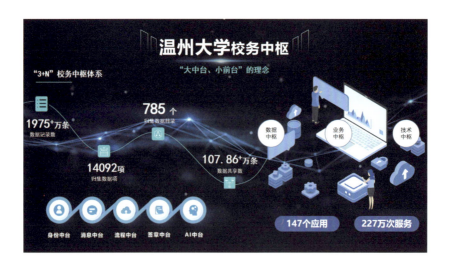

图 2 温州大学"3+N"校务中枢展示图

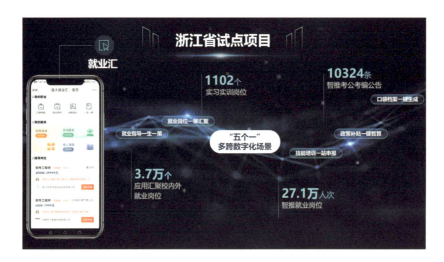

图 3 浙江省试点项目温州大学"就业汇"应用展示图

案例 49　提级破壁，一体多元，主城区初中扩优提质新实践

申报单位：南通市教育局
案例主题：教育治理水平

一、案例背景

近二十年来，南通市主城区初中学校一直保持分属市教育局和区政府（管委会）举办管理格局，整体呈现市强区弱面貌。随着主城区城市建设的发展，少数热点学校优质学位不能满足市区百姓的期待，市区家长想方设法送孩子去县区读书，"跟风跑县区"加重了百姓的教育负担，破坏了教育生态。为促进主城区初中办学优质均衡发展，十年前，市区两级采取了少数学校联合办学等举措，然因学校隶属关系不同，导致联合办学在校长任用、名优教师交流、教科研统筹、绩效考核、奖惩实施等核心环节上的推进遇到重重困难，局面未有实质突破，成效未有显性提高，区域、校际教育教学质量仍有较大差距。三年前，经市委、市政府及相关部门深入调研、从长计议，对接教育部、省教育厅相关政策，决定用《中华人民共和国义务教育法》中"县级以上人民政府教育行政部门具体负责义务教育实施工作"的规定，通过初中集团化办学策略，将区属 20 所初级中学划转至市教育局统一举办管理，上提一级，打破体制障碍，突破校际多层壁垒，市直初中高质量发展取得显著成效。

二、主要做法

（一）调整体制，强化统筹管理

一是提级机构编制，按照"编随事走、人随编走"原则，20 所区属初中学校教职员工 2 023 人，整建制划转至市教育局管理，汇聚广大师者精气神。二是配套增设管理机构，在市教育局增加内设机构"市直教育处"，新增 3 个行政编制；设立市直学校教育管理中心，为市教育局直属事业单位，新增 30 个事业编制。"一处一中心"分别负责市直学校行政管理和业务管理工作，形成一体管理新机制。

（二）全面联合，推动协调发展

三年三步走，第一阶段：初建联合体，将主城区 27 所公办初中学校组建成六个教育联合体，各联合体由优质热点学校牵头，成员学校校长（书记）组建总校管理层，统筹安排联合体各

校党的建设、教育教学教科研、绩效考核等各项工作。第二阶段:联合代管深度融合,开展田家炳中学托管实验中学、启秀中学托管易家桥中学深度融合办学工作,双方学校法人代表合二为一,探索"学区壁垒"突破路径,组织11个班级约500人跨学区组班办学,提高了两所薄弱校办学品质。第三阶段:联合带动新校高起点办学。将三所新建学校新区初中、能达初中、永怡初中分别划为第一初级中学、东方中学、北城中学的校区,提前一年遴选新校校长,到优质学校跟岗培训,实现新校办学关键要素与优质学校同频共振,达成"新校即名校"的办学预期。

(三)目标引领,聚力突破重点

一是研制《南通市市直学校高质量发展三年行动方案(2023—2025年)》,从办学条件、队伍建设、教育教学质量、尊师重教、改革创新等方面明确重点任务。二是分而不离,开展市区两级教育共建工作,促进目标主城区教育高质量发展,建立年度联席会议机制,不断巩固市区小升初生源,同时强化区域党委政府对辖区学校的保障支持。

(四)优化机制,着力创新发展

优化统筹机制,主城区初中学校在规划建设、招生入学、师资调配(含教师交流)、教学教研、质量考核等方面实施区域统一管理,力保教育资源动态平衡。优化激励机制,探索以联合体为单位开展职称评定、岗位晋级、评优评先、教师招聘培养等工作,力促队伍建设可持续。优化人才培养机制,贯彻落实中共中央办公厅《关于加强基础学科人才培养的意见》,创造性地开展拔尖创新人才早期发现与培养工作,创办"南通中学丘成桐少年班",采取"2+1+3"初高中贯通培养机制,打通特殊人才培养渠道。推动市直初中率先开设职普融通试点班,控制总量,确保质量,办好适合的教育,促进人人成才。

(五)评价改革,牵引科学发展

制定并完善《南通市市直学校(初中)教育教学质量综合评估方案》,构建"学业质量+综合素质+特色特长+强基衔接+增值发展"评价体系,强化教学质量与五育并举相结合,突出拔尖人才培养与面向全体学生相结合,注重结果评价与增值评价相结合,通过综合评价发挥诊断、改进、引领作用,着力提高办学质量水平。

三、取得成效

(一)提档升级新形象

三年来,市本级教育经费投入每年占全市比重超15%,2023年较2020年总投入增长32.73%,市直学校办学条件得到明显改善,改造安全设施,美化校园环境,更新教育教学设备,基本实现校校硬件皆过硬,都有特色好风景。

(二)教师队伍新气象

三年来,局直学校累计补员1249人,新增高层次人才385人,打下优质师资基础。通过导师带教、区域重大考试参试等举措,促进新入职教师快速成长,新教师在市级以上教学比赛中获奖达 300 余人次,截至目前,新教师胜任毕业班率高达 70%。树立"崇尚实干、注重实绩"导向,加大教师个人及团体表彰激励力度,让真正潜心教育教学、育人实绩突出的教师有获得感。积极参与长三角地区中小学挂职干部工作,强化服务长三角地区教育更高质量一体化发展战略能力。

(三)五育并举结硕果

市直初中学生参加市级以上各类竞赛获个人及团体赛成绩领先全市;南通中学附属实验学校、南通市田家炳初中、南通市启秀中学、南通市第一初级中学等学校的办学声誉持续扩大,每年接待十数个省内外学习考察团。其中启秀中学作为"李庚南实验学校"总校,每年外派教师赴全国百余家实验学校开展教研活动,广获赞誉。

(四)"双减"工作成样板

通过专项督查、平台审核、课题研究等多项举措加大作业监管力度,做强做优免费线上学习服务,遴选市直初中各科优秀教师 180 人,全年安排涉及初中学段所有考试科目答疑 400 余场次,点击量达近 3 万人次。"多维发力,系统推进'双减'行以致远"入选省义务教育"双减"工作成效典型案例。

(五)不断崛起新优质

在南通市新优质学校评选中,市直初中新晋五所,总数占比近三分之一,领先全市其他区域。新优质生成新引力,家门口就有好学校,2023 年小升初留城率近 93%。从南通走出去的优秀人才为子女教育回南通,新市民为子女教育来南通就业,南通城市的吸引力增强。

四、经验启示

一是改革创新激发新质生产力。南通市主城区初中一体化办学着力于管理体制、办学机制、评价体系等工作,坚持目标引领,不断创新举措,深化改革,激发教育新质生产力,调动教育全要素的正向影响,为教育高质量发展提供坚强保障。

二是统筹推进利于盘活优质资源。聚焦市直初中长远发展,开展多方深入调研分析,全面统筹信息,进行集体研究,增强决策的科学性和精准性。聚焦生源不均、优质师资交流不畅、新教师实践能力不足、线上答疑收效甚微等问题,统一筹划,兼顾多方,优化资源配置,充分激发活力,挖掘潜力。

三是构建良好生态凝聚教育合力。完善质量评价机制,以科学公正的评价构建区域办学的良好生态;建立教师荣誉制度,增强教师的荣誉感、使命感,赋能教师保守初心,坚持热爱,潜心教书育人;加强本级部门联动,构建协同工作生态,通力保障教育事业发展;加强跨级教育共建,构建区域全学段良性循环发展生态,使教育发展与区域发展同向而行。

案例 50　基于产教融合的"五位五共"质量管理文化

申报单位:金华职业技术学院
案例主题:教育治理水平

一、案例背景

在办学实践中,金华职业技术学院始终坚持"开门办学"的宗旨,积极与政府、行业、企业和社会组织合作,探索具有高职类型特色的办学道路,塑造多方协同育人的质量文化。自 2003 年起,先后探索"基地、教学、科研、招生、就业"五位一体育人模式,实施"校内基地生产化、校外基地教学化"的"基地两化"建设,构建"人才共育、过程共管、成果共享、责任共担"校企利益共同体,进一步升级为实体化和一体化的"产教共同体",推动建立健全教育链、人才链和产业链、创新链的"双对接、双促进"质量管理机制,逐步凝练深化基于产教融合的"五位五共"质量管理文化。

二、主要做法

(一) 健全治理体系,夯实质量建设基础

构建多方协同的治理体系。依照党建引领、教授治学、产教融合、校地共建的理念,重构 200 余项管理制度。完善学校—企业—社会"三维"、课程组—专业—专业群—学院"四级"的"三维四级"多元协同治理结构,充分发挥行业、企业专家在核心领域的咨询、论证和决策等作用。

搭建产教融合高端平台。坚持"合作互赢、凸显应用、服务区域"的理念,建设包含 5 个产教综合体、3 个职教集团、2 个产业学院的"532"产教融合高端平台,形成"一专业群一平台"的产教融合新格局。

建立全要素质量保证体系。优化校、院两级管理机制,全面开展"标准、标志、标杆"建设,实施年度质量报告制度、教育督导评估制度、"四四三四"教学质量评价机制等。建设金职大脑、金职生活、金职服务、金职管理、学在金职等全场景数字平台,强化治理的数字化支撑。

（二）"五共"一体推进，系统推动质量提升

专业共治：供需对接、产教融合的专业发展质量保障。对接国家战略和区域产业转型升级，建立"增、调、稳、退"专业动态调整机制；建设实体化、"产学研训创"一体化的产教综合体。通过强化人才培养、科技攻关、企业服务等，促进产与教、校与企之间优质资源的良性循环。

课程共建：职业、行动和思政导向的课程教学质量提升。推进"课程·课堂·教师三位一体"迭代改革，探索真实生产环境下"分层次、小班化""任务化、走动式"等行动导向教学形式，"菜单＋定制""线上＋线下"等智慧教学模式，"专题剖析式""情感探究式"等课程思政教学方式，推动课堂革命。

师资共融：专兼一体与分层分类的教师质量管理。与企业合作共建"双师型"教学团队，建立实施专业教师社会实践锻炼机制和"访问工程师"制度。建立"4＋X"教师考核评价机制，实施"双峰计划""双百双千工程""双培双优项目"，引育高层次人才，提升教师双师双能素质水平。

人才共育：育训结合、校企协同的培养过程质量控制。借鉴德国"跨企业培训中心"的理念与做法，实施"一对多"现代学徒制人才培养，推进"三四三"创新创业教育。依据"围绕学生、关照学生、服务学生"的理念，健全"五横五纵"的学生管理服务体系。

评价共促：标准引领、多方参与的教育教学质量评价。校企共同研制 25 个覆盖教育教学主要领域和关键环节的标准及操作手册。以"跨界、延伸、交互、反馈"为理念，创新"四方参与、四类评价"的教学质量评价机制，形成"双螺旋"的质量提升路径。

（三）持续改进提升，着力打造文化品牌

诊断改进，完善"双螺旋"的内部质量保证体系。依托集信息采集、数据治理、数据分析、数据画像、数据监测及预警等功能于一体的内部质量诊断与改进平台，建立"周期诊改"与"即时诊改"相结合的"双螺旋"内部质量诊断与改进机制。

文化培育，推动课程、活动、服务全方位培育质量文化。建立校企文化融合培育机制，推进产教融合制度进专业、校企文化融合进课程、工匠精神培育进课堂、师生企业锻炼常态化，培育校园文化、专业文化、课堂文化、企业文化等，培养师生精益求精、追求卓越的精神品质。

三、取得成效

（一）人才培养质量持续提升

学校培养了扎根行业企业一线的技术技能人才 10 余万，涌现了全国师德楷模、全国道德模范、感动中国年度人物陈斌强，"全国脱贫攻坚先进个人"张开荣等一批杰出校友。2023 年，学校在浙江省普通类一段的投档比例为 100％，47 个专业的普通类高考招生分数线位列全省同类专业第一。毕业生初次就业率近 98％，高于全国平均值 15 个百分点以上。近五年来，学

生在各类科技竞赛中获国家级奖项 259 项,连续五年全国职业院校技能大赛获奖总数和获奖总人数"双第一",中国高等教育学会公布的全国普通高校竞赛排行连续 4 年位居全国高职榜首。

(二)教育教学成果示范引领

学校是全国高职示范校、优质校、"双高"建设 A 档学校、全国乡村振兴人才培养优质校。获 2022 年国家教学成果奖 3 项,全国教育科学研究优秀成果奖 2 项。有国家高水平专业群 2 个,国家重点支持建设的示范专业 3 个,国家精品课程数全国第三、国家精品资源共享课数全国第二,课程思政示范课数全国第一。学校连续 5 年位列浙江省高职院校教学工作业绩考核第一名,是全国高职唯一获评"育人成效""服务贡献""教学管理"等全部 7 个"50 强"的学校。

(三)支撑经济社会发展坚强有力

建立省级重点实验室 1 个、省级工程实验室 1 个、省级应用技术协同创新中心 1 个、院士专家工作站 2 个,建设各类技术创新服务平台 32 个。两项成果获 2019 年度省科学技术进步奖三等奖,是当年唯一获得两项省科学技术奖的高职院校。近五年来,承担国家自然科学基金、社会科学基金等国家级科研项目 10 项,省部级立项课题 120 项,科研到款 1.39 亿。共授权专利及软件著作权 1482 件,其中发明 180 件。平均每年 20 余项重大研发产品实现了转化。

(四)辐射带动职业院校创新发展

近三年来,举办"高水平高职院校与高水平专业建设高研班""中高职衔接专业教师协同研修""湖南省高职院校校长培训"等职业院校系列培训 86 项,参训达 10032 人次。近五年来接待全国兄弟院校来访 768 批次,各类考察调研团组 72 批次,分享学校治理、产教融合、质量文化等方面的成功经验。同时,学校的校企合作、质量建设等受到主流媒体的广泛关注,在《光明日报》《中国教育报》等媒体上专题报道 500 余次,在全国性高端会议上作典型经验交流 74 次。

四、经验启示

(一)以产教融合适应产业发展新需求

走在时代前列,主动服务国家战略,融入区域发展,促进产业升级,与经济社会发展需求"同频",与产业、行业、企业发展"共振",以产教融合为核心,构建了"区域服务型"专业结构体系,将专业办在中国大地上;建立了标准引领、技术引领、创新引领,德技融合、专创融合、赛教融合的"三引领、三融合"人才培养模式和课程迭代开发模式,将技术技能培养放在了产业与技术发展的最前沿,形成了"学校也是企业、车间也是教室、学生就是工人"的人才培养新生态,全面实现了职业教育专业办学的先进性和人才培养的高质量。

（二）以产教共同体突破质量管理瓶颈

重点瞄准教育与产业"相脱节"、学校和企业"两张皮"的职业教育办学瓶颈，依托"产教共同体"建设，聚力在产教融合平台实体化运作和"产学研训创"一体化运行两个层面进行破题，对办学主体、基地平台、专业课程、师资队伍等方面进行多元整合，并探索创新了"四方参与、四类评价"的多元协同教学质量评价机制，形成了职业教育开放办学的新格局，有效突破了职业教育教学的质量管理瓶颈，具有鲜明的中国职业教育特色。

案例 51 "全云端共享、全过程评价、全链条贯通"教育治理现代化新实践

申报单位：常州工程职业技术学院
案例主题：教育治理水平

一、案例背景

党的二十大报告把"国家治理体系和治理能力现代化深入推进"作为未来五年我国发展的主要目标任务之一。习近平总书记在二十届中央政治局第五次集体学习时指出，从教育大国到教育强国必须全面提高教育治理体系和治理能力现代化水平。《长江三角洲区域一体化发展规划纲要》提出"要共同打造数字长三角"。为此，常州工程职业技术学院坚持"立足常州、服务江苏、辐射长三角"的办学定位，积极探索数字转型迭代、内外部控制融合、多元供给叠加，构建全云端共享、全过程评价、全链条贯通的教育治理现代化模式，积极支撑长三角教育治理的"先行探路、示范引领、辐射带动"作用。

二、主要做法

紧盯《长三角教育现代化指标体系（试行）》"现代教育体系"指标要求，学校率先成立提升学校治理水平工作组、内部控制领导小组、工作小组及评价监督小组等，顶层设计、系统谋划全校治理工作。从 2021 年至 2023 年，学校累计投入 1300 余万用于学校治理水平提升工程。经过三年多的建设，学校基本形成了"全云端共享、全过程评价、全链条贯通"的教育治理新模式，为长三角区域教育治理现代化提供了新范式。

（一）数字转型实现数智引领，全云端共享打造教育治理新平台

一是重塑教育教学生态，升级智慧场域，迭代"一中心两体系三平台"，推进教学环境及资源建设数字化转型，打造"平台＋生态"资源供给体系和共建共享应用环境。二是推动全方位数字化转型，自主建成校本数据中台、大数据分析、实验实训等 18 个系统平台，实现一网通办。三是形成"三全三化三效"建设模式，构建数据获取、应用、决策三层治理架构，在教育部职业院校数字校园试点中率先形成"网络全覆盖、终端全云化、数据全通达、智能化、网络化、数字化"模式。

（二）内部控制融合外部监督，全过程评价提升教育治理新效能

一是探索"55821"内部质量保证体系与运行模式向"5'N'821"升级，新增党建、后勤服务等

方面整改内容,上线知识管理平台,引入第三方开展全领域风险评估。二是探索产教融合、校企合作、学生就业等校内外协同工作全过程质量监控,搭建外部审核性与内部过程性一体化评价平台。三是出台学校深化新时代教育评价综合改革实施方案(2023—2025年),创新教师课堂教学、学生学业、关键办学能力等评价标准,将终结性评价转向全过程的形成性评价。

(三)多元供给叠加终身服务,全链条贯通构建教育治理新格局

一是融入区域发展,夯实多元治理结构,参与"苏锡常都市圈"职教样板区、新能源之都三年行动计划等建设,持续发挥办学理事多方协同功能,提升政行校企多元治理功效。二是构建"1＋N"社培模式,建立学校、园区管委会、企业多元共管的运行机制,推动校企"双主体"育人。三是制定石化行业学习成果认证单元,构建中高本纵向衔接的岗位认证标准,建成面向石化行业员工的终身教育平台。

三、取得成效

(一)数字赋能教育治理现代化影响力更为突出

校本数据中心实现与教育部数据中台100％对接。先后吸引了200余所中高职院校6000余人次来校学习交流,为100多所职业院校提供咨询服务,到账金额600余万元。入选教育部首批职业院校数字校园建设试点校、国家智慧教育平台江苏省试点学校、教育部2022年学生资助信息化工作典型案例、江苏省智慧校园示范校、江苏省推广国家智慧教育平台试点工作典型案例,获智慧校园综合实力卓越奖。

(二)内控引领教育治理现代化经验辐射更加广泛

学校的经验做法入选教育部教科院教学诊断与改进典型案例、《中国高职院校治理现代化报告2022》、2023年全国高等职业院校治理现代化特色案例。获评江苏省教育评价改革试点项目1项、教育评价改革优秀案例1项,出版内控方面专著2部,发表论文30篇,为全国职业院校提供了实操性强的指导手册。学校的教育治理现代化经验在"一带一路"职业教育等省内外论坛上作交流分享,被《中国教育报》《科技日报》"学习强国"等主流媒体报道推广。

(三)多元供给融入长三角区域一体化发展更加密切

参与筹建国家级产教融合体和产教联合体各1个,与20余家龙头企业共建石化行业典型工艺课程15门,在全国23个省市建设学习中心40个,与20余个大型化工园区协同育人1.6万人。90％以上的毕业生在"长三角"区域就业,累计为"长三角"企业开展培训38.1万人次。校企双主体终身教育体系建设成果获教育部教学成果奖二等奖,入选全国职业院校服务全民终身学习第一批实验校、全国高职院校服务贡献50强、首批"江苏高校银龄学习中心"建设校、常州市全民数字素养与技能培训基地。

四、经验启示

（一）数智引领全云端共享须坚持技术与教育相融合

面对数字化潮流，既要加快教育数字化建设，也要把牢教育目标要求。在保持良好教育教学生态的基础上，统筹平台建设，做到"三全三化三效"全局性谋划和推进。突出数字资源汇聚集成，方便共享；坚持应用为王，满足需求；坚持迭代升级，保持实效。教育系统要积极响应数字技术，用好数字技术，才能真正迈向教育数字化时代，为学生提供更好的服务，为区域和社会发展提供更多的智慧，培养更多的人才。

（二）内外融合全过程评价须坚持机制和标准同步推进

在内控基础上增加外部控制特别是融入外部监督评价，可以形成一个相互补充的内外控制监管体系，有效地提升教育治理的质量和成效；通过全过程评价，可以动态发现问题，为教育治理的改进提供依据和方向。内外融合全过程评价是一个系统工程，要建立健全内外控制机制，确保管理规范、全面和深入；要建立科学和客观的全过程评价标准，确保评价过程严谨可溯，结果有用可信；要串联政府、企业、行业、教师、学生等多方力量，确保评价全面，真正提升教育治理效能。

（三）多元叠加全链条贯通须坚持输出和绩效两手抓

多元叠加全链条贯通，体现政府、学校、企业、社会组织等多方各司其职又互相耦合，建立一个多元供给、贯穿终身的教育体系，为各类人员提供更多元化的选择和发展机会，与此同时，参与各方实现合作共赢，最终促进社会更好发展。学校要通过各类团体主动串联各方，融入地方发展需求，在课程教学、技术标准、科学研究、人才等方面输出学校力量，同时要找准位置，明确需求，借力发展，在服务政府、企业和社会的同时，切实提升自身"三协同""三融汇""三服务"水平。

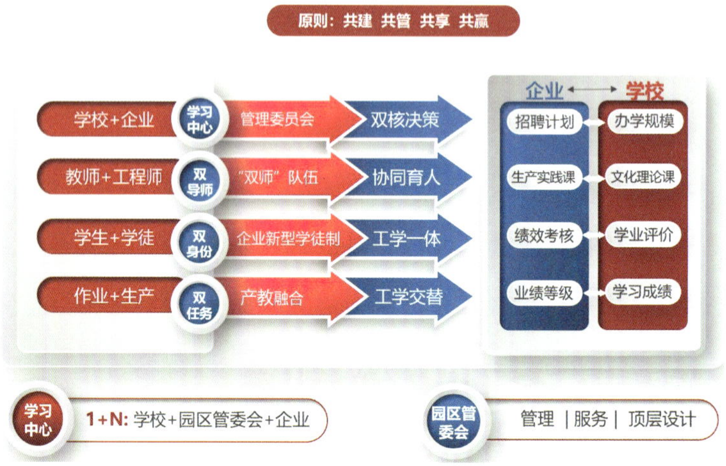

图1 "双主体"育人体系

图 2 "一中心两体系三平台"智慧校园架构

升级"55821"内部质量保证体系与运行模式为"5'N'821"内部质量保证体系诊改与外部监督评价体系融合

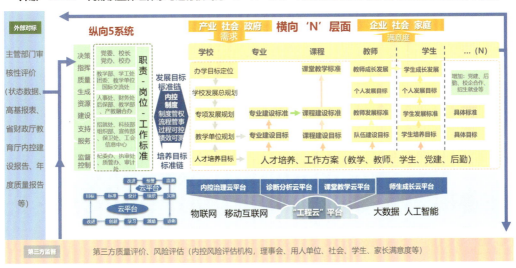

图 3 升级"55821"内部质量保证体系与运行模式

案例 52　共建共享实时监督 阳光招生一键直达——嵊州市"招生安"大数据监督应用典型案例

申报单位：嵊州市教育体育局
案例主题：教育治理水平

一、案例背景

习近平总书记指出：要把促进教育公平融入到深化教育领域综合改革的各方面各环节，努力让每个孩子都能享有公平而有质量的教育，更好满足群众对"上好学"的需要。

嵊州市将政府部门和社会民众对于教育公平的需求落点在阳光招生工程上，全面盘点2012年以来实施阳光招生的堵、难、痛点，全面梳理阳光招生的环节流程，全力打通相关部门的实时数据，并与纪委端公权力大数据监督系统无缝衔接，上线"招生安"大数据监督应用平台，实现"阳光招生、智能审核、实时监督、一键直达"。

二、主要做法

"招生安"大数据监督应用平台由嵊州市教育工作委员会牵头，依据《中华人民共和国义务教育法》《国务院关于深化考试招生制度改革的实施意见》《教育部关于进一步做好小学升入初中免试就近入学工作的实施意见》以及近年教育部有关普通中小学招生入学工作的通知要求，联合纪检、公安、民政、自然资源、人力社保、信访等部门，落实教体部门具体运用、管理。

系统整体按照"一基座、两场景、三服务端"架构，一个基座是教育魔方；两大子场景是招生报名一网通办和招生问题自动预警；在三个服务端中，"浙里办"面向群众提供报名和信息服务，"浙教钉"面向教体局及学校规范管理招生流程，"浙政钉"面向纪委对招生过程进行监管。

（一）建立监督机制，全流程参与监督

构建"1431"监督应用体系架构（一仓四库三中心一指数，一仓为监督预警数据仓，四库为权力库、政策法规库、算法库、监督模型库，三中心为黄色预警中心、红色预警中心、投诉举报中心，一指数为"招生安"大数据监督应用评价指数），设置预警阈值，建立黄色预警模型 27 个、红色预警模型 11 个。将招生领域相关的公安、人力社保、信访部门 6 个业务系统数据与学生学籍信息、学生招生录取信息等进行"数据碰撞"，自动发现招生过程中的违规招生、借读、插班等问题，实现招生问题自动预警。纪委监委可对超时未处理、处置不当的黄色预警进行督办和预

警升级,同时实时查看被督办的预警信息处置、反馈的详情,形成预警处置闭环。

目前通过大数据比对分析,实现权力运行数字化、留痕化、预警化,共发现绍兴市范围红色预警238条,办结237条,查实率59.49%,约谈党员干部58人次。

(二)启用服务机制,全方位便民服务

1. 问题咨询服务

功能分智能问答和人工问答,建立问答数据库,实现高频问题列表展示、简单问题自动回复、复杂问题在线作答。目前,平台自动回复5 400条,人工在线作答520条,咨询服务评价满意度达100%。

2. 政策查询服务

在"浙里办"端设置学校详情、招生政策等5个查询入口,输入家庭住址、房产信息等,足不出户就可以查到孩子所属学区,对报名、审核、调剂、公示、公布等流转状态可见可查,有效消除"报名焦虑"。目前,已发布政策信息80条,展示常规问题列表46条,短信推送提醒18 000余条。

3. 报名一点通服务

包含正式报名和模拟报名两个模块。正式报名模块通过优化流程设置,打通公安、人社、民政、市场监管等多部门的数据壁垒,构建数据自动对接的协作体系。推行零材料线上报名,信息后台自动匹配,家长申请提交一次性完成。

4. 摇号直播服务

摇号直播有直播预告功能,家长进入摇号直播间可以查看直播信息预告,可根据学段选择需要查看的直播信息,包括直播介绍信息、直播详情介绍、直播时间段等。直播开始时,家长可以在线观看摇号直播,摇号结果会在平台上进行公示,做到公开、公平、公正。

(三)架构管理机制,全周期教育服务

"招生安"大数据监督应用架构了本市1—6周岁户籍儿童预测模型,科学规划学位供给,实现控辍保学追踪管理。大数据可读取年满6周岁嵊州市户籍生信息,实时监控报名情况,筛选出没有及时报名的户籍生,对家长进行短信提醒,若延缓入学的进行缓学管理,若外出就读的进行登记等,确保6周岁儿童应读尽读。提供毕业生查询统计,及时比对小学毕业生库中初中新生报名情况,追踪小学毕业生实时去向,精准实施义务教育。

2023年,落实调查6周岁儿童入学去向864人次,调查小学毕业生123人次,逐个落实入学去向。建立毕业生查询系统,目前有27.1万条毕业生信息,可供学生查询,方便提供毕业证明、统计学历水平等。

(四)完善审核机制,全自动闭环运行

通过平台多跨部门共享学生报名审核所需数据,智能分析审核,直接从户籍信息库、不动产信息库、社保信息库、浙江省居住证信息库等中读取,让家长确认,环环紧扣,实时在线审核时间缩短至1天,审核过程全流程无感化在线操作,不仅公开透明,还有效节约行政资源,提升

审核效率。以嵊州为例，2023年全市幼小初学校累计审核报名信息近1.5万人次，各学校完成审核时间在7天左右。

三、取得成效

"招生安"大数据监督应用被列为浙江省教育厅教育领域数字化改革创新试点项目，被评为2022年度绍兴市数字化改革"最佳应用"，同时被浙江省纪委列入数字化改革"S1一本账"，有3个模型获评省纪委的"最佳模型"。自上线运行以来，注册用户2.9万余人，访问量101.5万人次，在线报名录取1.97万人次，咨询回复6500多条，落实调查6周岁儿童入学去向1062人次，实现了报名、招生、咨询、监督、控辍保学一体化系统集成。2023年10月，"嵊州市'招生安'应用场景让入学便民阳光高效"入编教育部《2022—2023年数字化赋能教育管理信息化建设与应用典型案例》。2023年底，浙江省教育厅在嵊州市试点基础上开始制定《浙江义务教育阶段招生入学监管数据规范》。

四、经验启示

嵊州市"招生安"大数据监督应用的实践体现了以下三方面经验。一是在教育领域推进数字化改革时，应注重跨部门协同、数据整合与技术应用的深度融合，以实现教育管理的现代化、智能化、简捷化。二是在设计用户操作方面，要注重与新生家长的互动，让问题可在线咨询、进程可直观浏览、结果可查可看，公开透明，释疑解惑，提高人民群众的满意度。三是在顶层设计方面，要促进家长、学校、教育主管部门和纪委监委之间的相互沟通，保障数据共享、监督实时。今后，将站在全省角度，充分考虑各区县招生时间集中的现状，优化入学信息的多跨数据核对算法，打造"招生安"省级应用的区县标准版，为全省推广做好准备。

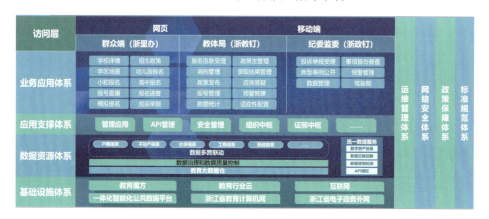

图1 "招生安"应用系统架构图

报名一点通　　咨询服务台　　政策信息库　　投诉举报台

报名服务

学区地图
SCHOOL
DISTRICT MAP

招生政策　　　　　学校详情
ENROLLMENT　　　　SCHOOL
POLICY　　　　　　　DETAILS

我要咨询
CONSULT

本服务由浙江政务网 嵊州市教体局提供
服务咨询热线：0575-82732917

首页

我的

图 2　"招生安"在"浙里办"平台的界面

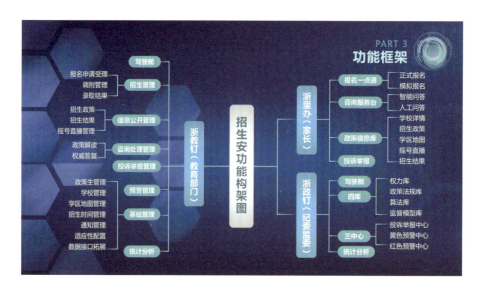

图 3 "招生安"应用功能框架图

案例53 "四纲四纽"打造基础教育高质量发展的市域范例

申报单位:杭州市教育局
案例主题:教育治理水平

一、案例背景

在当今时代,教育的重要性愈发凸显,党的二十大为教育事业发展指明了方向,"高质量发展"成为教育领域的核心追求。杭州,这座充满活力与创新的城市,具备深厚的文化底蕴、强劲的经济实力和丰富的社会资源,能够为基础教育发展奠定坚实基础。然而,如何抓住"高质量发展"这一教育生命线,以优质基础教育助力教育强国建设,仍是杭州教育面临的重大课题。杭州市教育局积极探索,形成了"四纲四纽"模式,致力于贡献"杭州经验"。

二、主要做法

(一)以"四个坚持"为纲,解码教育高质量发展的底层逻辑

1. 坚持党的领导

杭州市教育局坚决贯彻党的教育方针,强化党对教育的全面领导。以市委教育工委成立为契机,健全完善教育工作领导小组、教育工委协同运行体系,党管教育机制不断健全。打造"教育红·党建领·育人强"品牌,推动党建与教育深度融合。其中拱墅区试点党组织领导校长负责制成效显著,入选典型案例。同时,加强基层党建,实施"红色根脉强基工程",制定党建标准,提升党组织的组织力。推动民办学校党建,实现"四个100%"。通过党建引领业务创新,培养众多先进党组织,实施"清廉学校"建设,杭州60所学校被评为省清廉学校建设示范校;在全省100个清廉学校建设示范校典型案例中,杭州占21个,居全省首位。

2. 坚持以人民为中心

杭州教育以人民利益为出发点,关注重点群体。在随迁子女教育上,建立积分入学制度,保障同城待遇,2024年持证随迁子女公办就读率达94.43%。在特殊教育领域,构建多元格局,入学率保持高位,如萧山区多次获评先进,工作成果入选联合国案例。在学前教育领域,率先出台新政,推进"托幼一体化"改革。2024年全市幼儿园秋季开设托班800余个,提供托位近2万个,满足了人民群众对教育的需求。

3. 坚持教育优先发展

秉持教育优先的理念,杭州在多方面积极行动。规划建设适度超前,建立"五同步"机制,有效应对入学压力。近4年来全市新建中小学、幼儿园456所,新增学位40.32万个;2023年、2024年积极应对招生入学高峰,成功保障小学新生入学。此外,经费投入持续增加,优化结构,保障重点项目。编制保障强化统筹,开展市域调剂,解决缺编问题,确保教育教学秩序稳定。

4. 坚持系统集成改革创新

创建改革实验区,以创新驱动发展。考试招生改革不断推进,2019年起实行义务教育"公民同招"政策,有效解决民办学校"掐尖"招生顽疾;2021年起优质示范普通高中名额分配生比例提高到60%;2023年进一步完善市区普通高中名额分配招生和中考加分政策,解决诸多问题,优化教育结构,缓解家长焦虑。减负增效改革持续深化,开展适性教育探索,推进教学改革,巩固"双减"成果,从严规范校外培训机构办学,全市营利性学科类培训机构100%压减,校外培训机构入驻全国平台全流程监管100%合格。全面巩固学校教育教学主阵地,完善义务教育"1+X"课后服务机制,全市97%以上学生、家长对校内减负提质表示满意。"双新"引领改革成效显著,通过"四展联动"推动高中教育变革,杭州市入选普高新课程新教材实施国家级示范区,为全省唯一。培养创新人才,在2024年五大学科竞赛中获国际金牌1块(信息学),41人获国家金牌,27人获国家银牌,共计12人入选国家集训队,231人获浙江赛区一等奖。

(二)以"四维建设"为纽,提升教育高质量发展的整体效能

1. 聚焦学生维度

以学生为中心,构建育人体系。思政教育利用高校资源,发布"新思享 杭WE来"市域大中小学思政教育一体化品牌,组建联盟,编写教材,开展活动,打造"行走的思政课"。文体发展构建赛事体系,"市长杯"校园足球联赛颇具影响力;杭州市中小学校园足球代表队摘得国赛冠军,在浙江省属首次,并勇夺3个省赛冠军;杭州籍新生连续14年蝉联全省高校新生体质健康测试总成绩榜首。实践育人,建立"劳动周"制度,明确劳动清单,打造实践阵地,促进学生全面发展。

2. 聚焦教师维度

重视教师队伍建设,筑牢"严师"屏障,大力弘扬教育家精神,持续推进"燃灯""正风""洁身"三项工程,"一清单四机制"闭环管理做法获中央教育工作领导小组秘书组专报刊发推广。培养领军人才,实施多项培养工程,认定众多高层次人才,深化新时代名校长名师名班主任队伍建设,教学成果丰硕。丰厚"尊师"礼遇,在全国率先为担任班主任满20年的中小学在职教师颁发荣誉证书并给予专项绩效奖励,率先实行30年教龄教师免费扫码乘坐公交地铁和进公园的举措,在省内外引发热烈反响。

3. 聚焦区域发展维度

杭州市教育局深化名校集团化办学,扩大优质资源覆盖,创新合作模式,推进城乡教育共

同体建设,多区入选试点。启动西部区、县(市)教育公共服务优质提升"新四项工程",实现农村义务教育学校跨区域教共体、公办普高集团化办学"两个全覆盖"。扩大师资辐射,名师乡村工作室助力乡村教育,选派优秀教师帮扶山区县,2024年"组团式"教育对口服务范围从山区4县扩大为西部五区、县(市)。实施优质普高招生政策,推进数字教育资源建设,促进区域教育均衡发展。

4. 聚焦生态优化维度

优化教育生态,推进家庭教育,构建三级指导网络,发布全国首个《教师家庭教育指导能力评定规范》,明确全市中小学、幼儿园教师家庭教育指导及工作中的行为准则,推动家庭教育指导工作走向科学化、现代化。强化数字技术支撑,引导广大家长树立正确的教育观和成才观,目前全市数字家长学校建设覆盖率达98%。积极推进青少年"阳光成长"行动,构建心理服务体系,成立诊疗中心和联盟,完善绿色通道,筹划建设康复基地。利用社会资源,开展"第二课堂"行动,打造研学路线,形成育人合力。

三、取得成效

通过实施"四纲四纽"模式,杭州教育实现了显著发展。从"学有所教"迈向"学有优教",从"优质均衡"走向"美好教育",教育质量全面提升,资源更加公平普惠,人民满意度不断提高,为城市发展注入了强大动力。目前全市13个区(县市)均已经通过国家学前教育普及普惠县和义务教育优质均衡发展县的省级评估,其中70%的区(县市)已经通过国家验收,力争2025年实现国评全覆盖。依据近期公布的浙江省区(县市)2023年教育现代化监测指数,全省90个区(县市)的前5名中我市占4个。

四、经验启示

杭州的实践为教育发展提供了宝贵经验。应坚持党的领导,以人民为中心,优先发展教育,持续改革创新,优化教育生态。未来,杭州将继续努力,打造高质量教育体系,为教育强国建设和城市发展贡献更大力量。

案例 54 构建基于大数据的教育评价体系，助力学校高质量发展

申报单位：上海大学
案例主题：教育治理水平

一、案例背景

2020 年 10 月，中共中央、国务院印发了《深化新时代教育评价改革总体方案》，为新时代教育改革发展指明了方向、提供了遵循。党的二十大首次将"推进教育数字化"写进报告，表明大数据赋能教育评价具有重要的意义。上海大学将数字化转型作为学校发展的新引擎，构建了基于大数据的教育评价体系，助力学校高质量发展。

二、主要做法

（一）抓"早"，确保教育评价工作的实效性

1. 成立工作专班，强化教育评价的协同度

学校成立由书记、校长担任双组长的领导小组，以及由分管校领导牵头的学校评价、教师评价、学生评价、用人评价改革专项工作组和教育评价改革督查组，确保各项教育评价改革工作协同推进。

2. 实施务实举措，强化教育评价的落实度

学校研判改革的重点任务，明确重点领域、关键环节和主攻方向，制定行动方案，形成 19 项重点任务、67 项创新优化要点，明确责任人、时间表和路线图，形成"工作任务清单"和"工作负面清单"。

（二）抓"全"，确保教育评价工作的穿透性

1. 开展全面清查，做到教育评价改革全覆盖

学校在全校范围开展破除"五唯"教育评价清理工作，包括各单位制度文件、各类考核评价条件和指标、有关工作表格和管理信息系统等，先后出台落实教育评价改革工作的制度文件 28 个。

2. 构建评价体系，打通教育评价改革全流程

学校深化教育评价的体制机制改革，建立"横向到底，纵向到边"的评价体系，将上级文件

精神全面落实到学校分类评价工作全流程中,遵循"以评促建、以评促改、以评促管、以评促强"原则,努力构建统筹推进、多元参与的内部评价机制。

(三)抓"实",确保教育评价工作的高效性

1. 学校评价方面:建立自我评价机制,助力学校快速发展

构建基于大数据的内部评价体系,不断找差距、补短板、扬优势,充分释放大数据在优化资源配置、服务科学决策、提升管理效能等方面蕴含的价值,助力学校高质量发展。

2. 教师评价方面:改革教师评价体系,激发队伍创新活力

针对教师不同岗位类型、不同学科专业、不同人才层次的属性特征,创新性地提出基于胜任力模型的教师专业技术职务评价改革模式,建立了涵盖教学、科研、思政、国防科技、实验技术等9个大类的专业技术职务聘任体系。

3. 学生评价方面:突出学业过程评价,促进学生全面发展

全面深化道德素养、学习素养、劳动素养评价;优化升级学位论文质量控制体系,建立学位论文质量实时分析和预警系统;推进"榜样引领工程"建设,优化榜样评选标准。

4. 用人评价方面:把好入口关,深化系统化科学化考核

建立以品德和能力为导向、以岗位需求为目标的人才使用机制和优秀人才快速引进机制。深化以岗位为核心的人事聘用体系,建立重实绩、重贡献的激励机制,完善岗位绩效管理体系。

(四)抓"准",确保教育评价工作的科学性

1. 统筹推进教育信息化新基建,夯实教育数字化转型基础

学校建成四校区120公里"环状"互联的光纤网络;推进5G专网建设,打造数字孪生校园和数字大脑"四中心＋",实现新一代信息技术融合共享,全面实现信息化资源及系统优化。

2. 加快建设大数据综合管理平台,全方位赋能教育评价改革

学校以打造创新性应用场景为突破口,通过梳理关键业务系统、深化业务流程再造、打通核心数据全链路,构建了大数据综合管理及可视化平台,实现了对学校、学院、学科、团队、教师5个层级的动态监测和评价。

三、取得成效

(一)教育评价方面

2023年,在上海市高校分类评价排名中,上海大学位居11所参评的学术研究型高校第5名,比2019年的第10名提升了5个位次;获评2021、2022、2023年度上海市教育评价改革优秀案例;2024年2月入选上海市科技人才评价综合改革试点高校。

(二)数字化转型方面

2022—2023年入选中央网信办IPv6技术创新和融合应用试点单位;2023年荣获国家人工

智能创新应用 100 个典型场景之一;2020—2023 年连续四年荣获上海市高校信息化案例金奖;2021—2023 年入选上海市高校信息化标杆校建设;2023 年荣获第一批城市数字化转型(教育领域)(生活领域)揭榜挂帅场景创建示范单位;2023 年出版著作《大数据赋能高等教育》。

(三)社会影响方面

2021 年以来,相关工作成效受到央视新闻、《光明日报》、《中国日报》和《文汇报》等权威媒体报道 18 次;2023 年 2 月,央视《新闻联播》用近 3 分钟专题报道上海大学数字化转型和拔尖人才培养的实践与成果。2021 年 6 月,撰写的《推进长三角率先构建新发展格局的新机制》决策咨询专报被上海市委宣传部采纳。主办"大数据赋能长三角论坛"年会,承办"上海教育督导与评价国际论坛"分论坛二"大数据赋能:研究型高校评价改革路径探索",承办"上海市高校分类评价学术沙龙(2023 第二期)"。先后向江西省委教育工委、教育厅,兰州大学、中国人民大学、华东师范大学、上海交通大学医学院等 20 余家单位介绍大数据赋能教育评价的经验。

四、经验启示

(一)构建了校内外联动、基于大数据的教育评价体系

以外部评价指标体系为牵引,将上海高校分类评价、"双一流"监测、学科评估、本科教育教学审核评估与校内推进的教育评价联动,建立了多维度、全方位、基于大数据的教育评价改革联动机制。

(二)探索了"业务+技术"双轮驱动的教育大数据治理模式

面向具体应用场景,以业务需求为导向,深化业务流程再造,驱动业务、技术、数据相互融合,打通数据全链路,实现核心数据的全生命周期管理,促进数据的整合共享和深度应用,最终实现跨系统、跨部门、跨业务的信息协同。

(三)开发了"一站解孤岛、一屏观全局、一键出报告、一察知内外"的教育评价平台

以数据治理为抓手破解孤岛效应,以"五五战略"为牵引优化资源配置,以流程优化为突破提升管理效能,以对标分析为辅助服务科学决策,开发了数据链与业务链无缝衔接的教育评价平台,助力学校高质量发展。

案例 55 坚持"真抓实干" 深化校外培训治理

申报单位:合肥市教育局
案例主题:教育治理水平

一、案例背景

合肥市遵循"政府主导、多方联动、依法治理、标本兼治、统筹推进、稳步实施"原则,坚持近期远期整体统筹、校内校外双管齐下、教育内外齐抓共管,高标准、高质量推进隐形变异培训治理工作,消除治理盲区,强化治理弱项,提升治理效能,不断巩固治理成效,优化全市教育生态。2021年底,全市原1199个学科类校外培训机构被压减至59个;后陆续又注销8个,压减至51个。学生过重课外负担及家庭教育支出明显减轻,家长教育焦虑大大缓解,教育生态更加健康。

二、主要做法

(一)强化领导,夯实"真抓实干"根基

市委、市政府将推进"双减"工作作为重大政治任务和基础民生工程,主要领导多次听取专题汇报,成立校外培训机构治理领导小组,出台合肥市"双减"工作举措,组建并发挥"双减"工作专门协调机制作用。2023年,市委副书记4次组织召开校培机构监管调度会,市"双减"办5次召开校培机构监管推进会,6次函告责任部门非学科类机构审批监管情况,市县校外教育培训监管专门处(科)室设置率100%。遴选66名市级培训材料审核专家,启动"中小学生校外培训材料规范管理年"活动,市县两级累计排查机构978个、培训材料2 087份、从业人员2 498人,督促20个机构整改并组织"回头看"。细化1713名社区网格员、46名特约监督员、35名第三方公益机构志愿者线索发现、反馈机制,不定期邀请16名市人大代表或政协委员参与监督执法,不断强化责任落实和结果运用,切实保障工作取得实效。

(二)压实责任,强化"真抓实干"保障

按照部分职责分工,试点(启动)综合执法,依法依规处罚隐形变异等违规行为,完善校外培训机构规范管理联系会议制度,形成"部门协调、联合督查、共同履职"的良好局面。教育、科技、文旅、体育、消防等六部门联合,对全市1418个校外培训机构开展消防安全专项排查,下发

安全隐患整改通知书 293 份,其中整改到位机构 286 个,关停 7 个。教育、市场监管联合开展"2023 平安消费"行动,将《中小学生校外培训服务合同(示范文本)》签订列为必查项目,截至目前,全国平台中的 345 个合规机构,5 907 个培训班内的 10 842 名学生均已签订正规合同。对 6 个存在典型问题的非学科类机构开展联合执法,下达整改通知,限期整改,并形成典型案例。此外,不定期开展业务培训会、调研走访活动,加强政策宣传,组织机构签订规范办学服务承诺书,助推行业自律。

(三) 多层巡查,聚焦"真抓实干"根本

2023 年以来,利用"12345"政务热线、投诉电子邮箱、网格员、责任督学、特约监督员及志愿者巡查等多种途径,面向社会多渠道征集违规培训等问题线索共 514 条。市县教育部门联动查处隐形变异培训共 12 次,紧盯寒假、节假日等重点时段和原学科类培训聚集地等重点区域,采用"日查＋夜查""联查＋抽查""交叉互查"等方式,强化依法治理,探索建立"源头、系统、综合、依法"四个治理体系。定期更新培训"白名单",印发《使用"校外培训家长端"APP 倡议书》,将合规机构 100％纳入"全国校外教育培训监管与服务综合平台"监管,建立培训机构"高、中、低"三级风险台账,开设银行托管账户或保证金账户,强化资金监管,落实包保责任,实现动态全流程监管。

(四) 严查违规,把握"真抓实干"要义

校外培训机构执法人员库现有持有执法证人员 62 名,2 批次组织 8 名执法人员到市公共资源交易监督管理局执法支队跟岗学习,提升教育行政执法人员立案、办案的能力和经验。2023 年,常态化开展夏季监管护苗、"平安消费"、"中小学生培训材料规范管理年"、暑假"监管护苗"、非学科类机构联合执法检查等专项行动,坚持每季度至少通报一次违规培训查处情况。截至目前,通过微信公众号和官方网站,发布市级通报 8 次,共查处违规个人和机构 248 个,分流学生 1 621 人次,约谈违规人员 154 人次,下达行政责令限期改正通知书 18 件,关停取缔机构 22 个,立案调查 2 件,退还违规收费 111.18 万元,对我市隐形变异违规培训形成了有效震慑。

三、取得成效

目前,全市学科类培训机构压减率达 95.75％,平均收费标准比原定价降低约 35％。非学科类校外培训市场逐步规范,培训机构在办学行为、收费退费、信息公示、广告宣传等方面逐渐变得规范有序。2022 年,我市校外培训机构"源头、系统、综合、依法四个治理"工作体系被教育部确立为典型案例,面向全国推广。2023 年,教育部调研组先后 4 次来合肥市调研指导工作并给予了较高评价。2023 年 11 月,教育部官网刊发我市校外培训治理的经验和做法。

四、经验启示

教育"双减"是涉及基础教育体系、教育生态和育人格局的"长期性、复杂性、艰巨性"变革。要将其作为一个系统工程,持续做好统筹规划,加强协调联动,坚持久久为功,学会善作善成,方能不断巩固治理成效,净化教育生态环境,保障人民群众的切身利益。

篇章五
教育贡献度

案例 56 科学 创新 未来——"宝山 100"未来创新人才成长行动

申报单位：上海市宝山区教育局
案例主题：教育贡献度

一、案例背景

为贯彻中共中央、国务院《深化新时代教育评价改革总体方案》，落实《国务院办公厅关于新时代推进普通高中育人方式改革的指导意见》和《上海市中长期教育改革和发展规划纲要(2010—2020年)》十大工程之"学生实践和创新基地建设工程"有关要求，助推《宝山区推进教育数字化转型三年行动计划(2023—2025年)》，宝山区积极建设符合本区实际的拔尖创新人才早期培养研究与实践基地，多渠道、多角度提升学生科技创新素养。围绕"顺应兴趣、激活天赋、发展特长、孵化培育、研究规律"的培养方法，自2016年起逐渐打造区域科技教育原创特色品牌"宝山100"未来创新人才成长行动，积极为青少年的成长创造条件、搭建平台，支持并指导基层学校开展科技创新活动，打造本区公益性的青少年科技创新实践和创新成果，营造"校园、家庭和社会"多层面、多维度的区域创新文化氛围。

二、主要做法

该品牌基于"联合体"三级社团建设、"家庭创客"三级创客空间架构、"社会化"运作机制，通过"特色优势、学段贯通、资源共享、人才共育"的运作模式，自助互助的家庭创客工作间以及跨系统多种力量协调作用的合约机制，开展学校、区域和社会层面之间的深度合作。通过发掘人才机制、培养人才模式的探索和创新人才交流信息平台的开发，引领本区拔尖创新人才"早发现早培养"，丰富和完善学习资源的类型和数量。为助力基础教育综合改革，宝山区推进教育数字化转型三年行动计划，推动构建综合素质评价体系，提供教学服务支撑。"宝山100"未来创新人才成长行动面向全市中小学生，每年选拔和培养百名面向未来的拔尖创新人才，把培养学生的创新思维和创新能力作为素质教育的核心内容，从2016年至今已成功开展8年。

(一) 组织领导

为构建培养通道，设立管理层、核心层和补充层三个层面，努力提升学生们的科技创新素养。推动校内、校外科技资源的纵横整合，贯通各学段的科学教育育人模式，既注重学校之间科技资源的横向融合,同时吸纳高校的创新资源,以项目联合体为抓手,激发中小学校长智慧,发挥名校示范与引领作用,实现横向的整合和纵向的联合。

（二）机制创新

结合区域实际,梳理出以"特色联盟、学段贯通、资源共享、人才共育"为基础,"供需协调、活动共创"为整体的工作路径,探索促进区域未来创新人才培养的有效方式。区校合作,联合发掘创新人才苗子。每年从本区 20 万中小幼学生的 10 000 个家庭创客中,以学生长期参与科技兴趣活动为基础,通过认知诊断测评和潜能测评等技术发现学生的天赋、特质、兴趣和偏好,选拔和培养一代又一代具有"创新精神"的"宝山 100"未来创新人才,逐渐形成未来创新人才不断涌现的新局面。

（三）特色沉淀

持续贯通"小学、初中和高中"学段,打通中小学生科技创新实践的兴趣链和成长链。每年三月招募新一批学员,形成常态化机制。辅导员青年团队四至六月开展培训营,七至八月开展研学营,九月至来年一月开展课题营,二至三月开展挑战营,五月选拔"宝山 100"项目的"小院士"并命名。同时结合学员梯队成长机制、学段贯通发展机制、"三合一"指导机制、资源共享机制、竞赛激励机制、学员成长评价机制等,设计并开发"小学员""小学士""小研究员""小院士"等"宝山 100"学员可持续成长系列称号。

多方位、多渠道、多形式丰富和完善研究性学习的资源类型与资源数量。积极营造"校园、家庭和社会"多层面、多维度的区域创新文化氛围,如校园创新文化和家庭创新文化等,为广大学生的成长创造条件、搭建平台和丰富活动。同时,通过数字化转型,探索特色资源生成,优化和沉淀此类特色精品资源,实现"线上线下"互动互联。辅助本区成长行动的选拔与培养,助力基础教育综合改革,尤其是为综合素质评价体系提供教学服务支撑。

三、取得成效

（一）构建规章制度、信息技术等方面的运行保障体系

在信息技术方面建设拔尖创新人才在线培育平台,促进学生自主学习、自主管理、自我评价,使得人才培养工作能够遵循规律,科学合理,富有成效。通过网站建立后备人才数据库、师资信息库。发挥网络在拔尖人才管理中的作用,扩大学生与教师、学生与学生的联络和交往的时间和空间。突出学生的主体地位,为研究型课程学习提供优质服务,为学生综合素质考评提供数据支持,为选拔、推荐人才提供客观真实的材料。

（二）建立"三位一体"拔尖人才培养的专业教师指导队伍

在专业委员会指导下,由高校专家、区活动中心专业教师和学校指导教师等三方组成的教师指导团队,分工合作。高校专家是学生的专业导师,负责把握课题研究方向与创新性,进行

具体指导，推荐重点课题，并开展教师培训等；本区青少年活动中心的专业教师是学科导师，负责培育课题、组织课题研究、协调资源等；学校指导教师是执行导师，负责课题的具体实施和开展。

（三）深化功能定位不断优化人才培养机制

开展系列创新营活动，如培训营→研学营→课题营→挑战营系列线下主题营活动，形成区域早期发现拔尖创新人才潜质的机制和模式及基于拔尖创新人才培养的课程实施模式探索。构建和开发通识型课程、素质拓展课程、创新峰会课程、技能培训课程、"走进科学家"课程等72门线上课程，优化和沉淀特色精品资源，实现"线上线下"互动互联。

（四）打造开放性创新工作实验室平台

开发与打造具有现代科技创新实验（工作）室14间，成立夏照帆院士工作站，为全市学生提供实验场地和仪器设备，为学员研究型学习创设条件、提供指导，保证各学生日常培训活动的有序进行，使学生了解科学技术发展的前沿信息，使社会资源成为宝山区拔尖创新人才的实验场所。不断为"未来科学家"培养计划、上海市青少年科学院小研究员、上海市青少年科技创新大赛、百万青少年争创明日科技之星等活动孵化、推荐、培育未来创新人才。

四、经验启示

（一）教育资源最优化

"宝山100"未来创新人才成长行动设立了由理事会、辅导员青年团队和联合体校长委员会组成的管理层，由联合体三级创新社团构成的核心层，以及由全区几万名家庭创客形成的补充层，三层组织架构，分工明确，各司其职，分层推进。采取三类导师团由40余位大学教授组成的专业导师团、17位区活动中心教师组成的学科导师团和112位学校教师组成的执行导师团协作的"三合一"导师制度。另外，除中心的经费保障之外，积极争取区科委、科协、区环保局、创业园区、科普场馆的各类人力、物力和经费的支持。

自本项目实施以来，以"联合体"三级社团和宝山家庭创客行动为着力点，从"十三五"期间诞生的10 000个家庭创客中每年选拔和培养百名面向未来的创新人才。从2016年至今，已经连续8年开展"宝山100"未来创新人才成长行动，辐射全区150余所学校，培育超过6 800人。其中小学生1 780人，占总人数的26.18％；初中生2 550人，占总人数的37.5％；高中生2 470人，占总人数的36.32％。

（二）教学方法多元化

开展培训营→研学营→课题营→挑战营系列线下主题营活动，结合兴趣培育机制、梯队成长、学段贯通等人才选拔机制，促进未来创新人才的可持续成长。建立了辅助宝山区青少年拔尖创新人才培养研究院运作的学员培养管理工作细则、手册等保障制度。

在信息技术方面建设网站,通过数字化转型,开发数字化教学平台,形成后备人才数据库、培养基地信息库、师资信息库,探索特色资源生成机制,优化和沉淀特色精品资源,实现"线上线下"互动互联。形成了通识型课程、素质拓展课程、创新峰会课程、技能培训课程、"走进科学家"课程等72门线上课程,发挥网络在拔尖人才管理中的作用,扩大学生与教师、学生与学生的联络和交往的时间和空间,促进学生自主学习、自主管理、自我评价,使得人才培养工作能够遵循规律,科学合理,富有成效。

(三)项目效益最大化

经过近八年的实践与总结,"宝山100"未来创新人才成长行动已成为本市校外科技教育独特的教育品牌,学生从被动学习转向主动学习,自觉管理、自主活动、自信成长。每年面向11个学科领域,开展500多项课题研究,从自然科学到社会科学,从科学探究到工程实践。学员们广泛涉猎,近三年获市级及以上等第奖1500余项。从兴趣到情趣再到志趣,涌现了一批优秀学子,如罗楚云、朱芸、王智敏、虞顺昌、边楚月、邹一鸣、蔡斯凡等。

开发与打造14间科技创新实验室,成立夏照帆院士工作站,开发"宝山100"文创产品,为全市学生提供实验场地和仪器设备,为学员研究型学习提供指导,为提升"成长行动"智慧赋能。积极开发与应用大学科技实践工作站、科普教育基地,开创学校、区域、社会三层面的供需协调、活动共创的良好局面,如中国科学院上海硅酸盐研究所、上海交通大学工程科技实践工作站、3D打印博物馆等。连续6年荣获上海市青少年科技创新大赛优秀组织单位称号,连续5年荣获上海市青少年科技辅导员论文征集活动优秀组织单位称号。

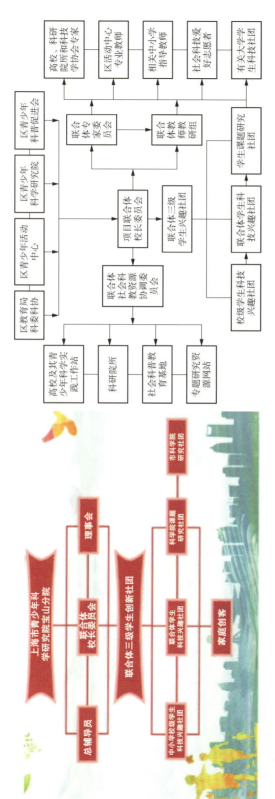

图1 "宝山100"未来创新人才成长行动组织架构图

图 2 "宝山 100"未来创新人才成长行动培养机制

图 3 "宝山 100"未来创新人才成长行动学员可持续成长系列证书称号

案例 57　创设中国气象谷，架起高校服务新质生产力发展的桥梁

申报单位：南京信息工程大学
案例主题：教育贡献度

一、案例背景

高校是教育、科技、人才"三位一体"协同融合发展的关键交汇点，肩负着人才培养、科技创新的双重任务，应成为新质生产力发展的策源地。南京信息工程大学发挥大气科学一流学科优势，构建"气象＋""＋信息"学科体系，以学科交叉融合推动原创性基础研究突破，创新高校与行业部委、地方政府、龙头企业、大院大所的多元共建体制，创设"中国气象谷"，集聚知识、技术、人才、资金、政策等要素，形成相互促进、相互作用的良性循环，打造集科技创新、人才培养、成果转化、产业孵化于一体的气象科技产业园区，推动教育链、人才链、创新链、产业链深度融合，统筹科技创新策源、产业先导组织、资源要素配置，打通科技到产业、高校到企业的转化路径，推进科技创新赋能产业发展、产业需求牵引技术突破，培育科技创新与产业创新互促并进的创新生态，探索出一条行业特色高校服务新质生产力发展的新路径。

二、主要做法

（一）多元共建，促进开放协同发展

通过创新多元共建体制，加强与中国气象局、自然资源部、国家国防科工局等行业部委，与南京江北新区等地方政府，与华为公司等龙头企业及墨迹天气等独角兽企业，与中国科学院、中国电子、中国电科、中国能建等大院大所的交流合作，整合创新资源，于 2018 年立项建设"中国气象谷"。引进投资 18 亿元，建成占地面积 57.3 亩、总建筑面积 13.1 万平方米的科技产业园区，按照"两核三轴、一带三区"的空间布局，形成集教育培训、项目研发、成果转化、企业孵化于一体的气象服务行业全产业链，服务气象装备、商业气象服务、地理大数据、人工智能、卫星遥感、环境治理 6 个方向、21 个产业集群发展，培育区域经济发展新动能。

（二）搭建载体，集成创新要素资源

依托"中国气象谷"搭建高水平创新网络与平台，落地气象领域唯一国家大学科技园，布局一批部委重点创新实验室、企业实验室、工程研究中心；多方共建空天地一体化观测网络、超算与智算平台、数据中心、分析测试中心等，促进创新资源开放共享；创新"校地共引、校企双聘、局校互聘、海外特聘"的高端人才引育并举机制，汇聚科技创新团队，构建以创新为导向的教育评价体系，引导科研人员聚焦研究发展新质生产力的"卡脖子"问题；引进投资集团设立创投基金，推动人才、技术、资本、信息等多元创新要素持续集聚。

（三）完善机制，助推产业转化孵化

设立国家技术转移中心中国气象谷分中心，完善技术转移服务体系和市场化机制，云上服务推动科技成果信息供需对接，促进科技成果工程化和成熟化。发挥科技创业孵化功能，落户新型研发机构、大学生创业园等创业孵化载体，完善多元创业孵化服务，设立新区创投、校友创投基金，打造创业投融资服务体系，举办"互联网＋"、研电赛、集成电路大赛、天池大数据竞赛、博士后创新大赛等各类创新创业活动，设立全国气象产业大会永久会址，营造创新创业氛围，培育科技型创业群体。

（四）产教融合，培养拔尖双创人才

实体化建设气象卓越工程师学院、人工智能产业学院、应急管理学院等产教融合型学院；与头部企业合作办新工科，创新开设华为（通信）、腾讯（软件）、奇安信（网安）等产教融合实验班级，协同攻关、合力育人；设立"藕舫学院"（双创学院），专人专班推进创新创业教育全校开展；搭建创新创业实践平台，提升科研育人功能，增强在校生的创新精神、创业意识和创新创业能力，培育创新创业后备力量，增强引领产业创新的核心竞争力。

三、取得成效

（一）科技创新平台取得突破

获批国家自然科学基金基础科学中心项目（行业和地方首个），新增气象人工智能现代产业学院（全国首批），获批国家大学科技园（气象领域唯一），获批教育部重点实验室（B类），与人工影响天气中心共建人工影响天气创新研究院，与国家气象中心共建天气与气象技术研究院和气象卓越工程师学院，获批中国气象局部级重点实验室2个，涵盖气溶胶与云降水、生态系统碳源汇等领域。

（二）成果转化产业孵化攀升

签约引进"中国气象谷"产业园区的企业40多家；在南京市各区布局成立新型研发机构12个，11个通过南京市备案，其中2个入选南京市高水平新研机构；校地研究院共培育孵化近50个学科型公司。2023年新增与南京市的1000余家企业达成产学研合作，与江北新区研创园、浦口经开区、建邺高新区等20余个园区板块开展深度合作。成果转化成效显著,以2023年为例,横向课题实际到账经费超过2亿元,技术合同登记5.06亿元,技术合同免税登记金额6211万元,其中源于南京市的横向项目到账金额4519万元。

(三) 高端人才团队海量汇聚

汇聚国家级人才117名,较2017年增长450％,其中2023年引育国家级人才22名,自主培养占比59％;通过与园区企业实施"双聘制"引进产业教授、双创人才38名。打造国家自然科学基金创新研究群体、江苏双创团队等省部级及以上教学科研团队50个。

(四) 拔尖人才培养引领示范

与40家龙头企业联合开发产教融合课程68门;实施校企双导师制,受聘导师120名;拔尖培养辐射60％专业、覆盖10％在校生;拔尖学生深造率达90％以上,全校深造率达47.79％。竞赛获奖率60％,在2023年全国普通高校大学生竞赛榜单中位列全国高校第15位。拔尖人才培养教学改革成果获高等教育(本科)国家级教学成果一等奖。

四、经验启示

一是三个"一体化"。服务新质生产力发展,高校是不可或缺的重要力量,需要畅通教育、科技、人才的良性循环,一体化谋划,一体化推进,一体化落实。

二是三个"加快"。高校服务新质生产力的发展关键在于加快构筑高水平人才高地,加快建设科技创新策源高地,加快构建以创新为导向的教育评价体系。

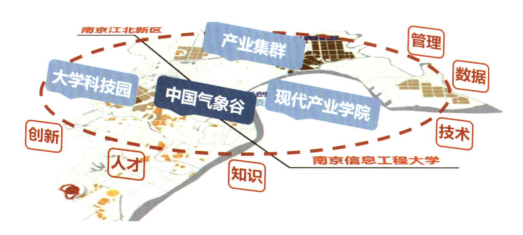

图1 "中国气象谷"服务新质生产力发展

建成全球规模最大、综合性最强、水平最高的"中国气象谷"

教育链	教学改革	学科交叉	课程重构	反哺教学	科教融合
人才链	师资交叉	人才聚合	名师引领	培育英才	校地融合
创新链	创新引领	前沿探索	科研训练	成果孵化	产创融合
产业链	产业驱动	工学交替	师生共创	全球胜任	产教融合

四链四融合："中国气象谷"人才培养的机制与路径

图 2 "中国气象谷"人才培养机制与路径

图 3 "中国气象谷"科技创新载体与平台

案例 58　同济大学"人工智能+交通"为新质生产力提供智力支撑

申报单位:同济大学
案例主题:教育贡献度

一、案例背景

近年来,随着新一轮科技革命和产业变革的加速演进,同济大学以"数智化"赋予传统学科发展新动能,在人才培养、学科建设、平台建设、科学研究等方面全面推进"人工智能＋",取得了一系列重要进展。学校及时进行学科专业布局优化调整,2017年起先后增设人工智能专业,以及与人工智能相关的智能制造工程、智能建造(全国首个)等多个新工科专业,2021年获批建设首批"智能科学与技术"交叉学科博士点,2023年试点建设教育部自主智能学科交叉中心。此外,大力推进课程知识体系重塑,开展多学科联合建设课程,组建跨学科、校企、中外导师团队,联合培养引领未来的拔尖创新人才和卓越工程人才。

二、主要做法

(一) 重构能力点,建设国内领先的核心专业课程

同济大学汽车学院、交通运输工程学院、电子与信息工程学院等多学科教师全过程深度合作,通过面向自主与网联智能驾驶技术的知识点和能力点重构,建设了"智能驾驶基础"核心专业课程,培育学生同时具备"工程思维"和"AI思维"。面向智能汽车设计,与德国保时捷汽车公司合作,组建了由7名中方跨学科教师和8名外方资深工程师组成的校企联合培养团队。策划编写了11本智能网联汽车系列教材,规划设计了8门新形态教材,构建了6类实践教学案例和流程方法体系,包括"智能网联汽车导论""智能网联汽车基础理论""智能网联汽车设计"等。

(二) 推动智能汽车关键零部件技术国产自主可控

数字转型、AI赋能,同济大学正在智能交通等领域奋发作为,为发展新质生产力贡献智慧和力量。汽车动力学与控制课题组的创新实践,是同济大学全面推进"人工智能＋"探索的一个缩影。该课题组突破了新型国产线控电子液压制动系统的核心技术,研制的线控电子液压制动系统具有高性能主动制动、大幅提高制动能量回收率、集成度高等诸多优势,打破了国外

技术垄断。

（三）产业化为实现自动驾驶安全保驾护航

面对汽车智能化、电动化对制动系统提出的新需求,同济大学联合了包括车辆工程、人工智能、控制科学等在内的多学科交叉导师团队,依托校企联合科技攻关与入企实训,培养了一批专业知识扎实、实践能力强和创新能力突出的智能汽车卓越人才。2023年4月,依托科研成果"线控电子液压制动系统",实现成果产业化,在全球汽车智能底盘关键技术上处于领先位置。同济大学汽车学院毕业生、上海同驭汽车科技有限公司创始人舒强,荣获2022年度"创新创业英才奖"(全国仅10人获奖)。

（四）数字化与智能化交通技术服务国家重大工程

近年来,同济大学聚焦"新基建"驱动下交通基础设施快速数字化与智能化转型的需求,突破机场道面、高铁路基智能运维和汽车线控制动系统以及城市停车系统智能化关键技术,服务数十项国家重大工程,为加快构建现代综合交通运输体系、建设交通强国、全面建设社会主义现代化国家作出贡献。集成开发了全球首个跑道全寿命周期智能化运行保障新平台;研发了智慧型软土路基变形监测系统,创建了高铁软土路基主动安全保护技术和智能防护模式;创建了城市停车全域数字化、设计一体化、诱导智能化的全链条技术体系,攻克了城市停车信息覆盖不全、车位利用不优、寻位体验不佳三大难题。

三、取得成效

一是牵头获批交通运输部"综合交通运输理论"行业重点实验室。实现"综合交通运输基础理论—综合交通运输应用基础理论—综合交通运输共性关键技术"的全链条突破,建立覆盖公铁水航各领域的、以"科研机构＋高校＋高新技术企业"为主体的技术创新与应用体系,成为综合交通运输"中国理论""中国技术"的重要展示与国际交流窗口。

二是围绕"智能网联"方向凝练关键科学问题,形成相关原创理论与核心技术。联合中国(上海)自由贸易试验区临港新片区创办"同济大学临港创新研究院",成为智能交通领域国家战略科技力量。

三是利用线控底盘技术,经同济创业谷孵化,推进产业化。在同济科技园创办企业,大力推进线控电子液压制动系统的产业化。与东风日产、吉利、江淮、江铃、金龙等80多家知名整车厂和智能驾驶公司开展业务合作,匹配车型百余款。

四是广泛应用于多个高铁线路、城市停车、智能系统等。智慧型软土路基变形监测系统应用于京沪、沪昆、福厦等10余条高铁线路的软土路基工程;城市停车全域数字化、设计一体化、诱导智能化的全链条技术体系应用于北上广深蓉5个超大城市的市级停车平台建设。

四、经验启示

一是人才在创新过程中发挥重要作用,创新过程的关键是获得知识基础和对创新人才创新能力的培养。知识和信息是创新的基本投入要素,也是保持新质生产力增长的核心所在,而创新人才作为知识和信息要素传递的有效载体,在创新过程中承担着不可替代的作用。

二是以产业发展的真问题为导向,持续探索,为推动智能汽车关键技术自立自强提供人才和科技支撑。面对汽车智能化、电动化对制动系统提出的新需求,课题组联合了包括车辆工程、人工智能、控制科学等在内的多学科交叉导师团队,依托校企联合科技攻关与入企实训,培养了一批专业知识扎实、实践能力强和创新能力突出的智能汽车卓越人才。

三是构建集"产、学、研、转、创、用"于一体的具有互补性、互利性、互动性的多赢实体性人才培养创新平台,打通人才链、创新链、产业链,将科技优势转化为生产力,对创新人才创新能力的培养具有重要作用。这就要求高校主动对接区域经济发展的产业链、创新链,打通与社会之间的创新人才共育通道,努力把高校潜在的智力科技优势转化为新质生产力,在遵循创新人才培养规律和成长规律的基础上,重视实践育人,加强教育、科技、产业资源的统筹与协调,坚持在产教融合、科教融合、学科融合模式下培养科技创业人才。

案例 59　嘉兴普惠性人力资本提升助力高素养劳动者队伍建设

申报单位:嘉兴市教育局
案例主题:教育贡献度

一、案例背景

一是国家层面有要求。中央财经委员会第十次会议强调,"为人民提高受教育程度、增强发展能力创造更加普惠公平的条件,畅通向上流动通道,要促进基本公共服务均等化,加大普惠性人力资本投入"。

二是浙江有行动。浙江省委在 2024 年"新春第一会"上提出要全面加强"三支队伍"建设,其中,高素养劳动者队伍的建设对经济社会转型升级具有关键作用,是推动区域创新和经济增长的重要支撑。

三是嘉兴有需求。根据公安、统计、人社等部门提供的数据,嘉兴劳动年龄人口平均受教育年限(10.46 年)低于全省(10.7 年)、全国(10.8 年)平均水平,而嘉兴经济社会发展需要大量高学历、高技能的人才,同时在嘉社会民众对普惠性人力资本提升也有强烈的需求。

二、主要做法

(一) 探索建立普惠性人力资本提升综合改革政策体系

探索建立"1+7+N"普惠性人力资本提升综合改革政策体系。"1"为市级普惠性人力资本提升实施意见,"7"为 7 个县(市、区)结合本地区产业发展情况、社会人员学历水平等因素,一地一策建立普惠性人力资本提升工作方案(细则),"N"为其余相关市级部门出台的与普惠性人力资本提升相关的配套政策。

(二) 探索建立"四张清单"

一是摸清需求清单。做到一次排摸、二次核实、三次递进,确保对象摸排精准到位,做到需求全量归集。二是梳理供给清单。依托普通高校、职业院校、考试院(中心)等,按专业、学校、工种分别梳理学历供给清单和技能供给清单。三是配套政策清单。依据《嘉兴市普惠性人力资本提升实施意见》,配套制定相关政策,确保普惠性人力资本提升落实落地。四是完善匹配清单。依托"增财实学"平台,建立形成数据完备、动态更新的供需匹配清单,向市民、院校、企业推送精准匹配信息。

（三）实施"四项工程"

一是实施现代制造业职工"学历＋技能"双提升工程。扩大开放教育、成人教育等办学规模，优化专业设置。以"一班一案"等方式全面推广中国特色学徒制。二是实施农民技能素养提升工程。开设一批立足农业农村现代化发展的紧缺专业和特色专业，按照"学历＋技能＋创业"的培养方式，实施"忙农闲学、产学并重"的教学模式，培养留得住的"专业型"新农人。三是实施现代服务业职工能力提升工程。重点开展居家服务、养老护理、育婴托幼、邮政快递等服务类职业技能培训，培养更多的市场急需紧缺技术技能人才。四是实施全民精神富足提升工程。完善老年教育发展机制，丰富学习内容，创新学习形式，满足更多老年人的学习需求。

（四）建设"一个平台"

探索建立普惠性人力资本提升供需数据平台。最终实现1个市级总平台和7个县（市、区）分平台全面推广。

三、取得成效

一是坚持需求导向，实现精准匹配。深入农村、社区、企业不同场所，围绕就业单位、就业岗位、学习意愿、学习途径等内容，精确掌握全市12.5万余重点人员的需求情况，累计梳理学历教育供给清单1270张、技能教育供给清单6243张。

二是坚持协同推进，实现能学尽学。建立教育、人力社保、老干部局、农业农村、总工会等部门协同联动机制，构建县（市、区）政府和行业主管部门条块结合、以块为主的工作推进体系，吸纳新居民、新型农民、待岗人员等接受学历教育、技能培训，打造全民"终身学习"品牌。2023年，全市开展成人初高中及以上学历提升4.92万余人次，中职学校开展职业教育培训16.64万人次，帮助14.45万人取得技能证书。

三是坚持数字赋能，实现服务升级。以"智能匹配＋人工核准"的方式搭建普惠性人力资本数据平台，同步贯通连接"浙学通""学分银行"等平台资源和现有数据，实现各类学习成果量化赋分。借助平台匹配，按需选择线上线下课程学习，破解学习时间难统一等问题。截至目前，已有浙江大学、浙江工业大学、浙江农业大学等157所省内院校入驻平台，匹配组建137个"同专业同学校"、9个"同专业跨学校"、15个"不同专业跨学习兼顾大类"学历提升班，培育学生达7900余人。

四、经验启示

一是通过坚持普惠性原则，构建全民终身学习体系。通过出台普惠性人力资本提升相关政策,统筹推进工作机制,鼓励并引导劳动年龄人口积极参与"学历+技能"双提升。

二是通过立足"四张清单",优化供需资源配置。以"需求清单、供给清单、政策清单、匹配清单"四张清单为抓手,优化教育资源和职业技能培训资源的配置。通过精准识别居民的学习需求,确保供给与需求的有效对接;通过制定针对性的政策,为人力资本提升提供有力保障;通过精细匹配,确保每位居民都能获得最适合自己的教育和培训资源。

三是通过强化数字技术应用,助力人力资本提升精准度。构建人力资本提升数字化管理平台,通过收集和分析居民的学习数据,为政策制定和资源配置提供科学依据。通过构建线上线下相结合的教育培训体系,打破时空限制,让学习更加便捷高效。

图1　嘉兴市获普惠性人力资本提升综合改革试点

图2　嘉兴市核电关联产业员工实操演练

图 3 创建"兵哥加油站"品牌

案例60 大城小城携手、校地双向奔赴、中德模式融合——沪太工匠学院培育新时代产业工人的实践图景

申报单位：苏州健雄职业技术学院

案例主题：教育贡献度

一、案例背景

党的十八大以来，习近平总书记高度重视产业工人，关注大国工匠和高技能人才培养，对建设高素质劳动大军念兹在兹，亲自谋划、亲自部署、亲自推动产业工人队伍建设改革。习近平总书记强调劳模精神、劳动精神和工匠精神是高素质劳动大军的强大精神动力，展现了中国共产党人精神谱系的时代价值。苏州健雄职业技术学院坚决贯彻落实习近平总书记推进新时代产业工人队伍建设改革的重要指示精神，以"沪太工匠学院"为载体，依托多年践行的"双元制"教育，深化"中国梦·劳动美"主题教育，营造劳动光荣、创造伟大的社会风尚和精益求精、追求卓越的敬业风气。

二、主要做法

2021年1月，上海工匠学院、太仓市总工会、太仓市人力资源和社会保障局、苏州健雄职业技术学院四方共建沪太工匠学院，全国劳动模范、上海工匠学院院长包起帆任名誉院长。沪太工匠学院是太仓市委、市政府"融入大上海，共促一体化"，全面推进长三角一体化发展的现实举措，是推进新时代太仓产业工人队伍建设改革的重点工作，也是苏州健雄职业技术学院运用双元制教育持续为提升城市能级和产业能级提供坚实的技能人才支撑的重要实践，是开展"长三角教育现代化"的积极探索。

（一）塑"平台"宣扬工匠精神

依据中共中央、国务院《新时代爱国主义教育实施纲要》，创建国内首个在职业教育学院校内的"工人先锋馆"，馆内设"新中国工人榜样""新时代大国工匠""娄东工匠""上海工匠"展区，实物陈列区以及"工匠微学堂"研学区，全面展现新中国成立以来100位劳动模范、大国工匠的感人事迹和上海、太仓劳模工匠事迹以及苏州健雄职业技术学院"成才学子"的典型。"工人先锋馆"是沪太工匠学院开设各类培训项目入学教育的第一站，成为学习劳模工匠精神的重要"根据地"。

(二)设"讲堂"播撒匠心种子

沪太工匠学院精心打造"匠心学堂""工匠研修班"和"劳模工匠进校园"等特色讲堂,聘请全国劳模、沪太两地的知名能工巧匠担任导师,组建"劳模工匠讲师团",面向全市产业技术工人,通过专题讲座、实境教学、大师带教、赴上海工匠学院进修等形式,开展工匠精神教育、劳模素养提升、职业技能培训等活动,有效发挥沪太"劳模工匠"的传帮带作用,在学习者心中埋下"匠心"种子,助力更多产业工人的职业发展,助推更多太仓未来工匠脱颖而出。这些极具特色的系列讲堂成为传承工匠精神的"播种机"。

(三)建"中心"深化理论研究

为切实加强新时代产业工人队伍建设改革的实践提供理论方面的指导和支撑,沪太工匠学院依托苏州健雄职业技术学院马克思主义学院,组建"新时代产业工人研究中心"。精准聚焦产业工人成长成才,通过理论研究与实践探索,实现培养产业工人成才方式方法的科学化、制度化、规范化,高水平服务新时代产业工人队伍的建设改革,为弘扬劳模工匠精神、推动产业工人队伍建设改革走深走实贡献智慧力量,努力将"新时代产业工人研究中心"打造成培养劳模工匠的"智囊团"。

(四)行"双元"培育能工巧匠

沪太工匠学院依托太仓地区丰厚的德企土壤(在太仓投资的德资企业已超 500 家)和苏州健雄职业技术学院践行 20 年的"双元制"教育,将德国"双元制"职业教育模式,从全日制学生延伸到社会一线技术人员的培养上。面向舍弗勒、亿迈齿轮、通快、宝得流体等太仓德企的一线技术人员,校企合作开展"双元制"培训;发挥自身优势,连续 4 年为上海华能电力检测公司新入职员工、中西部职业学校学生开展中短期"双元制"培训;学员"入院即入企",理论知识和实践技能同步提升、协调发展,为企业提供了大量用得上、留得住、发展快的技术技能人才,为解决长三角地区"用工荒、技工荒"问题贡献力量,成为培养区域产业发展所需技术人才的"发动机"。

三、取得成效

第一,学院高质量建成的"工人先锋馆"入选太仓市爱国主义教育基地,成为开展爱国主义教育的生动教材和有形阵地,成为学校讲好工人阶级奋斗历程、讲好劳模工匠先进事迹、展示中华优秀传统文化的"窗口"。每年接待各级各类参观者多达 10 余万人,成为校内外学生喜爱"打卡"的中华优秀传统文化传承基地,同时也是向国际友人展示中华文化、讲好中国工人先锋故事、增强民族文化自信的宣传阵地,成为长三角地区产业工人思想教育的重要基地。

第二,为技术工人定制了近 60 门特色课程,开展各类专题讲座 50 多场,为长三角地区产业技术工人培训 8000 多人次,助力 3000 多名产业工人通过技能等级认定。2023 年,通过赋能,获得全国职业院校技能大赛"生物技术"赛项一等奖,实现全国职业技能竞赛一等奖零的突破;一名职工获得"江苏工匠"岗位练兵职业技能竞赛职工组比赛一等奖,三位获奖选手被授予"江苏省技术能手""江苏省五一创新能手"等称号;两名产业工人获第六届苏州技能状元大赛(企业职工组)一等奖和二等奖。

第三,"新时代产业工人思想政治教育研究中心"在宣传习近平新时代中国特色社会主义思想上下功夫,在破解产业工人最关心最直接最现实的利益问题上使长劲,在改进思想政治教育的方式方法上用真招。邀请包起帆院长一起开展研究沙龙20场,编写简报12期,撰写研究计划书5份,发表高水平论文3篇,立项横向课题1项,助力形成学院"大思政"育人格局。

第四,为太仓市德资明星企业舍弗勒、亿迈齿轮、通快等125家优质企业"定制工匠"1 000多名;有三届学徒顺利毕业并入职公司各部门,成为企业一线岗位的技术能手。学徒中成长为德国企业技术主管和部门经理的比例高达65%。西部贵州首钢水钢技师学院已有32名学生通过"双元制"学徒培训,进入太仓瑞好聚合物、法可赛等企业工作。连续4年为上海华能电力检测公司近200名新入职员工开展技能培训,深受企业好评。

四、经验启示

一是汇聚沪太两地资源建设工匠学院,以培养劳模工匠为抓手,推进新时代产业工人队伍建设。建设"育人、培训、竞赛、激励"四位一体的工匠学院,以技能人才培育机制为主线,充分发挥沪太两地优势。通过多形式、多层次的交流与合作,提升劳模、工匠和技能型人才的素养;弘扬劳模工匠精神,打造一支新时代产业工人队伍,为在更高起点上开创高质量发展新局面发挥积极作用。

二是立足"双元制"职业教育,高标准培养技术技能人才。以沪太工匠学院为载体,延伸、丰富"双元制"教育的领域和内涵,持续不断地开展新时代产业工人技术技能的培养,提升已有的工匠,培养现有的工匠,培育未来的工匠,为沪太两地区域经济社会发展提供更多更好的技术技能人才,为实现长三角地区教育现代化贡献有益尝试。

图 1　沪太工匠学院定期开展新时代工人队伍建设研讨会

图 2　沪太工匠学院开展劳模工匠进校园、工匠研修班等活动

图 3　沪太工匠学院采用"双元制"模式培养现代产业工人

案例 61　高职适应性人才培养的教学改革与实践

申报单位:浙江机电职业技术大学
案例主题:教育贡献度

一、案例背景

2003 年 9 月 12 日,时任浙江省委书记的习近平同志在浙江机电职业技术学院调研时,提出"要紧紧围绕地方经济建设的中心任务,为建设先进制造业基地输出更多的优秀人才"。但高职院校普遍存在产教协同育人"缺载体"、专业与产业"不匹配"等问题。为此,学校依托国家示范院校建设、国家"双高计划"建设等项目,牵头成立长三角智能制造职业教育集团,开展了适应区域经济发展、适应产业转型升级、适应职业岗位变迁的"三适应"人才培养改革,经过十几年的探索与实践,逐步形成了"双模引导,三载推进,三环联动"的高职适应性人才培养可复制的全国范式。

二、主要做法

(一) 构建"四维一体"专业动态调整和"三阶递进"课程体系重构两模型,引导适应性人才培养

主动适应科技发展和产业变革,以产业发展需求和专业评价结果为双重导向,依据"产业转型升级支撑度、专业定位准确性、社会服务成效性、用人单位满意度"四维度,构建"四维一体"专业动态调整模型,动态调整优化专业,保障专业设置与产业转型升级相适应。借鉴海康威视、万向集团等企业标准,按照"产业链—岗位群—能力矩阵"课程体系开发逻辑,构建"专业基础能力、专业核心能力、职业岗位能力"的"三阶递进"课程体系重构模型,支撑人才培养与岗位需求相适应。

(二) 构建"区域性产业学院—多模式现代学徒制—四新融合课堂"三载体,推进适应性人才培养

依托长三角智能制造职业教育集团等平台,与区域企业合作成立智能装备产业学院等 8 个区域性产业学院,走与区域产业需求对接的路子;与省铸造协会、杭氧集团等大型组织和用人单位开展"校行企联培"等多模式现代学徒制培养,践行中国特色现代学徒制;发挥行业、企业资源合力,开展四新融合课堂——建设 186 间"车间＋教室"的智慧教学新环境,开发"任务

工单＋典型案例"的数字新资源,打造32个"师傅＋教师"的教学新团队,实施"思政＋技能"的教学新模式。

(三)实施"以生为本、诊管合一"的三环联动教学管理模式,保障适应性人才培养

建立以学生为中心的专业方向分流和岗位课程模块自选机制,实现人才培养动态化、生本化、多样化"三化"组织管理;线上线下、课内课外全域管理,以及决策、执行、检查、评价等环节的标准化管理,两级协同共管,实现全域式、标准式、协同式"三式"过程管理;从教学目标、指挥、运行、评估、反馈等五大系统,对82个质量指标490个质控点进行数据实时采集、分析、诊改,实现系统性、数据性、闭环性"三性"质量管理;在"教学组织、教学过程、教学质量"管理三环节,实现诊改与管理深度融合。

三、取得成效

(一)适应性人才培养成效显著,助力区域经济发展

近五年来,学校培养毕业生1.8万余人,长三角区域就业人数占86％以上,500强企业就业人数由5.9％增至20％。2021—2023年省评估院调查结果显示,用人单位对我校毕业生满意度连续三年蝉联全省高职院校第一,毕业生职业发展与人才培养质量连续两年位居全省高职院校第一。学生在省级以上竞赛中获奖471项,其中一等奖110项。涌现了全国劳动模范、全国五一劳动奖章获得者等一批杰出青年校友。荣获世界职教院校联盟(WFCP)"高等技术技能"人才培养金奖。

(二)改革成果丰硕,受到社会广泛认可

近五年,学校获批中国职业技术教育学会高职分会会长单位、长三角智能制造职业教育集团秘书长单位、浙江省1＋X试点推进办公室单位。近三年,在浙江省高职院校考核评估中连续获第一名。已获得教育部高职创新行动计划示范专业7个,国家级专业教学资源库1个,国家精品在线课程8门,培育出国家级教师教学创新团队2支、"全国高校黄大年式教师团队"2支。

(三)成为育人典范,得到众多院校借鉴

近五年,学校入选教育部全国职业院校教学管理50强、实习管理50强。获得国家"十三五"产教融合发展工程规划项目以及中国特色高水平高职学校建设单位(A档前十)。被陕西工业职业技术学院等420余所院校学习借鉴,央视《新闻联播》等媒体报道180多次,产生了引领和示范作用,先后对口帮扶青海柴达木职业技术学院等28所院校。适应性人才培养成果获国家教学成果奖二等奖2项、省教学成果特等奖2项。

四、经验启示

(一) 形成了"三适应"高职适应性人才培养新理念

以满足多元化的产业人才需求和学生可持续发展需求为导向,提出了"适应区域经济发展、适应产业转型升级、适应职业岗位变迁"的高职适应性人才培养理念,面向高端产业和产业高端,培养"知识融通、技术精良、德技兼备"的高素质复合型技术技能人才,为浙江建设"重要窗口"提供有力的人才和技能支撑。

(二) 开辟了"双模引导,三载推进,三环联动"的适应性人才培养教学改革新路径

以专业动态调整、课程体系重构两模型,实现专业与产业、课程与岗位"双对接";通过三载体,校企双元导师协同,形成校企、行校、行企育人合力,促进课程内容与新技术发展衔接,实现人才培养与产业需求融合;运用新一代信息技术,实现教学组织、过程、质量管理三环节同向同行。

(三) 践行了"模式多元""诊管合一"的管理新实践

一是模式多元。与省能源集团等开展招生的混合所有制学院模式,与上海大众等开展先招生后招工的企业大学合作模式,与省铸造协会等开展校行企联培模式,与大和热磁等开展先招工后招生的双元制培养模式,为企业精准培养人才。二是诊管合一。践行"诊改与管理"深度融合理念,建成教学工作管理、诊断与改进信息系统,运用大数据技术,分析、发现和改进问题,提升人才培养管理效能。

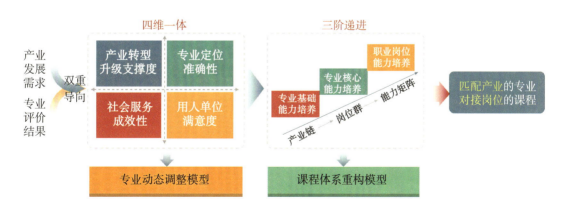

图 1 专业动态调整和课程体系重构两模型示意图

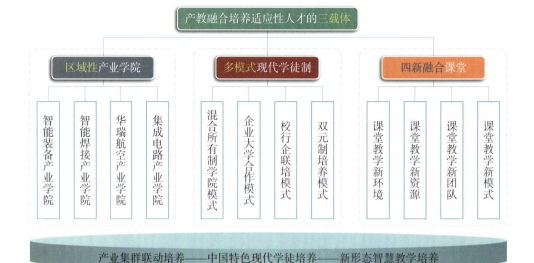

图2 产教融合培养适应性人才的三载体示意图

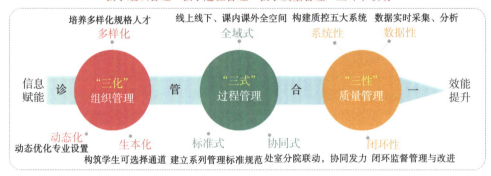

图3 教学管理三环节联动示意图

案例 62　笃学经典、立足临床、融通师承,"三全程"中医思维培养体系创新与实践

申报单位:南京中医药大学
案例主题:教育贡献度

一、案例背景

中医思维是以中医药理论为基础,以形象思维、整体思维、恒动思维为代表的破解临床问题、维护生命健康的综合思维,发源于长期医学实践,根植于中国传统文化,藏传于历代中医典籍,是中医学认知生命和维护健康的独特智慧。中医思维是中医人才综合能力的鲜明底色和关键内核,强化中医思维培养是中医高等教育有别于其他医学教育的特质所在。因此,如何培养善于运用中医思维以充分发挥中医药特色优势的优秀中医人才,是中医高等教育肩负的重大历史使命。

本案例依托 2007 年教育部"精诚计划"人才培养模式实验区建设,系统总结了南京中医药大学 60 余年中医本科教育经验,以中医学发展正本清源、守正创新为己任,以强化中医思维培养驱动专业能力全面提升为导向,确立"笃学经典、立足临床、融通师承"的教学改革思路,构建了"国学孕育—原著学忆—应用感悟"经典学习、"视听感知—虚实沉浸—真操实为"临床实践、"省市名医—全国名医—国医大师"师承教育"三全程"耦合融通的中医思维培养体系,培养了学生医文结合、德术兼修、知行耦合的综合素养,实现了学生中医思维与临床能力相互促进提升、规格化培养和个性化学术传承协调发展的培养目标。

二、主要做法

学校创建中医学部、附属医院教学联盟等协同育人共同体,形成学部统筹、校院协同、院院联动的体制机制,为本成果提供有力保障。

(一)"国学孕育—原著学忆—应用感悟"的全程经典学习,夯实中医思维培养根基

依托教育部医学人文素质教育基地,基于 9 项国家社会科学基金项目成果,挖掘思政资源,创建中医类国学课程群,开展杏林修身工程等活动,增强文化自信,厚植国学基因,培养中医思维,奠定厚实基础;建成导读、精读、拓展类及江苏中医特色流派等经典课程群,研发经典学习训练系统,举办中医经典知识大赛等课外活动,丰富中医思维培养的知识储备;专设用于

教学的体质辨识、冬病夏治等经典病房及门诊,组织寻找中医守艺人、走进孟河等实践活动,增强中医思维培养的原创底色。以"大经典"课程体系建设为支点、以一二课堂联动为机制、以线下线上混合学习为方式,打造"处处皆课堂,时时学经典"的泛在化经典学习环境。

(二)"视听感知—虚实沉浸—真操实为"的全程临床实践,促进中医思维应用转化

基础课程见习开展临床实境观摩、远程临床示范教学,结合农民健康百村工程、中医进社区等丰富的第二课堂,具化抽象理论并达成医学人文熏陶;临床课程率先开展床边教学改革,结合真实案例讨论,模拟医院及实训中心操作,虚实结合体验真实诊疗过程;实习期间,专设用于中医思维培养的教学门诊,采取"学生襄诊,师生研讨,协作定方,反思修正"的方法,在亲历诊疗中强化中医思辨能力。严格推行问题导向、知识融通的课程实训考核、实习准入考核及客观结构化毕业考核,系统评价中医思维培养成效并作针对性改进。临床实境与虚拟仿真、动手与动脑、训练与考核相结合的全程临床实践,实现了中医思维在医学情境中的感知、体验和应用转化。

(三)"省市名医—全国名医—国医大师"分级领衔的全程师承教育,引导中医思维凝练升华

发挥名医大师在教学团队中的主导作用,以省市名医为表率的中青年学者,组织学生跟师抄方,开展读书会、文献汇报等活动,中医思维在理论与实践耦合中初步形成;由全国名医引领的专家团队,指导学生临证试诊、解析名家医案、研修地域流派,中医思维在自主思考和比较分析中逐渐拓展;由国医大师领航的学术带头人,指导学生襄诊,开展典型或疑难病例讨论,中医思维在大胆尝试和不断修正中整体提升。导师学术水平和育人能力共同提升、学生中医思维与综合素质协调发展、导师积极引导和学生主动获取相互促进的全程师承教育,实现了中医思维的循序渐进构建和个性化培养。

三、取得成效

(一) 有效提升了中医本科人才培养质量

经过中医思维系统构建,学生中医学术传承创新能力和临床实践能力明显增强。执业医师考试通过率稳居前列,学生荣获中国大学生医学技术技能大赛、"挑战杯"全国竞赛一等奖等国家级奖 37 项,以第一作者发表论文 500 余篇。学生以扎实的中医专业素养,积极投身中医科普、中医义诊等社会活动,有力践行医学生使命,其中"农民健康百村工程"多次荣获共青团中央表彰。毕业生就业率达 95% 以上,毕业生就业满意度及用人单位用人满意度均在 99% 以上,培养的大批人才已成为服务国家战略和人民健康的优秀工作者。

(二) 有力促进了中医学专业建设水平

以中医思维构建为引领的教学改革,专业建设取得了显著成效。中医学专业相继入选首批国家级人才培养模式改革试验区、首批国家卓越医生(中医)教育培养计划、首批国家级一流本科专业建设点。建有 9 门国家级精品课程、精品资源共享课、精品在线开放课程,在线学习超 10 万人次;中医内科学等 5 门核心课程入选首批国家级一流本科课程。开发拥有自主知识产权的中医临床思维训练软件、麻黄类方药应用思维实训虚拟仿真实验等,打破传统平台的时空界限,使学生利用碎片化时间实现系统化学习达 1 万余人次。建成国家级教学实验中心、"本科教学工程"大学生校外实践教育基地。主编国家规划教材 16 部、行业规划教材 72 部,已发售超过 144 万本,中医学部荣获首届全国教材建设先进集体,《中医内科学》(共同主编)获首届全国优秀教材特等奖,《中药学》获首届全国优秀教材二等奖。入选国医大师、教学名师、岐黄学者等国家级人才项目 38 人次,专任教师荣获省级及以上教学竞赛奖 15 项。

(三)教学改革成效获得中医教育界和行业主管部门的高度认可

鉴于中医思维培养卓越成效,2015 年学校中医学专业以"优秀"成绩首批通过教育部专业认证,山东中医药大学、成都中医药大学等 10 余所院校前来调研学习,国家卫生健康委与我校共建高级卫生专业技术资格试题开发基地。近年来,本成果被中央电视台、《光明日报》、《中国中医药报》等国家级媒体多次报道,并已在 20 余所境内外院校推广应用,取得了良好的示范辐射效应。2020 年,在纪念习近平总书记在南京中医药大学中医孔子学院重要讲话发表十周年理论研讨会上,国家中医药管理局、江苏省政府、中医学术界代表均对我校近年取得的中医人才培养成效给予了充分肯定和高度评价。

四、经验启示

笃学经典、立足临床、融通师承,"三全程"中医思维培养体系的创新与实践,是中医本科教育守正创新的生动实践。

本教学改革案例紧密贴合大健康时代的发展趋势,与 2019 年《中共中央国务院关于促进中医药传承创新发展的意见》中提出的"强化中医思维培养,改革中医药院校教育"的核心理念高度契合。自该教学改革实施以来,通过医文结合、德术兼修、知行统一的综合培养,实现了学生中医思维、实践能力和人文精神的协同塑造,学生的岗位胜任力得到了显著提升。

通过这项教学改革实践,我们深刻认识到中医思维是中医人才综合能力的鲜明底色和关键内核。强化中医思维培养,正是中医高等教育区别于其他医学教育的显著特质。因此,中医高等教育的重要使命在于培养出能够熟练运用中医思维以充分发挥中医药特色优势的优秀中医人才,为中医药事业的高质量发展贡献新生力量。

国学孕育 → 原著学忆 → 应用感悟

第一课堂

中医类国学课程群
- 中医文化学
- 中医方法论
- 中国哲学与中医
- 中国传统哲学

经典课程群
- 四大经典：
- 导读类：中医经典导读、金匮导读
- 精读类：内经选读、中医内科医案选析
- 拓展类：伤寒论求是、内经理论与临床应用
- 苏派特色：江苏中医流派、周仲瑛医案研习

经典应用
- 经典病房
- 经典门诊
- 经典学习系统
- 经典训练系统

课程群建设+课堂联动+线下线上混合学习，实现"处处皆课堂，时时学经典"

第二课堂

社团活动
- 韶光读书社
- 杏林修身工程

营造经典学习氛围
- 中医经典知识大赛
- 经方香囊制作

中医非遗传承专项
- 寻找中医守艺人
- 走进孟河

图1 "国学孕育—原著学忆—应用感悟"的全程经典学习，夯实中医思维培养根基

视听感知 → 虚实沉浸 → 真操实为

全程临床教学

- 中医诊断技术训练系统
- 远程临床示范教学
- 门诊观摩
- 药房见习
  ……

- 病史采集、病历书写
- 朝阳模拟医院
- 中医临床思维训练与考核系统
  ……

- 教学门诊
- 教学查房
- 智慧化中医临床思维训练软件
  ……

临床实境与虚拟仿真、动手与动脑、考核与评价相结合

考核评价

课程实训考核、毕业实习准入考核、符合中医特点的客观结构化毕业考核

图2 "视听感知—虚实沉浸—真操实为"的全程临床实践，促进中医思维应用转化

出台相关管理办法，并发挥国家教学名师、国医大师的引领示范作用

省市名医为代表

中青年学者

➤ 专业导论课
➤ 青囊读书会
➤ 课后阅读
➤ 文献汇报

全国名医为引领

专家团队

➤ 名家医案剖析
➤ 地域学术流派介绍
➤ 临证经验分享
➤ 专科学习指导

国医大师为领航

学术带头人

➤ 跟师临证学习
➤ 学术经验整理
➤ 文献阅读指导
➤ 师承结业考核

导师学术水平和育人能力共同提升、学生中医思维与综合素质协调发展、导师积极引导和学生主动获取相互促进

图3 "省市名医—全国名医—国医大师"分级领衔的全程师承教育，引导中医思维凝练升华

案例 63　创建特色一流海关本科教育，精准服务现代化海关建设

申报单位：上海海关学院
案例主题：教育贡献度

一、案例背景

海关作为国家的守门人，承担着守护国家领土和主权、保障人民生命财产安全的重要职责，肩负着维护国门安全，打击违禁品，阻截疫情疫病，防范和打击各种渗透颠覆破坏、暴力恐怖、民族分裂、宗教极端活动的重任，面临着诸多风险挑战。国门卫士的政治坚定是海关应对风险挑战的根本保证。

随着国际格局的变化和"一带一路"倡议的实施，海关的职能和业务发生了深刻变化，对安全监管、开放合作有了更高的要求，培养国门卫士必须精准对接海关改革发展的需求。

在这一背景下，培养适应新时代要求的国门卫士显得尤为重要。上海海关学院直属海关总署，是服务国家特殊需求、培养国门卫士的全国唯一海关高校，同时又是海关总署党校、世界海关组织亚太培训中心所在地。海关为国把关的特殊性和涉密性，决定了学校人才培养的独特性和不可替代的价值。

二、主要做法

（一）对接政治建关要求，加强政治引领

确立"与时代共发展，与海关同命运，以锻造国门卫士为己任，以创建特色本科为使命"的本科人才培养理念，推行"五学一做""国门卫士养成计划"等战略，组织师生赴国内外海关第一线，贴近岗位学知识，走进现场长能力。

（二）顺应海关业务改革，打造海关专业群

学校精准对接海关发展新需求和业务新变化，落实国门卫士"业务精通"要求，建设三大海关专业群；按照海关业务链设置课程模块；每门专业课程融入海关业务新知识；通过师资结构调整、教学方式变革、教学资源整合、一线顶岗实践，提升培养质量。汰旧课、改原课、开新课、建金课，在国家政策支持和对高质量教育的鼓励下，学校的海关管理专业和课程被认定为国家级一流本科专业和课程。在政府教育政策导向下，学校教学改革获得了诸多国家级、省部级的

教学成果奖,获得了全国首批新文科建设项目和2项虚拟教研室建设项目。

(三)创建双赢格局,建构关—校合作机制

打破过去以学科知识为中心的专业教学局限,打通学校与社会之间的隔断。在海关事业改革发展和学校育人改革创新的追求中同向同行。学校与海关合作建设海关风险管理研究中心等六大特色高端智库,为海关发展重大战略和海关基层建设难点问题提供解决方案,深化关校合作。在人才培养、项目合作、科研攻关、智库共享方面紧密携手,形成关校一家亲,建构战略共同体。

(四)实行准军事化管理,传承海关文化

通过系统的培训和实践,帮助学生树立正确的职业观念,培养学生的职业素养和技能;组建"关魂"青年讲师团,开展"海关职业精神"专题教育,传承和弘扬海关文化,激发学生职业热情;开发"国门中国"系列海关思政课,讲解海关历史、现状和未来发展趋势,增强学生的国家意识和社会责任感。除此之外,学校每年举办"海关先进人物事迹报告会";结合海关思政资源,深入实行课程思政改革,创设并营造了全面适应海关发展的人才培养新生态。

三、取得成效

经过近几年的探索,学校培养的海关人才在条件艰苦的新疆、西藏等边远地区"守得住、吃得苦、冲得出、顶得上"。校友叶尔泰和吴精华常年驻守新疆红山嘴边关,组成两个人的海关,被称为"雪山孤岛的帐篷海关";校友先后30次代表国家参加世界海关组织协调制度会议;破获"2021A"玉石走私等大要案;校友彭非追缴海关税收1.5亿元;创新"甩挂界桥交接、吊装"等"零接触"通关模式并在我国边境口岸推广;主导大疆无人机等商品冲破欧美等国贸易管制和壁垒。

改革成果获国家优秀教学成果二等奖,上海市、海关总署优秀教学成果特等奖;获全国课程思政示范课程、教学名师和团队称号,获上海市、海关总署各类教学奖项150多项,建成25个市级以上各类教学团队;获得3项全国首批新文科建设项目和2项虚拟教研室建设项目。《光明日报》等主流报刊专题报道我校这一办学特色和经验。

学生在"互联网+"大学生创新创业大赛、"挑战杯"、大学生数模竞赛等赛事中获各类奖励1100多项。多名本科生的论文被世界海关组织PICARD会议录用并应邀作主题发言,得到会议主席罗伯特·爱尔兰(Robert Ireland)的高度评价。

四、经验启示

(一)政治引领,精准对接行业需求

将政治教育融入课程体系,精准对接国家发展战略和海关行业特性,确保人才培养与国家需求一致。通过对接世界海关组织标准,融合国际视野和专业标准,推动教学内容的更新与国

际化。

（二）实践导向，创新人才培养模式

在创新人才培养体系上，构建以"一德四能"为核心的新时代人才培养模式，强调实践能力和综合素质的培养。同时，关校企协同合作。通过与高校、企业深度合作，探索关校深度融合和三方协同的新型人才培养模式。此外，利用现代信息技术，建立虚拟教研室，推动教学方法的数字化和网络化。

（三）加强师资队伍建设，提升教学质量

强化教师队伍建设，通过奖励机制激励教师，如宝钢优秀教师奖、巾帼建功标兵等，提升教师的教学质量和科研水平。

案例 64　面向大别山革命老区"红色园丁"卓越化培养的创新与实践

申报单位：安庆师范大学
案例主题：教育贡献度

一、案例背景

安庆师范大学是大别山革命老区振兴发展规划区域内的师范类大学，学校坚持扎根大别山革命老区办教育，发挥革命老区红色资源育人功能，坚持"学得好、有专长，下得去、留得住，教得好、有发展"的"红色园丁"培养目标，构建"3310"育人体系，形成了一流专业、一流课程、一流师资、一流实践相互支撑的新时代"红色园丁"卓越化培养机制，取得了显著育人效果，形成了可推广的经验。

二、主要做法

(一) 旗帜鲜明提出"红色园丁"人才培养目标

学校以培养新时代"四有"好老师为标准，把面向大别山革命老区培养"红色园丁"作为教师教育的培养目标，在人才培养方案中，将"红色园丁"的培养目标确定为"学得好、有专长，下得去、留得住，教得好、有发展"，致力于培养以中华优秀传统文化为底蕴、以中国共产党革命文化为内核、以社会主义先进文化为风貌的新时代"红色园丁"。

(二) 持之以恒推进教师教育卓越化培养机制建设

学校成立大别山研究院、安徽红色文化传承创新中心，建设北京师范大学教师教育研究中心大别山分中心、大别山革命老区高校联盟、大别山革命老区教师教育"红色园丁"协同培养基地等教科研平台，实施"传承大别山红色基因培养'红色园丁'的实践研究"等重大教改项目，坚定"下得去、留得住"的决心。为确保师范生在教师职前培养阶段能"学得好、有专长"，学校坚持教师教育卓越化培养导向，先后实施16项省级卓越中小学教师教育培养项目，实现基础教育各学科全覆盖；以"一流专业、一流课程、一流师资、一流实践"为导向，提升新时代"红色园丁"卓越化培养水平。为保证师范生毕业从教后能"教得好、有发展"，学校构建职前职后一体化的开放型教师教育体系，与地方教育系统共同实施"双进工程"，推动大学教师进中学课堂、中学教师进大学讲坛，实现名师互聘、干部互派、资源互通、教改互动，共培训中小学教师3万余人次，学校获批"国培计划"示范基地。

（三）集中力量构建"3310"育人体系

学校基于"红色园丁"培养实践问题的调研，集中全校力量，发挥教和学两方面的积极性，构建"3310"育人体系。一是构建三维目标。将"有理想、有本领、有担当"清晰地作为新时代师范生的"三维目标"要求，合理配置人才培养要素，引导各育人主体形成合力。二是践行三修路径。落实学生主体地位，探索并实施学生"三修工程"，修德明理、修智敏学、修行律己，提高学生成长为新时代"红色园丁"的自觉性和践行能力。三是探索十大方法。学校经探索形成了"十大方法"，即课程主导、科研熏陶、实践历练、文化浸润、网络协同、心理疏导、管理塑造、服务感召、资助励志、组织引领。

三、取得成效

（一）师范生服务乡村教育振兴的信念和能力显著增强

学校坚持面向大别山革命老区开展的"实习支教"工作（派出的近 8 000 名师范生中，70％在基层就业）获教育部简报专辑推广。连续 6 年承担安徽省定向乡村教师培养任务，近千名毕业生成长为乡村教育振兴骨干力量，300 余名学生在省级以上教学技能竞赛中获奖。

（二）扎根革命老区和边疆民族地区的先进典型不断涌现

学校师范毕业生韩龙，用音乐为孩子们点亮梦想，2022 年获评全国"十大最美教师"。2012届毕业生韦文静，扎根大别山革命老区岳西县包家乡十余年，其事迹被新华社报道，获得"最美红色园丁"荣誉称号。中国教育电视台以《守望孤岛学校的年轻女教师》为题，报道了 2010 届师范生张玉娇克服困难、坚守乡村教育十余年的感人事迹。

（三）卓越化培养的研究成果丰富、建设效果突出

学校获批省级教学成果奖 20 余项，省级重大教改项目、卓越教师培养计划近 50 项，省级师范类一流人才培养基地 6 个；在核心期刊上发表高质量学术论文 80 余篇；获批 3 个国家级特色专业（师范），14 个省级以上一流本科专业（师范），其中国家级 5 个（师范），10 个师范专业通过师范专业二级认证；120 余门师范专业课程获批省级一流（精品）课程。

四、经验启示

（一）率先提出并践行"红色园丁"培养理念，为培养新时代"四有"好老师提出了"安庆师大方案"

学校提出"红色园丁"培养目标，丰富培养目标内涵，突出师范生师德培养，强调铸师魂的决定性作用。挖掘大别山革命老区深厚的传统文化资源和丰富的革命文化资源，将红色文化融入教师培养体系。教育部官网、新华网专题报道我校红色文化实践育人成效。2020 年，我校"红色文化育人的创新与实践"被省委宣传部评为"首届安徽思政工作创新推广案例"。

（二）创新设计"地方性服务面向"和"高水平发展目标"耦合机制，为落实卓越教师教育培养计划提供了"安庆师大实践"

学校将"地方性"和"高水平"有机结合，提出"服务好大别山革命老区，就是服务好现代化美好安徽建设，就是服务好全中国，就是服务好中华民族伟大复兴"。先后实施16项卓越教师教育培养计划，强化教师教育专业、课程、师资队伍建设，打造一流实践品牌。连续十多年选派高年级师范生到大别山革命老区开展实习支教，构建"实习支教—置换培训"乡村教师专业成长模式，教育部简报推广学校做法。

（三）持续推进"三修工程"，为激发师范生成长成才活力提炼了"安庆师大经验"

学校设计了学生成长成才的"三修"路径。修德明理，重在引导学生养成崇高坚定的理想信念、纯真美善的价值观念、理性开放的思维方式、厚重自强的文化基因。修智敏学，重在帮助学生拓展文化素质、增强职业认同、提升职业能力。修行律己，重在提高学生学会反思、自我管理、自我教育的能力。

"红色园丁"目标内涵	"红色园丁"目标要求
·以中华优秀传统文化为底蕴 ·以中国共产党革命文化为内核 ·以社会主义先进文化为风貌	·学得好、有专长 ·下得去、留得住 ·教得好、有发展

图1　"红色园丁"培养目标内涵和要求

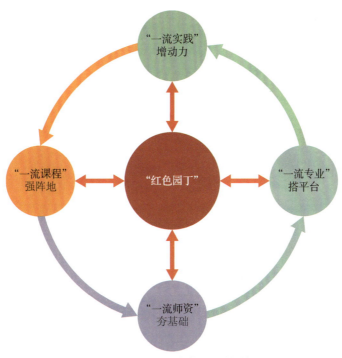

图2　"红色园丁"卓越化培养机制

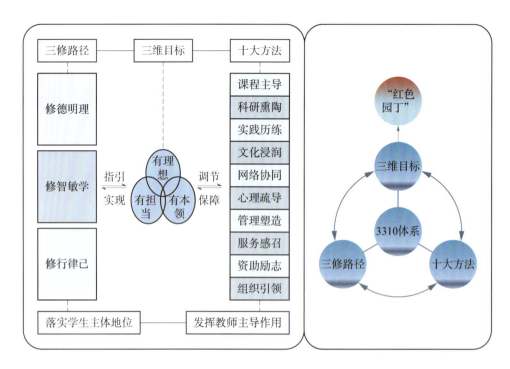

图 3 "红色园丁"的"3310"育人体系

案例 65　接续助力"千万工程"建设　助推乡村旅游提质增效

申报单位:浙江旅游职业学院
案例主题:教育贡献度

一、案例背景

"千村示范、万村整治"工程(简称"千万工程")是习近平总书记在浙江工作时亲自谋划、亲自部署、亲自推动的一项重大决策。"千万工程"造就了美丽乡村、兴旺了乡村旅游,让乡村振兴之路越走越宽广。作为全国唯一一所由文旅部与省政府共建的旅游高职院校,浙江旅游职业学院充分发挥服务乡村旅游的人才、平台、资源、行业优势,组建师生团队先后积极助力浙江省旅游万亿产业行动、全省万村景区化建设、全省旅游业"微改造、精提升"行动、全省乡村旅游"五创"行动,接续助力"千万工程"建设,坚持以人为本、以质取胜,开展精准帮扶,以助力乡村旅游体验更精致、公共设施更精良、生态环境更精美、游客服务更精心、运营管理更精细为主攻方向,助推乡村旅游提质增效。

二、主要做法

(一)深化校地协同机制,当好乡村旅游服务"排头兵"

确立学校领导小组负责全校助力工作的总体部署和统一领导;组建 10 余支专家教授助力团和一批专项服务小分队,为各地提供"一对一"的助力服务;设立共同富裕学院,负责各项助力工作的统筹协调和系统实施;建立"二级学院+专家团+团委+乡村振兴单元"结对共建制度,形成了顶层设计、组织实施、成果凝练"三位一体"的工作载体。

(二)开展多维旅游人才培养,搭建乡村旅游人才"蓄水池"

选派骨干教师深入全省各地,举办"乡村旅游送教下乡"等各类培训,提升乡村旅游管理、经营、从业人员的发展理念和综合素质。对景宁畲族自治县职业高级中学等 12 所中职学校开展帮扶,选派教学名师在专业建设、师资培养、课程开发等方面给予指导;成立"大师工作室",开展技能"教传帮带",帮助当地培养具有绝技绝活的高技能人才;通过"中高职一体化"的方式与中职学校联合培养学生,以多种方式助力乡村旅游人才培养。

（三）多措并举精准赋能，点燃乡村旅游产业"助推器"

依托浙江省乡村旅游应用技术协同创新中心、浙江省文化和旅游发展研究院等十大产学研平台，致力于打造服务乡村旅游发展智库。引导地方注重当地文化的创意开发、本土产品的特色打造、新兴业态的培植引领，培育乡村旅游特色产业。

（四）立足特色创新活动载体，打造乡村旅游发展"金名片"

组织策划开化县"百万年薪聘导游"等特色品牌活动，构建以新华网等 60 余家国内主流媒体全方位全过程报道为主力军，以抖音等多个社交平台为突击队的营销宣传新模式，实现全网新媒体渠道同频共振、高频发声，助力当地打造文旅"出圈"爆款，以品牌活动为龙头，统筹文化、节庆、商贸、体育等系列活动，全领域释放市场消费潜力，把"网红流量"化为"经济增量"。

三、取得成效

（一）聚力乡村旅游品质，助力乡村"美而有韵"

已指导全省 11 个地市 84 个县（市、区）的 286 个村庄发展乡村旅游，其中全面协助 94 个村庄成功创建 3A 级景区村庄，全程指导"两山"理念发源地安吉余村等 4 个村庄成功创建国家4A 级旅游景区，编制村镇旅游发展规划 121 项，打造乡村特色旅游产品和文创产品 216 项，指导乡村旅游特色服务运营项目 67 个，打造乡村旅游 IP 32 个，为 86 个县区举办乡村旅游培训650 余场次，培训乡村旅游从业人员 6 万余人次。

（二）打造百县千碗品牌，助力乡村"美而有味"

参与起草浙江省《做实做好"诗画浙江·百县千碗"工程三年行动计划》，牵头起草《"百县千碗"评价和认定规范》，研制《开化菜制作技术规范》等 50 个团体标准，参与"百县千碗"特色美食进亚运村活动，主持编写"百县千碗"系列培训教材，"'百县千碗'进社区，共同富裕食先行"项目入选教育部首批启动的社区教育"能者为师"实践创新项目。依托中俄旅游学院等 3 个境外合作办学机构，将"百县千碗"美食文化传播至海外，"塞尔维亚鲁班工坊"入选全国首批鲁班工坊运营项目，牵头主持的"百县千碗与浙江饮食文化研究"项目立项浙江文化研究工程重大项目。

（三）提升行业标准品格，助力乡村"美而有范"

牵头起草中国首个国际旅游标准《旅游及相关服务—旅游信息咨询服务—要求与建议》，牵头制定《旅游民宿基本要求与等级划分》等国家标准 3 项、国家职业技能标准 2 项、国家教学标准 4 项、行业标准 11 项、地方标准和团体标准近百项。先后制定《研学旅行指导师》国家职业技能标准和《研学旅游课程与线路设计指南》行业标准。主导起草的长三角通用地方标准《采摘体验基地旅游服务规范》入选浙江省重大领域标准制修订项目，获文旅部优秀地方标准三等奖。

四、经验启示

（一）推进乡村旅游产品创牌

乡村旅游已经发展到靠品牌立身、靠品牌出头的时代。推进乡村旅游产品创牌，可以引导乡村专注于能带来流量、美誉度的具体产品上，全力打磨硬核品牌，以实实在在的品质赢得红红火火的客源与千千万万的口碑。

（二）完善乡村旅游公共服务

乡村旅游公共服务是软环境，又是从根本上影响游客体验、变"流量"为"留量"的硬核力量。完善城乡基本公共服务，推动公共服务向农村延伸、基础设施向农村覆盖，加强乡村旅游配套设施建设，可以提升游客的体验感和舒适度。

（三）加快乡村文化创新转化

要大力推进创意、艺术、设计下乡，促进设计、艺术、科技等融入乡村，不断丰富"村晚"等乡村场景，推动乡村文化向个性化、创意化、时尚化、多元化发展，增强乡村现代美学韵味，焕发乡村文明新气象。

（四）优化乡村旅游品牌传播链

现代乡村旅游已不能主要靠口口相传，应加强创意策划，善于借助抖音、小红书、微信公众号等新媒体，形成高效的传播链。要充分依托国内外旅游组织，争取办好乡村旅游各类国际国内交流活动，让更多乡村以崭新面貌迎接大众。

图 1　我校师生服务团队赴淳安县开展助力旅游业"微改造，精提升"行动

图 2　校长杜兰晓在全国全域旅游培训班上作专题报告

图 3　我校助力山区 26 县共同富裕教授专家服务团开展活动

案例 66　新时代高素质水产拔尖人才培养的创新与实践

申报单位：宁波大学
案例主题：教育贡献度

一、案例背景

我国是世界第一水产养殖大国，养殖占全世界 60％以上。近年来，第三次技术革命加速了我国渔业的转型升级，涌现出了陆基工厂化养殖、深远海设施养殖、盐碱水养殖等诸多养殖新模式、新业态。产业结构、生产方式和组织方式的深刻变革使得水产人才的需求迎来了巨大变化：对从业人员知识、技能、素质方面的要求越来越高，对技术性水产科技人才和复合型水产人才的需求明显增加。

人才培养需求的调整对水产高等教育提出了新要求。新水产专业建设以专业的重构、汇聚、交叉为主要特点，要求具有全新的理论知识体系、人才培养体系、专业结构体系和组织治理体系。然而，长期以来水产专业教育改革较为滞后，专业融合难、课程更新慢、科创培养弱等问题突出。

二、主要做法

（一）教学互联互通：多元课程交叉，多类师资协同

1. 组建创新实验班，创构菜单式、实战型的柔性课程体系

设立人才培养特区——水产养殖专业拔尖人才卓越/创新班，强化实践和国际化能力，突出"复合培养、育人融通"的特色。针对水产专业知识结构的新特征，设计开发了菜单式、实战型的理论与实践课程体系，包括 3 门基础交叉必修课、23 门交叉融合选修课以及12 门专业模块课，其中交叉融合选修课共有农工、农理、农文和农商四大类，如水产物联网技术、产业规划与市场营销等课程。将"三全育人"理念融入到每门课程的建设中，构建以优质示范课为引领的课程思政群，立项 8 个课程思政示范课项目，建成 12 门课程思政一流课程。

2. 搭建跨学院平台，锻造跨学科、跨专业的教师教学团队

依托水产和生物学高水平优势特色学科与博士点，建设浙江海洋高效健康养殖协同创新

中心、国家地方联合工程实验室等 9 个跨学科平台；依托浙江省首批"黄大年式教师团队"，建立水产经济动物增养殖学等 6 个跨学科跨专业的课程组，共同开展课程设计、教学组织、实践指导等工作，通过教师跨界联动带动学生的复合培养。师资方面配备水产专业教师 87 名、外专业教师/企业导师 51 名。

（二）产教科教贯通：专业产业协同，科研反哺教学

1. 组建产业学院，构筑多元化、跨边界的教学资源体系

在国家级实验教学示范中心、国家级大学生校外实践教育基地等平台的基础上，由学院和龙头企业、水产行业协会、地方政府共建智慧水产现代产业学院，并获批宁波市水产养殖产教融合人才培养基地，致力于培养智慧水产、生物育种等产业需求的人才；联合正大农业等龙头企业，组建 36 家专业实践基地，形成专产协同的基地化人才培养环境，实现教学与现代产业资源的有效对接。

2. 外引内育并举，构建适应性、动态化的教学迭代机制

依托各级科研项目，深入开展科学研究，研发 5 个国审水产新品种，攻克稻蟹共作等 13 项世界性水产难题；梳理科研成果，推动形成的盐碱水海鲜养殖等新理论、新技术进课堂、进教材，构建银鲳深海工船养殖等 25 个新型教学案例，撰写《东海区渔业发展典型案例解析》等新形态教材；派遣 76 名教授/博士进企业，组建 35 个科技特派员团队，打造一支既懂实践又懂理论的"双师型"教师队伍；51 位来自渔业生产一线的产业导师参与人才培养全过程，及时掌握产业需求新动向。将科研内容和产业内容建构到教学场景中，将科研成果与产业案例融入课堂教学，从而实现教学内容的动态更新。

（三）理论实践一体：理论实践互融，创新创业互促

1. 揭榜企业真题，组织面向真实问题的实践训练

选取宏野海产等代表性企业中与专业内容相关的真题，结合学生的修读年级、模块方向和能力水平，设置分层次的实践训练项目，每年推出真题 100 道，设置复合型项目 20 个；创新实践训练方法，采用小组讨论、角色扮演、实地考察等多种形式，模拟企业真实环境，培养学生解决实际问题的能力。

2. 设置挑战项目，开展基于专业创新的创业实践

将人工智能、大数据等前沿成果转化为教学实验、实践内容，年均孵化 20 项具有高阶性、创新性和挑战度的双创项目，培养创新创业意识和素养。依托学校 5 000 m² 创业园、23 家合作产业园开展"创业种子计划"，构建基于水产科教产教融合的双创实训体系。每年选拔 30 个团队参加"互联网＋"等权威赛事，双创实践全覆盖。依托"蔚来训练营"构建职业规划和创新创业实践体系，学生参与率达 100％。

三、取得成效

（一）理论成果

获批教育部新农科研究与改革实践项目等 29 项省部级教研项目，出版《交互与协作：研究生创新能力培养模式的研究与实践》《水产经济动物增养殖学》等 12 部专著与教材；在《高等工程教育研究》等期刊上发表 12 篇本教研论文。

（二）学生培养质量提升

近 10 年培养水产本科毕业生 440 名，涌现了秦康翔、胡豪杰等一大批优秀毕业生。本科生就业率 98.64％，升学率 48.86％，其中升学至"双一流"高校占比高达 95.81％。学生全员参与科研项目，参与研发 5 个国审水产新品种，攻克 13 项世界性水产难题。学生创业团队在全国"互联网＋"大学生创新创业大赛等国家级赛事中获得 63 项荣誉，其中金奖、特等奖、一等奖共计 34 项。

（三）专业水平强势提高

水产养殖专业入选国家一流本科专业建设点并跃居全国第二（据校友会中国一流专业排名，2023；软科中国大学专业排名，2022），水产学科位列全国第二（软科"中国最好学科排名"，2021），第五轮教育部学科水平评估获得 A－。建成国家级实验教学示范中心、国家级虚拟仿真实验室、教育部省部共建协同创新中心等一大批省部级平台。助力所在集体获联合国全球减贫最佳案例、教育部省属高校精准帮扶典型、全国党建工作标杆院系等 15 项殊荣。

四、经验启示

（一）教学互联互通的课程体系与教师团队

设立创新实验班和公共平台，打破了专业壁垒，实现了多专业知识的有机融合；菜单式、实战型的柔性课程体系为学生提供了个性化的学习路径，满足了不同学生的学习和职业发展需求；跨学科、跨专业的教师教学团队的形成，提升了教师教学水平，更有助于培养学生的跨学科思维能力和综合素质。

（二）产教科教贯通的协同平台与反哺模式

通过组建产业学院、聘请产业导师等方式，实现了教育与产业的深度融合；多元化、跨边界的教学资源体系，为学生提供了丰富的实践机会，从而培养他们的市场敏感度和适应能力；通过科研反哺教学，适应性、动态化的教学迭代机制确保了教育内容的实时更新，使教育始终与产业发展同频共振。

（三）理论实践一体的融通机制与孵化体系

　　学校通过揭榜企业真题、设置挑战项目等方式，让学生在实践中学习，在学习中实践，实现了理论与实践的深度融合；面向真实问题的科研实践，培养了学生解决问题的能力，激发了学生的创新思维和探索精神；基于专业创新的创业实践，增强了学生的创新创业意识、创业能力和团队协作精神。

申报单位：上海财经大学长三角与长江经济带发展研究院
案例主题：教育贡献度

一、案例背景

上海财经大学长三角与长江经济带发展研究院一直积极探索构建既有财经特色又能扎根中国大地的、全方位服务经济社会发展的育人特色平台。贯彻习近平总书记把思想政治工作贯穿教育教学全过程的要求，践行立德树人和经济匡时的初心和使命，依托智库平台建设，创建以智库党建为组织保障、以学生及教师思政融合为导向的"融入式思政"智库育人平台，形成"书记谈心"五大系列工作，创新活动育人、调研育人，旨在以创新性形式、以实地调研与互动交流的鲜活形式，在田间地头、社会大课堂实现智库育人目标。经过实践积累，成果在全校实践，受益学生百余人，实现了智库、思政双丰收。

二、主要做法

对接国家战略需求，培养出契合我国社会发展需要的高层次人才，是我国高等教育亟待思考与解决的问题。长三角与长江经济带发展研究院依托上海市一类高校智库平台及研究院智库师生联合党支部，大胆创新、主动作为，以智库思政为核心，探索立体式"大思政"智库育人培养模式。

（一）探索"智库党建"新模式

研究院在成立之初就在智库平台同步建立师生联合党支部，实施支部书记"双带头人"试点工程，坚持党建工作引领，突破传统的师生分离的党建组织形式，师生共同参与智库思政建设，以组织形式创新保证全员思政凝聚力。依托该党支部，研究院开展"田野调查思政课"，启动"示范区百村田野调查""博士宣讲团进示范区"等项目，多次走进上海市青浦区、江苏省吴江区、浙江省嘉善县等长三角一体化发展示范区，以扎实调研为核心提升智库研究质量。

（二）深化品牌建设，加强"书记谈心"五大系列工作

开展"书记下午茶""书记面对面""书记讲习所""书记备课会""书记手牵手"系列活动，通

过多种途径积极拓展思政工作的"广度""效度",引导学生正确认识世界、全面了解国情、把握时代大势,搭建与广大师生交流的多元化平台,探索全员全方位智库育人新机制。

(三)探索专业课程与思政教育协同联动新模式

研究院为本科生开设通识课"区域协调发展国家战略的理论与实践",为研究生开设国际暑期课程,以系列课程为抓手,促进人才培育,为国家和区域经济发展打造青年人才"蓄水池"。其中,形成的教学成果"创建'融入式思政'智库育人平台,培养扎根中国大地的卓越财经人才"获 2022 年上海市优秀教学成果一等奖。

(四)创新活动育人、调研育人,探索培育适应社会需要的高素质人才

研究院鼓励和支持学生参与研究院各项高端论坛、研讨会、学术报告活动的组织中,开展"田野调查思政课""千村调查示范区定点调研""示范区百村田野调查""两微两云"("智库带你走"微调研、"智库带你学"微党课、"智库带你看"云沙龙、"智库带你听"云会议)等系列调研项目。通过与政府、高校智库、企业联合开展等形式,先后带领师生前往长三角地区、长江经济带沿线城市、黄河流域沿线城市(如杭州、嘉兴、南京、苏州、成都、开封、郑州、洛阳等地)开展实地调研,调研足迹已遍布 100 多座城市,深入了解国家区域发展战略,为培育复合型人才打下了良好基础。

三、取得成效

智库师生联合党支部 2020 年荣获上海财经大学党建工作样本支部创建单位,2021 年获评中共上海市教育卫生工作委员会党支部建设示范点。智库思政育人模式受到社会媒体广泛关注,新华网、上海教育电视台《教视约见》专访,多次省级以上媒体进行采访报道;专题活动获得大量关注,其中"两微两云"多篇报道被"学习强国"学习平台转载。此外,智库师生联合党支部师生、示范区千村调查定点调研成员学生接受新华网、《解放日报》等媒体采访,就智库育人模式进行专题访问,进一步提升社会影响力。

在智库培育人才过程中,研究院吴胜男博士当选 2020 年度上海市大学生年度人物;2020年至今,研究院专职研究人员每年组织学生团队参加"知行杯""挑战杯"等大学生创新创业项目,多次荣获全国与上海市一、二、三等奖;研究院博士后张麒入选上海市哲学社会科学规划青年课题,并与青年教师吴胜男均获得博士后面上基金项目,取得了良好的育人成效。

在智库育人的实践过程中,师生团队积极参与各类国家级规划与区域政策制定,为中国区域协调发展提供了强有力的智力支持。深度参与长三角与长江经济带特别是长三角一体化发展示范区建设,指导学生参与课题研究,高质量完成了长三角与长江经济带相关政府委托重大项目研究。同时,发挥品牌论坛特色,连续主办 5 届"长三角一体化发展论坛"、3 届"区域重大国家战略协同发展研讨会"、4 届"镇长论坛",以及"长江经济带发展高端论坛"等品牌论坛研讨

会与系列研讨会,以论坛、活动育人的方式,让学生参与到国家战略实践、经济社会服务中,增强思政教育实效,在田间地头、社会大课堂实现智库育人目标。

四、经验启示

在该案例的实践过程中,智库平台服务国家重大决策的同时,坚持以学术引领培养研究人才。指导学生参与课题研究,赴全国各地实地调研。"智库带你走"系列活动,智库通识课程、实践育人等智库思政育人模式与各类专题活动获得社会媒体广泛关注,多次受到省级以上媒体采访报道。在学术培养上,定期开展学术报告,面向研究生发布智库育人课题,依托研究院平台探索智库党建新模式,依托多样化社会实践探索多渠道人才培养模式。依托"以爱国主义精神厚植新时代中国青年家国情怀"的育人理念凝聚师生力量,依托服务国家战略宗旨打造智库育人的品牌优势,形成"课题育人、调研育人、活动育人、论坛育人、课程育人"的智库特色育人方式,以国家战略与人才培养相结合的方式,助力国家经济建设与发展,育人成效凸显。

图1　开展城市足迹微调研活动

图 2　示范区百村田野调查启动会

图 3　田野调查思政课走进校友企业

案例 68　以高质量个性化人才培养体系建设服务长三角教育现代化

申报单位:安徽工程大学
案例主题:教育贡献度

一、案例背景

在当前发展战略格局下,高质量应用型人才队伍和高水平教育是国家高速发展、保持核心竞争力的重要基础,高等学校要加强创新人才的培养,加大应用型、复合型、技术技能型人才培养比重。地方工科院校在促进地方科技进步和社会发展中起着重要作用,随着以新产业、新技术、新业态、新模式为代表的新经济的迅速发展,社会对人才的需求呈现复合化、创新化趋势。而随着高等教育的普及,大学生提升创新意识、实践能力等个性化需求也日益突出。

在此背景下,学校走访了 50 多家企业后,发现企业需要的高级工程师,除了具备熟练的技术操作能力外,还需要懂外语、会管理。为精准对接学生需求和企业需求,打破学生职业"天花板",学校高站位统筹谋划,调研走访 20 余所省内外高校,制定《个性化人才培养改革实施方案》,确定个性化人才培养改革路径,构建"更交叉、更专业、更融合、更个性、更卓越"的高质量个性化人才培养体系,基本实现"一生一策"的人才培养方案。

二、主要做法

(一) 深化教育教学改革,培养复合人才

一是优化人才培养方案。多次征求校内外专家学者、企业高管和优秀校友意见,在控制总学分的基础上,优化现有课程体系,增设学科专业交叉教育平台,打破学科壁垒和专业限制,推动大类平台互联互通,促进通专融合、文理融合,实现"六选四跨"(选专业、选方向、选模式、选课程、选进程、选教师,跨专业、跨年级、跨学院、跨学校)。

二是丰富课程资源。依托学科优势,优化课程设置,开设学科交叉课程,文科类专业开设大数据、人工智能、计算机等自然科学类课程,理工科专业开设管理、法律、营销等人文社科类课程,其他自选交叉课程由学生自由选择,推进跨领域知识的融合融通。试行弹性学制的完全学分制,开设跨学期课程,允许学生提前制订合理的学习计划,跨学期修读课程,打破学年学分制的时间和内容刚性限制,实现提前毕业。

(二) 建设特色专业集群，培养拔尖人才

一是将专业建在产业链上。主动对接长三角地区及安徽省首位产业、支柱产业、战新产业和未来产业需求，积极增设新能源汽车工程、新能源材料与器件、人工智能等近十个新兴专业，陆续停招、撤销多个专业。现有国家级一流专业建设点 19 个，近 80％ 的招生专业与安徽省十大新兴产业对接。

二是创设微专业（群）。2020 年在全省首创人工智能（AI）微专业，选拔非人工智能专业理工科学生，通过开放性、实践性的微课程赋能主修专业，服务社会各行业领域对人工智能的需求。现积极培育新能源汽车工程、软件工程、智慧物流与供应链管理、合成生物学、碳储科学与工程、机器人工程等 6 个微专业（群），聚焦长三角地区新能源汽车设计开发、智慧物流管理、高端装备制造和新能源节能环保等特色产业发展，培养跨学科交叉复合型人才。

三是设置拔尖创新实验班。推进拔尖创新实验班人才培养模式改革，依托优势专业，先后开设应用化学、计算机科学与技术、纺织工程等拔尖创新实验班，强化基础学科拔尖人才培养，整合校内外优质资源，促进"五进三化"（进课题、进实验室、进团队、进赛事、进企业，个性化、小班化、导师化），助力学生科研能力、创新能力和实践能力发展。

(三) 强化校政企协同，培养卓越人才

一是构建产业学院建设体系。学校现有产业学院 13 个（国家级 1 个、省级 6 个、校级 6 个），其中现代产业学院 7 个，特色示范软件学院、示范微电子学院、双创学院等其他类型产业学院 6 个，构建了国家级—省级—校级三层次、多类型的产业学院建设体系。其中，国家级机器人现代产业学院作为长三角现代产业学院协同育人联盟常务副理事长单位，在探索高校、地方政府、行业协会、企业等多方协同育人机制方面取得成效，打造集人才培养、科学研究、技术创新、企业服务、学生创新创业等功能于一体的工科人才培养体系，在长三角地区乃至全国形成了良好的示范效应。

二是推进企业冠名班建设。与固高科技、深兰科技等长三角企业开展校企合作协同育人，共建企业冠名班 20 余个，其中 11 个获"芜湖市紫云英人才计划"设班支持。制定《校企合作共建课程管理暂行办法》《项目式教学改革管理暂行办法》，聘请百余名专家共建校企合作课程。

三是创新推进卓越工程师培养。通过创工场、项目化等路径，与固高自动化、安徽卡思普智能科技、三腾自动化科技等企业组成"校企导师＋研究生＋本科生"团队，探索产教融合、科教融汇培养新模式。与芜湖市、奇瑞汽车等单位合作成立卓越工程师学院（奇瑞学院），以"导师制、跨学科、小班化、项目化"培养模式为抓手，紧紧围绕长三角科技创新中心和高水平人才高地战略布局，努力打造培养地方高校新工科教育探路者和未来卓越工程师的示范地。

三、取得成效

（一）人才培养质量显著提升

通过开展个性化特色人才培养，形成"一生一策"人才培养方案，学生个性化成长空间得到进一步拓展，自主学习能力、科研素养等进一步提升。2023年，学校勇夺第十七届"西门子杯"中国智能制造挑战赛全国总冠军（安徽省首次），A类赛事获奖数位居省属高校首位；个性化人才培养改革作为学校本科教育的特色和亮点，在2023年招生宣传工作中得到广大考生、家长及中学的一致认可，充分展现了"一样的分数、不一样的教育"；2023年省内理科投档线位列省属大学前列。

（二）社会服务质量持续提升

引企入校，通过企业冠名班、产业学院、校企合作课程、项目式教学等建设，推动人才链与产业链深度融合，不断提升社会服务质量；机器人现代产业学院为长三角地区高校和企业提供赛前培训和技术培训，受到业内广泛认可；本科生一次就业率长期保持在95%以上。

（三）高校教育教学改革形成示范

《中国科学报》（《安徽工程大学精准对接企业需求与学生需求——从出口端探寻个性化人才培养路径》）、《中国教育报》（《为破解工科理科化，他们进行了一场综合改革》）、教育部评估中心、安徽教育网等对改革工作进行了专题报道。校领导应邀在第十六届中德应用型高等教育研讨会和第十届产教融合发展战略国际论坛上，介绍学校特色人才培养创新模式，得到与会专家的高度认可；相关高校积极推介培养成果，为地方高校本科人才培养模式改革提供实践方略，促进高校创新发展、特色发展。

四、经验启示

（一）坚持解放思想，多方联动综合施策

校领导带头调研学习，全校进行思想观念大讨论，统一步伐，形成共识。及时转变教育观念，各职能部门协同配合，各学院具体落实，创新求实，主动实践，取得实效。强化政校企多方联动，加强人才需求预测、预警、培养、评价等方面协同，实现人才链与产业链、创新链相互匹配、相互促进。

（二）坚持以生为本，建立长效发展机制

遵循教育发展规律和学生成长规律，聚焦服务学生个性化需求，因材施教，建立以学生为中心的多层次、多类型、多路径人才培养机制。制定多项配套政策，将改革作为一项长期性、基础性工作，依据师生评价不断加以调整，久久为功，持续建设个性化人才培养的示范引领区。

（三）坚持服务国家发展，全面提升人才培养质量

以服务经济社会高质量发展为导向，想国家之所想、急国家之所急、应国家之所需，主动适应国家和区域经济社会发展、知识创新、科技进步、产业升级需要，深化教育教学改革，全面提升人才自主培养质量，建设高质量高等教育体系。

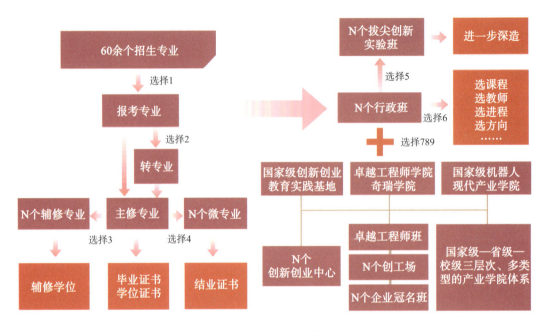

图1 "一生一策"人才培养流程图

图2 在第十七届"西门子杯"中国智能制造挑战赛中获得全国总冠军

为破解"工科理科化"，
他们进行了一场综合改革

■本报记者 温才妃

今年3月，本报刊发的署名文章《屈从论文 难下工厂 "工科理科化"亟待扭转》（2023年3月10日第1版），引发安徽一所高校在全校范围开展大学习、大讨论。历经十几次会议的自查、研讨,6个多月后,该校发生了怎样的变化？

安徽工程大学精准对接企业需求与学生需求——

从出口端探寻个性化人才培养路径

本报记者　方梦宇

生物与食品学院教师指导学生做实验。高圆 摄

图3 《中国科学报》《中国教育报》专题报道我校改革成果

案例 69 "两接两提"培养区域产业急需应用创新人才

申报单位：南京工程学院
案例主题：教育贡献度

一、案例背景

长三角区域一体化发展是重大国家战略，教育现代化是重要基础，培养创新应用型人才是关键支撑。

近年来，南京工程学院坚持"地方性、应用型、高水平、国际化"的办学定位，面向长三角区域现代产业发展，充分发挥行业办学优势，落实立德树人根本任务，坚持多元协同产教融合办学道路，协同地方政府、龙头企业、兄弟高校打造区域应用型办学共同体，深化应用型创新人才综合改革，显著提升了人才培养的适切度和贡献度。相关成果被推荐为教育部典范案例，中央电视台、《光明日报》等多次报道，在国际机械工程教育论坛、国务院新闻发布会、江苏教育大会等会议上做典型介绍，被钟秉林、张大良等专家评价为"走出了一条地方本科院校特色化应用型人才培养道路模式"，得到孙春兰、吴政隆等国家领导和业界的高度认可。

二、主要做法

近年来，学校主动服务以长三角区域先进制造业为主体的现代产业体系需要，协同南瑞继保、西门子等国内外 100 多家行业龙头企业、研究院所，实施"两接两提"改革建设，提升应用创新人才培养能力。

（一）学科专业对接产业布局

近三年，对接区域产业新业态、新需求，增设智能制造、机器人、智能电网等 11 个新工科专业，转型升级 11 个传统专业，停招 7 个老旧专业。在现有 65 个招生专业中，40% 以上是国家、省级重点或品牌专业，其中国家一流本科专业 11 个，省级产教融合型品牌专业 24 个，8 个专业通过工程教育专业认证。构建了学科专业链与区域产业创新链融合体系，为培养区域现代产业急需人才奠定坚实基础。

（二）课程结构对接能力进阶

依据应用创新人才培养要求和学生能力进阶规律，深入实施人才培养综合改革，创设"三确定、四特征、五同步、六属性"的工程化项目教学模式,构建工程项目引领、创新创业教育全程融入的"课程—课程群—专业—工程化"四级系列化项目课程体系。校企协同组建研发教学一体化团队,将行业产业最新技术、真实问题、典型工程项目纳入课程教学,打造"理实一体化、学用创相融"的新形态项目特色课程,建成工程化项目课程 16 门,专业综合级项目课程 68 门,课程群级课程 113 门,实现专业课程体系结构的持续优化和迭代升级。

(三)新型平台提升服务支撑度

协同政、行、校、企建设现代产业学院、产业技术研究院,共建"创意、创新、创造、创业"四创平台。建设 1 万多平方米工程化项目教学基地,建有 5 个国家级、21 个省级学科科研平台,289个校内外教学基地和 80 多个项目工作坊。重点建设 10 大产业技术研究院,构建了应用研究与教育教学相融的服务支撑体系。获批国家级工程技术研究中心 8 个,省级重点产业学院 2个,新型平台助力南京康尼攻克"车门"多项关键核心技术,荣获江苏省科技进步一等奖 2 项;助力南瑞继保开发的"220kV 统一潮流控制器"获中国电力科技奖一等奖,研发的磁悬浮飞轮储能等成果获得江苏省科学技术奖二等奖 1 项、三等奖 2 项。

(四)多元协同提升教育贡献度

一是强化校地城协同,"立足南京、服务江苏、辐射长三角",与南京市联合召开校城融合发展大会,深化校城全面合作;与驻地江宁携手打造校地融合发展示范区和校友经济集聚区,年合作经费超 1 亿元。二是深入推进校行企融合,发挥行业办学优势,与中机联、中电联等 6 大行业协会达成全面合作,与 11 家世界 500 强、100 多家国内外行业龙头企业深度共建,创建 6大校企合作模式,将企业资源要素全方位融入应用型人才培养全过程。三是强化校校合作,牵头组建全国应用型本科院校专门委员会和江苏省应用型本科院校专门委员会,承担省教育厅江苏省一流应用型大学建设委托课题,4 份成果被转化为江苏省正式文件;在省内率先开展应用型人才培养本科—高职贯通式培养,联合南京工业职业技术大学、南京交通职业技术学院等一批高等职业院校,协同培养适应区域产业高质量发展的应用创新人才,获得 2022 年国家教学成果二等奖。

三、取得成效

(一)赋能应用创新人才培养能力提升

学校在中国高等教育学会最新发布的《全国普通本科院校教师教学发展指数》《全国普通高校大学生竞赛分析报告》中,分别位列全国新建本科院校教师发展指数第一、大学生竞赛榜单第五。孙春兰、吴政隆等领导考察学校时肯定了学校的应用型办学特色。《光明日报》《新华日报》《中国教育报》等主流媒体专题报道 100 多次。

（二）铸就毕业生高质量充分就业名片

近年来，毕业生 85％以上在长三角区域就业，75％以上服务高端制造业、电力、发电、软件行业，73％以上入职世界 500 强及其他龙头企业。2021 年，相关成果获"全国普通高校毕业生就业创业工作典型案例"；2022 年，被教育部部长怀进鹏点名表扬，在教育部"办实事、见实效"新闻发布会上作交流；2023 年，在国务院就业工作调研座谈会上作汇报，被推荐为"全国高校毕业生就业创业工作示范单位"。

四、经验启示

（一）坚持需求导向，找准服务域

应用型本科院校必须主动融入国家重大发展战略，主动服务区域经济社会发展需要，强化政校企协同，深化产学研融合，不断提升人才培养的适切性和教育服务的贡献度。

（二）坚持特色发展，提升贡献度

应用型本科院校必须坚持错位竞争、特色办学、争创一流。以应用型创新人才培养为中心，创新培养理念模式，提升培养质量。强化应用研发和成果转化，提升人才培养支撑度和科技服务贡献度。

（三）坚持开放办学，提高适切性

应用型本科院校必须坚持多元开放，深化校地融合的办学体制改革，破解产教融合堵点、痛点和难点；深化教育评价综合改革，不断提升内部治理水平，探索特色化应用型管理模式。

图 1 工程化项目教学模式

图 2　孙春兰考察南京工程学院

图 3　吴政隆考察南京工程学院

案例 70　实施"四集并举" 创新构建农业高职人才培养的"苏南模式"

申报单位：苏州农业职业技术学院
案例主题：教育贡献度

一、案例背景

　　围绕怎样培养适应农业现代化建设需要的"知农爱农"新型人才问题，学校组织开展了江苏率先实现农业现代化背景下高素质技术技能人才培养的大调研、大讨论。针对苏南地区城乡一体化、农业产业融合化、技术装备现代化程度高的显著特点，创新构建了"四集并举"人才培养体系，契合了苏南地区农业集约化发展和教育内涵式发展的要求，有效增强了农业高职教育服务地方农业现代化建设的适应性。人才培养改革成果获国家教学成果奖一等奖，树立了新农人培养的全国标杆。

二、主要做法

（一）专业设置集群化

　　一是对接苏南地区现代农业产业链开发物联网应用技术等新兴涉农专业 12 个，用现代生物技术、信息技术等升级园艺技术等传统专业 15 个，构建了接二（产）连三（产）的专业结构。二是建立现代农业技术、智慧农业服务、农产品加工等 9 个专业群，并在此基础上组建"支撑现代农业发展"和"服务美丽乡村建设"两大专业集群，按照专业集群和专业群定位优化专业内涵，加强高水平专业群建设，创建 7 个国家级骨干专业、1 个国家"双高计划"高水平专业群，4 个省级高水平专业群。三是构建"底层共享、中层分立、顶层任选"的专业群课程体系，强化农信耦合、专创融合和"三新"（新品种、新技术、新模式）融入，优化课程体系和教学内容，升级专业教学标准，制定并实施国—省—校三级专业建设标准。

（二）优质资源集聚化

　　一是持续完善江苏现代农业校企（园区）合作联盟和中国智慧农业教学联盟，成立"全国现代农业产教融合共同体"，共建长三角乡村产业学院等 11 个产业学院，创建全国示范性职教集团 1 个。二是整合科技、实训、培训等平台资源，创建集教学、科研、示范、推广、培训等功能于一体的产教融合集成平台，建成国家杨梅资源圃、球宿根花卉种质基因库等国家级科技平台 3

个,数字化智能温室植物工厂等国家级实训基地 2 个,设施农业与装备工程技术中心等省级科技平台 4 个。三是共建共享国家、省、校三级联动的专业教学资源库、精品课程、规划教材等教学资源,主持全国职业教育专业教学资源库 2 个,主编"十四五"职业教育国家规划教材 18 部。

(三)教学科研集成化

一是践行"兴学劝农"办学初心和"勤勉崇农实干创新"苏农精神,注重生涯引路、文化引领、榜样引导、实践引发,厚植"三农"情怀,健全"勤勉崇农"一体化思政体系。二是以专业群为单位创建"双师双能"教师教学创新团队,将团队建设与培训测评、教改推进、教学实践、科研服务联动推进,"四个联动"提升教育教学和科研服务能力。三是总结推广对接生产案例、生产项目、农时农事和科研项目"四个对接"的"田间课堂"教学模式,"一课多师"实施模块化教学,推动教学与科研服务集成和专创融合,提升实践能力和创新创业能力。学生在全国职业院校技能大赛等全国性赛事中获奖 24 项,其中一等奖 11 项。

(四)教学管理集约化

一是制定教师阶梯式发展标准和个性化全生涯发展规划,建立了周期性全员化培训实践制度,加大专业群负责人、专业带头人、产业教授、技能大师、教学名师、教学骨干和教坛新秀培养力度,培育省级以上称号的高层次人才 45 人次、团队 15 个。二是研制了学生成长成才标准及其配套方案,实施综合素养、职业技能、创新创业"三个四"学生成长成才实施方案,推进"123百团竞技行动""556 创新创业行动",完善了学分制和素质教育学分认定办法,培养综合素质高、职业技能强、创新创业行的人才。三是健全了教学质量评价制度,定期开展教学质量优秀奖评选,重构了学生学业评价制度,制定《学业预警实施办法》,建立第三方毕业生跟踪调研和专业评价制度,构建了闭环式"精耕细作"质量保证体系和常态化诊断改进机制。

三、取得成效

(一)人才培养成效显著

毕业生就业率、用人满意度、新生报到率分别提高了 5.1%、6.8%和 4.9%。学生职业技能大赛成绩综合排名在江苏 20 所"双高计划"建设单位中从建设初期的第 16 位跃升至 2023 年的第 5 位;在中国国际大学生创新大赛中蝉联金奖,实现突破;涌现了一批以被央视誉为"超级新农人"的无人机植保创业者周进超为代表的现代农业建设者。

(二)办学实力不断增强

入选全国乡村振兴人才培养优质校、全国示范性职业教育集团(联盟)培育单位、教育部第一批职业院校数字校园建设试点院校,2021—2023 年连续三年荣获江苏省委年度综合考核"第一等次";以《苏南地区"四集并举"农业高职人才培养体系的创新与实践》为代表的教改成果荣获国家教学成果奖一、二等奖共 5 项,成绩位居江苏前列;获评"国家高层次人才特殊支持计划"教学名师 1 名、国家级教师（教学）创新团队 2 个，实现历史性突破。

（三）应用范围不断扩大

先后 54 次应邀在全国农林院校校长培训班等场合介绍经验，有 161 所国内外学校来校学习交流，本成果相关经验被 50 多所学校借鉴应用；先后两轮负责教育部高职专业目录（种植类）的修订工作，牵头完成了全国高等职业学校（农牧渔类）专业教学标准 49 个。

四、经验启示

（一）理论上创新提出了"四集并举"的高职人才培养理念

该理念是协同论和组织理论在高职教育教学理论中的应用创新成果，契合了苏南地区农业集约化发展和教育内涵式发展的要求，指导了组织化、系统化、协同化推进人才培养体系改革实践，有效增强了农业高职教育服务地方农业现代化建设的适应性。

（二）实践上首创探索了"四个对接"的田间课堂实施路径

"四个对接"体现了农业生产地域性、周期性、实践性强等特点，契合了高职教育强化综合职业能力培养的要求，是推动农业高职专业链与产业链、创新链、人才链有效衔接的重要路径，是农业职业教育在教学模式层面深化产教融合、创新科教融汇的开拓性探索。

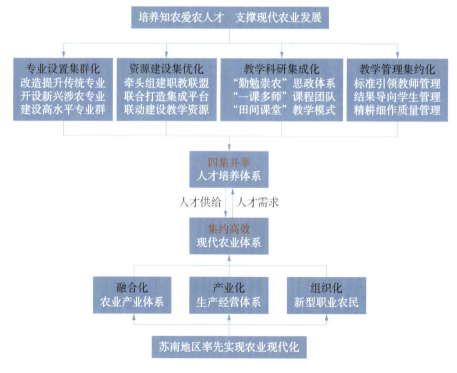

图 1 "四集并举"人才培养体系建设机制

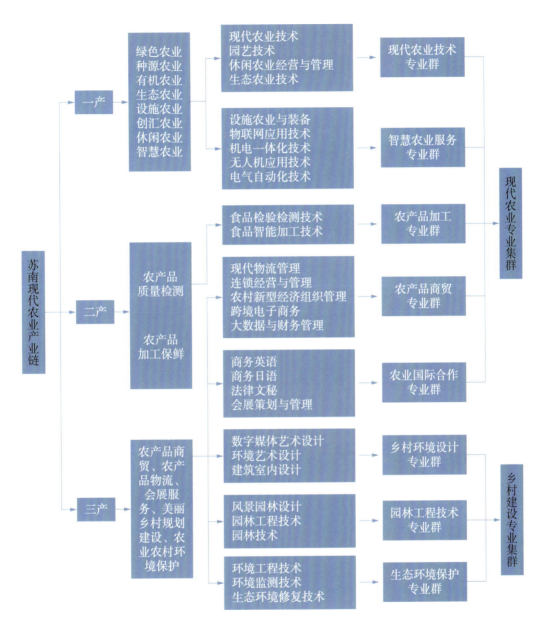

图 2　现代农业产业链专业结构图对接

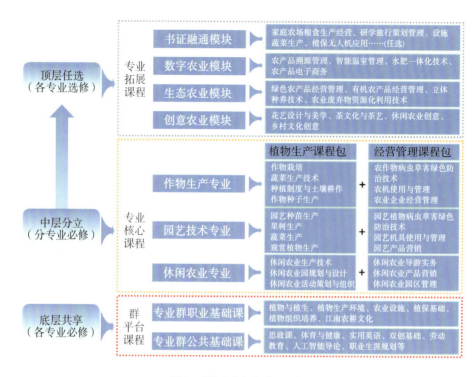

图3 现代农业专业群课程体系

案例 71　打造长三角纺织产教联盟，为长三角先进制造业培育"工匠"人才

申报单位：江苏工程职业技术学院
案例主题：教育贡献度

一、案例背景

纺织业是长三角的传统优势和经济支柱产业，产业集群效应明显，被《长江三角洲区域一体化发展规划纲要》列入建设世界级制造业集群的十大领域之一。为服务长三角纺织产业向高端化、智能化、绿色化发展，培育产业需要的德智体美劳全面发展的"工匠"人才，江苏工程职业技术学院协同江苏省纺织服装职业教育行业指导委员会、江苏南通国际家纺产业园区、海安常安现代纺织科技园、南通纺织工业协会、南通市服装协会、江苏大生集团有限公司、罗莱生活科技股份有限公司等单位组建了长三角纺织产教联盟，进一步整合长三角地区现代纺织领域职业院校和企业资源，构建"产教联盟＋产业集群＋职业院校"的办学体制和管理机制，聚焦强纺织、强职教、强地区，在发挥平台作用、促进产教融合、创新培养模式等方面出实招、求实效，走出了一条根植纺织、服务发展、联盟搭台、产教融合的职业教育一体化发展新路径。

二、主要做法

（一）发挥联盟协调地区纺织产业和职教发展的平台作用，打造协作总部

以联盟为平台，发挥咨询、指导、带动、示范、辐射作用，汇聚长三角地区纺织行业企业、职业院校多元资源，推动长三角地区纺织产业一体化进程，促进纺织职业教育向特色化、品牌化发展，为职教服务区域纺织产业发展、提升高素质技术技能人才培养质量贡献力量。针对长三角地区纺织产业转型升级需要，开展产业人才需求和职业院校人才供给匹配度调研，发布毕业生就业情况研究报告，研制纺织服装类专业教学标准—课程标准—顶岗实习标准—职业技能等级标准等，提出产业需求人才规格和数量以及院校办学人才培养的方向性意见，为地区制定经济和教育政策提供决策建议。

（二）提升长三角纺织院校面向产业集群地的服务功能，深化产教融合

联盟在上海、苏州、绍兴、合肥等纺织产业集群地，推动形成紧密对接产业链、创新链的专业体系，切实做到办学跟着产业走、专业围着需求转，促进专业与产业对接、课程标准与职业标

准对接、教学过程与生产过程对接,持续优化职业教育服务产业发展格局。支持地区高职院校与产业园区、行业龙头企业等试点混合所有制或产业学院,推动企业以资本、技术、管理等要素依法参与办学,职业院校开展"立地式"科技研发,为企业提供技术服务,推动校企人才双向流动、两栖发展。

（三）加强以纺织类专业为核心、融合其他专业的专业群建设,培养复合型人才

联盟把整合的校企多方资源转变成办学育人资源,贯彻落实立德树人根本任务,在联盟院校中将"衣美天下""纺织强国""工匠精神"等思政元素融入人才培养全程。对接纺织原料生产、纺织加工、服装设计制造等"从一根丝到一个品牌"的完整产业链条,实施"纺织＋、＋纺织"专业融合改革,建设以纺织类专业为核心,包含电子商务、工业机器人技术等专业的专业群。打通细分的专业边界,融入数转智改新技术,培养"懂面料的服装设计人才""懂纺织的智能制造人才""懂服装的电商人才"等复合型技术技能人才,创新了多能复合、专业聚合、课程融合、资源汇合的大纺织综合育人人才培养模式。

三、取得成效

联盟协同企业与高校提升了纺织服装职业教育人才培养水平和社会贡献度,打造了服务高端纺织的高素质技术技能人才培养高地和技术技能创新服务平台。

第一,为长三角江苏大生集团、江苏联发集团等行业龙头纺织企业培养了数万名复合型技术技能人才,15 名学生获中国纺织工业联合会"纺织之光"学生奖,83 名学生在省级以上纺织类技能大赛中获奖,累计有 28 名学生获全国职业院校高职组服装设计与工艺赛项一等奖,获奖等级和数量稳居全国首位。

第二,支撑地区内职业学校现代纺织技术专业群成为全国唯一的"双高计划"纺织专业群,现代纺织技术、数字化染整技术等专业在 2022 年高职院校专业竞争力排行榜中均为全国第一,获评中国纺织服装人才培养基地、全国纺织行业技能人才培育突出贡献奖。

第三,校企联合攻关"超高分子量聚乙烯产业化"等项目,掌握了 300 余项关键技术,助力企业提高产值超过 30 亿元。助推泰州天虹等 28 家企业晋升国家高新技术企业,助力中小微企业提高产值超过 15 亿元。

第四,在"新加坡-中国"江苏高职教育合作论坛、世界纺织服装教育大会、全国高职高专校长联席会议年会等会议中做典型经验介绍。

第五,通过肯尼亚教育部合作师资培训项目、中巴张謇学院等,将先进做法输入"一带一路"国家,现代纺织技术专业教学标准被巴基斯坦官方认可,扩大了中国纺织职业教育的世界影响力。

四、经验启示

(一) 平台建设是推进教育现代化的重要载体

教育现代化要求高质量发展体制机制的创新。平台汇集了多方办学资源,形成了对区域一体化的人才、技术、经费等运行支撑,具有事半功倍之效。

(二) 产教融合是汇聚发展动能的有效形式

产教融合不仅是职业教育人才培养的必要举措,也是行业企业技术创新的重要举措,对职业教育办学和经济社会发展产生了双重推动作用,需要政行校企协同推进。

图 1　长三角纺织产教联盟成立

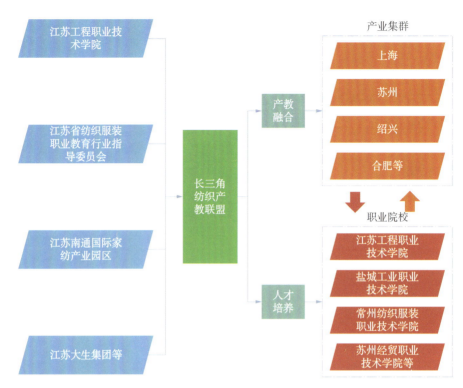

图 2　长三角纺织产教联盟架构

图 3　长三角纺织产教联盟内院校获服装设计与工艺赛项一等奖

案例 72　对接长三角文旅教育一体化，共建校企命运共同体

申报单位：安徽职业技术学院
案例主题：教育贡献度

一、案例背景

党的二十大报告中明确提出"以文塑旅、以旅彰文"，推进文化和旅游深度融合发展。安徽职业技术学院文化与旅游学院始终坚持"产教融合、服务行业"的理念，通过与上海、浙江、江苏等地区包括开元旅业、洲际集团、新荣记、建国集团等在内的文旅领军企业开展深度校企合作，精准对接长三角文旅产业，着力培养满足现代文旅产业亟需的运营、技术、高端服务等岗位群要求的高层次技术技能型人才。

二、主要做法

（一）对接岗位，创新人才培养模式改革

联合杭州森泊旅游投资有限公司、上海鲁采餐饮管理集团、宁波开元名都大酒店有限公司、上海梦蝶云仓文化科技工程有限公司、绍兴会稽山阳明度假区等五家长三角领军企业共建产业学院，将旅游管理、酒店管理与数字化运营、会展策划与管理、文化创意与策划、现代文秘五个专业教学过程与生产过程对接，课程内容和职业标准对接，校企共同开展定制化人才培养。以企业真实案例为基础，构建"底层智能平台，中层真题真做，高层真实场景"的课程体系。与上海滴水湖假日酒店开展现代学徒制试点项目，每年培养30余名"金钥匙"式服务人才。与莫干山森泊旅游度假区开展定向式人才输送项目，每学期开展企业实训课、轮岗实践，实现职业教育与岗位能力无缝衔接。与上海梦蝶云仓文化科技工程有限公司开发校内嵌入式课程，通过虚拟会展、线上文创、新媒体展示等方式，将岗位实践与专业授课有机结合，全面提升学生的专业技能与协作精神。

（二）引育并举，打造"双师型"结构化教师创新团队

与湖州东吴开元名都酒店有限公司、杭州开元名都大酒店、杭州开元森泊旅游投资有限公司三家企业实施"产教互聘计划"，搭建校企互聘人才库。每年选派10位骨干教师赴企业参加不低于300课时的岗位实践活动，实施"实践＋授课"计划，教师赴企业实践与"2＋1"实践教学

相融合。积极参与开元"旅游行业青年专家孵化计划",每届选派 2 名青年教师赴舟山森泊主题乐园、千岛湖森泊主题乐园进行为期 60 天的挂职锻炼,通过企业任职攻克技术难关,提升技术技能。柔性聘用上海华墨展览服务有限公司、上海新荣记餐饮管理集团、上海华港实业有限公司三家公司 5 位总监以上"产业教授",开展项目式教学,成立"企业技能大师工作室",充分发挥"传、帮、带"作用。

(三) 校企共建,建设高水平产教融合实践基地

与杭州湾大酒店有限公司、湖州东吴开元名都酒店有限公司、绍兴咸亨酒店有限公司、会稽山阳明高尔夫度假区四家高端文旅企业共同建设完成省级示范实习实训中心一座,省级校企合作示范基地一座。与杭州开元名都大酒店、杭州白马湖建国饭店有限公司、嘉里置业(扬州)有限公司、扬州香格里拉大酒店等 30 余家长三角文旅企业,建成校外实践实训基地 35 个,覆盖长三角地区的主要大中型城市。通过校内、校外"产学研"相融合的实践教学模式,每年完成 400 余名专业学生 1000 课时/人的实践学习任务。在"旅游+"产业融合背景下,长三角校外实践基地重点开发文旅综合体、文创旅游商品、旅游演艺、特色民宿等新兴文旅项目,重点培育现代产业亟需的复合型人才以及"旅游+科技"型人才。

(四) 服务社会,全面提升社会服务水平

与宁波开元名都大酒店有限公司、宁波九龙湖开元酒店有限公司、杭州开元森泊旅游投资有限公司、宁波钱湖国宾馆管理有限公司四家企业开展定向技术服务,开展产教融合项目,定期对企业员工进行岗位培训。联合嘉兴职业技术学院等八家单位共同成立全国红色研学产教融合共同体,参编红色研学系列教材。为上海旅专等长三角院校担任技能大赛裁判,共同制定赛程规则。参与"森泊杯"全国大学生旅游数字营销大赛,助力企业文旅产品研发。与杭州森泊度假区联合开展"职业技能+中文"国际合作项目,建设以"文化+旅游"为特色的国际文旅学院,与开元旅业合作开发"旅游汉语""中华诗词"等国际化课程,研发以"汉语:听、说、读、写"为特色的双语系列教学资源,帮助企业提高国际化服务能力。

三、取得成效

(一) 人才培养质量显著提升

学院通过践行订单式、现代学徒制、工学交替、共建产业学院的实践教学人才培养模式,培养出一大批文旅行业的高素质人才。根据麦可思 2022 届毕业生培养质量评价报告,2022 届毕业生的工作满意度为 96%,对母校的推荐度为 87%,学生对就业岗位、就业前景比较满意,校企合作效果良好。

(二) 形成特色人才培养模式并加以推广

学院最早实施教学实践改革,现已形成成熟的"一二三四"育人模式并在全校推广。同时

经过 10 余年校企协同育人的探索,形成了基于 POPBL(项目和问题导向的学习)的"工学交替"实践教学模式,以现代学徒制班为纽带,将三年学习时间切换为 1+0.5+1+0.5,完成学生→学徒→准员工→员工的身份转换,同时推动学校双师培养、教学改革,实现产教融合,优势互补,资源共享,协同育人。

(三)打造高水平"双师型"教师创新团队

通过与长三角企业合作,打造了一支高水平"双师型"教师团队,现有教学团队包含了"企业教学名师""产业教授""青年技能专家"等。根据企业需求,联合组建"开元酒店""森泊度假""华墨文展"三支项目团队,共同承接国家级、省级各类科研项目 50 余项,联合开发国家精品课程 2 门、"十四五"国规教材 2 部,省规教材 5 部,共同申报软著和实用新型专利 20 余项。

(四)社会服务能力显著增强

学院 2023 年横向课题经费立项 62 万,近五年累计服务旅游类企业 30 余家。近三年,为企业开展技术技能培训、学历继续教育等累计达到 3 000 人次。团队为了培养乡村振兴文旅产业带头人,对社招学生进行职业能力及学历提升专项培训 200 人次,对退伍军人等群体开展专项培训教学。2023 年,为杭州开元森泊旅游投资有限公司等 6 家企业开展岗位技能培训及管理咨询服务。

四、经验启示

积极探索形成"一条主线,双元协育,三个自主,四个融合"的"一二三四"育人模式,建立基于 POPBL 的"工学交替"实践教学平台,实现产学联动,凝聚合力,优势互补,共促发展。

人才培养成果(旅游优秀学子)

潘茜,2010 届旅游管理专业学生,中共党员,现任江苏盱眙国联开元名都大酒店总经理

王祥明,2010 届旅游管理专业学生,中共党员,现任安徽视界国际旅行社有限公司总经理

杨润刚,2013 届旅游管理专业学生,现任中青旅安徽国际旅游有限公司销售部经理、安徽坤展旅游发展有限公司总经理

人才培养成果（酒店优秀学子）

孙志强，2011届酒店管理专业学生，党员，现就职于宜宾开元名都大酒店总经理

胡亚文，2014届酒店管理专业学生，现就职于南京新时代开元名都大酒店，担任营销总监

王传龙，2018届酒店管理专业学生，曾任校酒店协会会长，现担任湖州南浔巨人君澜酒店市场营销部总监

人才培养成果（会展优秀学子）

李峰，深圳易尚展示器材有限公司、上海红快展示科技有限公司董事长，易尚股份是全国展览展示行业第一家主板上市企业

徐文擎，2012届会展专业学生，现担任合肥京正展览有限公司营销总监。曾获"2017年度合肥市会展经济工作先进个人"荣誉称号

孙浩，2020届会展专业学生，曾任校会展协会副会长，现任上海华墨展览服务有限公司泰州分公司总经理

人才培养成果（文秘优秀学子）

王琦，2015届文秘专业毕业生，现为安徽王琦文化产业发展集团董事长，安徽亲清政商文化传播有限公司董事长，并担任安徽省青年创业者协会副秘书长等社会职务

方蕾，2012届文秘专业毕业生，现就职于和声机构合肥分公司，担任策略总监一职。在国家级、省级刊物上发表多篇文章，出版个人文集《只因山水是故人》

杨洲，2019届文秘专业毕业生，现就职于亿阳集团股份有限公司，担任董事长秘书一职。高级速录师。曾作为中国代表团成员，赴意大利参加第52届国际速录大赛

图 1　学院优秀学子代表

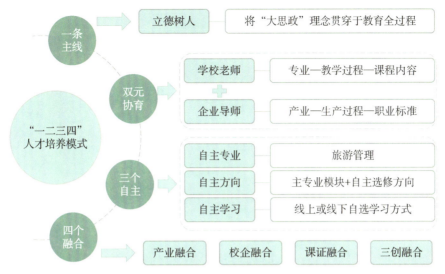

图2 "一二三四"人才培养模式示意图

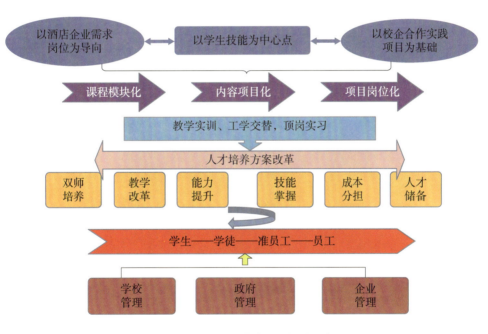

图3 基于 POPBL 模式的实践教学平台

申报单位：黄山学院
案例主题：教育贡献度

一、案例背景

2014 年，国家发改委印发《皖南国际文化旅游示范区建设发展规划纲要》，提出示范区三大发展战略定位"美丽中国建设先行区、世界一流旅游目的地、中国优秀传统文化传承创新区"。2021 年 10 月，安徽省第十一次党代会提出"支持黄山建设生态型、国际化、世界级休闲度假旅游目的地城市"。2024 年 3 月，省政府召开"大黄山世界级休闲度假康养旅游目的地建设推进会"，省委书记批示将建设"大黄山世界级休闲度假康养旅游目的地"作为安徽省加快建设繁荣兴盛的文化强省和高品质旅游强省的重大举措。

为更好地满足上述战略需求，黄山学院自 2014 年起，依托和法国瓦岱勒国际酒店与旅游管理商学院（QS 2023 酒店管理学科，全球第 11）的中外合作办学项目、旅游管理"国家级一流专业建设点"、酒店管理"省级中外合作培养项目"等，历经五年的改革与实践，逐渐形成了"四维度、四进阶：国家战略需求导向的'在地国际化'旅游人才培养模式"，目前已经历 4 年的实践检验期，取得了较好的成果。

二、主要做法

（一）构建"四维度"培养模式，打造不出国的留学新平台

"四维度"是指，课：国际先进课程体系；教：国际化"双师型"教师团队；赛：国际专业赛事；证：国际专业认证。侧重选用国际旅游专业通行教材，引进国际课程体系，推进课程内容国际化。选派优秀教师赴海外高校或企业研修，学习国际经验，提升课程师资团队的国际化水平。以赛促学、以赛促教，增强参与国际赛事的激励措施。作为世界技能大赛国（省）赛基地，对接国际行业标准，提高旅游类人才应用创新能力。全面对标世界旅游组织教育质量认证标准，将国际认证中的相关要求和原则融入专业培养目标，以点带面，建立创新型中外合作大平台。

（二）优化"四进阶"课程体系，提升在校生的行业竞争力

"四进阶"是指，感：认知探究；学：行业锻炼；用：实践运营；创：创新创业。引入国外课程体

系,优化调整专业课程,建构以"行业感知和基础能力、行业知识和技能、管理与运营、创新创业"为主要内容的进阶式课程体系,在人才培养方案中将技能训练类课程由以校内为主改为以校外为主,注重学生实践能力的培养,其中实践环节占整个教学环节的50%。增加了"世界文化""旅游伦理学"等课程,以推广联合国世界旅游组织的全球道德守则;将可持续发展理念融入"旅游规划""旅游接待业"等课程;跨界重组了"大数据挖掘与应用""旅游信息化"等文理融合课程。教学内容对接行业国际标准,重在突出学用结合、知行合一。

(三)夯实"边学边做"实践教学方式,加强一体化的校企地合作

采用国际通行的"边学边做"嵌入式和"轮岗＋定岗"交叉阶梯式的教学模式。依托黄山世界文化与自然遗产"双遗产"资源,与知名品牌旅游集团万豪、凯悦、雅高、黄山旅游集团等共建实践教学基地。教学从校内课堂向校外课堂、国际课堂拓展。校外课堂以在服务一线开展专业实践为主,国际课堂以升学、短期研学、交换学习等为主。用好国内"大场景"的国际活动,以服务 G20 峰会、冬(残)奥会会议等国际高端会议为抓手,完善"教学、训练、竞赛、就(创)业"一体化的教学体系,促使学生的创新应用能力普遍提高。

三、取得成效

(一)本案例得到国内专家的高度评价

案例得到浙江大学、华侨大学、安徽大学等单位专家的高度评价,"通过引入并优化国际人才培养标准,提升了地方应用型高校服务国家战略需求的能力;构建了'在地国际化'先进培养模式,为提高教学质量提供了有力保障;开展'四维度、四进阶'教学体系,提高了学生的国际化意识与应用创新能力"。

(二)教学改革与建设成果丰硕

旅游类专业目前拥有国家级一流专业建设点 1 个、省级 3 个,4 个专业通过世界旅游组织教育质量认证,是安徽省旅游人才培养示范基地,教育部旅游管理专业国家虚拟教研室成员。先后获得省级高峰培育学科、省级高校优秀创新团队、省级教学团队、省级示范实训中心、省级示范教研室、省级一流本科人才示范引领基地等荣誉称号。获省级以上教学奖励 6 项,两次获得一等奖。

(三)学生培养质量显著提升

近年来,旅游类专业毕业生初次就业率均在 95％以上,安徽省内就业创业率均在 60％以上。学生在服务国际政治、经济、文化活动以及国际性大赛中为祖国赢得荣誉。陆续服务 G20峰会、冬(残)奥会会议等国际高端会议,深受好评。学生在全国第一届职业技能大赛中斩获餐厅服务、前厅接待等项目奖牌。越来越多的学生在服务国家战略以及国内外文旅行业中发挥着重要作用。

(四)产生了积极的示范和辐射作用

本成果被《中国大学教学》《远程教育杂志》《苏州大学学报》等 CSSCI 期刊刊载;在第六届中

国与"一带一路"国家旅游高等教育研讨会上做了题为"应用型本科高校旅游管理类专业国际化发展的思考——以黄山学院为例"的主旨发言,得到国际旅游教育界的关注;国家级一流课程"礼仪礼态"教学团队积极服务乡村振兴国家战略,承接了各区县的乡村推介官训练营培训工作。近年来,已有泰山学院、西安文理学院、珠海科技学院等40多所高校陆续来校交流学习相关经验。

《光明日报》《中国青年报》《安徽青年报》"学习强国"等主流媒体先后深度报道我校在教育全球化背景下对外开放合作的国际化办学道路。

四、经验启示

本案例充分挖掘利用在地国际化资源"存量",不断提升在地国际化教育的质量和水平。有效解决了地方高校在旅游业人才培养方面普遍存在的三个突出问题。

一是打破了国际化旅游人才培养地域门槛高的问题。传统培养方案大部分没有对接国际标准,出国留学成本高,受益面较小,难以满足国家发展战略对国际化旅游人才的质量要求和数量需求。

二是解决了旅游类人才国际胜任力不足的问题。地方性高校学生国际交流机会相对较少,国际化视野不够开阔,课程体系相对陈旧,国际化师资相对缺乏,对标国际旅游人才存在一定的局限性,较难适应现代文旅行业国际化需求。

三是解决了旅游教育与旅游产业融合度不够的问题。传统地方性高校旅游人才培养存在产教融合模式不科学、产教融合方式不灵活、地域特色不鲜明、"协同育人"路径不清晰等不足。

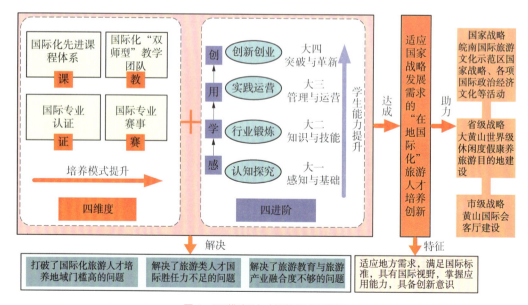

图 1 "四维度"人才培养模式框架图

	行业感知和基础能力	行业知识与技能	管理与运营	创新创业
校内课堂	世界文化 雅思英语 大学英语 旅游伦理学 法语	国际酒类与饮品 消费者行为学 大数据挖掘与应用 西餐工艺 管理信息系统 礼仪礼态 旅游情景英语	旅游规划 行政管理 旅游接待业 人力资源管理 新媒体运营 公司税务 市场营销 国际商务导论	创业基础 谈判技巧 旅游信息化 商业企划 企业创业 行业分析 职业生涯规划与就业指导
校外课堂	酒店环境 餐饮环境	专业实践1 专业实践2 专业实践3	集中专业实习1	集中专业实习2（毕业实习）
国际课堂	"马可波罗计划" "境外带薪项目" "交换生项目" "短期研学项目"			

图2 "四进阶"课程体系

案例 74　市域统筹　提级把关　保障义务教育学位供给

申报单位:合肥市教育局
案例主题:教育贡献度

一、案例背景

针对合肥市义务教育人口阶段性快速增长现状,为有效保障教育资源"够不够"与"好不好"问题得到及时有效解决,2023年下半年以来,合肥市委、市政府领导亲自调度,市教育局牵头建立各区和相关市直部门协调联动的教育专班工作机制,通过市域统筹、提级把关,高位推进市区热点区域和热点学校学位供给,多措并举化解教育资源供给不足矛盾,取得了明显成效。

二、主要做法

(一) 成立教育专班,夯实政府责任

根据时任省委常委、市委书记虞爱华在《市教育局关于市区义务教育学位供给及部分热点学校化解方案的报告》上的批示要求,成立以市委副书记路军,市委常委、常务副市长张泉为组长的合肥市城区义务教育学位供给工作专班。工作专班下设办公室,办公室设在市教育局。

(二) 建立动态模型,预测发展趋势

受生育政策放开,随迁子女入学政策放宽,以及城镇化加速、城区净流入人口加大等因素综合叠加影响,未来三年,我市部分热点区域义务教育学校学位供给面临巨大压力,部分学校将出现新的"入学难"问题。为有效化解学位紧缺问题,确保未来几年市区义务教育各学段学位供给安全平稳"渡峰",市教育局牵头开展了市区义务教育各学段学位缺口分析测算工作。

(三) 研判学位供给,摸清教育家底

对幼儿园、小学、初中和普通高中学位进行全面摸底调研。在摸底调研中发现,为应对2023年的小学入学高峰,很多学校将承担素质教育任务的功能室等改为教室以增加学位,形成了新的"大校额"和"大班额"。综合小学学段学生数和人口变化等情况预测,市区初中在校生总数将于2030年达到峰值,市区普通高中在校生数将于2033年达到峰值。

（四）建立预警机制，筛选预警学校

以 2017—2023 年在校生规模平均增长率，以及学校实际班级数和设计班级数之比作为重要指标，建立预警机制。将学区内适龄户籍人数达到或超过学区小学常态招生计划数的 100%，且直接影响到 2024 年招生的确定为红色预警学校；将学区内适龄户籍人数多，2024 年学位暂能满足但 2025 年后会产生较大学位压力的确定为黄色预警学校。

（五）规划学校布局，制定建设计划

编制《合肥市中小学、幼儿园布局国土空间专项规划（2023—2025 年）》，出台《合肥市中小学建设三年滚动计划（2024—2026 年）》，明确 2024—2026 年市区计划新建中小学校数量和位置，确保义务教育学位供给平衡。

三、取得成效

（一）生源动态模型已建立

下一步将根据人口模型结合现有学位数测算出空缺学位数，为缓解"大校额""超标准班额"及部分热点区域教育资源不足提供解决思路参考。

（二）部门联动已落实

市教育局会同市卫健、统计、公安等部门，指导区教育主管部门分年度、分学段核准各区学位需求情况，研判热点区域和重点学校学位供需矛盾，形成《合肥市教育局关于市区义务教育学位供给及部分热点学校化解方案的报告》报市政府。

（三）"一校一策"已启动

目前诸如蜀山区的 5 个热点学校已形成"一校一策"解决方案。迫在眉睫的五十中天鹅湖校区解决方案是按照两步走，通过在校园内增建临时教室的方式先解决 2024 年和 2025 年入学需求问题，再通过在合肥体育中心西南侧新建学校的方式解决 2026 年以后的入学需求。庐阳区包括四十五中橡树湾校区、长二小橡树湾校区在内的 3 所热点学校，已通过租用相邻校舍和内部挖潜功能教室等方式解决入学需求。包河区包括师范附小四小在内的两所热点学校已通过租用闲置校舍、利用新建成校区等方式解决入学难题。

四、经验启示

下一步，市教育局将多措并举，确保未来几年全市义务教育各学段学位供给安全平稳"渡峰"。一是进一步摸清基础教育底数，全面了解掌握各区教育资源配置情况，建立全市义务教育各类数据台账，为统筹城区小学及初中学校规划布点、建设时序和衔接使用提供决策依据。二是加强市级调度，通过实行"一校一策"解决热点学校问题。三是统筹土地、资金要素保障，加快教育项目设施建设。建立中小学、幼儿园规划设计教育部门前置审核制度,尤其在单元控规、街坊控规征求意见阶段,县(市)区教育主管部门须对每一个街坊(单元)控规进行细致分析,提出教育合理需求,切实保障教育用地;市教育局会同市财政局指导各县(市)区将新建、改扩建等学位建设及时纳入财政预算"盘子",对学位供给任务较重的,在项目资金和经费安排方面给予倾斜支持。实施中小学校建设三年滚动计划,建立项目建设闭环管理机制,加速在建项目进度,确保明年新增一批学位,缓解学位紧缺难题。

图1　合肥市委副书记路军调度中小学项目建设现场

图2　合肥市委常委、常务副市长张泉调研五十中天鹅湖校区学位扩容

图 3　教育项目建设调度会

篇章六

教育影响力

申报单位：南京铁道职业技术学院
案例主题：教育影响力

一、案例背景

中国铁路发展成就世界瞩目，高铁"出海"成为中国制造业最为亮丽的名片。在"一带一路"广大发展中国家中，铁路职业教育极为薄弱，中国铁路"走出去"面临着技术技能人才本土化培养的难题。南京铁道职业技术学院是国家"双高计划"建设单位，是长三角地区唯一的轨道交通高校，长期以来坚持"走融合发展之路，与中国铁路同行"办学理念，主动服务"一带一路"建设和中国高铁"走出去"，积极探索实践铁路国际化技术技能人才培养路径。学校通过中外合作办学、招收来华留学生和境外办学等，服务教育对外开放，"引进来""走出去"双轨并进，成为轨道交通职业教育对外开放新高地，为中国铁路"走出去"提供强有力的人才和技术支撑。

二、主要做法

（一）构建国际合作办学新生态，主动服务中国铁路"走出去"

学校集聚政、行、企、校多方力量，融入国际经验和本土元素，铁道类专业主动服务中国中车、中航国际等优质企业，形成了多方聚力、双融双优的国际化发展态势。牵头搭建了欧亚交通高校国际联合会、中俄交通大学校长联盟等五个国际合作平台，覆盖"一带一路"国家。作为首个国家轨道交通装备行业产教融合共同体国际交流部的牵头单位，携手中国铁路高校和企业共同"走出去"。对接雅万高铁、亚吉铁路等"走出去"项目，精准开展国际化人才培养培训。开展校际合作，开办中俄合作办学项目，建立老挝、埃及铁路培训中心和马来西亚海外办学项目，形成了良好的国际合作办学生态体系。

（二）"引进来""走出去"双轨并进，精准培养国际化技术技能人才

一方面，高标准"引进来"。与俄罗斯圣彼得堡国立交通大学联合举办铁道交通运营管理、铁道信号自动控制两个项目，打通"专—本—硕"一贯制学历晋升通道，对接中欧班列人才培养需求，培养"会俄语懂专业"的国际化复合型人才。通过引进俄方专业课程、俄方师资，中俄双方共同开发双语课程、设置双语实训项目等，采用"3＋0""2＋2"跨境分段模式培养国际化铁路

技术技能人才。另一方面,高质量"走出去"。主动服务埃及斋月十日城铁路、雅万高铁、亚吉铁路等"走出去"项目,打造招生即招工、入学即入职、毕业即就业,校企"招生＋教学＋就业"一体化,双身份、双导师、双基地、双主体、双文化贯穿学习过程,"二元五双"的留学生现代学徒制培养模式。

(三) 标准共研共建,助力"走出去"企业行稳致远

基于共建"一带一路"国家的经济现状和产业结构,以轨道交通人才需求为导向,精准对接"走出去"中资企业发展需求,紧贴关键岗位标准,校政企校四方共研共建贴合当地轨道交通产能发展水平,并具有一定前瞻性、对接企业岗位需求、融入行业标准、线上线下相结合的铁路专业职教标准、职业岗位标准和配套的优质双语教育资源。以海外轨道交通建设项目为载体进行整体输出,适配当地急需的各类"一带一路"建设者的培养需求,有效解决"建设运营走出去,人员培训跟上来"的重大问题。

三、取得成效

(一) 国际化人才培养成效好

累计为"一带一路"20多个国家培养留学生300多人,服务埃及市郊铁路项目,培养87名国际化本土人才,中俄合作办学项目培养国际化人才500多人,为中国铁路企业培养培训国际售后技术人员2000多人,人才培养质量受到海外铁路运营企业的广泛好评。2022年7月,埃及第一条电气化铁路通车,当天试运行司机穆罕默德·努希尔为学校中埃联合培养学员,该学员受到埃及总统塞西现场慰问并得到中国驻埃及大使廖力强现场点赞。

(二) 国际影响力显著提升

学校通过全国首批来华留学生高等职业教育质量认证并获评首批最高等级,成为"未来非洲——中非职业教育合作计划"首批中方院校,是江苏省高校"郑和学院"首批立项建设单位。近年来多次获评省来华留学生教育先进集体、省涉外办学工作先进单位、省涉外管理工作先进单位。铁道交通运营管理专业获评江苏省高校国际化品牌专业。在教育部职业教育境外办学工作座谈会、铁路工作座谈会等高级别平台交流近20次。相关案例入选"一带一路"倡议十周年系列报道,被新华社、央视新闻、埃及《金字塔报》等国内外主流媒体报道近30次。

(三) 产能输出服务能力逐年增强

引进外籍专家30多名,培养双语师资40多名,打造了一支校企混编的国际化师资团队。开发双语综合实践项目、涉外培训包12个,全英文教材8门,2门课程获评江苏高校外国留学生英文授课省级精品课程,1门全英文教材立项省级重点教材。联合承担商务部援外培训项目1项,承担埃塞俄比亚亚吉铁路、印度尼西亚雅万高铁的关键岗位职业培训。

四、经验启示

（一）教随产出、产教同行，是职业教育出海的必由之路

职教"出海"必须背靠中国产业"出海"的大船，想方设法融入产业，形成产教命运共同体。学校坚持"与中国铁路同行"的办学理念，紧跟中国铁路企业"走出去"，发挥铁路专业和校企合作两大优势，精准对接"走出去"的铁路企业需求，创新校企合作办学模式、"二元五双"留学生现代学徒制培养模式，探索技术技能人才本土化培养的有效路径，帮助中国铁路企业提升海外发展、技术标准输出的本土适应性和接受度，受到了广泛的好评。

（二）树立品牌、打造特色，是职教行稳致远的根本之举

职教"走出去"的本质是教育服务输出，服务品质高低直接影响长远发展。学校大力实施国际合作办学战略，以开放赋能为动力，着重作好国际合作办学的远期规划，注重本土化技术技能人才培养与同步输出中国铁路标准和职教标准的融合，经过长期的精耕细作，形成了"留学南铁"品牌以及面向东盟、非洲等"一带一路"国家的系列定制化培训项目。通过参与马来西亚、埃及等国家的职业教育体系建设，成功输出了中国职业教育标准。着力搭建欧亚交通高校联合会、中国-东盟轨道交通教育培训联盟等高水平国际合作交流平台，推动了多边、双边合作与交流，促进了中外文化交流互鉴、民心相联相通。

图 1　国际合作办学生态体系

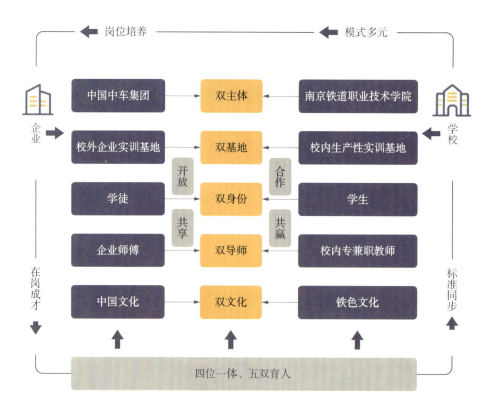

图 2 "二元五双"留学生现代学徒制人才培养体系

图 3 埃及总统现场慰问学校毕业生

案例76 服务审计外交 加强交流互鉴——审计专业硕士留学生培养探索与实践

申报单位：南京审计大学
案例主题：教育影响力

一、案例背景

南京审计大学自 2016 年承担教育部"中国政府审计奖学金"项目，2017 年起承担商务部"援外培训高级学历学位项目——审计硕士"培养工作，开始规模化培养审计留学研究生。近年来，学校进一步提高站位，立足服务审计外交，提升审计的国际话语权，探索建立"审计留学中国"模式。2023 年 7 月，习近平总书记给我校审计专业硕士国际班留学生回信，对我校国际审计人才培养成效给予了高度认可。

二、主要做法

（一）创新"全球视野·国际准则·审计实务"国际审计专业硕士培养方案

《国家中长期教育改革和发展规划纲要（2010—2020 年）》提出，要"培养大批具有国际视野、通晓国际规则、能够参与国际事务和国际竞争的国际化人才"。学校对审计专业硕士人才培养方案进行评估和评价，从全球视野、国际准则、审计实务三个方面，构建以提升知识更新力、实践创新力和国际竞争力为目标的研究生课程体系、教材体系、案例体系和师资队伍，辐射到国内研究生国际化培养，构建"一体两翼"的审计硕士培养体系。

（二）构建"审计特色·多维视角·跨国实践"国际审计课程体系和实践基地

由具有丰富联合国审计经验的校内教师和审计署专家共同建设"联合国审计""国际审计比较""国际审计准则与实务"等特色课程和案例，强化"了解中国、读懂中国"系列课程建设；聘请 40 多个国家审计长担任兼职教授，与各国最高审计机关、国际组织、海外知名院校、行业精英合作开设讲座。此外，还建立河南兰考、浙江安吉等国际审计留学生教育实践基地，持续开展审计学习实践活动，通过实地走访、跨境实习、联合国审计实践等活动提升学生的专业素养。

（三）建设"全球治理·多边外交·务实合作"国际审计交流中心

关注全球治理，积极争取和举办"世界审计组织大数据工作会议""国际内部审计研讨会""'一带一路'国家绩效审计研讨会"等高水平的国际会议和学术论坛，为"一带一路"国家开展审计相关培训,提升学校的学术影响力,促进"一带一路"国家审计同行间的学习、交流与合作,为"一带一路"国家审计事业的发展贡献中国智慧和中国方案。

三、取得成效

南京审计大学立足服务审计外交,有效推进审计教育国际化的高质量发展,荣获"2023年度江苏省涉外办学工作先进单位""江苏省2022年度高校对外合作与交流高质量发展综合评价A等次"。

(一) 培养"知华、友华、爱华"的高层次国际审计人才

2023年7月,习近平总书记给我校审计专业硕士国际班留学生回信,"得知你们到中国留学后,通过课堂学习和实地走访,提升了专业素养,深化了对中国的审计制度、对中国特色社会主义和中国共产党的认识,我为你们学有所获感到高兴"。这是对我校国际审计人才培养成效的高度认可。

截至2023年底,我校共招收8届76个国家的316名审计官员,其中231名已获硕士学位。卢旺达、埃塞俄比亚等国最高审计机关发来感谢信,高度赞扬我校的培养质量。许多留学生已成为各国审计机关高级专家、高级管理人员,例如:2018级埃塞俄比亚留学生艾朗(Abera Taddesse Eticha)成为该国副审计长,2016级孟加拉国留学生杜飞(Islam Toufique Shafiqu)成为该国候任副审计长,斐济的杜思聪(Niubalavu Esala Tute)被选为代表参加中国首届"一带一路"国际合作高峰论坛,他们已成为"知华、友华、爱华"的友好交流使者。

(二) 打造"审计留学中国"品牌

持续打造"审计留学中国"品牌,从培养"视野·准则·实务"三位一体的高层次国际化审计人才出发,严把学生入口关、出口关,构建以提升知识更新力、实践创新力和国际竞争力为目标的人才培养模式,形成以服务"一带一路"倡议为主体、来华留学与出国留学为两翼的"一体两翼+"国际化人才培养格局。

建成由16门理论课程和3门实践课程组成的审计专业硕士留学生课程体系,开设了"审计技术与方法""经济责任审计""固定资产投资审计"等全英文特色课程,使留学生深刻理解中国特色审计理论与实践。

师资队伍国际化,15名教师入选联合国审计人才库,执行联合国审计任务并反哺教学,撰写的决策咨询报告受到国家领导人肯定性批示。

(三) 形成"互学互鉴"的全球审计交流中心

2023年我校成为江苏高校国际传播联盟的发起高校之一,审计专业硕士国际班成为江苏广电传媒的传播大使,为深化国家间友谊与合作积极贡献力量。

每年举办两场高层次国际学术会议,2023年6月,智利审计长受聘我校荣誉教授,开设讲

座及召开专题研讨会;10月,主办国际内部审计研讨会、"一带一路"国家绩效审计研讨会,促进审计学科国际交流。承办10场高级别培训,为"一带一路"国家提供审计培训,为国际审计事业的合作与发展贡献中国智慧和中国方案。

构建国际校友资源平台、国际学术人际网络,搭建审计线上线下交流平台,夯实国际审计"朋友圈",讲好中国故事,提升我国审计的国际影响力和话语权,促进中外审计互学互鉴。

四、经验启示

一是提高政治站位,以国家教育政策为指导,以服务国家重大战略为遵循,在培养定位上,形成"契合国家战略、服务全球治理、助力'一带一路'"的共识;在培养目标上,形成"具备全球视野、通晓国际准则、熟悉国际审计实务"的共识。

二是借鉴国际教育标准和来华留学质量认证要求,打造既与国际接轨,又体现中国国情、南审特色的全英文课程群和案例库,使学生在多维视角中拓宽国际视野,在比较分析中掌握国际审计准则,在跨国实践中熟悉国际事务。

三是鼓励和支持教师参与双边、多边和区域性的重要学术会议或国际合作,建设国际校友资源平台,构建国际学术人际网络。

案例 77　搭建一体化工作平台 共促大思政教育发展——长三角大中小学思政课一体化建设联盟工作探索与实践

申报单位：杨浦区教育学院
案例主题：教育影响力

一、案例背景

思政课是落实立德树人根本任务的关键课程。大中小学思政课一体化建设是新时代思政课改革创新的必然要求，是推动思政课内涵式发展的必然之举。建设"大课堂"、搭建"大平台"、建好"大师资"等，是推进"大思政课"建设的规划路径与实践举措。长三角地区在思政教育上各具特点、各有所长。思考如何在新时代背景下，以更高站位、更宽领域、更高质量、更深协同来创新各地教育思政课一体化共同发展，打造大中小学思想政治教育高地，需要搭建以习近平新时代中国特色社会主义思想为统领，以新课程、新教材为导向，融通、互鉴、开放、共享的交流平台，健全思政课改革创新的联动工作机制，促进思政教育科学化、专业化和规范化发展。

二、主要做法

（一）强化党的领导

2021 年在市教卫工作党委、市教委的关心下，在市教委德育处的指导下，杨浦区教育党工委牵头上海六区及长三角六地教育局联合成立长三角大中小学思政课一体化建设联盟（以下简称联盟）。

（二）夯实工作机制

搭建了"一体两翼"的、集活动型和研究型为一体的长三角一体化工作推进机制。一是研究机制，依托复旦大学马克思主义学院成立长三角大中小学思政课一体化研究中心；二是活动机制，组织开展研训交流、论坛、教学比赛等活动；三是会议轮值机制，建立定期沟通联系机制等。

（三）聚焦课堂实践

开展长三角"优师优课"教学评比与教研征文，引导思政课堂教学依标教学，嵌入核心素养，体现不同学段的教学理念，契合不同的学段学业质量标准，实现教、学、评一致性，落实立德树人的思政课教学要求。

（四）营造育人氛围

推动思政课高质量发展，积极营造全党全社会努力办好思政课、教师认真讲好思政课、学生积极学好思政课的良好氛围。充分发挥联盟平台功能，作好媒体宣传，为思政教育助力。

三、取得成效

（一）成立长三角大中小学思政课一体化建设联盟

设立长三角大中小学思政课一体化联盟理事会，每年举办长三角教育思政课一体化建设经验及教研论坛会议，推动思政教育交流合作。

（二）首创思政学科教研员论坛

2022 年 12 月 27 日，汇聚全国各地专家学者、教研人员、媒体同仁 1 100 人，线上共同探讨"融党的二十大精神于思政课单元议题教学"工作，深入探讨党的二十大精神如何融入思政课一体化单元教学设计、大中小学思政课一体化建设、大思政课建设。来自浙江大学、复旦大学、上海社会科学院的教授进行点评指导。

（三）举办首届长三角思政"优师优课"教学评比

各盟员单位积极参加，同时接受西藏、河南、福建、云南等地教师的主动参与。评选"优师优课"62 节，并组织一等奖获得者参加同课异构、一体化教学展示活动。

（四）安徽合肥轮值论坛线下举行

300 多名教师与教研人员及 10 多所高校马院专家参加，以"区域联动一体化""教研赋能一体化"主题论坛和"课程思政一体化""课堂教学一体化""教师成长一体化"三个平行分论坛形式开展，多主题、有重点地分享经验和研讨交流，凝聚广泛共识，孕育深度合作良机，共担育人使命。

（五）得到媒体广泛关注

联盟自创立以来，紧扣思政课一体化发展进行实践与探索，相关成果得到"上观新闻""第一教育"《文汇报》《新民晚报》《安徽日报》等数十家媒体报道。

四、经验启示

联盟是党委牵头、政府倡导、市区教育部门密切协作的思政育人共同体。平台的搭建离不开长三角一体化发展重大战略背景，是找准做强教育项目任务、推动专项工作的具体实践。通过三年的发展，联盟充分发挥"联""研""创""用"等功能，取得了一定成效，扩大了教育影响力。

（一）联群智聚合力，开放中谋发展

思政课一体化建设面临学段割裂的困局，需要健全责任落实机制、主体协调机制。联盟注

重打破壁垒，吸引教育行政、高校专家、教研人员、一线教师多主体参与，围绕弥合不同学段衔接性、贯通性不足的有效路径展开积极研讨，为推进一体化建设提问题、找思路、想办法。

(二) 研课标导教法，课堂中强落实

一体化建设重点在课堂落实，要通过常态化教研活动帮助大中小学教师落实思政课一体化。联盟举办教学课例评选，开展课堂教学展示，长三角各地区的学科教研专家们围绕"以深度教研促深度学习，长三角协同推进大中小学思政课一体化建设"的主题，展开教研论道，支持教师教学改进。

(三) 创品牌融共识，守正中探新径

将党的理论和实践创新成果融入思政课堂，帮助中小学思政教师及时将新时代的理论创新成果用好用透。以思想政治学科教研员为主体，举办"融党的二十大精神于思政课单元议题教学"专题论坛，寻求融入单元教学之策。围绕习近平总书记在地方工作期间的重大实践、视察地方和学校的重要论述开展专题教学实践，推出一批成果，打造高水平、高质量、有特色的"思政金课"。

(四) 用成果重推广，转化中求提升

素养导向的思政课新课程新教材的使用，对思政课教师的专业胜任力发展提出了新挑战。有效的一体化思政课建设，必以精准诊断教师胜任力和教学需求为起点，有针对性地为教师提供专业发展支持。长三角各地都有着务实的探索成果。例如，编制杨浦高中思政学科统编教材四本必修教材知识结构图谱，编撰《基础教育思政课一体化教学解读》《区域大中小学一体化推进思政课建设研究——以杨浦区为例》。联盟关注研究成果推广并用于指导课程教学。

图 1　联盟成立

案例 78　共建　共享　创新：扎实推进长三角教研一体化

申报单位：浙江省教育厅教研室、上海市教师教育学院（上海市教育委员会教学研究室）、江苏省中小学教学研究室、安徽省教育科学研究院
案例主题：教育影响力

一、案例背景

长三角地区的教研一直走在全国前列，但受限于传统，省与省之间教研部门的协同工作并不充分，教研优势难以共建共享。早在 2010 年，由浙江省教育厅教研室发起，与上海、江苏两地教研室就组建了长三角教研发展共同体，但仅限于三个研究部门之间的合作。

在 2020 年 11 月召开的第十二届长三角教育一体化发展会议上，上海、江苏、浙江、安徽一市三省共同签署了《长三角地区教育一体化发展行动计划（2021—2023 年）》，为教研一体化构架带来了新契机。浙江教研部门牵头负责加大跨区域合作教研一体化建设，这是继上一轮教研合作后向一体化建设迈出的关键一步。目前，三省一市部门之间教研机构沟通顺畅，有效推动了长三角区域教研协同发展。

二、主要做法

三省一市结成长三角教研联盟，通过"顶层设计、搭建平台、协同教研"等方式，推动项目各项工作开展。

（一）组织领导，顶层设计

自长三角教研一体化建设被确定为教育一体化发展重点之后，浙江省教育厅及其他三省市的教育部门对此项工作予以高度重视，多次组织各省市教研室主任专题会议，共同设计长三角教研一体化发展的顶层框架，从资源共建、专家互通、联合开展教研活动等方面进行探讨，共同研制并签署了《长三角教研一体化发展合作框架协议》，为长三角教研一体化发展奠定了基础，明确了方向。

在此基础上，三省一市教研系统建立了教研室主任、办公室主任、学科教研员三级对接机制和"1＋N"共同教研活动机制，有效推进了长三角教研一体化工作。

(二)搭建平台,共享资源

在前期讨论研商的基础上,结合三省一市当前网络平台的建设情况,搭建"长三角教研在线"平台,建立长三角基础教育专家库,实现长三角教研机构信息互通、资源互享、活动互研的"三互"交流新模式。目前,浙江教研在线、安徽教研新空间已完成搭建工作。同时,我们有效整合长三角基础教育高质量优势,搭建长三角基础教育专家库,在项目评审、资源开发、成果培育等方面互帮互助。例如,2023年,浙江省教育厅教研室承担了安徽省级教研员的招聘工作,实现了教研标准的输出。

(三)加强合作,协同教研

一是关注重点地区的改革突破成效。浙江省教育厅教研室每年组织相关教研员赴长三角生态绿色一体化发展示范区嘉善县进行调研,深入了解并指导长三角生态绿色一体化建设的理念与方向。二是确保开展常态化活动。每年组织一次"长三角基础教育课程与教学改革研讨会",一市三省教研系统围绕同一主题共商共研,迄今为止已组织十一届。三是鼓励活动多样化。浙江省教育厅教研室积极鼓励学科教研员和综合教研员主办或参加区域教研活动。小学数学、小学科学、高中物理、STEM学习、综合实践活动等学科和领域都组织了长三角或华东六省一市教研活动,促进了区域学科教师的有效交流。四是充分发挥教育部学科教研基地的作用。普通高中历史、化学学科安徽教研基地联合长三角地区并面向全国展示了省际联合教研成果,全国各地超过20万名教师通过线上、线下等不同形式参与了活动,凸显了教研成果的辐射作用。

三、取得成效

(一)建立了一个优秀专家库

通过对长三角三省一市现有的学科和综合专家的初步摸底和盘点,设计了专家库的信息收集与网络平台展示方案,并对如何盘活专家、体现智囊支撑的工作机制进行了研究。通过三省一市教研部门内部推荐,目前已入库专家588名,覆盖18类学科教研及课程、评价等综合教研,为三省一市开展教研活动提供强大的智囊支撑。

(二)积累了一批优质教学资源

三省一市通过线上方式开展了一系列高质量、有成效的教研活动,并积极通过直播、回放等方式面向长三角乃至全国播放。2021至2023年期间,四家教研机构线上直播472场,观看量超1110万人次。例如,2021年9月28日,由浙江省教育厅教研室主办的"新课程 新教材"展示活动,在教研网平台进行全程直播,累计27万余人次完成在线观看;安徽省通过三年努力,在"皖教云"平台积累了12659节覆盖义务教育在皖使用版本教材的课程资源。这些活动的视频资料成为日后可反复观看研究的资源。

（三）开展了多场高品质教研活动

为落实立德树人根本任务，加强三科统编教材实施，建设课例资源。2021年10月，一市三省共同组织长三角"发现杯"青年教师三科统编教材课堂教学改革展示研讨活动。2022年11月，在浙江省嘉善县举办长三角一体化示范区首届"课博会"，共同探寻新时代教育共富背景下"五育并举"融合育人的多元多维路径，丰富长三角一体化示范区落实"双减""双新"多彩样态。2023年8月，浙江省举办全省基础教育教研工作研讨会暨浙江教研七十年回顾与展望活动，邀请上海、江苏、安徽的教研机构负责人参会。同年9月，安徽省牵头组织了长三角地区基础教育质量评价指标体系专家论证会，并于12月在江苏省举办的"中国式教育现代化与长三角教育一体化"研讨会上作专题交流。同年11月，第十一届长三角基础教育课程与教学改革研讨会在上海举办，旨在落实首届全国教研工作会议精神，全面加强和深化教研工作。

四、经验启示

（一）理论方面

在理论方面，创新了教研工作机制。四家单位牵手联盟，建立了长三角教研共同体机制。但因为三省一市有着不同的社会经济背景，教育发展也有不同的重难点，所以实现教研融合还需加强教研共同体的理论指导，进一步打造区域教研共同体示范基地。

（二）实践方面

一是搭建教研交流常态机制，通过定期开展活动，加强长三角区域内协同发展，实现重点项目的联合攻关。二是依托数字化赋能教研发展，实现网络教研的常态化。具体包括长三角教研一体化网络平台的建立以及网络教研的常态化开展，以此带动长三角基础教育的有效提升。

图1　浙江省基础教育教研工作研讨会暨浙江教研七十年活动现场

图2 长三角基础教育质量评价指标体系专家论证会现场

图3 第十一届长三角基础教育课程与教学改革研讨会现场

申报单位:常州信息职业技术学院
案例主题:教育影响力

一、案例背景

南非是非洲门户和最发达的经济体,最早与中国签署"一带一路"合作谅解备忘录,是中国企业"走出去"的重要目的地。学校基于中非合作论坛约翰内斯堡峰会提出的"十大合作计划"背景,在中南高级别人文交流机制的框架下,秉承共商、共建、共享理念,发起成立了中非(南)职业教育合作联盟,助力"一带一路"建设和中国企业"走出去",推动中国与南非的职业教育合作,为在非中国企业培养技术技能人才,创建中国职教国际品牌。

二、主要做法

(一)政府主导,服务国家对外大局

一是牵头建设联盟。在教育部中外人文交流中心的指导下,牵头发起成立"中非(南)职业教育合作联盟",建立和完善联盟工作机制。二是共结合作成果。整合政行校企资源,承担和协调中南学生培养、师资培训、智库合作等各类项目。140多家国内企业、院校、智库和30多所南非院校加入联盟,南京工业职业技术学院、浙江机电职业技术学院、南京信息职业技术学院等多所长三角地区双高院校加入联盟,并具体承担开展各类项目的任务。

(二)行业协调,紧扣产业发展需求

一是衔接行业资源,依托软件产教联盟等行业联盟,推进和南非工业与制造业培训署、南非教师发展中心等行业协会和组织机构的合作;建设中南职业教育研究中心;建设新一代信息技术中外人文交流研究院暨人才培养基地。二是形成培养闭环,编制南非学生来华学习实习项目标准,加强项目统筹指导,形成南非学生从"来华留学"到"回国就业"的闭环,服务南非本土企业和在南中资企业的发展需求。

(三)企业主建,深化校企协同育人

一是共建协同育人载体,整合两国优质校企资源,发挥企业的主体作用,与博众精工合作

建成南非"博众学院",与梅特勒托利多等企业合作在国内建设留学生实习就业基地。二是创新协同育人模式,组建"外派教师＋外派企业师傅＋外派助教＋属地教员"的国际化混编师资团队,实施南非学生属地培养,推动"国内＋国外"双基地运行,创设"学习＋实习"双轨道。

(四)院校主教,推动教育改革创新

一是创新人才培养体系,基于"识岗—轮岗—顶岗"三阶段,创设了"1＋1＋1＋1"(校内教师＋南非留学生＋在校学生＋企业师傅)国际人才培养方式,形成"企业岗位—行动领域—学习课程—课程教学案例"的课程资源体系。二是创新虚实结合的教学方式,基于网络学习平台和工业互联网实训云平台,打造"虚拟＋实境、线上＋线下、仿真＋实操、课堂＋车间"的多形态混合培养方式,全方位提升技术技能人才的培养质量。

三、取得成效

(一)拓展合作范围,建立多元协同格局

充分利用"中非(南)职业教育合作联盟"平台功能,发挥专业优势,打造"新一代信息技术中外人文交流研究院暨人才培养基地",组织召开中非(南)职业教育合作联盟年会暨产教融合研讨会,对接中南优质资源,将合作范围从学生培养项目拓展至师资培养、世界技能大赛培训等,在推动中非职教合作、促进人文交流、助力南非经济发展和产业升级中发挥积极作用。联盟工作被列入中非合作论坛北京峰会后续落实任务清单;2023年8月,习近平总书记在访问南非讲话时,对联盟工作做出了指示。

(二)创新培养模式,促进开展境外办学

基于"博众学院""境外基地"双基地培养国际化人才培养经验,形成"三元一体、虚实结合、内外协同——装备制造类专业人才培养体系的创新与实践"教学成果,并荣获2021年江苏省职业教育类教学成果奖二等奖;联合"中非(南)职业教育合作联盟"20余所院校,培训南非学生达1500余人;培养15名南非本地师资,派驻境外基地开展教学;为印尼三宝垄计算机技术大学、VIVA学院及中国北方工业集团老挝项目部开展软件技术、工业互联网培训,培训人数总计达12648人次;在第四届"外教社杯"长三角区域高校学生跨文化能力大赛全国邀请赛中,本校留学生荣获二等奖。

(三)提升育人质量,打造"留学常信"品牌

注重实习基地建设,提增企业实习岗位与南非学生就业岗位的契合度,与世界500强企业梅特勒托利多有限公司合作,建立留学生校外实训基地和留学生实习就业基地,为南非学生回国就业夯实基础。完善质量标准,以"南非学生来华学习实习项目标准"为参考,完善留学生教育管理制度,建立健全质量保障机制。作为江苏首批来华留学生高等职业教育质量

认证院校,获得 B 档认证(有效期 6 年),四次荣获"江苏省来华留学生教育先进集体",获评江苏省高校对外合作与交流高质量发展综合评价 A＋等次,进一步擦亮了"留学常信"品牌。

四、经验启示

(一)构建并完善人文交流长效机制

职业技术教育是人文交流的一部分,随着中南人文交流的不断加深,职业技术教育合作也得到了有力的推动。只有构建中南人文交流长效机制,才能为双方职业教育合作提供持续的保障和稳定的平台。在教育部中外人文交流中心的指导下,基于中非(南)职业教育合作联盟,南非来华留学生实习实训项目的专业课程以应用技能和文化认同为主要出发点,因地制宜地开展多种形式的特色中国文化课程及文化活动,让南非留学生接受教育的同时,更好地感受和理解中国现代化发展理念。

(二)推进产教融合校企合作力度

校企合作模式已经成为中南职业技术教育合作的新渠道。中国高职院校与中资企业抱团"走出去",探索开展各种形式的境外合作办学,培养南非本土与中资企业所需的本土化人才成为新的发展趋势。学校在教育部中外人文交流中心、江苏省教育厅、江苏省工业和信息化厅的指导下,依托中非(南)职业教育合作联盟,与博众精工科技有限公司、华为 ICT 合作开展南非"鲁班工坊"建设,制定南非"鲁班工坊"机械及 ICT 专业全英文培训方案,推动政行校企四方协同打造中南合作教育新品牌。

(三)完善留学生培养管理评价机制

加强中南职业教育合作的办学质量体系建设,从制度体系角度解决掣肘中南职教合作有效性的问题。积极参与"来华留学教育质量认证",对标认证评价体系提升来华留学生的教育管理质量,形成更加健全的质量标准体系,向南非输出专业教学标准、课程标准、实习标准及专业仪器设备装备规范等,服务中南人才培养、产教融合、产业发展和人文交流。

图 1 "政行校企"四方联动,打造中南合作育人体系

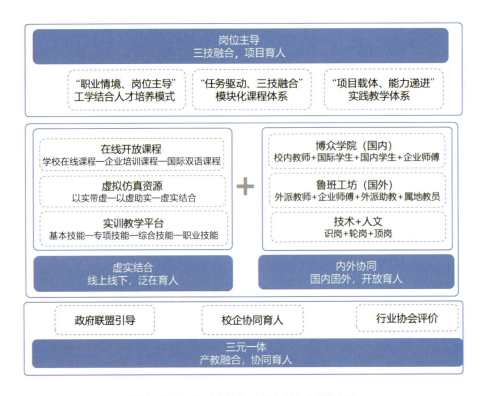

图 2 三元一体、虚实结合、内外协同人才培养体系

图3　2021中非（南）职业教育联盟年会暨中国南非产教融合研讨会圆满召开

案例 80 地方工科高校如何贡献区域教育影响力——来自长三角高等工程教育联盟高等数学课程改革的实践样本

申报单位：上海理工大学
案例主题：教育影响力

一、案例背景

长三角教育一体化是落实国家教育强国战略,促进教育、科技、人才高质量发展的重要着力点。面对新形势新挑战,2019 年在教育部高教司和上海市教委指导下,上海理工大学协同其他高校发起成立长三角高等工程教育联盟(成员有南京工业大学、浙江工业大学、江苏大学、安徽工业大学、安徽理工大学等高校,以下简称"联盟")。近 5 年,联盟在本科教育层面先行先试,建立了"四共""四联""四互"合作新机制,即标准共建、资源共享、改革共进、人才共育;专业联合、课程联合、教材联合、平台联合;学分互认、学生互换、课程互修、教师互派,获得了显著成效。

高等数学作为理工类专业一年级核心课程,是支撑各专业教育的重要基础和工具,与工程人才培养质量密切相关。自 2020 年起,联盟高校"以数为桥",围绕"四共""四联""四互"合作机制,坚持校际期末联考、区域高等数学联赛两条链路同步推进,为学生提供了展示基础知识、思维能力及学习成果的平台。此外,联盟充分发挥校际资源优势,联合开展高等数学校际虚拟教研室、长三角高校教学研讨会、数学建模夏令营等活动,吸引了区域内更多地方高校参与和深入合作,形成了较大影响力。

二、主要做法

(一) 标准共建、资源共享、改革共进、人才共育,打造"四共"互嵌模式

基于高等数学联赛联考平台,统一了高等数学课程的考核方式和考核标准,在同一标准下体现出成员高校人才培养质量的差异,倒逼人才培养改革;制定《长三角高等工程教育联盟高校学科专业相关数据及培养方案制订建议》《长三角高等工程教育联盟课程联考实施方案》等,共同推进联盟高校"金课""金专"建设,培养一流拔尖人才;每年发布本科教育教学改革项目,鼓励各成员高校联合申报,打造一批高质量的教学改革成果。

(二)专业联合、课程联合、教材联合、平台联合,构建"四联"培养格局

由上海理工大学牵头,建设联盟本科教育专题网站,用于成员高校信息的发布;面对信息化时代教学新工具的出现,学校与成员高校的高等数学教学团队通过建立虚拟教研室,开源分享课程教学资源。教学团队创建了涵盖教材、思政资料、教学案例、课堂导图等内容的共享资源库,优化各成员高校教师的教学方式,为学生创新性和高阶性学习提供资源。

(三)学分互认、学生互换、课程互修、教师互派,推进"四互"教学改革

由南京工业大学牵头,发布高等数学联考五校成绩分析报告,完善课程学情分析;由上海理工大学牵头,制定联盟成员高校学生互派交换计划,每年不少于30名学生互访互派;由浙江工业大学牵头,推动联盟内在线开放课程免费共享、互认学分;由江苏大学牵头,举办长三角高校数学建模夏令营,以赛促教;由安徽工业大学牵头,设置高等数学课程研讨专场,在联盟内进行教学经验分享交流;2023年,由上海理工大学牵头,举办首届长三角高校高等数学教学研讨会,吸引同济大学、西安交通大学、吉林大学、上海财经大学等11所高校参会,各成员高校分享交流教学经验和成果,进一步提高教学质量,助力创新型人才培养。

三、取得成效

(一)学生层面

1. 激发参赛热情,争夺各类奖项

联盟成立后,成员高校学生在全国大学生数学竞赛、全国大学生数学建模竞赛等多项赛事中的参赛人数和成绩逐年大幅提升。数学类竞赛表现尤为突出,以上海理工大学为例,在数学竞赛与数学建模竞赛中,学生获得国赛初赛市级奖项292项和117项。除数学类竞赛外,在其他专业类竞赛如全国各类大学生计算机类竞赛中,学生屡次获奖,A类计算机竞赛共获国家级奖318项。

2. 提高学习水平,实现长效培养

自2020年起,高等数学课程联考每年吸引超15 000名学生参与,成为联盟高校重要考试之一,目前联盟已形成较为成熟的出题机制,且保持较为平稳的试卷难度。在高等数学课程联考成功开展的基础上,2023年,联盟继续发起工程制图等课程联考,得到长三角高校积极响应,参与高校超20所。

(二)教师层面:深化专业素养,教学科研水平双轮驱动

在多年课程改革中,高等数学教学团队的教学能力显著提升。多位团队教师在市、校级教学技能大赛中屡次获奖。改革成果涵盖1部教材、10余项教研项目以及多篇教研论文,其中团队教师参与申报的"'一核双循环'卓越工程人才培养的创新实践"获批上海市级教学成果奖特等奖。在科研方面,团队教师的国家自然科学基金获批率大幅提高,发表SCI高水平论文100

余篇。

（三）资源共享层面

线上方面,高等数学教学团队成功构建六大资源库网络信息平台,增加创新性和高阶性学习资源,加快优质教学资源整合积累,助推联盟优质教学资源的共建共享。线下方面,团队成员在联盟内外多次进行经验分享交流,在辐射应用中取得诸多成果。

四、经验启示

（一）拓宽合作视野,以"三链融合"视角顶层布局联盟规划

以往的跨区域校际合作往往因顾及面较大、协调点太高、关注点相对宏观等问题,合作停留在务虚层面,难以进入实质性阶段,对区域经济和社会发展的贡献度有限。联盟勇敢地跨出"第一步",围绕具体的领域和明确的阶段性目标,在人才培养、科学研究、社会服务等方面开展实质性合作,在充分磨合的基础上逐步扩大合作议题和领域范围。

下一步,联盟将建立可视化、可量化的管理考核机制。形成明确的节点、资源调配方案与对接教师,确保落实工作方向正确、举措得当。

（二）找准关键问题,深挖资源禀赋与区域需求契合点

长三角教育一体化目标的实现,需要现实的落地载体,这也是联盟成功合作的基础和关键。一是注重深挖自身禀赋,基于地理位置、资源优势和产业发展之需开展合作。二是注重紧密对接"教育强国""中国制造2025"等国家发展规划,与长三角区域一体化目标以及区域先导产业发展方向紧密结合,充分发挥上海的龙头辐射带动作用,以高等教育的深度协同弥合区域发展不平衡。

下一步,教育资源方面,在前期本科教育成功合作的基础上,将探索构建联盟成员高校间教研科研互联机制。产业赋能方面,以教育服务支撑国家发展为出发点,充分发挥区域产业优势,围绕产业链动态调整优化人才培养设置,实现对科技强国、人才强国的有力支撑。

（三）建立长效机制,以"协调开放"保障长期可持续发展

成员高校分布于不同地区,合作中不可避免地面临属地管理、制度壁垒等问题。近年来,联盟高校因地制宜,跳出地域限制,主动融入长三角区域一体化战略,和区域政府、产业保持密切互动,形成联盟成员、政府和社会"三位一体"的支持体系,有效保障教育合作的持久性和生命力。

下一步,在形成高共识度目标的基础上,联盟将从促进制造业的重点产业链优化升级的角度,重新考虑教育形态和定位,除高校外,争取更多的行业产业支持,建立长效稳定的服务运行机制,为长三角区域提供高质量的教育资源和人才支撑。

图 1　长三角高等工程教育联盟工作会议

图 2　长三角高校高等数学教学研讨会

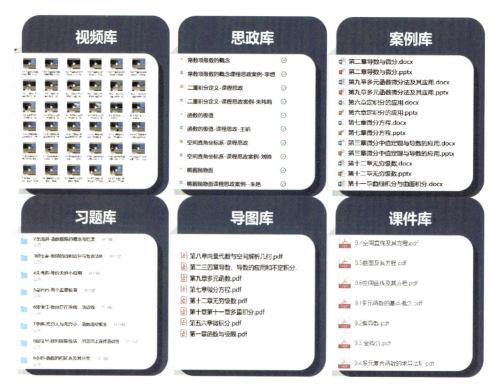

图 3 课程资源图

图 4 "联盟高等数学联考"上海理工大学成绩情况

案例 81 培养造就卓越工程师，推动新质生产力发展

中报单位：东南大学
案例主题：教育影响力

一、案例背景

2021年9月，习近平总书记在中央人才工作会议上的重要讲话中强调，"要培养大批卓越工程师，努力建设一支爱党报国、敬业奉献、具有突出技术创新能力、善于解决复杂工程问题的工程师队伍"。

作为全国首批10个高校牵头国家卓越工程师学院的建设试点单位之一，以及江苏省唯一首批建设试点单位，东南大学国家卓越工程师学院（以下简称"卓工学院"）于2023年6月揭牌成立。卓工学院始终以服务国家、扎根江苏、复合交叉、产教融合为建设原则，在实践中不断培育和创新学习者的工程技术能力，将所学理论应用于实际工程，提高生产效率，培养了一批服务于国家战略和长三角建设、推动新质生产力发展的卓越工程师人才。

二、主要做法

（一）载体建设，多主体协同

采用理事会负责制，实行"一校对多企"的共建模式，打造"企业出题、高校解题、政府助题"多主体协同组织的产业急需工程创新人才培养体系。根据国家重大战略需要以及校企合作基础设立五大板块，即强电板块、弱电板块、机电板块、土建交板块、江苏板块。统筹校企各方资源，由工程硕博士培养改革专项合作企业、首批国家卓越工程师学院试点牵头建设单位、重要央企、重点国企以及行业龙头企业等派出专家组成理事会。与中电科、中信通等卓工学院理事单位、央企平台签订卓越工程师战略合作协议。与江苏省国信集团、歌尔集团在智慧能源与电力系统领域、医工交叉领域联合成立两个卓越工程师技术中心（以下简称"卓工技术中心"）和联合研发中心。整合已有智能EDA工程师技术中心与新一代信息通信技术工程师技术中心，搭建类企业级实训平台，提供真环境，研究真问题。

（二）工学交替，新培养模式

构建以校企共同招生、共同培养、共同选题、共享成果的"四共"与以师资互通、课程打通、

平台融通、政策畅通的"四通"机制为特色的教学实践体系,实现了"思教、产教、科教、创教"的"四教融合"育人体系,达成了以知识阶、能力阶、实践阶为核心的"三阶递进"的工学交替培养模式。在培养年限方面,硕士研究生学制三年,在企业科研实践累计不少于1年;博士研究生学制四年,在企业科研实践累计不少于2年。在选拔与培养模式方面,构建多元化的选拔评价方式,将学生的创新能力、实践能力和问题解决能力等纳入评价范围。在教师团队建设方面,以"双导师制、双师教学模式"为支撑,实行团队式指导、博士研究生PI制和关键培养环节联合考核,加强导师培训交流,形成一批具有示范作用的卓越导师队伍。

(三)"异地分院",打造跨校区产学研合作

面向重大需求、围绕地方产业特色,卓工学院积极推进无锡、苏州国家卓越工程师学院分院实体化建设。无锡分院围绕无锡"465"现代产业集群,积极打造"太湖湾"国家人才中心和创新高地;围绕"大信息"学科建设,积极引入材料、化工、机械等领域学科,打造电子信息领域复合交叉创新团队;围绕产业关键技术、核心工艺和共性问题开展协同创新,深化与无锡地方龙头企业合作。苏州分院瞄准生物医药(医疗器械)产业、装备制造业、先进材料产业和相关学科领域国家重大战略需求,推进与苏州实验室等国家实验室的产学研深度融合,实现科学研究、人才培养、成果产业化联动发展,努力建设具有引领产业、学科优势且特色鲜明、国内领先、国际知名的生物医药(医疗器械)产业国家卓越工程师培养示范区、技术创新和产学研合作高地。

三、取得成效

(一)构建人才培养新模式

构建"知识传授＋能力训练＋实践塑造"全过程育人、"校内培养＋企业项目＋社会活动"全方位育人、"校内导师＋企业导师＋管理人员"全员育人的"三阶递进",政校企"三位一体"的协同培养新模式。以培养模式改革为核心,通过项目制招生推进人才"订单式"培养。2024级共筛选出16个学科交叉互补、校企合作基础扎实、培养路径清晰的卓越工程师培养项目,并落实了290个卓越工程师招生指标。

(二)打造特色课程和教材体系

依托东南大学-华为无线通信联合实验室、紫金山实验室等校企合作平台,牵头组织开展教育部新一代信息通信技术领域工程硕博士核心课程建设,联合清华大学等20余家单位,打造了由13门核心课程构成的授课体系,进一步匹配卓越工程师培养目标。牵头承担工程硕博士培养改革试点"新一代信息通信技术"关键领域数字化核心课程教材建设任务,联合相关高校、企业,着力打造一批具有"前沿性、交叉性、高阶性、挑战性"的一流数字化核心课程教材,参与教育部"卓越工程师核心课程视频库"与"工程类专业学位研究生精品在线课程"建设工作,实现课程育人、实践育人、科研育人。

(三) 开启产学研合作育人新篇章

搭建类企业级别的仿真环境和工程技术实践平台。2个领域(能源与环境学院和江苏省国信集团、仪器科学与工程学院和歌尔集团)的卓工技术中心已签约,4个领域(信息学院、计算机学院、电气学院、土木学院等)的卓工技术中心已达成意向,2个领域(机械学院、交通学院等)的卓工技术中心正在洽谈中。江苏省产业技术研究院、江苏省工程师学会已与我校签订卓越工程师联合培养项目合作协议。

四、经验启示

建设国家卓越工程师学院,饱含了党中央、国务院对高水平大学服务国家高水平科技自立自强、建设世界重要人才中心和创新高地的殷切期待。东南大学作为江苏省唯一首批建设试点单位、长三角地区三所之一的首批国家卓越工程师学院试点牵头建设高校,肩负着为国家和区域发展培养卓越工程师的重要使命,承载着为长三角地区全面提高人才自主培养质量而进行探路的重大责任。

在培养卓越工程师的过程中,东南大学总结经验、展现特色,为中国工程教育体系提出了东大方案。针对长三角地区产业在高层次技术人才培养、突破关键技术瓶颈、构建新型校企协同产学研平台、在岗企业职工卓越化提升等方面的迫切需求,东南大学卓工学院将发挥牵头带动作用,优化人才、技术供给,努力建设成为长三角地区乃至全国的高水平工程技术人员的重要培养基地、面向社会的高端工程师培训基地、急需高水平工程技术人才输送基地,为新质生产力的发展注入源源不断的创新动力。

案例 82 打造中华文化传播窗口校，构建非遗国际交流合作共同体

申报单位：上海工艺美术职业学院
案例主题：教育影响力

一、案例背景

非遗是中华文脉的历史延续，是中华民族的精神标识，是中国和世界对话的"金字名片"。上海工艺美术职业学院以习近平文化思想为指导，以服务"一带一路"倡议为重要指引，积极服务国家文化战略和上海文化品牌建设。构建"引进来、走出去、共发展"协同联动的国际交流机制，打造了以国际传统艺术邀请展暨国际（上海）非物质遗产保护论坛为代表的一系列国际交流品牌活动，为中华优秀传统文化传播、全球非遗文化传承与创新注入新的动能。

二、主要做法

（一）引进来——汲取世界多元营养反哺非遗文化

学院连续承办国际（上海）非物质文化遗产保护论坛和国际传统艺术邀请展，吸引来自亚、欧、非、美等大洲的几十个国家的千余位各方人士参与，将其打造成世界各国共同推动非遗保护事业发展、交流、分享的重要平台。与清华大学美术学院先后于上海、达卡、北京等地联合主办"薪技艺"国际青年工艺美术展暨学术研讨会，采用国内国际双年交叉展形式，累计展出涵盖陶瓷、金属、纤维、漆艺、玻璃等的千余件作品，来自世界各国的青年手工艺术家在交流中探索东西理念交融。

实行"海外艺术家驻留计划"，开展"国际工艺家课程教学周"，服务长三角地区及全国工艺美术人才数百人。盘活非遗文化资源，建立常态化交流机制，举办"国际非遗艺术时尚周""国际非遗文化学术交流周"。与上海艺术品博物馆联合出版《国际非遗文典》，涉及 20 余个国家的非遗保护情况和经验，是迄今为止国内首本较为系统地总结包括中国在内的世界各国在非遗领域取得的成果、经验、方法的书籍。

（二）走出去——巡展绽放"一带一路"，课程纪录片通民心

依托上海在服务国家"一带一路"建设中的桥头堡作用，先后在埃及、土耳其、斯洛伐克举

办"一带一路"上海非物质文化遗产精品展,展出涵盖海派绒绣、海派丝绸、戏曲服饰、木版水印技艺、海派玉雕等众多具有代表性的沪上非遗作品。

与乌兹别克斯坦国家艺术与设计学院签署了全面合作备忘录,在该校开设"工艺中国"海外课堂,输出陶瓷、玻璃等手工艺非遗课程。"陶艺造型基础"课程进入韩国传统文化大学。同时,建立海派非遗数字积累中心,摄制系列纪录片《海上艺匠》,进行多语种翻译创作,向海外推荐发布后火速"出圈",累计播放量达 113 万。

(三) 共发展——构建非遗国际交流合作共同体

依托上海的区位优势与国际非遗保护运动的文化影响力,探索出一套行之有效的"展览—论坛—平台"的非遗交流合作生态模式。与上海市文化和旅游局、上海市人民政府外事办公室、上海艺术品博物馆、亚历山大图书馆、土耳其和伊斯兰艺术博物馆、斯洛伐克国家博物馆等10 余家海内外机构,一同构建"一带一路"非遗国际保护交流合作共同体。

依托"一带一路"上海非物质文化遗产精品展、"薪技艺"国际青年工艺美术展暨学术研讨会,搭建非遗交流合作平台,汇聚各国优秀艺术家,带动非遗活态传承与发展。举办当代工艺美术批评论坛、国际手工艺创作营等,实现各国艺术家与理论研究者的思想交流与碰撞,并以文集、展览的形式展示与保存成果。使加入展览、论坛的院校、机构与艺术家成为资源汇集、导入、转化并持续产生影响力的交流合作共同体。

三、取得成效

(一) 做强一个平台——非遗国际交流传播平台

国际(上海)非物质文化遗产保护论坛从最初的 7 个参与国到现今全球 50 多个国家的政府相关领导、专业机构、高等院校、行业组织代表和专家学者、著名艺术家、非遗传承人参与,已成为世界各国加强非遗保护经验交流的重要平台和讲好中国故事、展现海派文化艺术的重要窗口,对推动上海的国际文化交流起到了积极作用。"一带一路"上海非物质文化遗产精品展,成为向世界展现中华文化瑰宝的重要平台,影响遍及几十个国家和地区,受到数百家中外主流媒体报道,被称赞为"最成功的文化交流项目之一",入选 2022 年度打响"上海文化"品牌最佳海外传播案例。2023 年,上海市人民政府外事办公室就"一带一路"上海非物质文化遗产精品展(斯洛伐克站)活动发来感谢信。中国国际电视台 CGTN 对建设成果进行海内外同步报道。

(二) 凝聚一支力量——非遗传统工艺传承人队伍

依托国际(上海)非物质文化遗产保护论坛,推动非遗国际交流人群辐射更广、领域涉及更宽、专业探索更深,构建"中国非遗 国际互鉴"的教育与传播路径,激发更多青年艺术家、艺术类学生致力于传承非遗技艺、深耕非遗创作的热情,引导其创作更多既饱含文化基因,又融入国际设计理念的优秀作品,同时借助国际人才扩大优质教育资源供给,推动人才培养方案的完善与教学改革创新,不断扩大中国职业教育影响力。

(三)创作一批精品——海外国家级博物馆入藏作品

已举办三届的"一带一路"上海非物质文化遗产精品展受到众多国家邀约,目前已将波兰、奥地利等国列入后几届巡展国,独具海派文化魅力的作品被埃及亚历山大图书馆(世界上最古老的图书馆)、土耳其国家博物馆收藏,在海外广播上海文化的种子。

四、经验启示

从理论方面看,建立常态化国际交流机制,将对中华优秀传统文化的坚守与传承、与世界优秀文化的共通和交融作为学院的办学使命。

从实践方面看,充分利用上海国际大都市的区位优势,打造具有广泛社会影响力的品牌活动,不断提升国际教育与文化交流的影响力。

图1 第十一届国际(上海)非物质文化遗产保护论坛

图 2 "万物共生辉——上海非物质文化遗产精品展"在斯洛伐克国家博物馆开幕

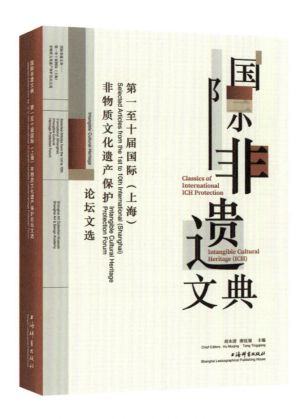

图 3 学院与上海艺术品博物馆联合出版《国际非遗文典》

案例 83　上海自主智能无人系统科学中心建设服务区域人工智能产业发展

申报单位:同济大学
案例主题:教育影响力

一、案例背景

依托同济大学建设的科学中心于 2018 年底成立,以习近平新时代中国特色社会主义思想为指导,以未来无人系统为切入点和抓手,在开展前沿科学攻关的同时,于全国率先开启建设"智能科学与技术"高峰学科。

科学中心围绕人工智能领域国际新竞争和"卡脖子"科技,针对全球人工智能领域高端人才短缺等问题,积极开展有组织科研,在新一代人工智能基础理论和关键技术研究等方面积极布局并不断取得新突破。

二、主要做法

(一) 以重大项目为牵引,建立高校科研合作和人才培养新模式

同济大学牵头,联合上海交通大学、复旦大学承担上海市人工智能领域首个市级重大科技专项,统筹三校人工智能基础研究力量,探索三所高校研究人员跨校双聘制,在不改变原单位人事关系的情况下,签订知识产权协议,推动高校间优势力量互补,助力长三角打造人工智能创新高地。

(二) 探索科教融合、产教协同的人工智能一流人才培养模式,促进学科交叉融合

我校与长三角区域内高校如浙江大学、上海交通大学、复旦大学、南京大学、中国科学技术大学等共同发起人工智能微专业建设,积聚校内优势学科资源。以课程共建共选、学分互认、证书共签的形式,创新长三角高等教育深度合作机制,保证微专业课程的高质量与高水平,为构筑人工智能发展先发优势培养战略资源力量。

(三) 构建长三角优质资源"征用及共享"合作机制

合作体建立工作小组,汇聚和整合各校平台、资本、仪器设备等优势资源,建立资源共享平台。创新合作体团队优先、优惠、有偿使用汇聚的资源。工作小组对汇聚的资源进行协调使用。

三、取得成效

（一）在学科建设方面，初步形成原创成果策源、高水平科技人才汇聚、优秀人才培养、交叉创新文化交流的完整生态

科学中心瞄准国家急需，以人才培养为核心，以重大平台为载体，以科研任务为牵引，以机制体制创新为保障，推动人工智能赋能学科交叉融合不断取得新进展、新成效。

（二）在队伍建设方面，建立引进与培育并举的双聘导师制度

科学中心与所在学院对双聘导师进行双重管理，并为当年认定的双聘导师颁发聘任证书。目前拥有院士、长江学者、国家杰青等高级人才 55 位，专/兼职教师 205 人，教授与研究员 183 人，副教授与副研究员 22 人。

（三）在人才培养方面，实现优秀人才交叉学科贯通式培养模式

坚持智能科学与技术一级交叉学科博士研究生培养模式，建设智能科学与技术一级交叉学科博士特色课程体系，按"前沿课程""理论方法""关键技术""工具、芯片与平台"和"AI＋X"五大类进行建设，立项建设课程 28 门，投入经费 200 万。严格管理把控研究生学术能力训练各环节质量，通过集中开题、集中中期综合考核，对问题学生进行预警；严格执行分流退出机制，严把博士培养过程质量关。通过重点专业——同济国豪书院强基计划数学班、物理班、化学班、生物班的本研转段选拔，实施交叉学科贯通培养模式，锁定优秀直博生。

（四）在科研成果方面，科学中心连续获批多个重要基地和项目，赋能产业变革

科学中心获批人工智能领域全国重点实验室、教育部自主智能无人系统前沿科学中心等重要基地，牵头承担建设的无人系统多体协同重大科技基础设施取得突破性进展，启动建设一期项目。科学中心充分发挥基地平台载体作用，探索建立学科交叉机制，大力推进协同创新，取得了一系列原创性成果。近期科研成果包括：首个基于分子互作指纹的 CRISPR 靶向效应预测和 sgRNA 优化模型 CRISOT；场景高覆盖、测试可加速、工具可协同、评价可互信的自动驾驶仿真服务系统（SAAS）；水空跨域巡航器原型机"同济飞鱼"等。

四、经验启示

一是依托国家级科研平台推进区域人工智能领域科研一体化。依托自主智能无人系统全国重点实验室等科研平台及无人系统多体协同重大科技基础设施的集聚效应，加速发展上海市的人工智能产业，同时辐射长三角经济带，推进区域内新一代芯片、智能终端、工业互联网、人工智能、大数据中心等产业的蓬勃发展。

二是以国家人工智能产教融合创新平台作为科研和产业纽带促进成果转化。协同科研院

所与企业共同攻关人工智能"卡脖子"关键技术,以人工智能赋能长江经济带发展,促进科技成果转化落地,推动科技赋能产业发展实现提质增速。

三是推进以智能科学与技术为引领的理工基础交叉学科群建设,培养拔尖创新人才。推进"智能科学与技术"一流学科培优建设方案。依托智能科学与技术一级交叉学科博士点,探索人工智能交叉人才培养新范式,培养人工智能及相关交叉领域的拔尖创新人才。

案例 84　开展跨区域协作 打造长三角"新职师"教育共同体

申报单位：江苏理工学院
案例主题：教育影响力

一、案例背景

江苏理工学院是江浙沪唯一一所独立设置的职业技术师范院校，建有全国首批职教师资培养培训重点建设基地、首批国家级职教"双师型"教师培训基地、省唯一高职教师培训中心、省唯一职教"双师型"教师队伍建设指导中心，是中国职教学会职教师资专业委员会副主任、长三角职教教师培养培训创新联盟副理事长单位。在全国首先提出"新职师"教育理念，以"新职师"教育共同体建设为抓手，积极推动长三角职业教育一体化进程。

二、主要做法

（一）组织领导

省教育厅批复学校成立"职教教师教育协同创新实验区"，并组建长三角职教教师教育研究院，统一负责长三角"新职师"教育共同体建设。

（二）政策支持

学校通过《关于推进新职师教育高质量发展的实施意见》，提出"新职师"教育共同体建设目标，服务教育强省和长三角一体化发展。

（三）机制创新

1. 打造长三角"新职师"培养实践共同体

（1）与上海第二工业大学、浙江工业大学、安徽师范大学等高校组建长三角职教教师培养培训创新联盟，并担任副理事长单位。发挥高校、职校、企业协同育人作用，举办线上线下混合的跨院校"新青年·新工匠·新职师"信仰公开课、"我与职教名师面对面"等活动，邀请全国劳模、大国工匠、职教名师进校园分享职业成长经验。

（2）探索长三角范围内"新职师"本硕一体化培养模式，实现职技本科生源信息共享和职教专硕跨校交流，为本科生和研究生搭建共享实践平台；与长三角近10个设区市、50多家企业和200多所职业院校结成合作关系，率先构建高校、地方政府、行业企业、职业院校"四元协同"的

"新职师"培养机制。

2. 打造长三角"新职师"培训协作共同体

（1）以学校获批的国家级职业教育教师教学创新团队为核心，以杭州职业技术学院等长三角职业院校为骨干，成立高端装备制造领域团队研究项目专业协作共同体，开展高端师资研修。

（2）强化全国职教师资培养培训重点建设基地省高职师培中心建设，与高水平职校、产教融合型企业深度合作，联合安徽师范大学、华航唯实机器人公司等单位组建"双师型"培训协作共同体，入选首批国家级职业教育"双师型"教师培训基地。

（3）建设"互联网＋"在线培训平台，构建"高校＋企业＋职校"多场所、模块化有机衔接的培训体系，年均培训长三角地区骨干教师2000人左右。

3. 打造长三角"新职师"研究发展共同体

（1）充分发挥省职教科研中心、省级职业教育决策咨询重点研究基地、中国式职业教育现代化职业教育研究中心、苏锡常都市圈职业教育研究所等智库平台的集成优势，牵头起草的多篇决策咨询报告获省部级领导批示，参与起草《江苏省职业教育校企合作促进条例》《江苏省职业教育"双师型"教师认定标准（试行）》等政策法规。

（2）组建跨区域研究团队，学校与上海第二工业大学、浙江工业大学等高校组建联合研究团队，近三年获批职教领域国家社科基金项目、省教育科学规划战略性与政策性重大招标课题等10余项，获全国教育科学研究优秀成果奖等省部级奖20余项。

（3）与中德（常州）创新产业园、德国手工业行会共建中德"大师人才"培养研究中心和中德"双师型"教师培养培训基地，面向长三角地区精心打造中德高素质技术技能人才和专业化职教师资培养研究平台。

三、取得成效

培养"中国最美大学生"宋彪等一大批优秀职教师范生。"双能并重、三性融合、四元协同：高质量职教师资培养体系的构建与实践""校企校协作、职前后贯通、研训教融合——打造高质量中职教师队伍的江苏实践"等成果获省教学成果特等奖。学校教师在2023年"长三角师范院校教师智慧教学大赛"中获一、二等奖各一项。"模块化课程 行动式参与 体验中成长——高职院校新入职教师培训的江苏实践"入选教育部职业教育教师队伍建设典型工作案例。

获批省级长三角"智能＋"职教教师教育虚拟教研室培育点，长三角职教教师教育教研室荣获省级优秀基层教学组织。教研室发布《长三角职教教师发展年度报告（2023）》。完成的咨询报告《高水平职教师资：长三角更高质量一体化发展的"新引擎"》被国家发改委主管的《改革内参》全文刊发。参与起草的《江苏省职业教育校企合作促进条例》等法规已获省人大常委会表决通过。

连续举办 Education＋世界职教大会国际峰会"职业教育现代化圆桌论坛"、长三角职教教师教育论坛、苏派职教高层论坛、江苏职业教育高质量发展论坛、职教新思维博士论坛、积极职业教育论坛等,在国内产生了重要影响。

"新职师"教育共同体建设措施与成效在中共江苏省委教育工作领导小组《教育工作动态》上刊发,《人民日报》《中国教育报》《新华日报》等媒体对我校聚焦高质量职教教师教育发展工作成效予以深度报道。

四、经验启示

新时代呼唤新职教,新职教急需新职师。新职师培养必须跳出以校为牢、各自为战的窠臼,开展大协作、大共享,以更加开放的姿态服务职业教育发展,服务产业转型升级。进一步加强职教教师协同培养理论研究,更好地指导实践。

"新职师"教育共同体是智能化时代的产物,线上线下的交流深化了协作,虚拟与现实手段的交替使用提高了合作效益。未来应进一步深化智能技术的应用,使共同体呈现全新面貌。

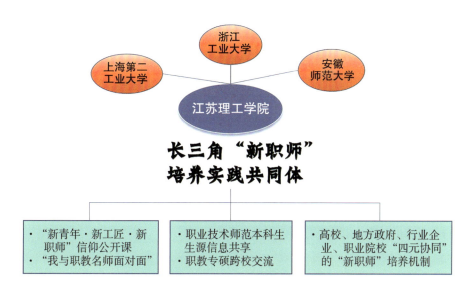

图 1　长三角"新职师"培养实践共同体

案例 85　借力集团化办学　推进区域义务教育优质均衡发展

申报单位：宿州市教育体育局
案例主题：教育影响力

一、案例背景

推进县域义务教育优质均衡发展，是新时期贯彻落实党中央国务院全面建设小康社会重要战略、满足广大人民群众对高质量教育需求的重大目标任务。充分发挥优质教育资源的示范辐射作用，缩小校际办学差距，是促进公平、提高质量以及"办好每一所学校、教好每一个学生"的重要手段。2016 年，宿州市、埇桥区两级党委政府审时度势，提出了在市主城区义务教育阶段学校实施集团化办学改革的思路。从 2017 年春季学期开始，埇桥区正式实施集团化办学改革，其他县也逐步展开集团化办学改革工作。经过几年的探索与实践，我市集团化办学取得了较好的成效，优质教育资源覆盖面不断扩大，人民群众满意度不断提高。

二、主要做法

（一）坚持发挥党建引领，全面加强党的建设

积极进行集团校党组织设置调整，2019 年 7 月，埇桥区批复成立 5 所集团学校党委，全面加强党对集团校各项工作的领导。按照新建校区使用与党组织设立同步进行的思路，及时在集团校新建校区设立党支部，确保党的组织和党的工作全覆盖，进一步强化集团校党的建设。

（二）坚持发挥核心优势，科学设置集团分校

以城区优质学校为核心，通过"名校＋新校""名校＋弱校"等方式组建教育集团，充分发挥优质教育资源的影响、辐射、示范和带动作用。一是"名校＋新校"模式，把城区新建学校（住宅小区配建学校）纳入集团学校，以老带新，提高新建学校的知名度，如一小拂晓校区、千亩园校区、九小千亩园校区、九中千亩园校区、十一小凤鸣路校区等。二是"名校＋弱校"模式，撤并三八中心校，把三八中心校下辖的三八小学、城南小学、六里小学，和三小、沱河中学、五中、八中等办学水平与社会认可度不高的薄弱学校纳入集团校，取消原有校名，新挂集团学校校区校牌，以名校带弱校，实现优质教育资源的扩充。

(三)坚持加大投入力度,积极提升办学条件

为保障集团学校各校区正常运行,自 2018 年至今,埇桥区共拨付集团校公用经费 12 633.38 万元。从 2017 年起先后投入资金 8 815.36 万元,为城区中小学集团校配备各种功能室 122 个、学生电脑 2 805 台、班班通 755 套、学生课桌凳(单、双)24 723 套、图书密集柜 19 套。自 2019 年埇桥区幼教集团组建后,先后投入 360.44 万元,配备了 796 张幼儿课桌、2 640 把幼儿椅、542 张幼儿床、20 套幼儿玩具、94 台教师电脑、72 架钢琴、20 套班班通。

(四)坚持优化组织机构,合理调配校干教师

教育集团组建后,集团管理实行"一套班子、多个校区、统一管理"的方式,由集团总校统筹安排,配备一名集团副校长到分校任执行校长,负责分校的全面工作。集团各中层机构管理人员职数根据校区数配备,设集团中层正职 1 名,其他为集团中层副职,同时分别兼任各校区中层部门负责人。按照"优化结构、兼顾均衡、促进发展、有序交流"的原则,合理调配集团学校师资力量。新成立校区按照集团总校原教师数不低于 15% 的比例调配教师,各校区每年教师交流比例不低于符合交流条件教师总数的 15%,进一步缩小师资力量的差距,全面提升义务教育的质量和水平。

(五)坚持资源共用共享,促进园区共同提高

全市各幼教集团精心谋划,积极筹备,统筹安排,健全规章制度,谋划发展思路,开展园务交流研讨、送教到园、巡回授课、一日活动观摩交流、环境创设、区角设计比赛、演讲比赛、主题教育活动、开放日活动等,为教师专业发展搭建平台,有效防止和纠正幼儿教育"小学化"倾向,实现了幼教优质资源共享,促进了教师专业成长,提高了教师队伍素质,推动了集团各园均衡优质发展,提升了保教质量和办园水平。

三、取得成效

截至目前,全市共组建义务教育集团 30 个,含 112 个校区,覆盖学生 201 855 人。其中,埇桥区 14 个集团,50 个校区;砀山县 8 个集团,36 个校区;萧县 1 个集团,3 个校区;灵璧县 1 个集团,3 个校区;泗县 5 个集团,14 个校区;市直 1 个集团,6 个校区。

(一)优质教育资源覆盖面不断扩大,有效破解了招生难题

实施集团化办学改革试点后,市主城区优质教育资源覆盖面不断扩大,有效解决了"择校热""大班额"等问题。

(二)城区学校办学差距不断缩小,促进了义务教育均衡发展

集团校内部采取一体化管理,由校长、副校长组成集团管理决策机构,负责统筹规划、指导、引领各校区发展,统筹各校区干部配备、师资交流、资源配置、财务收支、考核评价等工作。成员校区之间资源统一调配,将品牌校区的教育理念、改革成果、优秀师资、社会影响力等软件

资源输出到薄弱校区,集团化办学优势互补、均衡发展、以强补弱的效果明显,不断缩小义务教育校际差距,促进了义务教育均衡发展。

(三)人民群众教育满意度不断提高,彰显了教育的公平公正

以往城区义务教育优质资源不足,且主要集中在老城区,实施集团化办学改革以来,城区优质教育资源辐射老城区及西北、西南、东北、东南等片区,尤其是已投入使用的九中教育集团金海校区和十二小运粮河校区,填补了东南片区缺少优质教育资源的空白。现在,老百姓在家门口就能上"名校",享受到优质教育资源,加之招生纪律日益严格,教育公平得到了有效保障,人民群众对教育的满意度不断提高。

(四)办学机制相较以前更加灵活,激发了集团学校的发展潜力

通过集团化办学改革,逐步尝试探索以集团为单位的教师"无校籍"管理路径。集团内教师编制、干部、资源由集团校统一调配,岗位职评、绩效工资、评优晋先由集团校统一组织实施,不同校区之间公平竞争,教师在校区之间有序流动,学校办学以及教师发展潜力被充分激活,办学机制较非集团校更加灵活。

四、经验启示

(一)名校办分校

通过实施集团化办学,充分发挥优质教育资源的辐射带动作用,成功摸索出"名校＋弱校""名校＋新校""名校＋民校""名校＋村校"等模式,扩大优质教育资源供给,保障优质学位,让更多的老百姓得以享有家门口的教育资源。集团内部采取一体化管理,共享集团品牌、管理经验、教学资源、优质师资,实行"集团扶助、品牌引领、管理借鉴、资源共享"的紧密型共同体管理模式。

(二)老校带新校

各教育集团统筹使用集团校相关场馆、实验室及设施设备,提高教育资源的使用效益。通过紧密型教研、组建学科科研团队,定期开展大教研。通过专家引领、名师工作室、"青蓝结对"等形式,提升课堂教学的有效性,整体提高成员校的课堂教学质量。由龙头学校牵头,建立集团学校优质课程资源库,共享优质特色课程资源、教学资源等,不断提升学校的办学品质。

(三)品牌孵品牌

各教育集团把推动集团发展与努力办好每一所学校相结合,积极推进校园文化的互融和推广,注重集团文化的培植和发展,大力塑造教育集团的文化品牌。在坚持集团发展一盘棋的同时,充分尊重成员校的文化特色,使成员校既有集团共同的主体色调,又有个性化的亮点,初步形成"一校一品"格局。

篇章七

各地教育特色

案例86 景宁县"三步走"优化乡镇小规模学校——探索山区县教育高质量发展"新路径"

申报单位:景宁畲族自治县教育局

案例主题:各地教育特色

一、案例背景

习近平总书记指出:要推进城乡义务教育一体化发展,缩小城乡教育资源差距,促进教育公平,切断贫困代际传递。2022年4月,时任浙江省省长王浩在景宁调研时作出"优化山区县义务教育资源布局,多措并举提高山区学校办学质量"的重要指示。随着城镇化进程的推进,景宁乡镇学校适龄生源不断减少,出现了一批乡镇小规模学校,导致教育资源配置效率不高的问题。2022年,景宁县启动"354"小规模学校优化布局调整"三步走"模式,探索出一条具有山区县特色的城乡教育高质量发展"新路径"。

二、主要做法

(一)尊重学生意愿,强化多元引导

对景宁原12所乡校、529名学生开展摸底调研,摸排梳理乡村教育资源,以及乡村学生进城就读意愿和困难,实行"一生一案""一师一研""一校一策""一事一议",一对一解决进城就读困难。办好城区学校"开放日"活动,让学生和家长全方位感受城区学校的优质教学及生活环境,实现从"要我上"向"我要上"转变。最终8所小规模学校学生进城意愿逐步从原来的91%提升到100%。

(二)分布优化调整,稳妥有序推进

按照"科学评估、应留必留、先建后调、积极稳妥"的优化原则,稳步实施教育资源布局调整方案,顺利完成"354"三步走。2022年9月,先行完成3所10人以下偏远学校撤并;2023年2月,顺利完成5所30人以下小规模学校撤并;2023年8月,完成4所区域中心校师资、硬件高标准配备,与城区学校建成共建型教共体。目前,8所学校的107名学生全部进城就读;保留的4所乡镇区域中心校,按照省一类学校标准全面提升教学软硬件水平,同时选派20名优秀教师下乡任教,教学环境和质量稳步提升。

（三）解决实际困难，做好就读保障

在教育经费不增加的情况下，全方位保障学生"吃住行"。聚焦"吃得放心"，在接收学校增设餐位、餐具的基础上，优化农村学生营养餐支付机制，保证与县城学生"同菜同质同价"。聚焦"住得舒心"，整合原乡校校舍修缮经费用于接收学校宿舍改造，配齐生活物资，并均配备了生活指导老师、宿管员。聚焦"行得安心"，调整优化现有城乡公交班车班次，在8所乡校所在地与城区学校间开设"周末求知专线"，做到"定人、定时、定点、定车、定管"。

（四）加强校园关爱，促进健康成长

着力促进学生快速适应新学校、跟上学习节奏，建立由107名新老学校校长、班主任、科任教师组成的"校园爸爸（妈妈）"关爱帮扶团，建立进城学生"成长记录袋"，从学业、生活、心理等方面"多对一"贴心帮扶，全程跟踪，周密监测成长全过程。注重学生综合素养提升，在城区接收学校量身打造30门拓展课程，搭建学生展示平台；在4所区域中心校打造"鱼灯九龙""乒乓沙湾"等"一校一品"特色品牌。

（五）强化合理配置，优化教育资源

同步优化师资队伍配备，根据教师意愿和岗位匹配度，采取"进城流转一批、就近任教一批、转岗交流一批"等方式，74名教师全部妥善分流安置。用好撤并乡校闲置资产，完成8所学校的资产清点、处置工作，将闲置校舍改造为劳动基地、安全教育基地、研学基地等"1＋1＋N"格局，进一步补齐山区公共服务、产业发展等短板。比如，改造大均乡中心学校闲置校舍，建成全县中小学生综合实践基地，成为景宁首个集体能训练、团队合作、水上救援、消防自救、人文教育于一体的综合实践教育基地。

三、取得成效

在省、市、县的合力推动下，景宁县率先推进山区小规模学校优化调整行动，义务教育资源布局优化取得阶段性成效，实现了经济效益、社会效益的最大化。这项工作得到时任浙江省省长王浩的批示肯定，在全省高质量发展建设共同富裕示范区推进例会上作经验交流，在《浙里改》"基层首创"上刊发，入选山区海岛县高质量发展典型案例，受到央视、浙江卫视关注报道。2023年12月7日，王浩省长再次深入景宁调研时指出，景宁的成功探索表明，科学优化区域学校布局的路子走对了。

（一）推动了城乡教育的均衡发展

原12所乡村小学教育质量、教学环境、师资力量与县城学校差距较大，通过实施乡村学校优化行动，如今8所小规模学校学生进城就读，4所区域中心校按高标准建设，进一步缩小了城乡、学校之间的办学差距，教育教学质量实现稳步提升。

（二）获得了社会各界的普遍赞誉

从学生层面看，山区学生特别是留守儿童、困难学生，获得了更好的教育资源、成长环境和学习平台。从家长层面看，孩子的"吃住行学"得到全面保障，解决了家长"没钱送""不放心"的后顾之忧，实现了让孩子走出大山"上好学"的愿望。从学校层面看，师资队伍、配套设施等教育资源进一步集约，城乡学校软硬件实现新提升。

（三）实现了办学成本的大幅下降

山区教育资源由散到聚，有效提高了教育资金、资源的使用效率。全县乡校优化后，每年至少可节省财政补助资金 260 余万元，其中生均公用经费补助 60 余万元，教师下乡补贴等人员经费支出 50 余万元，维修管理等公用经费支出 150 余万元。8 所乡镇学校生均教育事业经费成本从 9.9 万元下降至 2.1 万元，降幅达 80%。

四、经验启示

（一）乡镇小规模学校优化，群众需求是切入点

精准识别人民群众的需求，做到精准施策。针对乡村学校就读学生以单亲、低保、低边、留守、孤困为主的现状，景宁政府发挥兜底职能，出台乡镇学校学生进城就读"吃住行学"保障方案，切实解决家长的后顾之忧。

（二）乡镇小规模学校优化，实现教育共富的关键一招

统筹县域教育资源，科学合理布局乡村小规模学校，推进城乡教育均衡发展，缩小城乡差距，切实保障农村学生接受更加公平、更高质量的教育，实现教育共富。

（三）乡镇小规模学校优化，平稳推进是关键点

重点厘清城区教育资源和乡村教育资源，研究制定全县教育资源布局调整方案，坚持尊重意愿为第一原则，切实保障和满足学生"上好学"与"就近学"的迫切需求。

案例 87　区域推进"五育融合"的金山路径

申报单位：金山区教育局

案例主题：各地教育特色

一、案例背景

党的十八大以来，习近平总书记从培养社会主义建设者和接班人的高度，提出要"努力构建德智体美劳全面培养的教育体系"。为落实立德树人根本任务，金山区直面如何破解"五育"失衡和"五育"割裂等现实问题，将"五育融合"作为推动区域课程重塑、教学变革、教师发展、机制创新的新视角、新引擎与新动能。基于6年的持续试验探索，金山区拿出了完整且强有力的"五育融合"答卷，走出了一条高质量育人的"五育融合"品牌创建之路，为其他同类区域与学校提供"金山经验""金山范式"。

二、主要做法

（一）顶层设计，擘画发展"新愿景"

金山教育坚持行走在追寻内涵建设的征途上，2018年提出"五育并举、融合育人"发展理念。2020年，与华东师范大学基础教育改革与发展研究（下文简称华东师大基教所）开展合作共建，出台《金山区关于进一步深化"五育融合"的实施意见》《金山区"五育融合"发展行动纲要》，从"五育融合"视域下的学校治理、课程重塑、教学变革、家校社协同育人、劳动教育体系建设五个方面开展实践探索，推动区域教育高质量发展。

（二）系统实施，营造发展"新生态"

1. 科研赋能，破解实践"新问题"

第一阶段启动"1＋6＋X"项目研究，第二阶段以市哲社课题引领攻关，第三阶段以"大课题、小课题"联动突破，构建了"五育融合"实践范式，勾勒出"五育融合型"教师的整体画像，创新了系列推进机制等。

2. 课程重塑，建设发展"新路径"

围绕"五育融合"理念，立足学校文化传统、教师个性特长、学生整体特质，开发出三种形态的课程：思维演绎型、实践体验型、技能技艺型。

3. 课堂变革,重构落地"新环节"

围绕课堂教学基本要素,构建了价值、策略与发展性相集成的教学特征。一是体现"学生全面发展"的价值导向;二是构建教材、资源相融合的教学内容;三是形成"诸育"互融互育、创设真实情境、关注学科关联、深化"主题"实践等教学方式。

4. 多元探索,凸显校本"新气象"

采用种子学校实验、示范,准种子学校操作、发展,非种子学校模拟、推广的推进方式,区域"五育融合"实践凸显校本特点。

(三) 机制创新,塑造发展"新动能"

1. 协同联动,构建治理"新体系"

建立四"轴"联动机制。专家团队"方向引领、理论指导",行政部门"整体设计、政策保障",业务部门"组织协调、专业支持",学校和教师"落实措施、变革实践"。组建种子校长、种子教师、种子家长队伍,形成共学、共研、共建、共享机制。打通学校、家庭、社会边界,建立新型"五育"协同平台。开展"五育融合"阶段性评估,总结和凝练变革经验,指出和策划变革方向。

2. 范式构建,实现螺旋式"新发展"

通过与教育要素的关联和多维度比对,逐渐形成"特色引领型""课程变革型""学习空间型"等范式,在实践推动与范式凝练双向互动中实现螺旋式发展。

三、取得成效

(一) 提升了区域教育品质

与华东师大基教所携手搭建"全国'五育融合'研讨论坛"学术平台,在区域内外树立起全面、健康、和谐发展的教育"优质观",优化了区域教育生态。金山区先后获评全国艺术教育实验区、全国"五育融合"实践联盟区、全国中小学劳动教育实验区。

(二) 成就了一批具有"五育融合"特质的特色学校

一批学校发展形成了"一育引领、诸育融合""资源引领、诸育融合""理念引领、诸育融合"的特色课程体系;涌现出"艺术化课堂""具身体验式""问题导引式"等校本教学范式;两所种子学校成功创建为上海市特色高中;一所种子学校领衔的"艺术育人的金山模式"被立项为上海市教育综合改革重点项目。

(三) 涌现出一批"五育融合型"人才队伍

近四年,依托"学科+""特长+""项目+""资源+""信息+"等路径,培养了一批"五育融合型"教师。20多位种子校长、种子教师被评聘为上海市特级校长、特级教师和正高级教师。一名种子校长获上海市2022年第二届学校美育实践魅力系列"魅力校长"(全市共5位);一名种子校长获2022年度上海市最佳阳光活力校园系列奖——"年度最佳贡献校长"称号(全市共

2 位),还入选第四届蔡崇信"以体树人校长计划"(全国共 10 位)。

(四)孵化了一批研究与实践成果

近四年,《中国教师报》《文汇报》《人民教育》《上海教育》等媒体 60 多次报道金山的"五育融合"研究和实践;19 个案例入选国家社会科学基金教育学重大课题"立德树人的落实机制研究"出版丛书;2022 年和 2023 年中国中小学教育新进展新趋势分别对金山教育"五育融合"实践作了高度评价;出版专著《问道"五育融合"——新时代区域教育变革的金山路径》。

四、经验启示

要实践和深化"五育融合",立足区域基础、回应时代要求是前提;厘清核心内涵、认定价值追求是核心;强化顶层设计、鼓励学校(教师)探索是关键;注重机制创新、搭建协同平台是保障;实现落地转化,走进日常实践是根本。

在"项目驱动与试点示范"方面:合作研究,调研对话,达成共识愿景。

在"区域牵引与学校行动"方面:规划先行,校本自觉,形成变革蓝图。

在"常态推进与节点放大"方面:反思重建,举办论坛,展现多元样态。

在"理论范式与实践变式"方面:经验提升,特色凸显,实现整体转型。

在"成果凝练与品牌打造"方面:阶段评估,成人成事,达至美美与共。

图 1　第四届跨区域"五育融合"研讨会在上海市金山区举行

图2　金山区"融合育人"区域教育改革三年总结性评估会

图3　金山区教育工作党委书记作主题汇报

案例 88 "推进高等融合教育，健全特殊教育体系"——南京特殊教育师范学院融合教育实践案例

申报单位：南京特殊教育师范学院
案例主题：各地教育特色

一、案例背景

让残障学生平等地接受高等教育，是教育公平与社会公正理念的必然要求，也是一个社会文明发展程度的标志。南京特殊教育师范学院是我国目前唯一一所独立设置的、以培养特殊教育师资为主的高校，由教育部于 1982 年创办，联合国儿童基金会予以资助，承载着办好中国特殊教育的光荣使命。建校 40 多年来，学校始终恪守为中国特殊教育和残疾人事业服务的办学宗旨，秉承"博爱塑魂"的办学理念，实施"特色发展、内涵发展、融合发展、开放发展"四大战略，为全国特殊教育学校及残疾人管理与服务机构培养人才，被誉为"中国特殊教育师资培养的摇篮"。

2002 年，学校开始面向听力障碍学生开展高等融合教育的探索，以"做亮融合教育"为发展目标，从对残障大学生事务性支持向深度人才培养转变，力求为不同程度、不同类型的残障大学生提供高质量教育服务，致力于让每一位残障学生实现"进得来、学得好、出得去"，为中国高等融合教育贡献智慧和经验，也为残障学生未来独立面对社会提供基础和保障。

二、主要做法

（一）全校园覆盖，创设无障碍学习生活环境

校园是学生日常生活所在地，为了提升残障大学生的生活便利度，学校建立了由融合教育中心、教务处、学工处、图书馆、后勤处和各二级学院等组成的协同工作网络，投入大量经费用于无障碍环境改造，以最大程度地满足所有残障学生在校期间的各项生活需求。同时，学校探索建设"全程全员"型融合教育资源支持体系，由融合教育中心统筹，各二级学院协调，搭建起融图书资料、教辅工具、康复器材、学习用具及辅助技术为一体的资源支持平台。目前，学校拥有价值 220 万元的"讯飞听见"声文转化系统及服务器与配套设备，覆盖 30 个终端，含 20 间教室、6 间机房和 4 间会议室；购置了近 70 万元的视障教育教学辅助设备，并组织教师团队制作盲文版教材、试卷等各类资源，最大程度地满足残障学生在学习资源和信息获取方面的需求。

（二）课内外衔接，提供全方位课程教学保障

学校秉持"博爱塑魂"的校训，遵循"既要满足本科专业人才培养目标和规格质量的总体要求，又要适应残障学生认知特点和接受能力"的原则，对人才培养方案进行灵活且有针对性的调整。根据不同残障学生的学习特点和职业规划，对部分课程或实习实践在专业培养规格下进行替换和增减。开展公共类课程改革探索，率先对残障学生计算机公共课程的资源建设、教学模式、评价方法等进行全方位的优化创新。在实践基础上总结出一系列有利于普通生与残障学生融合互动的有效课堂教学策略，如补偿教学法、问题研讨法、分层教学法、示范模仿法等。此外，对承担融合教育教学工作的教师加大培训力度，以此为残障学生提供个性化的课后辅导和学业支持。由我校融合教育教师团队申报的题为"残疾大学生融合教育模式创新与实践"的教学成果获2017年江苏省教学成果二等奖。

（三）校内外协同，构建全过程就业支持体系

就业是衡量高等融合教育质量的重要指标，也是残障大学生走向社会的开端。为了帮助残障大学生顺利从学校过渡到社会，实现可持续式发展，学校建立了"建档立卡—需求评估—设计方案—精准施策—评估反馈—就业转衔"的全过程就业支持系统，向学生提供个性化就业支持服务。比如，学校创设了残障大学生职业发展与就业指导相关的课程体系，基于社会职业要求，采用"需求→聚焦→细化"的教学设计思路，增强学生的职业认知和生涯规划能力。同时，学校建立职业导向实训机制，鼓励残障学生结合职业兴趣和发展方向选择相关领域或特定机构，积极开展实习实践活动和创新创业探索。此外，学校依托省市区三级残联、民政及各类社会组织和企事业单位，构建起"层次衔接紧密、区位布局合理、领域多元覆盖、功能特色鲜明"的实训就业基地体系，并联合江苏省高校招生就业指导服务中心积极拓展就业市场，为学生提供更多的就业机会。

三、取得成效

近年来，学校高等融合教育取得丰硕成果，残障学生中涌现出一批获得"国家励志奖学金""全国大学生职业生涯规划冠军""中国大学生年度人物""江苏省自强之星""江苏省三好学生"等荣誉称号的杰出代表，3名视障学生成功考取英国利兹大学、中国人民大学和辽宁师范大学的研究生。这些成就是残障学生不断坚持与努力的结果，也是学校继续推进高等融合教育、提升办学质量的动力源泉。

四、经验启示

完善融合教育保障机制是关键，开展人才培养模式改革是核心，保障残障大学生就业是抓

手。做好两头转衔服务,即学业和就业转衔。道阻且长,行则将至,南京特殊教育师范学院承载着特殊的责任和使命,也表现出无尽的担当与大爱。在高等融合教育上,学校已经逐步建立起既符合本科专业教育统一要求,又符合时代发展趋势,且独具特色的高等融合教育人才培养体系、事务管理体系和学业支持体系。未来,还将持续推进高水平、专业化的人才培养内涵建设,推动高等特殊教育高质量稳健发展。

图 1 金盲杖活动(在我校听障阅览室)

图 2 听障大学生在听课

图 3　邀请体检专家为我校融合生开展教资体检通过率评估

案例 89　科创未来：中小学科学教育"加法"的温州实践

申报单位：温州市教育局
案例主题：各地教育特色

一、案例背景

浙江温州是中国数学家之乡，是中国创客教育的发源地，是全国初中科学（综合理科）课程的生发地，是全国首批中小学科学教育实验区，是全国首批项目化学习实验区，也是全国STEAM 教育先行区。多年来，温州一直致力于培养青少年的科学素养和创新能力。面对未来人才需求的转变和教育国际化的挑战，温州积极适应新时代的教育发展要求，深入推进科学教育改革，全力打造科学教育新高地。在此基础上，温州推出了一系列具有创新性和引领性的科学教育"加法"行动，旨在通过"加法"思维，不断优化科学教育资源，创新科学教育机制，全面提升中小学科学教育质量。

二、主要做法

（一）做好"社会协同"加法，构建家校社协同育人新生态

一是形成部门协作新局面。温州市教育局、科技局、财政局等八部门率全省之先联合印发《新时代温州中小学科学教育实施方案》，统筹推进"瓯越大科学教育"共建行动、"校内科学教育提质行动"等六大行动，建立全市协同的中小学科学教育工作体系，打造"好学温州"品牌。二是探索馆校合作新路径。全面推动社会资源服务科学教育实践，统筹引导在温高校、科研院所、科技馆、博物馆等向学生开放所属平台和资源。现有市级科普教育基地 140 家，通过"请进来""走出去"开展科普助力"双减"活动超过 2 000 场。三是实施家校共育新策略。实施家庭实验室"百校万家行动"，推进 100 所基地校、10 000 个家庭实验室建设，打造"家门口"的科学教育阵地，打造青少年科学教育和科普助力"双减"示范工程。

（二）做好"课程创新"加法，强化学校科学教育主阵地

一是"STEAM（科创）教育"推进跨学科学习。作为浙江省首个地市级 STEAM 教育实验区，先后 5 批次认定市级 STEAM 教育试点校 162 所，创建市级 STEAM 教育样态校 18 所，每年遴选中小学（幼儿园）STEAM 项目学习优秀案例 100 项。二是"科学部落格"打开混合学习

新天地。坚持"每个孩子都是小科学家"的核心理念,以"和世界分享发现,让科学流行起来"为目标,打通课内课外,混合线上线下,十余年来共评选优秀案例1 500多个,60多万学生、500余所学校参与其中。三是"创客教育"引领创新创造。作为全国创客教育的发源地之一,开发20余门本地创客课程,建成248个创客教育基地、1 023个创客教育空间,先后举办9届创客文化节、4届科创春"玩",每届科创春"玩"线上互动人数均超过20万人次。

(三)做好"拔尖培优"加法,探索"未来科学家"培育新路径

一是迭代推进"小科学家"培养计划。持续开展市级"小科学家"培养工程,播撒科学的"种子",十余年来举办系列赛事100余场,评选市级"小科学家"240名。二是迭代升级中小学生科技节活动。组织举办中小学科学论坛、科创运动会、科创项目征集、青少年科技创新大赛等活动,每年评选市级科技类项目(团队)500余个,构建"班班有科学实践项目、校校有科技节活动、区县有科学嘉年华、市级有科技系列活动"的区域科技新样态。三是迭代探索人才培养模式。实施"青少年高校科学营""科技青苗计划"等,每年为40余名品学兼优、科技创新成绩突出的学生开展定制式个性化培养。

(四)做好"队伍建设"加法,当好学生科学梦想引路人

温州市教育局等四部门率全国之先出台《关于加强新时代中小学科学教师队伍建设的实施意见》,推进区域中小学科学师资队伍建设"百""千""万"工程。一是优化科学教师配置。2023年启动科学家副校长聘任"百校行动",统筹当地科学家资源,推进100名科学家进中小学任科学副校长。实施科学教师队伍建设"千人行动",通过新增一批、转型一批、外聘一批等方式,补充小学科学教师1 000人。二是优化教师培养路径。实施科学教师素养提升"万人行动",多渠道开展科学教师培训培养,整体提升全市科学教师素养,五年时间培训各学段一线科学教师10 000人次。三是优化城乡教师互动。每年举行"教研共富·名师送教"、同心名师服务站、"绿色耕耘"送培、"名师智援"送培、"星火计划"项目、科学教育志愿服务乡村行等活动百余场,为乡村科学教师提供可持续的服务支持。

三、取得成效

(一)学生科学素养明显提升

通过实施科学教育"加法"行动,温州市中小学生的科学素养得到了显著提升。2023年北京师范大学组织的"指向核心素养的项目学习区域整体推进学生与教师发展评估第三次测试""21世纪5C核心素养测评系统"等问卷测试结果显示,温州学生核心素养提升明显,合作素养、创新素养、社会责任感等指标增值均达30%以上,最高达45.9%,在全国实验区中处于领先地位。近几年,温州学生在各类科学竞赛中屡获佳绩,五大学科竞赛成绩全省领先,充分展示了他们的科学素养和创新能力。

(二)科学教育质量稳步提高

科学教育课程的改革和创新,使得科学课堂教学更加生动有趣,学生的学习兴趣和积极性高涨。科学教育的质量和效果得到了家长和社会的广泛认可。在2020年的国家义务教育质量监测中,温州鹿城作为县域样本参加测试,结果显示四年级学生的科学成绩平均分为594分,高于全国平均分86分,在全国所处等级为10星;八年级学生的科学成绩平均分为558分,高于全国平均分68分,在全国所处等级为10星。在2023年教育部教育质量评估中心组织的全国中小学生科学素质调查中,温州瑞安市作为样本区县,结果显示学生科学素质表现的平均得分均明显高于全省、全国的平均水平,如六年级参与调查学生的科学素质平均得分为59.97分,高出全省平均分(56.87分)3.10分,高出全国平均分(51.61分)8.36分。

(三)科学教育品牌影响力扩大

温州科学教育的成功实践吸引了国内外众多教育专家和学者的关注。2021年实施"双减"以来,中国网、人民网、中新社、《中国教育报》、中国教育发布等媒体多次报道温州科学教育典型经验,全国"双减"工作专门协调机制办公室《"双减"改革每日快报》(2023年第190期)、《"双减"改革各地动态》(2023年第44期)先后报道,2024年1月2日教育部门户网站专题报道《浙江温州做好四道"加法"深入推进中小学科学教育》,2024年3月4日《中国青年报》头条大版面报道《科学教育"加法"的温州探索》。温州的科学教育经验在全国范围内得到了推广和辐射,为其他地区提供了有益的借鉴。

四、经验启示

(一)坚持创新驱动

温州科学教育"加法"行动的成功实践表明,只有不断创新科学教育机制和内容,才能适应新时代的教育发展需求。

(二)强化政策支持

政府层面的政策支持和投入是科学教育发展的重要保障。各级政府应加大对科学教育的投入力度,为科学教育提供有力支撑。

(三)注重社会协同

科学教育的发展需要全社会的共同参与和支持。应广泛发动高校、科研机构、企业等社会力量参与科学教育,形成合力推动科学教育的发展。

(四)关注学生个体差异

在科学教育中,应关注学生的个性差异和兴趣爱好,因材施教,为学生提供多样化的学习路径和发展空间。

案例 90　跨区联动，助推长三角智能制造"三教"改革

申报单位：苏州工业职业技术学院
案例主题：各地教育特色

一、案例背景

长三角地区作为中国经济发展最强劲、产业转型升级最快的地区之一，其产业变革、技术变革对技术技能人才培养提出了更高的要求，倒逼职业教育深入推进"三教"改革。坐落在科教资源最丰富的长三角一体化核心区的国家"双高计划"建设单位苏州工业职业技术学院，培养适应区域产业发展的技术技能人才责无旁贷。面对区域内资源禀赋各异、发展不均衡问题，学校实施跨区联动，通过理念重塑、资源重组、团队重构、课程重建等措施，深化智能制造"三教"改革，形成了可借鉴、可复制、可推广的"苏工模式"。

二、主要做法

（一）跨区牵头成立合作组织，畅通师生多渠道交流

学校聚力"三个促进"，建立跨区域合作机制。一是搭平台促合作。学校牵头，坚持"共建、共管、共享"的建设运行机制，联合杭州、安徽等地的 7 所高职院校及上海、江苏等地的 16 家企业，共建国家级智能制造职教集团和产教融合协作共同体。二是建资源促服务。推行"资源共建、利益共享"的资源建设机制，联合常州机电职业技术学院、安徽机电职业技术学院、杭州科技职业技术学院等全国 60 多所高职院校开发行企生产现场典型案例、课程与教材、科技成果转化等科教资源 586 项，服务全国高职院校创新教学模式，受益人数超 20 万。三是做支撑促交流。学校加强与长三角区域产业行业协会、职教学会的合作，承办长三角职业教育学（协）会工作交流研讨会等会议，宣传交流区域职教改革好经验、好做法，助力长三角区域职业教育一体化高质量发展。

（二）校企共建共享数字资源，服务学生泛在化学习

学校积极推进"智慧＋"教学，聚力建设一批优质的共享数字教育资源。一是打造高水平团队。以培养适应智能制造技术领域发展需要的智造工匠人才为己任，实施追踪一项科学发展前沿、深入一家紧密合作的企业、开发一部得心应手的教材、制定一套科学的教案、培养一批

优秀的学生、打造一批教科研成果、参加一个行业协会组织的"七个一"教师能力提升工程,打造了国家级教学创新团队2个、"全国高校黄大年式教师团队"1个。二是共建国家级资源库。坚持以校校协同、校地协同、跨区协同的合作模式,与温州职业技术学院、山东工业职业学院等6所高职院校成立协作共同体,共同建成了国家级职业教育智能制造装备技术专业教学资源库等3个,服务常州、温州、湖北等全国60多所高职院校人才培养,受益人数超20万。三是建设数字化课程教材。坚持"学生乐学、教师擅教、企业真要、社会欢迎"的数字化课程教材建设原则,校企共建单位的68名骨干教师,融入先进信息技术,开发行企生产现场典型案例等素材18 022个、数字题库8 806个、在线课程517门、视频时长27 335分钟、数字化教材60多部,被长三角300多所学校和培训机构使用。

(三) 探索"三融"育人模式,课程育人手段多样化

学校以德技并修的课程改革为突破口,探索"三融"育人课程改革新模式。一是适应产业转型升级要求,研制"课岗融通"的课程体系与标准。基于工作过程,设计"挑标杆企业→选典型岗位→找工作任务→理职业能力素养→定课程体系→写课程标准→论证与更新"七步流程,针对智能制造企业自动化生产,基于岗位任务迭代,将"新素养、新技术、新技能"课程化,同步升级项目、任务和资源,完善课程体系与标准。二是适应岗位技能素质要求,开发"德技融汇"的课程内容与教材。对照专业课标准,选择一条智能制造企业生产线,设计"典型岗位→典型项目→典型任务→典型活动"四步流程,针对智能生产线,将真实项目、典型案例、活动要求融入课程,开发课程内容;构建一条学生素养主线,设计"报国情怀—时代风尚—工程伦理—工匠精神"四个维度,按"要点—案例—专项"开发素养内容;设计一条教师课改路线,教师"进企业—做项目—企业资源进课程—完成双岗双课任务",素养与技术内容螺旋式递进,更新课程内容与教材。三是适应德技双馨人才要求,实施"知行融合"的教学方法与评价。根据课程项目,创设"资讯—计划—决策—实施—检查—评估—提升"七步教学,通过"师生互动"连接行动导向的教与学;通过"场景互通"连接学校与企业、线上与线下教育;通过"学分互认"沟通第一第二课堂;通过岗课赛证思"五位一体"模型改进教学方法。

三、取得成效

(一) 学生技术技能显著提升

近三年来,学生获职业技能大赛国家级一等奖4项、二等奖6项,省一等奖12项;"挑战杯"国赛一等奖1项,银奖、铜奖各1项;省级创新创业大赛一等奖6项;毕业生薪资增长了20%。

(二) 教师教学能力显著提高

近三年来,课程获评国家在线精品课程、课程思政示范课4门,江苏省在线精品课程17门次。教材获国家教材建设一等奖1项,省级教材建设奖2项;国家"十四五"规划教材12本,省

"十四五"规划教材7本。团队获评全国高校黄大年式教师团队1个,国家级职业教育教师教学创新团队2个。

(三) 课改成效辐射带动广泛

学校作为高职唯一代表在教育部推进长三角教育一体化高质量发展座谈会上向怀进鹏部长汇报工作经验;中央电视台、《光明日报》等媒体深度报道本成果20多次;各类高职院校来访学习132次;建设数字化资源,为学习者提供11 497 148人次学习;获得国家教学成果一等奖。

四、经验启示

创新"科技所趋、产业所需、区域所能、院校所为"的科教融汇合作理念,推行"系统化设计、项目化实施、精细化推进、品牌化展示、绩效化考核"的运行机制,理顺"聚焦智能制造产业、服务智能工厂车间、培育智慧工匠人才"的建设思路,形成了"搭平台聚人才、组团队做项目、建资源促服务"的智能制造"三教"改革的"苏工模式"。

案例 91　科技赋能，助力区域新质生产力发展

申报单位：上海交通大学
案例主题：各地教育特色

一、案例背景

提升科技成果转化和产业化水平，促进新质生产力发展，推动产教融合、科教融汇，是高校服务国家和区域经济社会发展的重要抓手。习近平总书记在深入推进长三角一体化发展座谈会上强调，推动长三角一体化发展取得新的重大突破，在中国式现代化中更好发挥引领示范作用。时任上海市委书记李强在上海交通大学调研考察时指出，要围绕高水平科技自立自强深化区域创新协同攻坚，加快形成一批具有引领性标志性的科技创新成果，为长三角地区构建现代化产业体系、实现高质量发展持续提供有力支撑。上海交通大学注重发挥基础研究优势，促进科技创新资源与长三角发展战略深度耦合，将高水平研究型大学的创新优势转化为长三角教育现代化的发展优势，持续推动一流大学建设与区域经济社会发展双向赋能，助力区域新质生产力发展。

二、主要做法

学校与浙江、江苏和安徽三省的互动进一步加强，以省级层面合作规划项目布局，统筹资源优化配置。一批具有交大特色的创新服务平台在长三角重点城市落地生根，构筑起学校与区域快速融合发展的桥梁，为区域一体化发展贡献交大力量。

（一）聚焦已有基础和未来发展有机结合

学校与浙江省签署战略合作协议，共同聚焦"海洋＋""万亩千亿"新产业平台等发展需求，建设绍兴新能源与分子工程研究院、南通先进技术研究院等创新平台，以"三园三院"为基础做增量，以实际行动书写合作新篇章。

（二）聚焦重点城市新兴创新需求和传统产业优势有机结合

面向上海人工智能先导产业，加强建设上海智能制造研发与转化功能平台、上海人工智能研究院。与无锡市共同在新一轮合作指引下，集中启动了无锡碳中和动力技术研究院、无锡光子芯片联合研究中心和江苏零碳科技（宜兴）产业园等平台建设，引导绿色动力、量子信息、集

成电路和新能源等领域学科与长三角重点创新产业发展共赢。

（三）聚焦产业特色和行业共性需求有机结合

以需求为导向，分类布局上海交通大学人工智能研究院、上海人工智能研究院、苏州人工智能研究院和宁波人工智能研究院等共性平台，点线面结合构建长三角区域人工智能领域联动科创服务网络。与此同时，不同类型的合作模式得到进一步探索并优化发展。与南通共建上海交大南通基地，与淮安共建苏北研究院，深化创新平台领域布局；与溧阳合作共建溧阳智能制造研究院，与海安共建海安智能装备研究院，加速智能制造领域创新突破；在安徽建立陶铝新材料研究院，开展陶铝新材料研发和应用，助力安徽科创中心建设。

（四）聚焦产业发展和人才培养有机结合

依托地方研究院扎根地方、对接产业的优势，推动校企双方共同加强导师队伍建设，推进校企共建课程，完善研究生教育评价机制，充分发挥产教融合育人优势，培养国家急需的适应产业需求的高水平创新人才。2021年，学校授予宁波人工智能研究院、苏州人工智能研究院、上海市智能制造研发与转化功能型平台"上海交通大学专业学位研究生产教融合联合培养基地"资质。

三、取得成效

（一）前沿创新研究屡获突破

上海市智能制造研发与转化功能型平台的六足冰壶机器人亮相冬奥冰场，引起国内外媒体的持续点赞。安徽（淮北）陶铝新材料研究院的新材料开启航天和军工重大型号应用并实现稳定供货，陶铝新材料研究院的C919部件装机实验正有序开展。

（二）成果转化效益凸显

上海市智能制造研发与转化功能型平台坚持以"明确的应用场景、鲜明的技术特色、清晰的成果形态"为导向，积极探索"创新技术为源，产业应用为本，模式创新为先"的产学研融合新机制。重点聚焦智能感知、智能作业和智能管控等三大共性技术方向，以企业痛点、难点为切入口，累计形成产品样机55套，系统解决方案20项，技术服务企业70家，已授权发明专利13项、实用新型18项、外观设计2项，相关产品、技术与解决方案已在航空、航天、汽车、核电、船舶、装备等行业中广泛应用。在自身发展能力方面，平台自身造血达到6 000万元，先后引进、孵化38家科技企业，培育企业带动投资额17亿，其中高新企业8家，整体授权专利165项，估值达150亿元，5家进入科创板IPO辅导期。相关教师荣获2022年上海市自然科学特等奖1项、一等奖2项。

（三）产教融合人才培养卓有成效

截至2023年，长三角各联培基地累计培养研究生300余人，为地方产业发展及重点企业发展提供了重要的智力支撑。

（四）国际合作亮点纷呈

上海智能制造研发与转化功能平台继与德国弗劳恩霍夫协会合作建立上海交通大学弗劳恩霍夫协会智能制造创新中心后，2021年借鉴英国国家智能制造未来计量中心的模式，由英国皇家工程院蒋向前院士牵头，合作共建中英智能测量与质量工程中心，为长三角智能制造产业能级提升构建国际化交流平台。

四、经验启示

高校作为科技第一生产力、人才第一资源、创新第一动力的重要结合点，是助力新质生产力加快形成的关键。推动高校助力区域新质生产力发展、服务区域高质量发展，要加强统筹布局，建立健全校地企合作协同机制，稳步推进区域创新体系一体化协同发展；聚焦产学研发展，构建服务区域发展核心关键的创新平台机制，实现"四链"融合；坚持创新驱动，发挥高水平研究型高校的引领优势，科学布局、培育、发展新质生产力的关键要素；加强创新人才引育，激活高校持续服务新质发展原动力；完善人才培养模式，实施以服务战略需求为导向的科教、产教协同育人机制；搭建人才发展和服务平台，加快推动高校人才深入参与区域建设。

案例 92 以学赋能，探索学习型乡村建设之路

申报单位：上海开放大学
案例主题：各地教育特色

一、案例背景

实施乡村振兴战略是党的十九大作出的重大决策。上海虽然着力于建成具有世界影响力的社会主义现代化国际大都市，但仍然有近 1 600 个行政村。为满足农村居民的终身学习需求，均衡推进学习型社会建设，助力乡村振兴战略的实施，在上海市教委和上海开放大学的领导下，上海市学习型社会建设服务指导中心、上海开放大学社区教育部在全国率先启动学习型乡村建设工作。通过发展农村社区教育，不断探索学习型乡村建设之路，促进城乡基本公共服务均等化发展，培养提升村民的学习意识与素质能力，激发乡村发展的内生动力与创新活力。

二、主要做法

（一）完善组织体系，统筹协调工作推进

在上海市教委的领导下，上海开放大学牵头组织了由市教委、市农委相关处室，相关区教育局及社区学院等单位共同参与的上海学习型乡村建设工作组，明确了工作组统筹协调、政策制定、监督检查、指导服务等职责。工作组多次召开工作研讨会，逐步形成工作思路和行动方案。

（二）培育试点乡村，先行试点以点带面

2017 年，选取浦东新区、嘉定区、金山区、青浦区、崇明区作为试点区，设立了首批 10 个上海学习型乡村建设试点村。2020 年，制定了《关于遴选首批上海学习型乡村的工作方案》，正式启动上海学习型乡村遴选工作。目前，全市共设立六批 155 个学习型乡村建设试点村，遴选认定四批 66 个上海学习型乡村。通过认定的上海学习型乡村充分发挥了标杆引领、经验示范作用。

（三）制定意见方案，系统设计制度保障

为保证学习型乡村建设工作有序进行，在总结实践经验的基础上，于 2018 年、2019 年制定了《关于推进学习型乡村试点建设的指导意见》（下称《指导意见》）和《关于开展上海学习型乡

村建设的实施方案》(下称《实施方案》)。其中,《指导意见》提出了"学在乡村、强在师资、富在资源、精在内容、新在方式、亮在品牌、优在功能、惠在农民"等八项重点任务,《实施方案》提出了上海学习型乡村的建设指标。相关指导文件的制定,保障了本市学习型乡村工作建有方向、评有标准。

(四)开展项目研究,强化科研引领助力

为了发挥理论研究的指导作用,邀请部分社区学院科研骨干,组建上海学习型乡村建设课题研究组,承担了2018年度上海市社区教育实验委托项目"社区教育助力学习型乡村建设的实验",围绕基础理论、实践模式和机制创新等多个方面,设立了6个子课题进行深入研究。该实验项目于2019年顺利结题,为学习型乡村建设工作提供了理论指导。

(五)举办交流研讨,不断深化学习内涵

组织召开交流研讨会和工作推进会,促进经验分享与成果展示。2018年11月,在崇明区举办"上海学习型乡村建设论坛",以"社区教育在乡村振兴战略中的作用"为主题,发布《上海学习型乡村建设的探索与思考》成果报告。《光明日报》、《劳动报》、《青年报》、中国教育在线、《新民晚报》、《东方教育时报》等媒体进行报道。坚持每年召开工作总结会,就如何深入推进上海学习型乡村建设工作进行讨论,明确下一年工作思路。

(六)融入区域共建,推动长三角一体化

该项目还被纳入了《长三角地区社区教育、老年教育协同发展三年行动计划(2019—2021年)》。2019年,以"学习让乡村更美好"为主题的首届长三角学习型乡村建设研讨会在上海金山举行,会上启动了"长三角学习型乡村建设联盟"。2022年,举办第三届长三角学习型乡村建设研讨会,启动了"乡村15分钟学习圈资源配送项目"。未来,三省一市将充分发挥各自的比较优势,不断提升长三角地区学习型乡村建设的水平,助力长三角一体化发展国家战略落地实施。

三、取得成效

通过学习型乡村建设,搭建田间教室、宅基课堂、庭院学堂等乡村学习载体,努力增加社区教育资源供给,丰富乡村学习内容,满足了村民的精神文化需求。据统计,累计参与该项目的村民达33.29万人次。2020年,该项目被评为上海市终身学习品牌项目和全国终身学习品牌项目。在"2021年全国社区教育工作推进及成果展示会"上,受邀作"激发内生动力,助力乡村振兴"主题发言,为全国社区教育同行服务乡村振兴提供上海案例。2022年,该项目入选"2022高校赋能乡村振兴典型案例"。2024年,入选"2023年度共青团服务乡村振兴优秀案例"。此外,相关成果还被联合国教科文组织工作项目采用,向国际社会的乡村建设工作展示上海经验。

四、经验启示

党的二十大报告明确提出，"全面推进乡村振兴"，"扎实推动乡村产业、人才、文化、生态、组织振兴"。站在新起点，上海开放大学将在市教委的领导下，持续推进农村社区教育，让学习型乡村建设的成果惠及更多人群。一是精准服务，充分对接村民的学习需求。通过深入实地调研，了解、激发并引导广大村民的学习需求，开发更加接地气、有人气的学习资源，改善乡村教育资源的品质。二是着眼长远，建立工作推进的长效机制。通过健全学习机制、完善保障机制、推行激励机制、畅通流动机制等措施，切实抓好农村社区教育师资队伍建设、设施设备配置、日常活动管理，为试点村的村民创造良好的学习环境。三是紧密协同，开展项目间、区域间的合作交流。加强各试点村的联动共建与资源共享，凝聚各方参与力量，形成最大合力。持续举办长三角学习型乡村建设论坛，不断扩大长三角学习型乡村建设的覆盖面和影响力。

教学"乡"长，"乡"遇未来！上海正努力将学习型乡村打造成为构建和服务全民终身学习体系的亮点工程，让广大学习型乡村更好地服务上海这座全球卓越城市。

图 1　2018 年崇明学习型乡村建设论坛

图 2　2019 年"长三角学习型乡村建设联盟"正式启动

图 3　2020 年第二届长三角地区学习型乡村建设研讨会

案例 93 开展多元开放、多维融合的劳动教育

中报单位：合肥市瑶海区教育体育局
案例主题：各地教育特色

一、案例背景

新时代中小学劳动教育是"五育融合"的教育，承载立德树人的根本任务。瑶海区以全国中小学劳动教育实验区建设为抓手，系统构建了"1135"劳动教育高质量发展体系，明确以实现"三个一"为育人目标，以"德智体美劳全面发展"为主线，坚持"系统观念、项目为王、效果导向"三大理念，实施"全域推进机制保障、一专多能师资建设、多元开放课程研发、多维融合阵地打造、全面发展评价赋能"等五大工程。

二、主要做法

（一）立足"人人具备"，实现"三个一"育人目标

积极探索中小学劳动教育高质量发展，明确"形成一个意识、养成一个习惯、练成一项技能"的育人目标，形成人人参与、协同治理的新格局。

1. 建立全域融合推进的机制保障

坚持全区域推进、全过程参与，全面部署中小学劳动教育工作，建立了"一案""两入""三动"保障机制。一是区政府出台《瑶海区关于加强新时代中小学劳动教育实施方案》，成立了专项工作领导小组。二是将劳动教育工作纳入《关于开展"学在瑶海 活力教育"十大行动实施意见》中进行序时推进，纳入瑶海区学校年度目标管理考核中加以督导管理。三是"政府、部门、学校"三级联动推进，领导小组细化分工，定期调度；各部门协同配合、深挖资源，区财政、人社部门提供人力、财力资源，团区委、区妇联组织提供"非遗进校园"等课程资源，各街镇开发区提供社区、花园等场地资源；各校主动对接、主动作为，丰富劳动教育的育人路径。

2. 建立专兼职相结合的教师队伍

实行"专业＋志愿"培养：全区 2 058 名班主任担任劳动专业兼职教师，聘请 136 名劳动模范、非遗传人、工匠大师等担任劳动教育指导师。在全省首创建成校园优化大师孵化基地。进行"全员＋专项"培训：定期开展劳动教育研究课、现场观摩活动，提高劳动教育专业化水平。

开设"特色劳动"项目培训,邀请专业人员走进校园,对老师进行专项培训,提升老师的专业技能。

(二) 立足"时时融合",以德智体美劳全面发展为主线

全区以德智体美劳全面发展为主线,推动"五育并举"融合创新。

1. "课程＋"融合式

以课程标准为根,编制《瑶海区劳动教育指导手册》,14所示范校开发了"劳动教育读本"。建立"1＋X"的课程体系,开发校本特色劳技课程287门,推动劳动教育特色化。

2. "学科＋"融合式

打破学科逻辑和领域界限,实现跨学科、多学科协同合作的"五育融合"教育,达成"五育"的全面渗透和贯通。例如,在语文课中找寻有关劳动精神、工匠精神以及辛勤劳动的诗词歌赋,在科学课、信息课上培养孩子的创新意识,在劳动过程中催生各种新的劳动方式和工具。

3. "活动＋"融合式

开展研究性学习、体验式学习、实践性学习、项目式学习,以此来融合"五育"。目前已申报10多项省市级课题研究,开发数百个典型学习项目。

(三) 立足"处处行动",推进劳动教育"五大工程"

"五大工程"的确定,主要是依据中央和省区市相关文件精神以及瑶海自身发展实际,具体是指全域推进机制保障工程、一专多能师资建设工程、多元开放课程研发工程、多维融合阵地打造工程、全面发展评价赋能工程。以多维融合阵地打造工程为例,建立了共享化、一体化的劳动教育平台,实现了区域资源共享。整合青年创意田园、青少年活动中心等资源,在全省首创打造瑶海区"五育并举"15分钟实践圈。在区青少年活动中心打造劳动教育园地,每学年组织8万余名学生到中心参加一天的劳动教育活动。各学校"上天入地"开辟劳动教育场地82个。成立瑶海区STEM教育研究中心,目前有20名领衔人、265名骨干教师,基本实现中小学幼儿园全覆盖。以全面发展评价赋能工程为例,全区构建了"一、多、三"评价体系:一是建立学校劳动教育年度报告制度,纳入学校年度目标考核内容;二是各学校把劳动教育纳入学生综合素质评价内容,通过实时记录、阶段总结、分级达标,完善学生多维度劳动考评;三是制定了活力家长评价手册,实现家校社三方协同育人评价。

三、取得成效

"五大工程"推进以来成绩斐然。学校作为区里安徽省唯一代表、全国三个县区代表之一,在全国中小学劳动教育实验区座谈会上作经验分享。教育部副部长王嘉毅在点评中,点名表扬我区编制区域劳动教育指导手册及"1＋X"劳动课程群等特色做法。学校作为唯一县区代表应邀在全省基础教育综合改革培训会上作经验分享。两次成功举办长三角劳动教育论坛。

四、经验启示

紧扣时代主题，全区多方位发力，积极探索体现时代特征的劳动教育体系。

(一) 不断提升课程质量

建好课程体系是劳动教育高质量发展的核心。要在课程设置上整体优化，在课程内容上系统衔接，形成具有系统性、综合性、实践性的劳动教育课程体系。加强劳动教育课程的横向融合，结合学科、专业特点，有机融入劳动教育内容。

(二) 不断提升智慧应用

推动劳动教育高质量发展，须加入教育数字化的新赛道。新时代劳动教育必须突出强调学生的创新性劳动能力培养，在充分发挥传统劳动、传统工艺项目育人功能的同时，准确把握新时代劳动工具、劳动技术、劳动形态的新变化，创新劳动教育的内容、途径、方式，增强劳动教育的时代性。

(三) 不断健全评价体系

发挥评价的育人导向和反馈改进功能，将劳动素养纳入学生综合素质评价体系。对学生的劳动表现进行综合性评价，既要关注劳动结果，也要关注劳动过程；既要注重知识学习，也要培养学生正确的劳动观念；既要有教师评价，也要有同伴和家长的评价。

图 1 立足"人人具备"，实现"三个一"育人目标

图2　立足"时时融合"，以德智体美劳全面发展为主线

图3　立足"处处行动"，推进劳动教育"五大工程"

案例94 托幼一体化 "幼托"真普惠 "优托"在亭湖

申报单位：盐城市亭湖区教育局
案例主题：各地教育特色

一、案例背景

党的二十大报告把"幼有所育"放在民生关切工作的最前端。随着三孩生育政策的实施，"带娃难"成为很多家庭面临的问题，普惠托位供给不足、托育价格居高不下等问题备受关注。与此同时，随着人口出生率的下降，幼儿园生源逐年减少，幼儿园面临"关停潮"的生存危机，学前教育资源存量过剩趋势愈发明显。

为此，亭湖区委、区政府高度重视，自2020年以来，便聚焦"一老一小"现实获得感、幸福感和安全感，突出政府引导、部门协同、家庭为主、多方参与，在全国率先启动托幼一体化试点工作，主动策应人口高质量发展，围绕便民、高质、普惠目标，建立区教育部门、卫健部门"双牵头"，多部门各板块"多联合"的工作推进机制，系统搭建"2＋1"政策框架，制定出台《3周岁以下婴幼儿托育服务体系建设三年行动计划》《3周岁以下婴幼儿照护服务工作指引》和《促进全区幼教托育一体化发展实施方案》，多措并举推进托幼一体化建设，逐渐形成了全域覆盖型、公民双驱型、数智服务型的"三型"托幼一体亭湖模式，深入推进各园所融入长三角教育一体化发展，扎实推动托育服务工作高质量发展。

二、主要做法

（一）坚持高位统筹、协调推进，健全幼教托育一体化保障机制

一是强化组织领导。成立由区委、区政府主要负责人担任组长的工作领导小组，建立由卫健、教育部门"双牵头"，公安、市场监管等部门和各板块"多联合"的工作机制，每月召开联席会议，打通卫健、教育、财政、发改、社区中心、幼儿园等各方各层壁垒，制定出台一系列保障措施，推动重点工作落到实处。二是加大经费投入。明确亭湖学前教育与托育服务实行一体规划、一体实施、一体保障，卫健、教育、财政、发改、资规等部门合力，多维度落实资源尤其是政策供给、资金需求保障。公办托育园、托幼一体园、下延托班的园所建设、人员工资、运转经费由财政保障。生均公用经费补助按托大班、托小班、乳儿班分类，形成梯次递增格局，目前分别提高

到 1000 元、1300 元、1500 元;办公经费分别按每月 1 万元/园、0.5 万元/园标准进行定额补助;出台《亭湖区民办普惠托育服务补助资金管理办法》,明确民办幼儿园办托创建补助与每托位运营补助金额。三是夯实人才支撑。与盐城幼儿师范高等专科学校建立全面战略合作关系,与全国知名托育品牌深度合作,开展托幼管理人才、托育从业人员的培训活动,启动"英才计划""育才计划"和"聚才计划",通过"订单培养"、定期培训、跟岗学习等形式,加快形成幼教托育一体化发展"核心竞争力"。四是扩大合作交流。深化与广州全优加、山东起跑线、上海中福会托育园等机构合作,引入婴幼儿智力开发、感官训练、自我管理等精品课程,探索从"胎教"到"早教"等多样化托育服务路径与多元市场化运营模式,激发托育行业活力。五是实施智慧托育。建立智慧托育信息化管理与服务平台,设置"管理端、家长端、园长端、保育端"四大模块,建立托育服务机构、从业人员、入托幼儿信息、监管信息等电子档案,提供家长便利服务,不断提高托育服务从业人员的素质和水平,全面提升数字托育服务质效。

(二)坚持公办示范、民办跟进,实现幼教托育一体化全域覆盖

全区实施"1+N"托育布局,规划 11 个托育服务圈,在选址上实行靠近交通主干线、靠近人口密集区、靠近医疗机构的"三靠近"原则,致力打造"15 分钟高品质托育服务圈"。一是强化示范先行。2021 年,在深入调研全区 0—6 周岁学前教育机构、分析既有教育资源与社会刚需之间的匹配度、合理预测未来 3 年入托需求趋势的基础上,高标准、高水准地建成运营 3 所示范性公办托育机构。建成盐城市首家政府主办的集托育体验示范、托育师资实训、托育教科研指导、智慧托育信息、托幼发展展示"五合一"的示范性、引领性、综合性托育服务基地——亭湖区托育综合服务中心,内设托幼一体园、亲子体验班等,设置养育照护指导室、感统训练室、托育研究室、营养膳食指导室、水浴中心、教师培训等多功能室,致力于为 0—6 岁婴幼儿提供专业的全方位照护教育,引领带动托育机构蓬勃发展。二是推动公办下延。遵循问题导向、需求导向、绩效导向,统筹整合教育资源,向下多点延伸服务对象,要求新建、改扩建的公办园必须提供托幼一体化服务,高标准运营 4 所公办示范普惠性托育园,建成 6 所托幼一体园,全区公办幼儿园全部下延托班,有效补充托育供给缺口,实现均衡布局。三是引导民办跟进。支持有条件的普惠性民办园举办托班,引导社会力量建设普惠性民办托育机构,鼓励 50 人以下生源不足的小型民办园转型办托育园,建成民办托育场所 38 家、托位 1860 个。四是实现社区全覆盖。加快推动嵌入式、标准化社区"宝宝屋"建设,空白补缺,开展全日托、半日托、计时托、临时托等多元化普惠托育服务,建成运行江苏首家公办社区宝宝屋"毓龙宝宝屋"。"宝宝屋"每年为每位孩子免费提供 12 次服务,推动"幼有所育"向"幼有善育"发展。五是挖掘多样化服务。各园所根据园所资源状况和家长实际需求,发展全日托、半日托、计时托、临时托等多元化普惠托育服务;通过"进楼宇、进园区、进场馆、进社区、进家庭"的科学育儿指导模式,为周边婴幼儿家长提供育儿指导。全区公办托育机构下沉社区、家庭幼儿园共 2 053 家,入户次数近 8 000 次。

（三）坚持创新实践、提质增效，探索幼教托育一体化亭湖标准

一是优化师资配备。建立健全托育人员准入机制，每班配备大专及以上学历、"幼儿园教师资格证"和"育婴师证"双证齐全的教师2名，以及持保育员资格证的保育员1名，所有从业人员须持相关资格证书并获得岗前培训合格证后方可上岗，确保每一位幼儿得到专业精心呵护。二是研发托育课程。以尊重婴幼儿个体差异为原则，研究并制定出台《亭湖区0—3岁婴幼儿教养方案》，围绕建立五感生活化、游戏课程化、食育定制化、照护科学化、成长群体化的"五化"课程体系，启动本土托育教材研究编写，逐步将"五化"托育课程体系和服务体系建设成为全省一流、全市第一的典范。三是建立培训体系。与盐城幼儿师范高等专科学校、全国知名托育品牌合作，建立托育从业人员、托育管理人员职前、岗中系统性培训与发展机制。四是制定服务标准。从环境创设、人员培训、补助政策、制度建设等方面，设立新建托幼一体园和新改建托幼一体园的建设标准，提升托幼一体化硬件设施的"舒适度""安全度"和"特色度"，分月龄段制定《托育机构一日常规照护服务流程》《婴幼儿营养膳食标准》等。

三、取得成效

目前已实现全区56家托育服务机构，其中公办20家、普惠民办36家，总托位3 021个，每千人托位4.3个，远高于周边县区和全国平均水平。亭湖区普惠托育体系建设连续两年荣膺"江苏省真抓实干表扬激励事项"，全区荣获省级优秀改革创新试验区。托幼一体化工作经验做法先后被《中国教育报》《新华每日电讯》《新华日报》《今日头条》等主流媒体全面报道。2023年获全国首届"地方教育改革创新成果"一等奖，并在大会主论坛上交流。"幼有善育"全链条式的育人体系在亭湖日臻完善。亭湖区实验幼儿园被评为"江苏省普惠托育点"，黄山路托育园被评为"江苏省社区托育示范点"，立铠托育园被评为"盐城市普惠托育点"，万户新村托育园荣获"市级三八红旗集体"，后关路托儿所被评为"江苏省示范性托育机构"等。

四、经验启示

0—6岁婴幼儿教育与保育的重要性已在世界范围内达成普遍共识，"学前教育"概念范畴由3—6岁向0—6岁拓展延伸，"托幼一体化"成为学前教育发展的趋势。面对新形势下人民群众对普惠并有质量的婴幼儿托育教育的美好期待，亭湖区"托幼一体化"项目建设让群众在家门口享受到更普惠、更便捷、更专业的托育服务。将婴幼儿教保服务进行整体性思考和系统性规划的重要理念，对于有效拓展我国托幼教育资源、提升托幼教育服务质量、减轻家庭教育养育压力、提振育龄夫妇生育意愿、促进婴幼儿健康成长和全面发展具有重要和深远的意义。将0—6岁婴幼儿教育视为整体的"一体化"的教育保育工作注重遵循婴幼儿身心发展规律，建

构早期儿童发展需要的各领域关键经验,更有利于促进儿童身体、认知、情感、社会性等方面的全面发展。

图1　亭湖区教育局重点打造3所公办示范托育园

图2　亭湖区教育局与盐城幼儿师范高等专科学校幼托一体化项目签约仪式

图 3　举办亭湖区幼儿园管理者、托育师资培训班

案例 95　实施产教深度融合，促进校城一体发展

申报单位：常州工学院
案例主题：各地教育特色

一、案例背景

国务院办公厅《关于深化产教融合的若干意见》明确提出：深化产教融合，促进教育链、人才链与产业链、创新链有机衔接，是当前推进人力资源供给侧结构性改革的迫切要求，对新形势下全面提高教育质量、扩大就业创业、推进经济转型升级、培育经济发展新动能具有重要意义。

长三角地区正在大力培育壮大战略性新兴产业、改造提升传统产业、加快发展现代服务业行动。江苏提出了"建设具有国际竞争力的先进制造业基地"的新定位。常州着力于"国际化智造名城、长三角中轴枢纽"的城市发展定位，建设新能源之都，全面构建"1028"现代化产业体系。区域经济为学校通过产教融合深化应用型人才培养、科技创新和社会服务提供了难得的机遇。

作为一所身处长三角地区的应用型地方本科高校，常州工学院"伴城而立，融城而兴"。为了让学校教育走出象牙塔，让企业走进学校，学校提出打造"产教深度融合、校城一体发展"的办学特色，接轨《国家产教融合建设试点实施方案》，服务长三角区域一体化国家发展战略，服务常州国家产教融合示范城市和新能源之都建设，大力提升学校应用型人才培养质量和服务区域经济社会发展能力，聚力创办特色鲜明的一流应用型地方大学。

二、主要做法

（一）统一思想认识，形成"产教深度融合、校城一体发展"共同理念

在多年的办学实践中，常州工学院逐步确立了"人才培养和科技创新必须与企业、产业、行业等现实需求深度融合"的发展理念，并对产教融合工作达成了共识，即产教融合是高等教育教学改革、提高人才培养质量的重要手段，是提高科技创新、社会服务针对性和时效性的有效途径。服务区域经济社会发展、校城一体发展是地方高校生存和发展的前提和基础，常州工学院必须"在服务常州中获取资源，在扎根常州中打造特色，在贡献常州中提升能力"。

（二）加强顶层设计，构建产教融合体制机制

学校出台了《基于产教融合的应用型大学建设方案》，从体制机制创新、硬件保障、师资队伍建设等多个方面对产教融合工作进行了顶层设计。同时制定了《常州工学院"十四五"产教融合建设发展规划》，出台了《关于深化产教融合的实施方案》《常州工学院"引企入校"合作项目管理办法》等操作层面的规章制度。

（三）实施"一院一镇，百团百企"行动计划，探索产教融合实施新路径

通过实施"一院一镇，百团百企"行动计划，逐渐形成了以"一院一镇"形式解决"跟谁融合"，以"百团百企"方式解决"如何融合"，以"产业联盟和产业学院"形式解决"可持续融合"，以"引企入校"方式实现校企双方在人才、技术、装备、市场等创新要素上的全面融合，打造产教融合的"常工模式"。

三、取得成效

（一）面向地方经济社会发展的人才需求，基于产教融合的教学改革成效显著

面向地方新兴产业发展需求，通过深度推进产教融合，深化人才培养模式改革，以与地方、行业、园区、企业共建的平台为载体，实现了"五融合"，即专业与产业、专业标准与职业发展、教学资源与产业资源、校园文化与企业文化、教育发展与产业标准的融合。学校与地方产业发展同频共振，面向常州"1028"现代化产业体系新布局，不断优化专业结构，所有招生专业与常州主导产业实现 100% 匹配。构建基于现代产业学院的"3+1+N"人才自主培养模式，从培养方案的制定到课程建设、课堂教学、探究性实验项目的开发，真正意义上实现了"产教深度融合、校城一体发展"。结合学科专业特点，有序建设了 120 多家校企共建的能够满足应用型本科生实习实训、创业就业、教师科技创新需要的"三合一"企业基地。目前，获批国家级现代产业学院 1 个、工信部"专精特新"产业学院 1 个、省重点产业学院 3 个。

（二）建成一批卓有成效的产教融合平台和科技创新团队，校城一体发展成效显著

学校积极服务常州"国际化智造名城、长三角中轴枢纽"的城市定位，深入推进"一院一镇，百团百企"行动。全校 102 个科技团队，深度对接 45 个乡镇（街道、园区）、600 多家企事业单位，近三年横向科研项目到账金额累计达 3.9 亿元。依托江苏省高校特种电机研究与应用重点实验室，学校磁悬浮电机科技创新团队自主研发磁悬浮高速电机设计软件，已完成百余类磁悬浮高速电机的开发和应用，磁悬浮电机成套装备技术及其应用达到了国际领先水平。

常州工学院产教融合发展工程获国家"十三五"教育现代化推进工程项目，建成了 5 万平方米的产教融合大楼，重点引进先进制造业领域的骨干和特色企业（产业园区），共建服务于我校相关专业人才培养的实验、实习和实训平台，共建服务于我校相关学科的科技创新、分析测试和社会服务平台，共享校企双方的优质人力资源。中德亚琛产教融合创新基地入选国家"十

四五"教育强国项目,与德国亚琛工业大学开展紧密合作,共同创建国际化师资培养和技术研发平台。

四、经验启示

近年来,常州工学院全面对接国家创新驱动发展战略、长三角区域一体化发展战略、省市经济社会发展需求,以产教融合为手段,进一步提升应用型人才培养、科技创新和社会服务的针对性和时效性,构建了具有常工特色的产教融合新模式。

(一) 必须坚持问题导向

系统梳理学校在应用型人才培养、科技创新、社会服务等方面存在的体制机制性障碍和薄弱环节,探索通过产教融合手段解决关键问题的方法和路径。

(二) 必须坚持育人为本

遵循教育教学规律,通过产教融合,着重解决应用型人才培养过程中存在的知识传授内容与产业需求脱节、知识传授方式单一、技能训练手段落后、能力和素质培养方式陈旧等问题,全面提升应用型人才自主培养的质量。

(三) 必须坚持特色发展

紧紧抓住常州制造业发达、人文底蕴深厚、本校是地方高校的特点,主动融入产业、行业,以"一院一镇,百团百企"行动、引企入校、现代产业学院、中德亚琛产教融合创新基地等作为产教融合的平台和抓手,探索形成常工产教融合新模式。

案例 96　地方应用型本科高校工程人才培养改革

申报单位：温州理工学院
案例主题：各地教育特色

一、案例背景

我国是世界第一制造大国，也是唯一拥有全部工业门类的国家，加紧培养一支创新能力强、能够适应经济和社会发展需求的高素质工程人才队伍，对于加快经济发展方式的转变、实现未来我国经济社会的持续发展具有重要意义。浙江省正沿着"八八战略"绘就的蓝图，奋勇拼搏在全球先进制造业基地和全球数字变革高地建设的征程上，产业发展和科技创新对人才的需要日益迫切。温州基于"5＋5＋N"产业布局，培育发展五大战略性新兴产业。区域经济社会的快速发展，迫切要求高等教育提供强有力的工程人才支撑。我校于2021年由独立学院转设为地方公办本科理工类大学，三年来通过工程人才培养模式、课程体系、学校校务等全方位改革，有效解决了区域产业转型发展中本科层次工程师不足的瓶颈问题。

二、主要做法

（一）坚持强化组织领导，实施应用型人才质量保障工程

学校加强组织领导，完善顶层设计，制定规章制度，为提升应用型人才培养质量提供坚实的组织保障。一是加强组织领导。学校成立应用型人才培养领导小组，由校长任组长，分管教学和科研的副校长为副组长，负责全面统筹和规划人才培养工作，确保各项改革措施能够精准落地。二是强化制度支撑。学校全面实施校务改革，在《温州理工学院教学建设与研究业绩量化标准》等文件中设置产教融合业绩分，在《温州理工学院教学课时当量计算办法》文件中设置产教融合工作量，并出台《温州理工学院专任教师年度考核办法》，在其中规定产教融合业绩优先，为深化产教融合提供了制度保障。三是增强经费支持。加大对教学工作的经费投入，2024年教学整体经费增加50％，特别设立工程教育认证专项、产业学院建设专项等专项经费，以及针对"温州理工学院产教融合实训基地改造提升"教育强国项目投入2亿元，为工程人才培养推进提供坚实的经费保障。

（二）坚持多元合作共赢，实施应用型人才培养创新工程

学校创新"人才共育、成果共享"的多元合作协同机制，搭建共建、共管、共享、共创的组织架构，构建应用型人才培养模式。一是构建"四院一体"校政企协同育人的合作架构。依托专业学院，打通学院学科专业壁垒，政校企合作，同步建设工程师学院、现代产业学院与研究院，保障人才培养的创新性、复合型和应用型；实施"三通对等"运行机制，实现管理政策、人员身份、分配方式"三打通"。二是构建"四段一体"工程人才培养模式。第一段"3"指前三年以校内学习为主，开展产教融合案例课程；第二段"0.5"指第七学期课程全部进企业，开展产教融合现场课程；第三段"0.5"指第八学期开展企业集中实习；第四段"微"嵌入到前三段，指所有学院开设微专业，学生在大二大三跨专业选修一个微专业，保障复合型人才的培养。三是构建"四创一体"工程人才创新能力培养体系。发挥学校国家级众创空间、省双创基地的优势，在做强创业的基础上，发挥学校的理工科特色，重点聚焦温州产业科技创新，建设大学生科技园，提升学生的创新能力；整合学校的新文科特色，依托艺术设计学和新闻传播学，发展学生的创意能力；发挥学校澜湄创新教育联盟理事长单位的平台优势，联合企业设立创投基金，加大对澜湄六国大学生的创业支持和交流力度。

（三）坚持立足产业需求，实施工程课程质量提升工程

学校以产业需求为导向，优化课程结构，大力推进应用型课程改革，注重培养学生的产业应用能力、创新思维能力与工程管理能力，构建工程教育课程的新体系。一是构建"三群"课程体系。为培养学生的人文素养、家国情怀，构建"温州味、理工类"的通识课程群；为培养学生的工程问题解决能力、开发能力以及创新能力等，构建专业课程群；为培养学生的复杂工程问题解决能力、多学科团队协作能力等，构建专业拓展课程群。二是实施"三融"课程开发。通过制定教师企业挂职等文件，鼓励教师与地方行业龙头企业开展合作，吸引企业优秀研发人员融入课程开发团队；将企业项目等多样化教学资源融入课程内容体系，共建产教融合型课程和教材；引导教师开展"智能＋课程"建设，将智慧树、超星和蓝墨等多教学智能平台融入课堂教学。三是创设"三智"教学资源环境。加强两校区信息化融合建设，通过远程互动、分组教学等多种教学业务应用，建设成高效、互动的智慧教学空间；通过运用物联网、人工智能等技术，建设成对实验室设备、安全等方面进行全面监控和管理的智慧实验室；为智慧教室、智慧实验室的有机整合和扩展构建统一的数据共享和管理平台，集数据分析、决策支持等功能于一体的智慧教学管理平台。

三、取得成效

（一）人才培养质量大幅跃升

学生在国际国内各类学科竞赛和创新创业竞赛中表现优异，近三年获省部级及以上学科

竞赛奖项 1 300 余项,特别是在"互联网＋"竞赛、"挑战杯"大赛、大学生结构设计大赛等学科竞赛中都获得了国家级奖项。省内招生分数线从转设前的 18 万多名提升至 9 万多名,毕业生就业率达 96％以上,学生毕业后一年自主创业率达 6％以上,均位居全省本科高校前列。本科毕业生留温率持续攀升超 34％,连续三年稳居温州本科高校本科生留温率第一。

(二) 教师教学能力快速提升

在教师教学两大赛事中获奖层次和数量均取得突破:在教师教学创新大赛中,近三年获国家级二等奖、三等奖各 1 项,省级奖项 15 项;在青教赛中,获省特等奖 2 项,其他省奖 4 项。"数学建模与实验"课程被认定为国家一流本科课程,这也是全省同批转设的三所高校中的唯一一门课程。学校组建的慕课西行教师团队"温慕西"主动参与浙江省援川、援疆工作,受到"浙江援疆""川观新闻"多家媒体报道,产生了广泛影响。

(三) 服务地方能力显著增强

学校与正泰集团、德力西集团等龙头企业共建现代产业学院、产教融合示范基地,与中科院光子集成(温州)创新研究院、浙江中德智能制造创新研究院等创新载体成立联合创新中心。学校建有产学研基地、研究院、创新联合体 18 个,获批温州市博士创新站 22 个。学校获批国家级众创空间、工信部专精特新产业学院、全国工商联人才中心产教融合示范实训基地、省双创示范基地、省大学生创业孵化示范基地;绿色建筑现代产业学院、智能电气现代产业学院被列入省重点支持现代产业学院。

四、经验启示

(一) 要坚持工程教育理念创新

工程教育理念创新是适应社会变革的必然要求,有助于提升教育质量,培养学生的综合素质。学校需要以经济社会发展需求为导向,以学生发展为中心,不断探索和实践新的工程教育理念和方法,为培养更多高素质应用型人才贡献力量。

(二) 要优化工程人才培养体系

做好应用型工程人才培养工作,构建以能力为核心的人才培养模式和课程体系是关键。学校需要在课程建设、教学方法、实践教学和师资力量等多方面进行优化和改进,构建更完善、更符合经济社会发展需求的应用型人才。

(三) 要做实做深产教融合之路

产教融合是深化教育改革,培养适应产业转型升级和实现高质量发展需要的高素质应用型人才的根本要求和有效途径。地方应用型高校工程人才培养,应多渠道对接地方政府部门、产业和企业,聚焦各方的需求,找准合作契合点,打造产教合作的根基,做广做实做深产教融合之路。

图 1 温州理工学院开展"绿色建筑"创新发展论坛暨绿色产业学院发展研讨会

图 2 我校杨小敏老师获全国高校教师教学创新大赛二等奖

图 3 我校学生获浙江省"挑战杯"大学生课外学术科技作品竞赛黑科技专项赛金奖

案例 97 深化"九个共同"育人模式改革 构建省域高水平现代产业学院建设新模式

申报单位:安徽省教育厅高教处
案例主题:各地教育特色

一、案例背景

安徽省自 2022 年起启动实施职业学校产业学院建设计划,按照"主动靠、精准接、全面融"要求,引导职业学校主动对接十大新兴产业、传统优势产业和特色产业,重点推进现代产业学院等产教融合平台载体建设。

二、主要做法

(一) 强化顶层设计,在高起点建设上下功夫

省教育厅 2021 年印发《安徽省高校现代产业学院建设申报指南》,2022 年在省级质量工程中增设了"产业学院"项目类别。

(二) 多点发力建设,在内涵发展上下功夫

一是多元协同育人,创新人才培养模式。强化职业学校、政府、行业协会、企业机构等多元主体的协同,探索合作式、任务式、项目式和实操式等培养模式综合改革。二是建设高水平专业,提升专业建设质量。校企双方共同制定专业标准、人才培养标准,建立紧密对接产业链、创新链的高水平专业体系,促进专业群与产业链的高效精准衔接。三是开发课程标准,加快课程教学内容迭代。鼓励行业企业深度参与课程建设和教材编制,推动课程内容与行业标准、生产流程、项目开发等产业需求科学对接。四是打造实训基地,实现资源共建共享。校企共建一批兼具生产、教学、研发、创新创业功能的校企一体、产学研用协同的大型实验、实训实习基地。五是打造"双师型"师资,建设高水平教学团队。鼓励职业院校设立"产业教授"岗位,从行业企业、科研院所中选聘一批科技创新人才、高技能人才和管理人才参与院校人才的培养工作。六是开展科研攻关,搭建产学研服务平台。与各类开发园区、产业基地对接,校企联合建设实验室(研发中心),互建嵌入式实验室,协同开展技术攻关、产品研发、成果转化、项目孵化等工作。

(三) 建立省级标准,在保障建设和服务高质量发展上下功夫

省政府办公厅印发《关于加快推进职业院校现代产业学院建设的实施方案》,明确"到 2027

年，在全省职业院校建成省级高水平现代产业学院 100 所，实现 16 个市全覆盖、重点新兴产业全覆盖，培养培训产业发展急需的高素质技术技能人才 30 万人"的目标任务，提出共同开发专业人才培养方案、共同推进"课证赛"融通、共同实施中国特色学徒制和现场工程师培养、共同深化创新创业教育改革、共同打造高水平"双师型"教师队伍、共同开发认证证书和行业标准、共同攻克技术和工艺难题、共同开展国际交流与合作、共同开展党建和思政教育等"九个共同"校企双主体育人模式改革任务，并强化对产业学院建设的人才支撑、项目支撑、资金支持和多元政策保障。建立省域现代产业学院建设"赛马"机制，研制《安徽省职业院校现代产业学院建设评价标准》。2023 年，全省职业学校共申报现代产业学院 156 个，其中高职高专申报 119 个，中等职业学校申报 37 个。申报学校覆盖 16 个市，申报项目覆盖全省十大新兴产业。

三、取得成效

（一）校企资源共建共享取得新成效

截至目前，全省 39 个产业学院投入资金 17 131.81 万元（其中，学校投入资金 11 096.61 万元，合作企业投入资金 6 035.20 万元）；合作企业 255 家。校企共建课程 318 门，合作主编教材 70 本，共建教学资源库、虚拟仿真课程资源 248 个。校企共建大型实验、实训实习基地 261 个。

（二）校企共育技术技能人才取得新成效

产业学院迄今培养学生 18 493 人（其中，校企联合招收留学生 33 人），学生毕业去向落实率达 93.86%，超出全省平均水平 2.53 个百分点。产业学院学生获得"1＋X"证书制度试点、职业资格证书、职业等级证书 7566 人，在省级以上技能大赛、"互联网＋"大赛中获奖 612 项。

（三）校企共培高水平师资取得新成效

产业学院内"双师型"教师占比 73.15%，共建省级以上教学团队 45 个，共建省级以上技术技能大师工作室 38 个，培养省级以上教学名师或教坛新秀 78 人。产业学院教师获得教学能力比赛省级以上奖项 66 项。

（四）校企共同服务行业发展取得新成效

产业学院校企联合立项建设省级以上教育教学改革项目 83 项，共同开发行业产业人才培养标准、专业教学标准、课程标准、培训标准 203 套，共同开发各级各类证书 53 种，围绕新技术、新工艺或企业技术改造、工艺改进、产品升级等开展项目研究 91 项，横向课题到账经费 1 302.25 万元。以产业学院为基础，打造产业学院联盟、职教集团、产教融合共同体 29 个。

四、经验启示

（一）聚焦服务新兴产业

聚焦十大新兴产业和区域战略性新兴产业集群，以校企合作为思路，以产业学院建设为抓手，促进教育链、人才链与产业链、创新链有机衔接。

（二）聚焦形成先进理念

形成具有安徽特色的"九个共同"育人模式改革任务，为高职院校产业学院建设和校企双主体育人模式改革提供可复制、可推广的新模式。

（三）聚焦政策保障和机制建设

创新实施产业学院建设"赛马"机制。省教育厅会同省直有关部门，加大对行业龙头企业参与现代产业学院建设及职业院校创新产业学院建设举措的政策支持力度，调动企业参与产业学院建设的积极性。

（四）聚焦以点带面促提升

通过分批试点，及时做好总结推广，带动更多职业院校主动作为，助力"七个强省"建设。

图 1　奇瑞汽车产业学院揭牌仪式

图 2　蔚来汽车产业学院揭牌仪式

图 3　我省高校与蔚来汽车共建"智能制造暨新能源汽车全产业链人才培养新模式"现场

案例 98　以"四个零距离"培养卓越工程人才的探索与实践

申报单位：南京理工大学
案例主题：各地教育特色

一、案例背景

习近平总书记在党的二十大报告和中央人才工作会议上指出，培养卓越工程师，必须调动好高校和企业两个积极性，实现产学研深度融合。2022 年 10 月，工信部印发《关于加强和改进工业和信息化部人才队伍建设的实施意见》，提出培养大批卓越工程师，不断推进信息工业化建设。2023 年 11 月，习近平总书记在推进长三角一体化发展座谈会上强调，要加强科技创新和产业创新深度融合，拓展发展新空间，培育发展新动能，更好地联动长江经济带并辐射全国。

在服务国家战略需求与长三角经济发展的背景下，学校深入贯彻落实习近平总书记重要论述精神，牢记对学校提出的"继续发扬'哈军工'光荣传统，加强科技创新，为国防现代化建设多作贡献"的勉励，坚持"工程精英、社会中坚"的人才培养定位，不断提升工程教育培养理念，深化工程硕博士培养改革，探索产教融合的特色工程教育模式。学校于 2022 年入选全国首批工程硕博士培养改革专项试点高校，2023 年入选第二批国家卓越工程师学院建设高校。

二、主要做法

学校聚焦需求牵引、项目驱动、协同育人，以实现"四个零距离"构筑卓越工程人才自主培养的"南理工模式"，促进人才链、产业链、创新链深度融合，发挥学校在长三角教育治理中"先行探路、示范引领、辐射带动"的重要作用。

（一）打破物理边界，实现高校和企业零距离

与南京市共建长三角智能制造与装备创新港，与江阴市共建长三角数字创新港，与秦淮区共建秦淮数字经济创新湾，打造"两港一湾"新格局，推动高校和企业在物理空间上实现融合，集聚创新优势，增强创新动能，打通育人和用人的"最后一公里"。其中长三角智能制造与装备创新港实施"一港三区"规划建设，集合了我校科研大团队和科技创新资源，引进汇聚中国兵器工业集团、中国兵器装备集团、中国电子科技集团等龙头企业的行业创新资源，实施订单式培养，打造"卓越工程师班"，不断完善校企协同育人机制。

（二）打破身份边界，实现教师与员工零距离

学校建立校企导师遴选—合作—管理一体化机制，柔性引进具有行业背景的高层次人才，将重大工程、企业实践经历作为教师考核和评聘的重要内容，鼓励教师深度参与企业产品的研究、开发、设计、构建、生产、操作、应用等全流程，企业员工全过程、全维度参与学生培养。鼓励教师前往企业学习交流，将先进工艺和前沿技术应用到实际教学中，定期举办校企导师培训会、交流会，推动高校教师与企业员工角色轮转，共同研究、共同促进、共同提高。

（三）打破学科边界，实现学生与平台零距离

聚焦火炸药、兵器科学与技术、新一代信息通信技术、关键软件、新材料等关键领域"卡脖子"技术难题，与企业加强平台共建，实现资源共享和优势互补。在创新港布局全国重点实验室、前沿科学中心等4个国家级创新平台和江苏省工程技术联合实验室等一批省部级创新平台；江南工业、中电熊猫等企业利用高精尖仪器设备，打造"国家级工程实践教育中心"和"工信部校企协同育人基地"等一批实践平台，通过项目式培养使学生发现"真问题"、开展"真研究"。以重大项目为牵引，实现"项目—平台—团队"联动，有力提升研究生的创新实践能力。

（四）打破课堂边界，实现理论与实践零距离

对接企业"新技术、新需求、新形势"，以生产研发一线为课堂，采取实景式、实感式、案例式教学方法，直接在各实践基地内开展学生日常理论讲解与实践操作，培养学生解决复杂工程问题的能力。构建"理论＋实践"课程体系，打造基于"实装、实操、实例"的三重沉浸式课程，充分挖掘专业课程中的思政元素，开展"将军思政课""校长第一课""国防行"移动思政课堂等活动，实现学生知识传授、能力培养与价值塑造有机统一。与境外高校开展国际交流，推进"项目式"选派，建立国内外工程前沿科技交流的平台和机制，不断培养卓越工程人才的全球意识和胜任力，塑造国际工程教育共同体。

三、取得成效

在"四个零距离"卓越工程人才培养模式的探索与实践中，学校人才培养水平不断提升，辐射影响力显著增强。

（一）基地建设方面

2022年获批3个工业和信息化部校企协同育人示范基地；由中国电子科技集团、南京市人民政府和我校三方共建的微电子学院揭牌；在相关领域新增2个牵头国家级重点实验室。2023年长三角智能制造与装备创新港入选江苏省重大项目；获批江苏省产教融合重点基地1个。2022—2023年新增省级研究生工作站20家，获评省级优秀研究生工作站5家；获批产业教授11人，10名产业教授获评优秀，优秀比例全省前三。

(二) 课程建设方面

近两年,学校获批江苏省研究生课程思政教学研究示范中心 1 个,获批江苏省课程思政示范课程 1 门、江苏省优秀教学资源 11 项,6 门课程被纳入教育部工程硕博士核心课程。

(三) 思政育人方面

连续三批入选教育部全国高校"百个研究生样板党支部"和"百名研究生党员标兵",涌现出江苏省"最美大学生"王博文等一批先进典型,2022 年在国防和工信系统就业人数占比达 71.23%。

(四) 教学改革方面

获 2023 年高等教育(研究生)国家级教学成果奖二等奖 1 项,近两年获批江苏省教改课题 10 项(其中 2 项重大课题),江苏省研究生教育工作综合评价结果为 A 等。

(五) 科创竞赛方面

学生团队打造的"光影流转-亿像素红外智能成像的开拓者"项目,在 2023 年第八届中国国际"互联网+"大学生创新创业大赛中获得总冠军;由中国电科第二十九研究所出题、我校学生团队揭榜的"超宽带曲面阵列研究"项目,获得了第十七届"挑战杯""揭榜挂帅"专项赛特等奖,并在 2022 年的擂台赛中荣获擂主(全国第一)。2022—2023 年共获得研究生科技创新竞赛全国一等奖 19 项、各类奖项 111 项和优秀组织奖 11 项,学校获评教育部"中国研究生创新实践系列大赛十年发展重要贡献单位"。

四、经验启示

"四个零距离"培养模式将高校和企业联结成人才培养共同体,成为校企联合培养高层次、应用型、复合型卓越工程人才的有效机制。

(一) 理论层面

学校立足国防行业,扎根江苏地方,不断深化"一校三区"办学内涵,以"四个零距离"实现与地方经济相契合的卓越工程人才自主培养模式重构及路径创新,建设与地方产业相契合的协同融合机制,以点带面打造人才培养新范式,既能为教育教学改革提供更好的支撑,也能推广应用至长三角其他高校,大力发挥示范引领作用,服务长三角一体化发展。

(二) 实践层面

学校以工程硕博士培养改革为牵引,充分发挥自身人才培养和科技创新优势,强化关键核心技术联合攻关,推动科技创新和成果转化,打通卓越工程人才理论教育与实践教育环节,切实破解工程硕博士研究生工程实践难题,不断提升培养质量。同时,学校充分发挥高校创新策源地作用,进一步深化产教融合机制、增强社会服务力,健全校企"共同招生、共同培养、共同选题、共享成果"新机制,实现校企"师资互通、课程打通、平台融通、政策畅通"新局面,不断推动新质生产力同新质战斗力高效融合、双向拉动，持续服务长三角产业转型升级，为实现强国伟业筑牢人才根基。

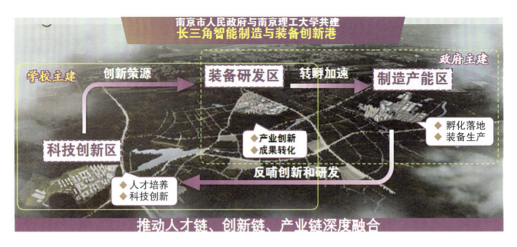

图 1　长三角智能制造与装备创新港运行模式

图 2　"大项目—大平台—大团队"联动育人模式

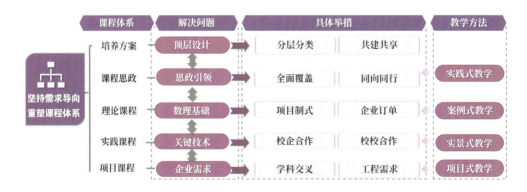

图 3　重塑需求导向的课程体系

案例 99 依托长三角优质资源，培养安徽优秀教师校长队伍

申报单位：安徽省教育厅师资处、安徽省教师发展中心
案例主题：各地教育特色

一、案例背景

2012年起，安徽加入长三角中小学名校长联合培训计划。2018年12月，《长三角地区教育一体化发展三年行动计划》明确"共建基础教育校长及教师培训联动平台，构建'影子校长、影子教师'的后备人才联合培养机制"。《安徽省实施长三角一体化发展规划"十四五"行动方案》将"推进长三角教育协同发展，依托校长及教师培训联动平台加强基础教育合作交流"，作为新周期我省推进长三角教育一体化发展的重要内容，探索并形成"省际合作、多级联动、梯次培养、共同发展"的跨区域协作培养模式，带动和促进安徽与长三角地区基础教育领域深度交流及长期合作。

二、主要做法

（一）合力构建区域协同机制

沪苏浙皖教育部门签署《长三角地区教育更高质量一体化发展战略协作框架协议》《长三角地区教育一体化发展三年行动计划》，明确"共建基础教育校长及教师培训联动平台，构建'影子校长、影子教师'的后备人才联合培养机制"。印发长三角教育一体化年度工作要点，制定年度重点工作任务清单，形成重大项目协同推进、重大政策协同出台、重要任务协同落实的工作格局。

（二）梯次实施区域协同项目

紧扣一体化和高质量两个关键词，以选育优秀教师校长为主线，进阶式、常态化地实施"四大项目"，举办"三大论坛"。2023年，我省举办第12期长三角中小学名校长高级研究班高峰论坛暨结业典礼，来自沪苏浙皖的知名专家作主旨报告，45位校（园）长代表发言，教育部中学校长培训中心和沪苏浙皖20余位专家对研修成果进行点评指导。

（三）互鉴共享区域优质资源

以教育部中学校长培训中心为龙头，上海市教师发展学院、江苏省师干训中心、浙江省师干训中心和安徽省师干训中心共同组成长三角优秀资源培养联合体，发挥各地学科及培训优势，建立5个培养基地，实现参训学员跨地分类研修。在四省（市）遴选240余所优质学校（幼

儿园),建立实践研修基地群,实现参训学员异地交流轮转实践研修、跨区域挂职交流研修。遴选 40 位培训专家,实现本地、异地一体的专家指导。实行四省(市)学员混合编班,发挥学员所拥有的资源优势。

(四)项目实施聚焦"四个精准"

在需求方面,针对不同项目的目标定位,不同学段、不同层次教师和校长的发展需求,量身定制培养方案,实行双导师制,落实个性化培养。在问题方面,针对课程改革和学校发展中的重点、难点、堵点问题,指导学员将问题转化为课题,针对性开展理论和实践探究。在实践方面,以异地跟岗研修、异地轮转实践研修为主要形式,综合专家报告、导师指导、交流研讨等多种形式,支持学员结合实际深入开展行动研究。在成果方面,强化现场诊断、论文指导、成果交流等环节,指导学员解决问题、凝练思想、创新实践。

三、取得成效

(一)出经验

该工作入选安徽省扎实推进长三角一体化发展优秀创新案例。构建了各层次教育人才辐射平台,形成了一套可复制的教育人才"跨地合作"的培训模式和经验。截至 2022 年底,四个项目培养安徽省优秀教师校长 721 人,覆盖全省 16 个市,涉及 7 个类别和从骨干到优秀等不同层次。主办或联合承办长三角中小学名校长高峰论坛、长三角基础教育教师发展论坛、长三角基础教育校长发展高端论坛,辐射全省教师校长 6 000 余人。

(二)出成果

参加联合培训的教师校长产出了一批引领、推动基础教育发展的优秀成果,公开发表相关研究论文、在市级以上优秀课例评选中获奖、出版个人专著的分别占总人数的 72%、52%、13%。2023 年我省国家基础教育成果奖较上届增加 66.7%。在第四届全国中小学青年教师教学竞赛中,我省获得一等奖 1 名(全国共 25 人)、二等奖 3 名(共 50 人),居全国前列。

(三)出人才

培养了一批教育领军人才,形成了基础教育人才梯队,储备了一批基础教育后备人才。从联合培训中走出全国优秀党务工作者、全国优秀教师、教育部领航名校长赵玲,全国五一劳动奖章获得者、省教书育人楷模、省特级教师叶蓉等一批领军人才,名校长工作室辐射全省教师校长。

四、经验启示

(一)高位推动,机制共建是前提

沪苏浙皖四省(市)成立长三角教育一体化发展领导小组,由分管教育的副省(市)长任组长,建立工作机制。先后印发《长三角中小学优秀后备干部跨省(市)到优质学校挂职实施方案》《长三角地区骨干教师交流研修和访问学者计划实施方案》《关于开展 2022—2024 年长三角中小学名校长联合培训工作的通知》等。

(二) 项目联动,平台共管是基础

完善"协同管理、资源整合、服务运行、培训研发"为一体的跨区域人才培养"全链条",形成了优势互补、资源共享、联动发展、集聚增长的优良态势。将"依托校长及教师培训联动平台,加强基础教育合作交流"列为《安徽省实施长三角一体化发展规划"十四五"行动方案》的重要内容。印发《新时代基础教育强师计划实施方案》,明确"强化教师培训跨地协同"任务,联动推进我省教师培训合作发展、协同创新。

(三) 模式创新,经验共享是关键

优化培训方式,提升培训质量,形成了一套成熟、可复制的培训模式;以需求导向、跟岗研修、专家引领、反思提升、岗位跟踪指导"五位一体"为特征的卓越教师校长联合培养模式;以合作导师传帮带、双向管理、任务驱动、基地遴选等机制建设为保障的"跨省(市)挂职和交流研修模式"。

(四) 示范辐射,队伍共育是目标

通过名师、名校长、名班主任工作室及结对帮扶、专题讲座、课题引领等方式传播先进理念和教育教学方式,辐射带动区域中青年教师发展。借鉴复制长三角一体化教师校长培训成功经验,指导皖北八市与长三角结对帮扶城市建立"市级统筹、县区落实、学校实施、优势互补、互利合作"的工作机制,为实施皖北地区基础教育优质资源扩容工程提供了坚实的人才支撑。

图 1　2023 年安徽中小学校长领航工程上海跟岗研修

图 2　长三角中小学名校长高级研究班高峰论坛暨结业典礼

案例 100 "双区"驱动,"四维"创新,探索教师队伍建设"蚌埠模式"

申报单位:蚌埠市教育局
案例主题:各地教育特色

一、案例背景

2021 年 9 月,蚌埠市入选教育部第二批人工智能助推教师队伍建设试点。同时作为教育部"基于教学改革、融合信息技术新型教与学模式"实验区,教育部 2020 年度"智慧教育示范区",蚌埠市以"双区"建设为战略支点,坚持把教育教学创新、教师管理与评价改革等作为重要试点方向,突出未来教师培养模式创新、教师智能研修路径优化、教师智能教育素养提升等应用重点,以智能技术为驱动,构建网络化、数字化、智能化、个性化的教育环境,支撑教育数字化转型,促进信息技术与教育教学深度融合,培养造就面向新时代的信息化创新型教师队伍,推动蚌埠教育高质量发展。

二、主要做法

(一)创新市级统筹、多方协同的一体化推进机制

自入选第二批人工智能助推教师队伍建设试点以来,蚌埠市结合国家级信息化教学实验区和智慧教育示范区创建基础,坚持市级统筹,市、县(区)、校三级联动,一体化推进。创建"UGBS"协同推进机制,凝聚高校(U)、教育管理部门(G)、企业(B)、中小学校(S)等多方力量,形成教育发展合力。成立"蚌埠市江淮智慧教育研究院",融合教师管理、培训、教科研等职能。聘请北大汪琼教授等知名专家组建"智慧教育专家委员会",充分发挥内外部专家优势,为试点工作提供专题培训、过程帮助、研究指导。推动政府与高水平院校、人工智能骨干企业高效协同的教育实践创新。

(二)创新数据驱动、智能引领的教学模式变革

全市 6 000 多个班级实现课前、课中、课后三个环节的全程智慧教学,贯通校内校外两大场景,家校协同共育;研制《中小学智慧课堂教学评价规范》,通过各类比赛、培训积极推进规范落地,融合应用智能工具,实现了智慧课堂教学全流程的数字化评价和教学成效的智能化分析,"一键生成"教学评价报告;建设"因材施教大数据服务中心",实现本地扫描、云端阅卷、智慧批改。通过采集日常教学过程中的作业、测练等数据,生成学情报告,推送基于学情的个性化作

业,打造"人机融合"的作业模式,辅助老师"精准教""高效研"。

(三)创新平台赋能、精准立体的教师研修路径

构建智慧研修书院平台,初步实现一体化、分层式培训,助力教师精准研修,建设线上名师工作室 62 个,开设名师线上课程 400 多节,将人工智能口语评测系统引入英语教师口语能力测试,采用人机对话、机器自动评分的方式实现对参赛英语教师的测评考核,连续举办近 2 000 场次岗位研修活动。联合长三角地区合作学校,与新疆和田地区皮山县结对帮扶,开展网络研修等活动 500 多场。

(四)创新实绩导向、动态优化的教师评价改革

出台《蚌埠市中小学教师综合评价指导意见》,搭建全市教师专业成长的积分制平台,观察分析全市教师的动态发展情况,生成教师发展评价报告,智能指引教师成长路径,以数字化管理激发教师的内在活力,以数字化评价促进教师发展。开发应用"智慧+交流"的教师交流轮岗管理系统,建立"集团—学校—教师"大数据平台常态化运行机制,动态优化岗位配置,构筑教师发展共同体,规避交流轮岗中的人情因素,破解教师交流轮岗难题,实现教师智力资源的跨区域流转。

三、取得成效

2023 年 12 月 14 日,由教育部教师工作司指导、安徽省教育厅和蚌埠市政府主办的人工智能助推教师队伍建设试点交流活动在蚌埠举行。教育部、安徽省、蚌埠市领导都对大会给予了高度评价。试点以来,在全国各类信息化典型案例评选中,蚌埠市有十多篇入选。在省级和全国性学科类优质课评选等活动中,蚌埠市教师荣获安徽省一等奖及国家级奖励人数约 200 人。在安徽省第 13 批特级教师评选中,蚌埠市通过率达 94.4%。2022 年正高级教师评审通过率达 100%。我市也连续两次受邀出席全球智慧教育大会并作交流发言,相关成果多次被《人民日报》、新华社等央媒报道。沈阳市、三亚市、兰州市、上海市徐汇区等几十家单位来蚌埠交流调研建设经验。

四、经验启示

新一轮科技革命和产业变革正在加速演进,数字教育属于数字中国建设的一个非常重要的组成部分,也是我们开辟教育发展新赛道、塑造教育发展新优势、提供更优质教育的重要平台。回顾两年多来蚌埠市在人工智能助推教师队伍建设方面的实践,总的来说,我们的经验与启示是:用"双区"营造环境,用机制夯实基础;用课题攻克难点,用案例引发思考;用技术支撑改革,用数据变革行为;用群智汇聚力量,用协同形成共振;用改革引领方向,用创新实现目标。基于前期工作的问题与成效,后续应不断提升全市教师的数字素养,加强智能化新型基础设施建设,持续优化迭代已有资源、系统及工具,积极推进人工智能、大数据等新技术与教师队伍建设的融合,探索 AIGC 深度人机协同,形成新技术助推教师队伍建设的新路径和新模式,推进

区域教育高质量发展。

图 1　智慧研修书院平台界面

图 2　教师综合评价管理平台

图 3 人工智能助推教师队伍建设试点交流活动在蚌埠举行

后记

习近平总书记在全国教育大会上的重要讲话中指出,教育是强国建设、民族复兴之基。我们要建成的教育强国,是中国特色社会主义教育强国,应当具有强大的思政引领力、人才竞争力、科技支撑力、民生保障力、社会协同力、国际影响力,为以中国式现代化全面推进强国建设、民族复兴伟业提供有力支撑。建设教育强国是一项复杂的系统工程,需要我们紧紧围绕立德树人这个根本任务,着眼于培养德智体美劳全面发展的社会主义建设者和接班人,坚持社会主义办学方向,坚持和运用系统观念,正确处理支撑国家战略和满足民生需求、知识学习和全面发展、培养人才和满足社会需要、规范有序和激发活力、扎根中国大地和借鉴国际经验等重大关系。

当前及今后一个时期,学习宣传贯彻习近平总书记在全国教育大会上的重要讲话和大会精神,要求我们坚定教育自信,扎根中国大地办教育,朝着建成教育强国的目标扎实推进。长三角教育现代化是我国教育现代化的先行者和示范地,是教育强国建设的有力支撑,同时是长三角一体化发展国家战略实施的重要组成部分。自2019年中共中央、国务院印发实施《长江三角洲区域一体化发展规划纲要》以来,长三角区域在经济、科技、文化等领域取得了举世瞩目的成就,教育作为支撑区域发展的"软实力",其现代化进程同样发生了全面、深刻、显著的变化,教育现代化指数持续增长,有望率先实现区域教育现代化战略目标。长三角教育现代化监测评估领导小组办公室、教育部发展规划司启动征集"长三角教育现代化"典型案例,旨在挖掘形成一批可复制、可推广、可借鉴的生动实践案例,总结推广先进经验与做法,引导各级各类学校教育高质量发展,为全国加快推进教育现代化探索科学路径。

《长三角教育现代化典型案例100》汇聚了长三角教育现代化关键领域的代表性改革探索,充分展现了解决教育热点难点问题取得的突出成效,生动反映了教育现代化发展的体制机制创新之举。正因此,教育现代化典型案例成为连接政策与实践的桥梁,是深化改革与创新发展的引擎,是制定教育发展规划的智慧源泉。本书精选了长三角推进教育改革创新的典型案例并加以分类,这不仅为教育工作者提供了可操作、可借鉴的实践范例,而且展示了长三角区域在促进学习者全面发展、营造良好的学校育人环境、构建现代教育体系、提高教育治理水平、提升教育贡献度、增强教育影响力等方面的创新实践,为其他地区提供了重要的启示和借鉴。这些案例覆盖了教育现代化的多个维度,从学前教育到高等教育,从学校教育到终身学习,既展示了新的理念、体系、制度建设成果,又体现了内容、方法、治理的新变革,全面而深入地揭示了教育现代化的全貌。同时,本书还采用智能分析工具,全面分析典型案例内容的特点,以词云图方式生动展现新特点、激发新灵感,为各地区和各级各类学校推进教育现代化带来启示。

持续推进长三角教育现代化,要求我们凝聚共识、汇聚合力,传播好长三角教育现代化进程中取得的宝贵经验和创新成果,营造各地学习借鉴的良好氛围,促进先进理念、可贵经验与创新观点的传播分享。此外,加强长三角与京津冀、大湾区等其他重要战略区域的合作研讨交流,共同探讨教育强国建设中区域教育现代化发展的理念、路径与策略,形成融合发展的效应。同时,不断总结长三角征集教育现代化典型案例工作经验,建立健全案例征集的常态机制,建立案例报送点与日常报送渠道,运用大数据、人工智能等现代技术手段开展案例分析与及时报送,将优秀的典型案例纳入长三角教育现代化监测评估总报告、分报告和专题研究报告,形成定期发布、动态更新的长效机制,为教育科学决策与精准施策提供信息支持。

在推进教育强国建设的进程中,长三角肩负着排头兵和先行者的光荣使命,围绕率先实现教育现代化的战略目标,需要进一步强化全球视野和战略思维,胸怀"国之大者",强化使命担当,开拓创新、同向发力,以钉钉子精神抓好教育强国建设各项任务落实,以改革创新精神开拓进取,努力推动长三角教育现代化发展取得新的重大突破,不断探索和形成具有中国特色的教育现代化发展理论、实践和先进经验,在中国特色教育强国建设中走在前列,更好发挥先行探路、引领示范、辐射带动作用,在新时代新征程上不断开创新局面,为教育强国建设贡献长三角力量。

长三角教育现代化监测评估中心

2025 年 1 月 8 日